돌과의 대화

돌과의 대화

초판 1쇄 발행 2023년 10월 25일

지은이 김규한
펴낸이 장길수
펴낸곳 지식과감성#
출판등록 제2012-000081호

교정 이주연
디자인 오정은
편집 오정은
검수 정은솔, 이현
마케팅 김윤길

주소 서울시 금천구 벚꽃로298 대륭포스트타워6차 1212호
전화 070-4651-3730~4
팩스 070-4325-7006
이메일 ksbookup@naver.com
홈페이지 www.knsbookup.com

ISBN 979-11-392-1370-6(03810)
값 22,000원

- 이 책의 판권은 지은이에게 있습니다.
- 이 책 내용의 전부 또는 일부를 재사용하려면 반드시 지은이의 서면 동의를 받아야 합니다.
- 잘못된 책은 구입하신 곳에서 바꾸어 드립니다.

지식과감성#
홈페이지 바로가기

글 김규한

Dialogue with Rocks

돌과의 대화

돌이 숨겨져 있는 인간의 미래의 삶과 지구와
우주의 신비한 과거와 미래의 비밀을 무언으로
우리에게 말하여 주고 있다.

지식과감성#

목차

머리말 Preface   10

1장 돌의 신비 Mystery of Rocks

돌과의 대화 Dialogue with Rocks   16

돌, 예술이다 The Aesthetics of Rocks   23

돌의 일생과 가이아 가설 Rock-Forming Processes and Gaia Hypothesis   27

판구조론으로 발전된 대륙 이동설
From Continental drift theory to Plate tectonic theory   31

과학, 철학, 종교와 지질학의 관계는?
Geology in relation to Science, Philosophy and Religion   35

한민족 뿌리는 태백산이다
The Mt. Taebagsan is the ethnic Root of the Korean people   41

2장 아련한 추억들 Distant memories of childhood

초가삼간(草家三間) A small cottage   46

송기죽 먹고 자란 아이
One child grew up on Main food by soup of pine skin   51

소풍의 명소 주왕산 Favorite picnic site of the Juwangsan Mt.   55

한(恨) 많은 독집재(峠)
Unforgettable High hill of the Dokjimjae Pass on the way of the Market day shopping   60

기나긴 자취(自炊) 생활 Long school days cooked my own meals   63

콩나물 요리로 풍성한 마을 잔치 Bean sprout dish in the Whole village Banquet   67

3장
지질학 학문의 길 찾아 Find the way to Geology

화폐(貨幣)란 한자(漢字) 지질학 인생의 나침판
Navigator as the Geologist suggested by the Chinse character of Hwapae(currency)   74

장학(獎學)이 된 5.16 장학금 Encouraged learning 5.16 Scholarship fund   78

유격 훈련, 하강 훈련을 마치고
Ranger Training Assessment Course, Military desending chute   83

유학 생활, 일본 나고야 대학(名古屋大學)
Studying abroad in Nagoya University, Japan   87

평생직장 이화 여자 대학교
Permanent Job as the Professor of Ewha Womans University   95

미래와 양질의 교육을 지향한 이대 부고 교장 Principal as Leading the way to the Future and High quality Education in Ewha Womans University High School   101

중국 옌볜(延邊) 조선족 자치구를 찾아서
Visit to Korean-Chinese Peoples in Yanbian Korean Autonomous Prefecture   105

키타(北)알프스를 종주하다 Walk along the Kida Alps Mountain in Japan   109

융프라우에 올라가니 The Jungfrauhoch at the Top of Europe   113

일본 미야케지마(三宅島) 활화산과 야쿠시마(屋久島) 해중 온천
Active volcano of the Miyakejima and Hot spring in the sea of the Yakushima Island, Japan   118

최고(最高)의 학문 지질학 Geology as the Best Sciences   121

4장
열정적인 지질학 연구 생활 Energetic Research work in Geology

미국 캘리포니아 공과 대학 North Mudd 연구실
Laboratory in the Mudd, North of CALTEC, USA — 128

노벨 과학의 산실 일본 나고야 대학 연구 실험실을 찾아서
Visit to the Nobel prize Research laboratory at Nagoya University, Japan — 135

일본(東京大學) 캠퍼스 24시
Campus 24 Hours in the University of Tokyo, Japan — 139

남극과 북극의 극지 탐험 연구
Exploration research work on the Arctic and Antarctic — 144

파타고니아와 이스터섬 지질 여행
Geologic field work on the Patagonia and volcanic Easter Island — 150

백두산 화산 지질 조사
Geological field work of the Baekdusan volcano — 153

일본 도야마 대학(富山大學) 동위원소 연구 실험실
Isotope Laboratory in the University of Toyama, Japan — 157

5장
세계를 향한 국제 협력 활동
Activities of the World International Cooperation

세계 최고 연구 기관 한국지질자원연구원
Leading the World Top Research Institute of KIGAM — 164

한국의 지질 나들길을 걸으며
Walk along the Nadeulgill, Geologic Time Street of Korea — 173

영국 지질조사소 지질 자료 보존관을 보고 나서 Visit to the Geological Repository Building in British Geological Survey, UK	176
제복 입은 대학 총장, 러시아 광산 대학 Uniformed President of National Mineral Resources Univ.(Univ. of Mine), Russia	179
에티오피아 아디스아바바 대학 탐방 Visit AAiT (Addis Ababa Institute of Technology), Ethiopia	182
물류 허브로 변모하는 아랍 에미리트(UAE) UAE's Transformation from Oil Industry to Distrbution and Logistic Networking Hub	185
제50차 CCOP 국제회의, 파푸아 뉴기니를 가다 Participating the 50th CCOP meeting in Papua New Guinea	188
CCOP 운영위원장 Chairman of CCOP	192
이탈리아 페루사 Perusa, Italia	195
이란 테헤란 방송 TVV와 인터뷰 Interview with Tehran TVV at the Iran Oil Show	197
캐나다 지질조사소 Geological Survey of Canada	199
형제 국가 튀르키예 MTA MTA, Turkey as the Brother country	202
미국 프린스턴 대학교 보웬 홀 Princeton University's Bowen Hall, USA	205
세계 최초 고준위 방사성 핵폐기물 지하 처분장 핀란드 온칼로 Oncalo, the world's first permanent underground nuclear waste repository in Finland	209
치큐(地球), (海洋研究開發機構) Chikyu in JAMSTEC, Japan Agency for Marine-Earth Science and Technology	213
제1회 한-중-일 지오서밋(GeoSummit) 열다 1st Trilateral GeoSummit: CGS-China, GSJ-Japan and KIGAM-Republic of Korea	217
몽골 칭기즈 칸 국제공항 Chinggiskaan International airport, Mongolia	220

6장
꿈을 키우고 보람을 찾아
Make my dreams come true and Find out fruitful life

새로운 보람을 찾은 과학 칼럼 쓰기 Writing scientific columns in daily news papers	226
《한국의 온천》과 《온천지(溫泉誌)》 출판 Publication of Hot springs of Korea and Oncheonzi, Korea	234
대한민국 과학문화상 Scientific and Cultural Award of Korea	237
지구 최고의 보석 다이아몬드는 어디에? Search for Diamond, Earth's best gemstone	241
노다지 금광맥 찾는 법 How to discover Bonanza gold veins on Earth	245
세계 최대 동 광상 El Teniente El Teniente, the world biggest underground copper mine, Chile	251
대모산(大母山) 새벽 산행 Dawn hiking at the Daemosan Mountain	254
소중한 유산 Precious Inheritance from Parents	259
지질학자의 귀중한 자산 Valuable assets of Dr Kyu Han Kim as Geologist	263
명예 교수와 명예시민 Emeritus professor and Honorary citizenship	266
유네스코 세계 지질 공원 청송(靑松) UNESCO Global Geopark, Cheongsong	268
청송 송이(松茸)버섯을 찾아서 Pine mushroom in the Cheongsong area	273
웨스터댐, 홀랜드 아메리카선 승선 이야기 First embarkation of the Westerdam, Holland America Line	276

7장
한반도의 지질 이모저모
Some issues of the Geology of Korea

한반도 지질학적으로 어떻게 만들어졌나?
The Geological search for the Korean peninsula Past   282

울릉도와 독도 알칼리 현무암
Alkali basalt of the Ulleungdo and Dokdo islands   290

동해(東海) 표기 우리의 견해
Korean opinion concerning the naming debate between the East Sea and Sea of Japan   295

동해와(日本海) 호칭 문제 일본의 주장
Japanese opinion concerning the naming debate Between East Sea and Japan Sea   298

독도(獨島) 영유권 우리의 견해
Korean opinion regarding Dominium problem of Dokdo Island between Korea and Japan   300

독도 영유권 일본 주장
Japanese opinion regarding Dominium problem of Dokdo Island between Korea and Japan   305

화석이 말해 주는 지구의 역사 Fossil records the History of the Earth   307

지질 시대 생물종의 절멸과 인류의 미래?
Extinction of life and Future of Mankind?   311

부록 주요 일간지 신문 기고문   317

머리말

　6.25 동란 한국 전쟁 무렵 유년기를 산골짝 농촌 마을 초가삼간에서 보냈다. 선조들이 태백산맥 끝자락 청송(靑松) 산골 작은 계곡에 농토도 거의 없는 협소한 골짜기에 정착하였다. 신라 왕조 김알지에서 시작 경순왕의 후예로 자손들이 대를 이어 가고 있는 과정에 필자도 그곳에서 세상에 태어났다. 그곳 마을 이름을 선조가 신점동(新店洞)으로 명명하였다. 참 의미 깊은 지명이다. 하늘에서 빛 한 점을 비춰 새로운 삶의 터전인 새점, 신점(新店)이 탄생했다는 의미이다. 전후(戰後) 시골 작은 마을은 모두가 빈곤과 가난에 허덕였다. 빈곤과 가난이 다른 한편으로는 생존의 강한 정신력과 새로운 미래 개척의 힘을 길러 주었다. 호롱불 밑에서 글을 익혔고 낮이면 농사일과 쇠꼴 베기와 들에서 소를 먹이는 일이 일과였다.

　국민학교(초등학교) 시절 숙제를 선생님이 색연필로 동그라미를 그려 평가를 해 주셨다. 다섯 개 동그라미는 우수한 표시였다. 많은 수의 동그라미에 큰 기쁨과 가능성을 발견하고 배움에 재미를 얻기 시작하였다. 온종일 보는 것은 자연과 들판에서 농사일하는 마을 사람들과 가축뿐이었다. 농사로 끼니 해결이 어려웠다. 산나물과 소나무 껍질이 식량 대용으로 이용되었다. 그래도 밤이면 산짐승 울음소리와 소쩍새 소리를 들으며 여름이면 반딧불을 좇아 논두렁을 뛰어다녔다. 달과 별을 보고 계수나무 밑에 떡방아를 찧는 토끼를 상상하고 지구와 우주의 신비에 꿈을 키워 나갔다. 달을 보고 소원을 빌고 별을 보고 우주여행

별나라를 꿈꾸며 살았다. 세월이 지나 나의 꿈은 돌(岩石, Rock)의 세계로 연결되었다.

돌은 말이 없다. 조약돌과 큰 바위도 말이 없다. 그러나 46억 년 전부터 돌이 만들어지는 과정에 그들의 비밀이 깨알같이 돌과 바위 속에 숨겨져 있음을 후에 알게 되었다. 지질학자는 이 비밀을 캐기 위해 돌과 끊임없이 무언의 대화로 속삭인다. 돌은 지질학자들에게 말을 한다. 흔히들 길거리에 굴러다니는 돌을 하찮게 여기는데 그 돌 속에는 인간이 상상할 수 없는 천문학적인 수의 많은 그들의 과거 정보가 감추어져 있다. 돌은 그들의 숨겨진 과거의 비밀을 지질학자에게 하나씩 하나씩 보여 주며 진실을 말해 준다. 돌과의 대화가 시작된다.

지구에는 판구조론(Plate tectonics) 운동처럼 정적이지 않고 동적인 지구(Dynamic Earth)로 살아서 움직이듯 격렬하고 거대한 지체운동이 끊임없이 계속되고 있다. 이 과정에서 거대한 산맥이 만들어지고 화산이 폭발하고 지진이 발생하며 새로운 돌이 만들어지기도 하고 소멸되기도 한다.

돌의 비밀과 지구사(地球史)의 신비를 캐며 돌을 쫓아 보낸 70년의 세월이 덧없는 인생이 아니라 지난 과거가 너무나 소중한 삶이었다는 사실을 이제야 깨닫게 된다. 지난 과거의 삶을 회상하며 현재의 삶의 진미를 느껴 보고 미래 아름다운 새 삶을 구상하고 싶어졌다. 과거의 값진 경험을 자녀들과 친지, 친구, 동료와 세상 지구인들과 함께 나누고 싶어졌다. 초가삼간에서 송기죽 먹고 자란 한 시골 아이의 보잘것없는 일생사(一生史)이기도 하다. 한편 돌과 대화(對話)를 나누며 일생을 보낸 한 지질학자의 삶의 기록이기도 하다. 돌과의 대화에서 삶의 철학과 지구와 우주 물질의 신비와 자연의 섭리를 깨닫게 된다. 여기 소개한 두서없는 이야기는 일생을 돌을 쫓아 돌과 대화를 하면서 열심히 살아온 한 지질학자(Geologist) 원로교수(元老敎授)의 마지막 잔업(殘業)이기도 하다.

돌과 일생 대화하면서 깨달은 값진 선물이자 귀한 보물(寶物)이 여기에 숨겨져 있다. 이 보물을 독자와 함께 공유하고자 한다. 바로 돌 암석의 순환, 물의 순환, 탄소의 순환, 지판의 순환 등 자연계의 모든 물질이 순환하며 물질 평형과 자발적 조절(Self-control)을 이루어 가며 영속(永續)한다는 놀라운 사실이다. 마치 지구를 살아 있는 생명체와 같은 유기체로 보는 가이아 가설(Gaia hypothesis)처럼 말이다. 마지막이 또 처음으로 연결되고 탄생(生)과 죽음(死)이 이어져 쳇바퀴처럼 끊임없이 순환(循環)하고 있다. 인간의 삶은 끝과 시작이 있는 것이 아니고 영원히 빙글빙글 돌면서 생(生)과 사(死)가 이어져 순환하고 있음을 깨닫게 된다. 계절 역시 봄, 여름, 가을, 겨울 계절 변화와 해가 바뀌어도 다시 찾아오는 춘하추동 순환은 끝과 시작이 따로 없다. 자연계 물질의 순환 시스템에 인간을 포함한 모든 생물계 물질도 함께 순환하고 있다. 순환(Cycle), 바로 이것이 영생(永生, Everlasting life)을 의미하는 것이다. 자연의 신비이자 가이아의 신비이다. 여기 소개된 한 지질학자의 돌과의 대화 삶의 기록에서 지구상의 모든 인간이 우주 자연계에서 영원히 멸망(滅亡)하지 않고 영생(永生)하는 사실과 기쁨을 함께 공유하고 경험하는 계기가 된다면 더 큰 영광이 없겠다. 돌이 숨겨져 있는 인간의 미래의 삶과 지구와 우주의 신비한 과거와 미래의 비밀을 무언으로 우리에게 말하여 주고 있다. 돌이 인간에게 준 값진 선물이다.

 돌과의 대화를 가능하게 지도해주신 지질학 학문의 은사 선생님과 선배, 동료, 제자, 가족들과 출판의 기쁨을 나눈다. 아울러 출판에 협력해준 지식과 감성 장길수 사장님과 편집 담당 여러분께 감사한다.

2023.10.25.(음력 구월 열하루)
서울 일원동에서 김규한

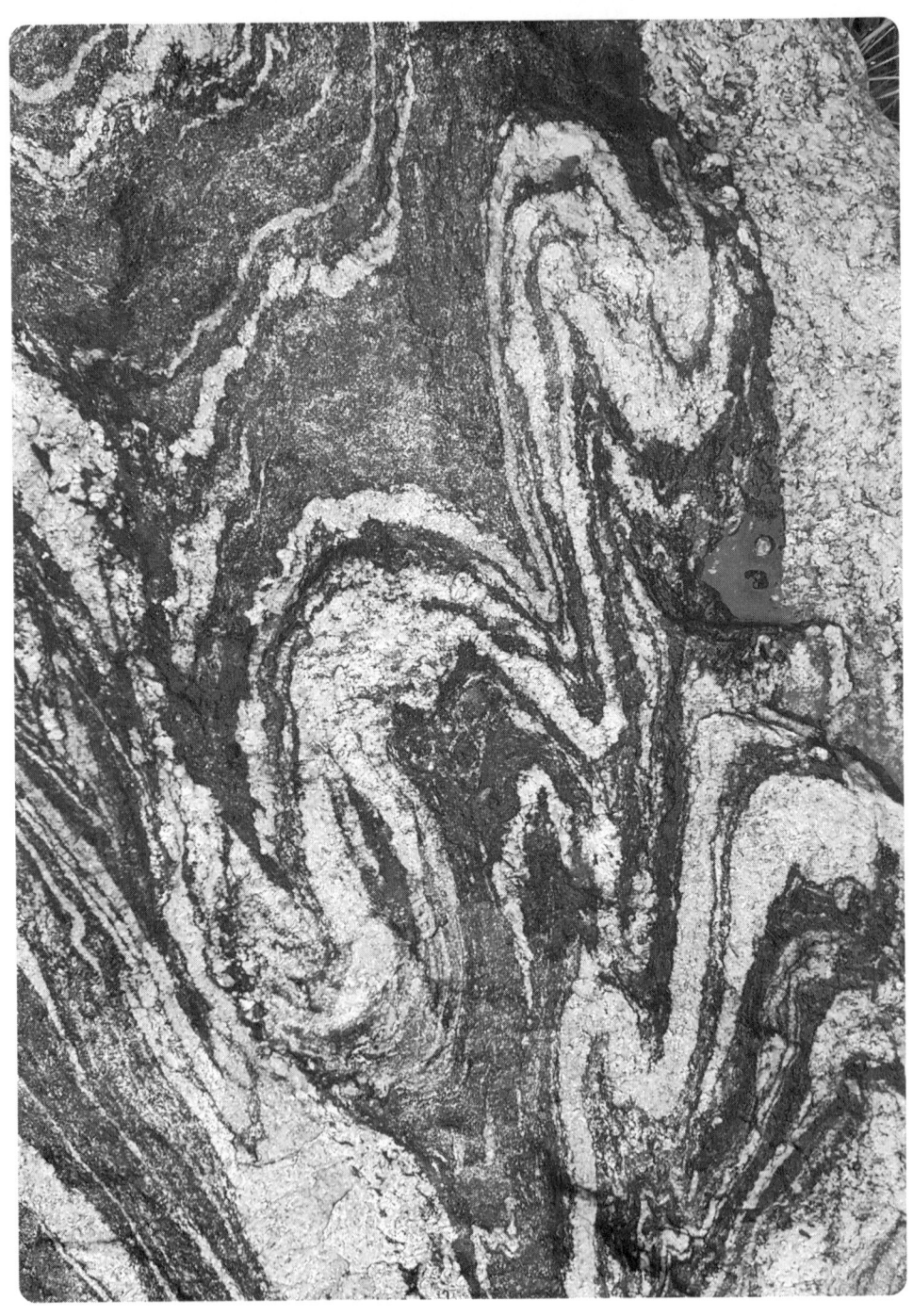

▶ 북극 슈발바아르 섬의 미그마타이트(migmatite) 노두. 빙하침식으로 암석 표면이 노출되어 변성암의 고유의 엽리 및 편리 유동 구조가 보여 준 한 폭의 그림 예술

1장 돌의 신비
Mystery of Rocks

- 돌과의 대화 Dialogue with Rocks
- 돌, 예술이다 The Aesthetics of Rocks
- 돌의 일생과 가이아 가설 Rock-Forming Processes and Gaia Hypothesis
- 판구조론으로 발전된 대륙 이동설 From Continental drift theory to Plate tectonic theory
- 과학, 철학, 종교와 지질학의 관계는? Geology in relation to Science, Philosophy and Religion
- 한민족 뿌리는 태백산이다 The Mt. Taebagsan is the ethnic Root of the Korean people

돌과의 대화
Dialogue with Rocks

　일생 돌만 찾아 전국을 누비고 남극, 북극, 파타고니아, 이스터섬 등 전 지구를 돌면서 돌과 대화(對話)를 하며 살아왔다. 지구는 돌로 되어 있다. 인류는 돌과 함께 돌의 문화를 꽃피웠다. 우리는 돌과 함께 살아간다. 해변의 조약돌과는 사랑을 속삭이고 네모난 큰 돌은 튼튼한 주춧돌로 쓴다. 큰 바위는 때로는 신령한 신앙의 대상이 된다. 큰 바위 앞에서 돌에게 가정의 생사화복을 빌기도 한다. 돌은 신비(神祕)하다. 돌과 바위는 우리와 무언의 대화 파트너이다. 정말 돌이 말을 하고 사람이 돌과 대화가 가능할까?
　일본 도쿄 대학(東京大學)과 노무라(野村)증권 공동 연구원들이 2006년 출판한 《図説 50年後の日本(도설 50년 후의 일본)(三笠書房)》이란 책에서 50년 후에는 우주여행은 물론 공중을 나는 자동차, 동물 음성 번역기가 개발되어 개나 고양이와 같은 동물과 대화가 가능해진다는 얘기가 당시에는 꿈같이 들렸는데 오늘날 현실이 되어 가고 있다. 이처럼 놀랍게도 말 없는 돌과도 대화가 가능함을 경험하였다. 평생 돌을 연구하는 사람만이 누리게 되는 신비한 기쁨이다. 돌(岩石, Rock, Stone)을 연구하는 학문이 암석학(Petrology), 지질학(地質學, Geology)이다. 지질학이란 학문을 접한 것이 1966년 봄 Y 대학교 지질학과를 입학하면서이다. 돌을 쫓아 연구 생활을 한 지 반세기가 지난 후에야 돌의 향기와 돌의 음성이 조금씩 조금씩 느껴지고 들리기 시작하였다. 돌과 일생을 같이하면서 돌이 만들어지는 과정을 보면서 돌도 우리와 함께 살아 움직임을 알 수 있게 되었다. 돌로 만들어진 지구와 우주도 정적(靜的)이지 않고 동적(動的)이다. 동적인 지구(Dynamic Earth)임은 지진, 화산 활동만 보아도 살아서 격렬하게 움직이는 지구임을 쉽게 알 수 있다. 살아있는 지구다. 돌만을 전문으로 연구하는 학문이 암석학(岩石學)이다. 돌과 암석은 같은 뜻이다. 순수 한글인 돌이 더 정겹게 느껴진다. 한편 암석(岩石)이 학문적 용어로 지질학에서는 암석이란 표현을 쓰고 있다.

이스터섬(Easter Island)에서 돌과의 대화

돌, 암석이 만들어지는 과정은 화산 폭발 시 뜨거운 마그마(Magma)가 식어 굳어지는 과정에서 쉽게 알 수 있다. 뜨거운 마그마는 아직 돌이 아니다. 뜨거운 용암이 식으면 돌이 된다. 돌이 되려면 돌이 녹을 수 있는 고온에서 식어 굳어져야 한다. 마그마가 식는 과정에 따라 다양한 종류의 돌이 만들어진다. 또 하나는 모래, 자갈, 진흙 등 퇴적물이 하천이나 바다에 쌓여 오랜 세월을 거쳐 딱딱하게 굳어져 돌이 된다. 이들이 굳어지려면 긴 시간의 속성 작용(續成作用) 과정이 필요하다. 또 한 종류 그룹의 돌은 기존의 돌들이 높은 온도와 압력, 긴 시간 동안 변해서 만들어진다. 그래서 돌, 암석은 교과서적으로 그 성인에 따라 화성암(火成岩), 퇴적암(堆積岩), 변성암(変成岩)으로 크게 분류한다. 화성암이란 땅속의 뜨거운 마그마가 식어서 굳어진 암석이다. 화산 폭발 시 마그마가 지표에 나와 식어서 만들어진 현무암, 유문암, 안산암 등을 화산암(火山岩)이라 한다. 그리고 마그마가 땅속에서 서서히 식어서 만들어진 화강암, 반려암, 섬록암 등 여러 종류 심성암이 있다. 퇴적암은 화성암, 변성암 등이 쪼개진 조각들이 하천이나 바다로 운반되어 쌓여서 다시 굳어진 암석이다. 이암, 셰일, 사암, 역암 등이 있다. 바다에서 해수 중의 화학 성분이 침전되거나 산호와 같은 생물 유해가 쌓여서 굳어져 만들어진 석회암과 처트 등의 퇴적암도 있다. 변성암은 화성암이나 퇴적암이 오랜 지질 시대 기간 지각 운동으로 높은 압력과 온도의 영향으로 변해서 새롭게 만들어진 암석이다. 편마암, 편암, 대리암, 규암 등이 잘 알려져 있다. 이처럼 지구상의 다양한 종류의 암석은 지구 탄생 46억 년 전부터 다양한 지질 과정에 의해 만들어지고 있다.

서울 도봉산 화강암은 약 1억 6천만 년 전 중생대 쥐라기에 수십 킬로미터 지하에서 600-700℃의 뜨거운 마그마가 서서히 식어서 굳어진 암석이다. 지하 깊은 곳에 있던 이 화강암 돌이 지각을 뚫고 올라오거나 지각 운동으로 지층이 융기하여 그 위를 덮고 있던 20-30억 년 된 편마암, 편암 같은 변성암으로 된 지층이 지각 변동과 풍화 침식으로 모두 없어지고 지하에 있던 화강암이 노출되어 현재의 도봉산, 인수봉과 같은 화강암 산봉우리를 이루고 있다.

 자갈이 굳어져 만들어진 역암, 모래가 쌓여 굳어진 사암, 해수에서 칼슘, 탄산염 이온이 침전하거나 산호, 조개껍질이 쌓여 굳어진 석회암 등의 퇴적암이 널리 분포하고 있다. 퇴적암은 그들을 만들고 있는 다양한 암석 조각들이 언제 어디에서 굴러와 쌓여서 굳어진 것인지 어떤 환경에서 침전되어 만들어진 것인가에 따라 그 종류가 다양하다. 즉 퇴적암은 그들이 만들어진 과정과 고환경(古環境)의 정보가 화석이나 암석 속에 기록 저장되어 있다. 변성암은 오랜 지질 시대 동안 기존 암석이 지각 운동과 함께 높은 온도와 압력을 받아 새롭게 변해서 만들어진 암석이다. 변성암에는 어느 정도의 온도와 압력을 받아 만들어진 것인지 암석 속에 그 기록이 변성 광물로 저장되어 있다. 변성암이 되기 전에 어떤 암석이었는지 숨겨진 과거도 말해 준다.

 이처럼 암석도 우리 인생의 삶의 다양함처럼 그들이 만들어지고 지금까지 지나온 과정의 기록이 DNA나 메모리 칩처럼 고스란히 암석 속에 기록 보존되어 있다. 지질학자와 암석학자들은 우리 인류가 지구상에 태어나기 이전의 46억 년 동안 이들 암석이 만들어지고 겪어 온 과거를 암석 속에 보존된 기록에서 그들이 지나온 과거의 역사를 밝혀내고 있다. 길거리에 버려진 하찮게 보이는 돌조각도 파란만장한 과거 그들만의 역사의 비밀을 제각각 간직하고 있다. 우리 주변에 흩어져 있는 돌들의 일생이 마치 우리 인간의 삶의 기록과도 너무 유사하다. 다만 돌은

46억 년 동안의 긴 역사지만 인간은 100년 동안의 짧은 역사다. 하나하나 돌의 과거 역사가 읽히면서 또 그들의 미래가 점쳐지기도 한다.

세계 최고봉 8,848m 에베레스트 정상에 석회암이 분포하고 있다. 석회암은 주로 얕은 바다에서 만들어진다. 에베레스트 정상은 과거에 얕은 바다였던 지역이 융기하여 지금은 지구상의 최고로 높은 산봉우리가 되었음을 말해 준다. 인도 대륙이 유라시아 대륙과 충돌하는 경계부에 높고 험준한 히말라야산맥이 만들어졌다. 이 지역에는 거대 지진도 빈발하고 있다. 지진이 빈발하는 중국 쓰촨성 지역도 여기에 해당된다.

지질학자는 이처럼 돌의 과거 일생을 밝혀내고 돌과 대화하면서 자연과 우주의 신비를 밝히고 경험한다. 돌과 반백 년 인연으로 돌과의 대화 문이 열리고, 일상 대화로 삶의 새로운 맛을 느끼며 살아간다. 어떤 지역의 돌 속에는 금(金), 은(銀) 보화(寶貨)가 들어 있고 다이아몬드, 루비, 사파이어와 같은 보석(寶石)들이 들어 있다. 물, 공기처럼 우리 인류의 혈액 같은 생명 줄인 석유, 천연가스, 우라늄 등 에너지 광물 천연자원이 모두 돌에서 나온다. 그래서 석유(石油, Petroleum)란 이름이 붙여졌다. 우리 몸도 물과 돌의 성분으로 되어 있으며 돌 속의 성분을 필요로 한다. 동물 사료에 돌가루 점토 광물을 썩어서 쓴다. 외형적으로 우리는 돌로 된 지구 표면에서 돌과 함께 살아가고 있다. 언젠가는 나의 육체와 영혼도 흙과 돌 속에 포함되어 나의 삶의 흔적이 돌 속에 귀히 보존되어 지구의 일원으로 영원히 존재할 것이다.

지질학자는 망치(Hammer, 해머)를 들고 야외에서 돌을 두들기며 이 돌들이 어떻게 무슨 사연으로 여기까지 와 있는지 앞으로 어떻게 될 것인지 여러 가설(Hypothesis)을 생각한다. 그 가설을 검증하기 위해 돌에게 질문과 답을 끊임없이 주고받으며 반복한다. 바로 돌과의 학문적 대화(學問的 對話)다. 불과 약 200만 년 전 지구에 등장한 우리는 인류가 등장하기 전 과거 46억 년의 긴 지질 시대 동안의 지구에서 일어난 지질 역사를 돌과 학문적 대화를 통해 밝혀낸다. 이것이 지질학자만이 갖는 묘미(妙味)다.

인류가 지구상에 등장하기 전 이 엄청난 지구의 과거와 미래를 밝힌 기본 원리가 지질학의 대가 제임스 허튼(James Hutton, 1726.6.3.-1797.3.26.)이 제창한 동일 과정설 (Uniformitarianism)이

제임스 허튼(James Hutton, 1726.6.3.-1797.3.26.) (출처: Wikipedia, The Free Encyclopedia - 제임스 허튼 필드)

다. 현재는 과거의 열쇠다(The present is key to the past)라는 말로 표현된다. 현재 지구상에서 일어나고 있는 화산 및 지진 활동, 지각 변동, 판구조 운동, 기후 변동 등의 모든 지질학적 현상이 과거 지질 시대 기간에도 동일한 과정으로 일어났을 것이라는 기본 개념이다. 이를 바탕으로 현재 우리는 지구의 과거를 알아내고 새로운 미지의 지구 미래를 예측할 수 있다.

또한 지질학자는 돌과의 대화에서 영생의 기쁨을 경험한다. 암석도 마그마가 식어서 만들어지고 나서 계속 화성암-퇴적암-변성암으로 서로서로 빙글빙글 윤회한다. 암석의 순환(Rock cycle)이다. 인간의 탄생과 죽음, 계절의 변화, 탄소의 순환, 물의 순환 등 지구와 우주의 물질계는 모두 순환한다. 지질학자인 나도 물질계의 일원으로 순환 과정에 올라타서 계속 빙글빙글 돌고 있다. 인류는 생물계에서 탄생과 죽음이 연속

적으로 순환하고 있다. 때문에 우리 모두는 물질계에서 끊임없이 함께 순환하면서 멸망 소멸하지 않고 계속 순환하면서 영생한다.

　돌과 대화의 일생에서 지질학자인 필자가 터득한 가장 위대한 결실이 순환(巡還), 윤회(輪回), 영생(永生)의 진리다. 우리는 우주와 지구에서 영원히 멸망하지 않고 영생(Eternal life)의 기쁨과 자연과 우주의 놀라운 섭리를 공유한다. 돌의 역사와 지구사(地球史)가 우리에게 말해 주고 있는 가장 값진 메시지이다.

돌과 대화로 돌에 숨겨진 신비한 비밀을 캐고 있는 저자

돌, 예술이다
The Aesthetics of Rocks

돌의 자연 창작 예술품은 지구상에 많이 있다. 에베레스트와 융프라우 정상의 만년설 속의 퇴적암층, 그랜드 캐니언의 거대한 협곡을 이룬 수평 퇴적암층, 후지산의 장대한 화산암 지형, 요세미티 국립 공원의 화강암 암벽, 중국 윈난성(云南省), 샹그리라 고도(古都) 지역의 석회암으로 된 석림(石林), 칠레 투레스 델 파이네(Torres del Paine) 국립 공원의 만년설 덮힌 화강암 봉우리, 금강산의 화강암 일만 이천 봉, 백두산 천지의 화산 쇄설암 등 대자연 암석 자체가 자연이 만든 예술 작품이다.

돌, 암석은 광물의 집합체이다. 돌과의 대화를 통해 수많은 암석 광물의 종류를 구분하고 알아내는 것이 지질학자와 암석학자들의 일이다. 지표에 암석이 노출된 것을 노두(路頭, Outcrop)라고 한다. 노두에서 습곡이나 단층 등 지질 구조의 아름다움에 매료되기도 한다. 거대한 지층이 엿가락처럼 휘어진 습곡 구조나 화강암 풍화 표면의 아름다운 지형, 현무암의 주상 절리 등 수많은 자연이 만들어 낸 예술 작품을 감상하면서 지질 조사를 하다 보면 피로도 잊고 자연에 저절로 도취된다. 지질학자만이 느낄 수 있는 특권이자 선물이다.

암석 이름을 알아내려면 먼저 암석을 구성하고 있는 광물을 알아내야 한다. 70 평생 암석과 광물을 관찰 진단하며 살았는데도 미지의 암석과 광물을 감정하는 일이 여간 어려운 일이 아님을 늘 경험한다. 의사가 청진기로 인체를 진단하듯이 지질학자들은 해머(Hammer)로 암석을 두들겨 진단한다. 백문이 불여일견(To see is to believe)이란 말이 실감 난다. 과학의 발달로 의료 장비가 진단을 도와주듯이 여러 과학 실험 장비가 암석 광물을 감정하는 데 도와주고 있다. 1차적으로 광물 암석은 경험적인 육안 감정으로 판별한다. 지질학은 순수 과학이지만 긴 경험이 필요하다. 육안 감정 다음 단계로 과학 기기를 이용한다.

광물 감정에 전통적으로 사용되어 온 기기가 편광 현미경(偏光顯微鏡)이다. 암석 광물을 얇게 잘라 박편을 만들어 편광 현미경으로 광물을 감정한다. 광물의 광학적 성질을 이용하면 각기 다른 광물의 광학적 특성이 구별되어 광물을 이름을 밝혀내게 된다. 편광 현미경 상에서 박편을 보면 우주와 자연의 신비(神祕)가 그대로 나타난다. 인간이 만들어 낼 수 없는 자연의 예술 작품이 현미경 시야에 전개된다. 암석 광물이 이렇게 아름다운 사실에 누구나 매료된다. 감람석 광물은 어두운 밤하늘 은하수와 같고 갈색의 흑운모, 쪼개짐의 무늬는 신이 만들어 낸 작품이다. 돌이 바로 예술임을 실감하게 된다.

편광 현미경 상에서 광물은 제각각의 광학적 특징을 잘 나타낸다. 광물의 모양, 결정 형태, 색깔, 굴절률, 쪼개짐, 소광각, 1축성, 2축성 축성 구분 등 여러 관찰 정보를 종합하면 광물 이름이 동정 확인된다. 투명 광물은 편광 현미경에서 감별되지만 광석광물 같은 불투명 광물은 반사 현미경(反射顯微鏡)으로 감정한다. EPMA나 X선 회절법 등의 기기도 이용된다. 암석 광물의 화학 성분을 분석 정성 및 정량적으로 분석 감정한다. 습식 분석이나 기기 분석법이 이용된다. 다양한 분석 기기가 개발되어 높은 정밀도의 정성, 정량 분석이 이루어지고 있다. 암석 광물의 주성분 분석은 물론 미량 원소 분석도 한다.

1940년대 이후부터 동위원소 분석법이 광물 암석 연구에 활용되어 오고 있다. 동위원소비 분석으로 암석의 절대 연령 측정을 포함 물질(원소)의 기원을 추적하거나 생성 환경을 해석하는 데 활용하고 있다. 헬륨, 알곤 등 영족 기체(Noble gas) 동위원소비 분석 연구로 운석이나 지구 외 물질(Extraterrestrial materials)의 기원을 밝히는 연구도 활발하다. 해머로 야외 육안 감정에서 시작 편광-광석 현미경 관찰, 습식 기기 정성 및 정량 분석, 안정 동위원소, 방사성 동위원소, 영족 기체 동위원소비 분석 연구에 이르기까지 폭넓게 분석 연구를 직접 하다 보니 어언 인생 70이 훌쩍 넘어 버렸다. 이 모든 과정은 대자연과 실험실에서 직접 이루어졌으며 이때 경험한 연구 활동은 고생스러웠지만 다른 한편으로는 생에 가장 귀중한 삶의 자산이 되었다. 이 모두가 돌의 예술을 발견하거나 창작 평가 감상하며 살아온 삶이다. 산을 타고 실험실에서 밤을 새워 가며 미지의 과학적 데이터 생산에 몰두하였던 그때가 과학자로서 가장 보람 있는 시간이었다. 이 과정이 아름다우면 성공한 삶이 된다.

대학 실험실을 국제 수준으로 만들어 새로운 데이터 생산을 꿈꾸고 노력했으나, 대학에서 재정 확보가 어려워 외국 실험실을 이용해 연구 생활을 마감하는 교수가 되었다. 정년과 지난 시간이 아쉬울 뿐이다. 다시 태어나 세계 최고 수준의 실험실을 갖춘 지질학자로 돌의 향기와 지구와 우주가 만들어 낸 신비한 돌의 예술을 만끽하고 싶다. 돌과의 학문적 대화를 영원히 이어 가고 싶다. 일생 돌의 예술을 음미 감상한 삶은 최고의 삶이다. 다음 생에는 달과 화성에서 외계 돌과 대화하고 우주 예술 작품을 연구하는 우주 지질학자로 외계인과 외계 돌 예술을 함께 감상 연구하는 날도 기대해 본다.

충주 향산리 돌로마이트 지층의 습곡 구조

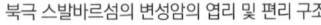
북극 스발바르섬의 변성암의 엽리 및 편리 구조

편마암 박편의 편광 현미경 사진 석영과 흑운모

편광 현미경에서 석회암의 방해석 광물

돌의 일생과 가이아 가설

Rock-Forming Processes and Gaia Hypothesis

돌(岩石)의 일생이 인간의 일생과도 너무 유사하다. 인간의 일생이란 살아서 움직이는 한평생의 발자취다. 돌이 탄생 후 살아서 움직이는 사실을 지질학자들은 알고 있다. 그러나 보통 사람들은 이런 사실을 납득하기 어려울 것 같다. 인간의 생명력과 돌의 생명력 판단은 활동과 변동력의 평가와 판단 기준이 차이가 있기 때문이다. 가이아(Gaia) 이론을 생각하면 돌이 살아서 움직이고 있음을 이해할 수 있을 것이다. 가이아 가설은 지구를 마치 살아 있는 생명체와 같은 유기체(Organism)로 보고 있다. 돌로 만들어진 지구도 역동적으로 살아서 움직이고 있다. 돌은 지하의 마그마(Magma)에서 식어 단단한 돌로 탄생하고 지표에서 비바람에 풍화되어 흙이 된다. 이 흙은 다시 다져져 암석이 되고 이 암석은 다시 지하 깊은 곳으로 이동해 언젠가 또다시 마그마로 되돌아간다. 돌의 일상이자 일생이다. 화성암, 퇴적암, 변성암은 스스로 서로 순환한다. 화성암이 변성암이나 퇴적암이 되고 퇴적암이나 변성암이 화성암이 되는 서로서로 다른 암석으로 지구 역사상 끊임없이 변하면서 빙글빙글 돌면서 순환한다. 이런 과정이 판 구조 운동(Plate tectonics)에서 쉽게 관찰된다. 판 구조 운동 과정에서 거대한 화산 폭발과 지진이 발생하고 거대한 산맥이 만들어진다. 지구는 역동적으로 변화하고 있다. 거대한 지구 자체가 마치 살아 있는 생명체처럼 살아서 움직이고 있다. 이 과정에서 물질 평형과 상호 자발적인 조절로 지구 전체와 지구를 구성하고 있는 모든 개체 구성원이 함께 작동한다. 인류도 이 거대한 지구 시스템의 한 구성원으로 지구 환경 변화에 주체가 되고 있다. 때문에 기후 변동이 지구 시스템과 인간을 포함한 자연 생태계에 직접 작동하기 때문에 인류는 탄소 중립의 필요성에 공감하고 지구에서 영속 생존을 위해 필사적으로 대처하고 있다. 이같이 살아 있는 지구의 미래에 직면해 가이아 가설이 더욱 빛이 난다.

가이아는 그리스 신화에 제우스(Zeus), 포세이돈(Poseidon), 타이탄(Titans) 등 많은 신의 어머니로 대지(Earth)의 여신이다. 가이아는 지모신(地母神)으로 대지(大地) 지구(地球)를 상징한다. 가이아는 하늘(天)을 포함한 전 지구 자체다. 헤시오드(Hesiod)의 신통기(神統記)에 의하면 카오스(Chaos)가 탄생하고 타르타로스(Tartarus), 에로스(Eros)와 같이 태초부터 존재하던 원초신(原初神)이 있었다. 그리스 신화에 등장하는 다수의 신들은 가이아의 혈통이다. 인류도 그 혈통을 이어받아 그 어머니가 되는 여신으로, 미래를 예언하는 능력을 가진 여신으로 그리스 각지에서 가이아 여신이 숭배되고

가이아(Gaea, Anselm Feuerbach, 1875). Academy of Fine Arts Vienna 천정 벽화 (출처: Wikipedia, The Free Encyclopedia - 포이어바흐 가이아)

있다. 신화에서 보면 이 신들이 탄생하기 전에는 우주가 혼돈(Chaos) 상태였다. 이때에 가이아가 탄생한다. 가이아는 스스로의 힘만으로 하늘의 신 우라노스(Uranus), 바다의 신 폰토스(Pontus), 산의 신 우레아(Ourea)를 낳아 어머니가 된다. 에로스의 역할로 우라노스와 친자혼(親子婚)을 하여 아버지로 두고 있다. 그래서 우라노스는 모든 신들의 왕이 되었다. 그리고 우라노스와의 사이에 크로노스(Cronus)를 포함 6주(株)씩 아이를 낳았다. 이들이 거신(巨神) 타이탄(Titans)이다. 또 첫째 거인 키클롭스(Cyclopes, 외눈 거인), 기게스(Gyges, 팔 100개와 50개의 머리를 가진 거인), 피톤(Python, 뱀), 티폰(Typhon, 그리스 신화의 최강의 괴물) 등의 악마 괴물을 낳는다. 우라노스가 크로노스에 의해 거세된 후에는 폰토스를 아버지로 하였다고 한다.

(출처: Wikipedia, The Free Encyclopedia - 그리스 신화 참조)

이 같은 가이아 신화의 가이아 가설(Gaia hypothesis)이 탄생하였다. 가이아 이론은 미국 NASA의 대기과학자이자 화학자인 제임스 러브록(James Lovelock)과 생물학자인 린 마굴리스(Lynn Margulis)에 의해 제창되었다. 지구와 생물 간의 상호 관련된 환경을 만들고 있는 임의의 종 '거대한 생명체'로 보는 가설이다. 생물과 환경의 상호 작용에서 무언가 항상성(Homeostasis, 恒常性)이 인정되었다. 이 가설은 1990년대 이후부터 Nature에서도 공인되고 있다. 가이아 이론에 의하면 지구가 마치 생명체처럼 자기 조절(Self-control) 시스템을 갖추고 있다고 보고 있다. 이 같은 관점에서 지구 환경에 대한 인위적인 개념을 도입할 때 현대 과학 기술에 의한 근시안적이고 부분적인 조치로 계획 대응하지 말고 더욱 지구의 거대한 생명의 흐름 차원에서 보는 것이 바람직하다는 것이다. 전체적인 무엇인가에 대하여 먼저 고려한 후에 판단해야 한다는 것이다. 이는 인간 중심의 관점에서 생태 에콜로지(Ecology)가 아니고 생태계 그 자체에서 고유의 가치를 가지고 있는 에콜로지 활동을 해야 한다는 것이다. 즉 가이아 가설은 반(反)생태 디에콜로지(De-ecology)에 큰 영향을 주고 있다. 암석의 순환 돌의 일생이 기후 생태계가 암시하는 가이아 가설의 과정과도 조화적이라고 본다. 가이아 가설이 정말로 학설로 정착이 될까가 궁금해진다.

판구조론으로 발전된 대륙 이동설
From Continental drift theory to Plate tectonic theory

　지구 과학사에는 여러 가설, 법칙과 학설 등이 있다. 지각 평형설, 다이너모설, 스노우볼 어스 가설, 면각 일정의 법칙, 지형 윤회설, 지층 누중의 법칙, 가이아 가설, 천동설, 지동설, 대륙 이동설, 격변설, 동일 과정설, 해양저 확장설, 판구조론 등이다. 판구조론(板構造論, Plate tectonics) 학설이 금세기에 지구 과학의 핵심을 이루고 있다. 새로운 학설의 등장으로 일부 가설이나 학설은 소멸하기도 하였다.

　가설(Hypothesis)은 과학적 검증을 거쳐서 학설(Theory)로 된다. 여기서는 지질학에 가장 핵심이 되는 판구조론과 판구조론으로 발전된 대륙 이동설(Continental Drift Theory)을 소개한다. 지난 세기에 가장 혁명적인 놀라운 학설이 대륙 이동설(大陸移動說)이다. 대륙 이동설은 1910년 독일 기상, 지질, 지구물리학자 베게너(Alfred Lothar Wegener, 1880.11.1.-1930.11.?)가 제창한 학설로 대서양 양안의 해안선이 퍼즐처럼 잘 일치하는 유사성에 착안하여 대서양 중앙 해령을 축으로 해양이 양측으로 갈라져서 오늘날과 같은 지리, 지형이 만들어졌다는 것이다. 대서양 양측 브라질과 아프리카 대륙에서 육상에 생활하는 파충류 메소사우루스의 화석이 산출되는 논문에서 더욱 확신하게 되었다. 남북미 대서양 연안과 아프리카 대서양 연안의 지형, 지질, 층서, 고생물, 빙하 지층 분포, 고지자기(古地磁氣) 등이 서로 잘 대비되고 있다. 베게너는 그린랜드 탐험을 자주 하였는데, 1930년 4월 독일 그린랜드 탐험 대장이 되어 월동하고 있는 기상 관측소 동료의 물자를 싣고 썰매로 빙원을 달렸다. 그러나 돌아오는 길에 예측 못한 조난으로 죽음을 맞이하게 되었다. 다음 해 5월에 그의 유해가 발견되었다.

오늘날 아메리카 대륙, 아프리카 대륙, 인도 대륙, 유라시아 대륙, 오스트레일리아 대륙 등이 고생대 말 2-3억 년 전에는 하나의 초대륙(Supercontinent)으로 붙어 있었다. 이를 판게아(Pangea)라 부른다. 판게아 대륙은 후에 북쪽에 로라시아(Laurasia) 대륙, 남쪽에 곤드와나(Gondwana) 대륙으로 분리되었다. 그 사이에 거대한 시원해양(Proto ocean), 판탈라사해(Panthalassa)와 테티스해(Tethys Sea)가 존재하였다. 점차 각 대륙이 이동하여 오늘날의 모습으로 대륙이 분포하고 있다. 지금도 대륙은 계속 이동하고 있다.

베게너(Alfred Wegener, 1880.11.1.-1930.11.?). 독일 기상학자, 지질학자, 지구물리학자, 천문학자 (출처: Wikipedia, The Free Encyclopedia - 알프레드 베게너)

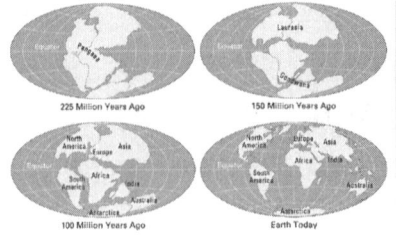
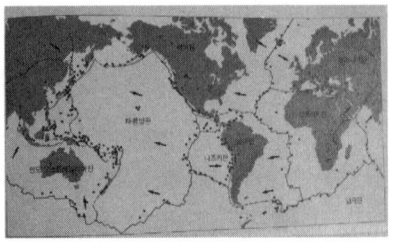

지질 시대별 대륙 이동의 모습. 판 구조의 판 종류와 판 경계에서 일어나는 지진, 화산 활동 (출처: Wikipedia, The Free Encyclopedia - 대륙 이동설)

대륙 이동설이 근간이 되어 1960년대에 고지자기(Paleomagnetism) 연구, 해양저 확장설(Sea floor spreading theory), 판구조론(Plate tectonic theory)에 이르게 되었다. 마침내 판구조론이란 금세기 지질학의 혁명적인 학설로 발전되었다. 판구조론(Plate tectonics)은 지구 표면에서 100-350km 깊이에 지진파 저속도층(Low velocity zone)이 조사되어 저속도층 상위 부분을 암권(Lithosphere), 저속도층 부분을 연약권(Asthenosphere)이라 부른다. 지구 표면은 암권의 여러 조각(이를 지판 plate이라 함)들이 모자이크상으로 결합되어 있다. 모자이크상으로 결합된 지판이 연약권 위에서 서로 갈라지기도 하고 서로 마주 부딪치기도 하며 움직이고 있다. 그리고 지판의 경계 부분에 변환 단층(Transform fault)도 생긴다. 이런 지판의 움직임 과정에서 특히 판과 판의 경계 부분에서 지진 활동, 화산 활동, 조산 운동 등 여러 지질 현상이 일어나고 있다. 이런 일련의 지판의 운동을 판구조 운동, 판구조론이라 한다(《행성지구학》, 김규한 저, 시그마프레스, 323p.).

오늘날 지구에서 일어나는 모든 지질 현상이 판구조론으로 잘 설명되고 있다. 특히 지진, 화산 활동, 조산 운동, 광상 성인 등이 판구조 운동으로 설명이 잘되고 있다. 물론 판구조론은 지구 물리, 고지자기, 절대 연령, 지구 화학 등의 자료도 과학적으로 잘 입증해 주고 있다. 조산 운동이나 습곡 산맥의 형성을 과거에는 지향사(Geosyncline) 개념으로 설명하였으나 지금은 판구조론으로 합리적으로 설명하고 있다. 대륙 이동설이나 판구조 운동에 의한 해석으로 미래 지구상의 대륙 분포를 예측할 수 있다.

대륙 이동설을 적용하면 남극 대륙의 장보고 과학 기지를 중심으로 먼 훗날 제2의 대한민국이 남극 대륙 위에 탄생할 것이 분명하다. 그리고 오늘날 온대 기후 지역의 한반도는 적도 지방으로 근접하게 되어 열대 기후의 땅이 될 수도 있고 극 지역으로 이동하게 되면 시베리아와 같은 추운 기후 환경이 될 수도 있다. 지구 온난화는 금세기에 일어나는 기후 현상이지만 긴 지질 시대 동안 대륙 이동으로 기후 환경이 크게 변할 수 있다. 지질 시대란 수억 년 수천만 년 시간 단위에서 말하는 시간 개념이다. 때문의 짧은 시간 동안 지구상에 살고 있는 오늘 우리는 경험할 수 없지만 이런 지질학적 현상은 먼 미래 지구에서 반드시 일어나게 될 것이다. 거대한 남극 대륙에 새로 탄생하게 될 제2의 대한민국 건국을 미리 경축한다.

과학, 철학, 종교와 지질학의 관계는?
Geology in relation to Science, Philosophy and Religion

과학, 철학, 종교와 지질학은 서로 어떤 관계에 있을까? 이들은 지구의 탄생사(誕生史)부터 해석과 시작을 서로 달리한다. 과학은 지구의 탄생을 대폭발설 빅뱅(Big Bang)으로부터 설명한다. 빅뱅으로 원소의 형성과 합성이 되고 이들의 화학적 진화로 지구가 탄생하게 된다. 합성된 철, 코발트, 니켈 등 무거운 백금족 원소는 지구 중심부로 응축되고 규소, 칼슘, 알루미늄 등 가벼운 원소는 지각을 만들게 된다. 초기 지구는 마그마 오션(Magma ocean)으로 뜨거운 지구였다. 뜨거운 지구가 점차 냉각되면서 수증기가 응축되어 원시 바다가 만들어진다. 지표에는 지구 내부에서 탈 가스(Degas)로 지구 초기 CH_4, N_2, NH_3, H_2O, CO_2 등 환원형 원시 대기가 만들어진다. 뜨거운 원시 해양이 점차 식으면서 유기물이 생성되고 원시 생명체가 탄생 진화되어 오늘의 생태계에 이르렀다.

그러나 성경은 창세기 1장 1절에서 "태초에 하나님이 천지를 창조하시니라"(In the beginning God created the heavens and the earth)라고 시작한다. 종교적 창조론과 과학적 진화론이 시작부터 대립하고 있다. 과학자의 노력으로 과학은 끊임없이 발전 진화한다. 과학자의 사상과 철학이 과학의 향방을 결정하기도 한다. 종교는 인간 자신에 대한 물음이자 인간 생활의 목표와 의미를 찾는 인간의 궁극적 물음에 답변을 모색하는 과정이다. 따라서 과학, 철학, 종교는 상호 밀접하게 서로 연계되어 있다.

아리스토텔레스(Aristoteles, B.C.384-322)와 같은 고대 철학자들은 地, 水, 火, 氣의 4원소설을 주장하였다. B.C. 640년경 탈레스(Thales)는 우주 만물의 근원은 물(水)이라고 주장하였다. 아낙시메네스(Anaximenes)는 공기(空氣), 헤라클레이토스(Herakleitos)는 불(火)을 우주 만물의 근원이라 하였다. 이 시대는 유물론적 사관이 지배적이었다. 그 후 데모크리토스(Demokritos, B.C.460-370)는 아토마(Atoma)라는 불생불멸의 초 물질들이 운동 과정에서 모든 사물이 변화하며 인간의 영혼과 감각도 이 과정에서 설명하고자 하였다. 사물과 정신을 분리하지 않고 '만물은 신(神)으로 차 있다'라는 생각이 종교로 발전된다.

중세에 들어오면서 스콜라 철학의 중심인 지식은 신앙에 종속되며 물질적 존재가 가상이고 정신적인 것만이 참다운 실재라는 논리로 전개되어 종교적으로 전환된다. 따라서 중세는 기독교 세계관과 사상이 지배하게 된다. 지구 중심의 천동설과 별을 인간보다 고명한 생명체로 믿었다. 따라서 이 시대에는 점성술이 성행하였다.

지질학(Geology)이란 학문의 Geo는 Godess(地神)에서 유래한다. 또한 이는 가이아(Gaia)에서 유래한다. 가이아는 그리스 신화에 나오는 대지(Earth)의 여신이자 올림피아(Olympian) 모든 신들의 모체로 지구(Earth)를 하나의 유기체(Organism)로 보고 있다. 즉 지구의 생명체가 생명을 유지하기 위해 대기 성분이나 해수 온도 같은 환경을 조절 유지하는 단일 지구 시스템으로 지구의 생명체와 비생명체가 지구 생물권에서 동력적 시스템(Dynamic system)의 일부로 동시에 작동하고 있다는 가설이다. 가이아는 지구 자체를 자발적 조절 기능을 가진 유기체로 보고 있다.

지질학에서 중세에 베르너 학파(Werner's School)의 암석수성론(Neptunism)과 허튼(Hutton)의 암석화성론(Plutonism)이 대립되었다. 기독교 사상이 지배적이던 중세에 진화론적 사상을 바탕에 둔 암석화성론의 주장에는 대단한 용기가 필요하였다. 지구상의 모든 암석은 물에 의해 만들어졌다는 사상과 암석이 불에 의해 만들어졌다는 사상의 대립이다. 전자는 격변설과 함께 반(反)진화론적 생각이며 후자는 진화론적 개념에 바탕을 둔 암석 성인론이다. 퀴비에(Cuvier, 1769.8.23.-1832.5.13.)의 지구상의 모든 지질 현상이 갑작스러운 격변 과정에서 만들어졌다는 격변설(Catastrophism)과 제임스 허튼(James Hutton, 1726.6.3.-1797.3.26.)의 동일 과정설(Uniformitarianism)이란 진화론적 개념이 대립되었다. 동일 과정설은 현재 지구상에서 일어나고 있는 모든 지질 현상이 과거에도 유사하게 일어났다는 진화론적 개념이다.

중세 기독교인들은 지구 탄생을 종교적 계시로 B.C.4004년이라는 연대를 제시하였다. 근대 지질학의 창시자 제임스 허튼은 스코틀랜드 해안 지형 침식, 퇴적, 융기 과정 관찰에서 기독교인이 제시한 시간보다 지구 나이가 훨씬 오래되었음을 알게 되었다. 방사성 동위원소를 이용한 암석 절대 연령 측정으로 오늘날 지구의 과학적 나이는 46억 년으로 밝혀졌다. 태양계 초기 물질인 콘드라이트 운석의 나이이다. 그리고 허튼은 지하의 마그마 관입으로 지층이 융기함을 관찰하여 동일 과정설을 제창하게 되었다. 동일 과정설은 현재는 과거를 아는 열쇠다로 요약된다. 이처럼 중세의 지질학 사상은 종교적 개념과 연결되어 있었다.

중세 프톨레마이오스(Claudius Ptolemaeus)의 천동설(geocentrism)

과 코페르니쿠스(Nicolus Copernicus) 지동설(heliocentrism)의 대립도 유명하다. 16세기까지는 지구 중심의 운동인 천동설이 정교화(正敎化)된 우주론이었다. 오늘날의 태양계 운동과 부합하는 지동설을 갈릴레이가 망원경으로 관측 입증해 냄으로써 천동설이 종식되었다.

지질학에서 지구의 대륙이 이동한다는 대륙 이동설과 고정설이 대립되었으나 판구조론(Plate tectonics)이 발전됨으로써 대륙 이동설이 과학적으로 입증되었다. 현재 지구상에서 일어나고 있는 화산, 지진, 조산 운동 등 모든 지질 현상이 판구조론으로 잘 설명되고 있다. 판구조론은 고지자기와 같은 지구 물리학적 자료에 의해 잘 입증되고 있다.

성경에도 과학적인 기술이 무수히 많다. 창세기의 성경이 지구 생물계의 진화 발전과 많은 부분이 조화적이다. 성경이 과학적 기술에 선행하는 부분도 있고 과학적 현상이 잘 설명되어 있기도 하다. 이처럼 종교, 과학, 철학은 서로 분리할 수 없이 서로 밀접히 연관되어 있다. 이를 분리 설명하는 것은 인간의 사고 영역을 벗어난 일이다. 특히 생명의 탄생을 지질학과 자연 과학에서는 원시 해양에서 스프와 같은 유기물이 합성되어 점차 생명체로 진화했다고 설명한다. 밀러는 환원형 원시 대기 환경 조건에서 실험을 통하여 유기물을 합성하였다. 그러나 합성된 유기물에서 원시 생명체로 발전되는 과정은 아직 밝혀지지 못하였다.

그러면 생명(Life)이란 무엇인가? 생명을 구성하고 있는 물질이 단백질, 핵산, 지질(脂質)이다. 생명을 가진 동물이나 식물은 다양한 유기물로 되어 있고 에너지 대사(代謝)를 하고 자기 복제 기능을 가지고 있으며 세포들로 구성되어 있는 공통점을 가지고 있다. 생명을 유지하기 위해서는 효소를 촉매로 하는 에너지 대사가 필요한데 이 효소는 DNA와 같은 유전 정보를 바탕으로 만들어진 단백질이다. 이 단백질과 효소가 생명의 근원이다. 지구상에서 발견된 최고(最古) 생명체의 화석은 오스트레일리아 필바라 지역 35억 년 된 처트층에서 발견한 시아노박테리아 모양의 현미경적인 크기의 미세한 화석이다. 인류의 진화 역시 유인원에서 발전하여 호모 사피엔스(Homo sapiens)로 진화되었다는 진화론적 사상과 신(God)에 의해 창조되었다는 창조론적 종교 사상이 대립하고 있다.

자연의 물질계는 물질 평형을 이루기 위하여 끊임없이 순환(Cycle)한다. 물의 순환, 탄소의 순환, 암석의 순환 등 물질계는 순환(循環)의 역사다. 인간의 탄생(삶)과 죽음도 순환 역사의 과정이다. 생(生)과 사(死)가 끊임없이 순환하므로 영생(永生, Eternal life)으로 이어진다. 지질학이 말해 주는 물질세계는 순환(循環)과 영속(永續)의 역사다. 이 과정에서 정신세계와 물질세계가 어떻게 작동하는지는 알 수 없다. 정신세계와 물질세계와의 관계는 인간이 영원히 풀 수 없는 수수께끼(Mystery)이다. 아마도 신(神)의 영역일지도 모른다.

갈릴레이-뉴턴 역학에서 확립된 자연 과학은 기계론적인 설명만이 인정되고 그것이 객관적이라고 확신하였다. 따라서 이성(理性)과 감성(感性)이 대응하고 물질(物質)과 정신(情神)세계가 대립한다. 물질과 정신, 육체와 마음, 자연과 신, 나와 외계 등은 인간에게 주어진 가깝고도 멀고, 가장 새롭고도 오래된 불가사의한 현실이다. 정신(精神), 마음(心), 신(神) 등은 육체(물질)와 자연과 밀접한 관계에 있으면서 서로 다른 개념에 속하므로 철학적인 문제가 된다. 철학자 칸트(Immanuel Kant, 1724.4.22.-1804.2.12.)는 객관과 주관의 조화를 시도하고 마르크스(Karl Heinrich Marx, 1818.5.5.-1883.3.14.)는 변증법적 유물론을 발표하여 관념론과 격렬하게 대립하고 있다. 인간 개개인에 따라 제각각 다르기 때문에 정답이 있을 수 없다. 따라서 사람의 생각과 마음은 모르는 게 당연하다. 과학, 철학, 종교의 공집합인 신, 마음, 정신세계는 인간에게 영원한 수수께끼로 남는다.

한민족 뿌리는 태백산이다
The Mt. Taebagsan is the ethnic Root of the Korean people

　한민족의 뿌리는 단군 신화(檀君神話)에 잘 설명되어 있다. 단군 신화는 우리 민족 최초의 국가인 고조선(古朝鮮)을 단군왕검이 한반도에 건국했다는 얘기다. 단군 신화에는 널리 인간을 이롭게 한다는 홍익인간(弘益人間)과 세상으로 나아가 도리를 교화한다는 재세이화(在世理化)라는 우리 민족의 가치 의식과 인본주의적이고 현세주의적 윤리 의식과 깊은 철학사상이 담겨 있다. 《삼국유사》에 기록된 단군 신화의 내용은 다음과 같다. 먼 옛날 하늘의 신, 환인(桓因)의 아들 환웅(桓雄)이 천하에 뜻을 두고 인간 세상을 다스리고자 하였다. 환인이 환웅의 이런 뜻을 미리 알고 삼위태백산(三危太白山) 지역이 인간을 이롭게 할 지역임을 택하여 천부인(天符印) 3개와 무리 3,000명을 주어 인간 세상으로 내려보냈다. 환웅이 태백산 마루 신단수(神壇樹) 밑으로 내려와 그곳을 신사로 정하고 바람, 구름, 비를 다스리는 풍백(風伯), 우사(雨師) 등과 신하들을 거느리고 곡식, 질병, 인명, 선악, 형벌 등 360여 가지 일을 맡아 다스리게 했다.

　재미난 얘기는 이때 굴속에 호랑이와 곰이 함께 살고 있었는데 곰과 호랑이가 환웅에게 사람이 되고 싶다고 빌었다. 환웅이 마늘 20개와 쑥

한 자루를 곰과 호랑이에게 주며 이것을 먹으면서 100일 동안 햇빛을 보지 않으면 사람으로 환생할 것이라 하였다. 곰은 열심히 먹고 조심하여 21일 만에 여자(웅녀)가 되었고 호랑이는 이를 지키지 않아 사람이 되지 못하였다. 이 웅녀가 신단수 밑에서 아이를 갖게 해 달라고 빌었다. 환웅이 잠시 남자로 변신해 웅녀와 결혼하여 아들을 낳았다. 이 아들이 바로 단군왕검이다. 단군왕검이 성장하여 이사달을 도읍으로 기원전 2333년 고조선을 세워 그 후 2,200여 년 존속하게 되었다고《삼국유사(三國遺事)》에 기록되어 있다.《삼국유사》는 고려 충렬왕 7년에 승려 일연(一然, 1206-1289)이 쓴 현존하는 가장 오래된 역사책이다. 금년이 서기 2023년으로 단기 4356년, 불기 2567년이다. 서기(西紀), 불기(佛紀)보다 오랜 단기(檀紀)다.

단군 할아버지를 모시는 단군성전(檀君聖殿, 백악전(白堊殿)이라고도 부름)의 성역이 서울 종로구 사직단에 만들어지고 단군 영정과 국민경모(國民敬慕) 단군상(檀君像)을 봉안하여 한민족의 상징으로 지금도 온 국민이 기리고 있다. 우리나라는 단군왕검이 기원전 2333년에 건국한 하늘 문을 연 날을 기념하기 위하여 10월 3일을 개천절(開天節)로 정하고 거족적인 제천 의식을 거행하고 있다. 지구상의 많은 경우 신화나 설화는 믿기 어려운 사건으로 묘사되어 있다. 비과학적이지만 인간의 사고를 초월한 사건들이라 그저 믿는 것이 중요하다.

우리는 백두산을 영산으로 묘사하고 애국가에도 백두산이 중요하게 묘사되는데 신단수가 백두산에 있지 않고 태백산에 있었음을《삼국유사》에서 기록하고 있다. 백두산 호랑이보다 태백산 호랑이가 원조로 한반도의 중심은 태백산임을 선조들이 기록한 역사가 알려 주고 있다. 태백산은 높이 1,567m 장군봉을 중심으로 함백산, 오대산, 설악산 등이 이어지고 있다. 정상에는 천제단(天祭壇)이 있어 개천절에 천제를 지내고 있다.

지질학적으로도 태백산은 선캄브리아기 변성암 기반암과 고생대 퇴적암층으로 되어 있다. 그러나 백두산은 신생대에 만들어진 화산암으로 되어 있다. 백두산은 한라산과 함께 신생대 말 유라시아 지판 내부에서 분출한 화산(Intraplate volcano)이다. 태백산은 지질학적으로 한반도의 기반이자 중심축이다. 또한 백두산 화산은 역사 시대에도 여러 차례 분출해 단군의 생활 환경으로도 적절하지 못하다. 화산 활동과 함께 지진이 빈번한 백두산 기슭에 영험한 단군이 터전을 잡았을 리가 없다. 지질학적으로도 지반이 안정한 태백산이 단군이 탄생하여 생활하기 가장 좋은 환경이다. 태백산은 지형과 식생 환경이 단군이 생활 터전으로 백두산보다 더욱 적합하다. 태백산맥 자락 어딘가에 신단수와 단군성전 유적이 있을 법도 한데 이 역시 신화같이 실존 현존하지 않아 아쉽다. 신화(神話)는 역시 신화(神話)다.

단군 영정을 모신 서울 종로구 사직단 내에 있는 단군성전

▶ 고향 마을 청송(青松) 신점동 초가삼간 마을 전경

2장
아련한 추억들
Distant memories of childhood

- 초가삼간(草家三間) A small cottage
- 송기죽 먹고 자란 아이 One child grew up on Main food by soup of pine skin
- 소풍의 명소 주왕산 Favorite picnic site of the Juwangsan Mt.
- 한(恨) 많은 독짐재(峙) Unforgettable High hill of the Dokjimjae Pass on the way of the Market day shopping
- 기나긴 자취(自炊) 생활 Long school days cooked my own meals
- 콩나물 요리로 풍성한 마을 잔치 Bean sprout dish in the Whole village Banquet

초가삼간 草家三間
A small cottage

　필자의 어린 시절로 되돌아가 본다. 한반도 뿌리인 태백산맥(太白山脈)의 끝자락에 푸른 소나무가 울창한 청송(靑松) 고을이 있다. 청송 읍내에서 대구로 향하는 자갈길 비포장 국도에서 주왕산 자락 골짜기로 자그마한 개울 따라 십 리 길 들어가 700년 넘는 수령의 느티나무 고목 당고개를 올라서면 늙은 소나무 숲의 묘지가 있는 거북송이라 불러 온 거북소(龜沼)가 개울가에 가장 먼저 눈에 띈다. 하천에 물이 흐르면 거북이 해엄치는 모습을 나타내어 선조들이 거북송이라 불러 왔다. 송은 개울물 중에 수심이 깊은 하천(소, 沼)을 의미하기도 하고 거북 등에 소나무 숲으로 이루어져 거북송(龜松)이라 부를 수도 있는데 전자라고 생각한다. 태백산 정기가 이어진 거북송을 중심으로 선조가 처음으로 정착한 마을이 신점동(新店洞)이다.

　좁은 개울 폭이라 사방이 산으로 둘러싸여 넓은 전답이 만들어지기 어려운 지형이다. 비행기 소리 듣고 문 열고 나오면 볼 수 없는 골짜기에 이십여 가구씩 세 곳으로 나누어져 아랫마을(학교말), 건넛마을, 큰 마을(윗마을)로 나누어져 있다. 큰 마을 낮은 산자락 텃밭 아래의 좁은 도랑 옆에 오두막 초가삼간이 있었다. 초가 안방에서 단기 4279년 구월 열하루 날 한 생명이 태어났다. 그 후 어머니는 밭머리에 애기를 엎드려 놀게 하고 밭일을 하셨다. 나는 돌가루인 흙을 먹고 자랐다. 어릴 때 키를 쓰고 소금 구하러 옆집 상엿댁 집을 두어 차례 간 기억이 있다. 웃으시며 소금을 주시던 상엿댁 아지매 모습이 떠오른다. 영양실조로 나이 좀 들어서까지도 꿈속에서 오줌을 이불에 싼 일이 많았다. 좁은 마당에서 검정 고무신에 때가 찌들고 낡은 광목 바지저고리를 입은 꼬마들이 사금파리 엽전을 튕겨 땅따먹기, 나뭇가지로 만든 자치기, 구슬치기, 공책과 책을 찢어 만든 딱지치기 놀이를 즐겨 하였다.

초가집은 안방, 상방, 마구간의 삼간으로 되어 있다. 지붕은 볏짚으로 이은 초가(草家)이다. 정지(부엌의 사투리)는 안방과 마구간 사이에 있어 마구간의 소죽통과 연결되어 있다. 좁은 부엌에는 소죽 끓이는 큰솥, 중간 크기의 밥솥이 걸려 있고, 정지 한구석에는 솟갑 등 땔감 나무가 싸여 있었다. 집안의 큰 일꾼이자 재산 목록 1호인 붉은색 황소와 한 지붕 밑 좁은 공간에서 같이 살고 있다. 마구간 옆에는 좁은 통시(화장실)가 붙어 있고 새끼 꼬기 위해 짚을 추릴 때 나온 지푸라기 뭉치가 비치되어 있다. 검게 그을린 부엌에 무쇠솥이 걸려 있다. 낡은 밥솥 밑바닥이 금이 가고 갈라졌는데 때워 놓은 부분이 가끔 터져 말썽을 피웠다. 물이 새는 밥솥에 난감해하시던 어매(어머니)의 모습과 갈라진 틈을 때우시던 아부지(아버지)의 모습을 여러 차례 보았다. 이때 어머니의 한숨 소리는 지금도 잊을 수가 없다. 나뭇단이 쌓인 정지 구석에는 땅을 파서 작은 비밀 쌀독 항아리를 묻어 놓았다. 6.25 전쟁 때 인민군들이 밤에 쌀을 탈취해 가기 때문에 귀한 쌀을 숨겨 놓았다. 워낙 쌀이 귀한 시절이라 쌀로 차 있는 작은 항아리는 한 번도 본 일이 없었다. 큰방(안방)이라지만 다섯 명 누우면 가득 찰 정도 크기이고 옆에 붙은 상방은 더 작았다. 안방에는 짚자리가 깔려 있었고 상방에는 낡은 왕골로 짠 초석자리(왕골로 짜서 만든 돗자리)가 깔려 있었다. 큰방의 부엌 쪽 벽에는 호롱불을 올려놓는 네모난 홈이 있어 안방과 부엌을 동시에 밝히고 있다. 큰방 한쪽에는 싸리나무로 엮어 만든 상자에 문종이를 입힌 평고리 옷상자를 올려놓거나 이불을 올려놓는 시렁이 있다. 이 시렁은 겨울에는 메주를 달아서 발효시키곤 했다. 안방 천정 한구석에는 삼신할머니를 모시는 항아리가 얹어 있었다. 어머니는 항상 가족의 안녕과 무사를 삼신할머니께 빌었다.

신점동을 지켜 준 당고개 당나무 2022년 현재 723년 수령 느티나무,
거북송 전경, 바위 주변에 맑고 깊은 물이 흐르고 위는 소나무 숲과 선조의 묘소

항아리 속에 무엇이 담겨 있는지는 지금도 모른다.

마당 옆을 흐르는 좁은 도랑과 마당 연결은 나뭇가지를 덮어 만든 다리가 있다. 이따금 짐을 실은 소가 빠지는 일도 있었다. 마당 옆 울타리 쪽에는 세 그루의 대추나무와 한 그루의 감나무가 있다. 좁은 도랑에는 뻐들이(송사리)와 미꾸라지, 가제가 살고 있었다. 좁은 도랑이지만 겨울이면 시겟토(썰매)를 타는 놀이터가 되었다. 좁은 마당 한 구석에는 거름(퇴비)을 만드는 퇴비 칸이 있고 다른 한편에는 땔나무를 쌓아 놓은 나무삐까리가 있다. 또 한편에는 자그마한 방공호를 파 놓았다. 6.25 한국 전쟁의 피난처 방공호는 집집마다 필수적이다. 때로는 B29 비행기와 네모난 모양의 호주기 비행기가 지나가기도 했다. 우리는 1950년 6월 25일 김일성 악당의 남침으로 피비린내 나는 단기간의 처절한 전쟁을 치렀다. 비행기 폭격과 인민군의 피습 공격을 피하기 위해 가끔 웃베알 바위 언덕 절벽에 나뭇가지에 지어진 움막에서 피난 생활을 하였다. 1953년에 마침내 전쟁이 종식되었다.

마당에는 두 사람이 작업하는 작두가 있어 쇠꼴을 썰거나 퇴비용 풀을 썰 때 사용한다. 여름에는 마당에서 보리나 콩 타작을 하고 가을이면 마당에는 작은 벼가레가 만들어진다. 여름이면 나붓골과 웃베알의 먼 고추밭에 고추 따기, 꼴 베고 소 먹이기, 담뱃잎 엮어 황초굴에 달아 건조하기, 겨울이면 집자리 틀에 짚 지르기, 담배 수납용 개량 초 작업 등 한시도 놀 틈이 없었다. 농사일 없는 친구 부면장 아들과 담배 지도원집 딸이 너무 부러웠다.

그러나 농촌 생활의 즐거운 추억도 많다. 겨울에 처마 끝에 만들어진 참새 집에서 물고기 잡는 반도로 참새를 잡는다. 사랑방 아궁이에서 구운 참새구이 맛은 모든 고기 맛 중에 최고였다. 마을 앞 하천에서 1급 청정수 물고기들이 많이 잡힌다. 마을 앞 하천 거북송에는 메기와 꺽지가 해엄치고 밤에 줄낚시를 놓아 물고기를 잡기도 하였다. 여름이면 자갈과 모래로 깔린 개울에 피리(피라미), 뻐들이(버들뭉치), 꽐로, 미꾸라지, 기름쟁이, 뚜구리 등 1급수의 물고기들이 우글우글했다. 특히 새골로 들어가는 좁은 하천에는 뚜구리가 많이 잡히고 가끔 큰 붕어가 잡혔다. 상류에 못이 있어 붕어가 가끔 잡혔다. 낚시도 하고 봇도랑을 막아 물고기를 잡기도 하고 하천의 물길을 살짝 돌려 잡기도 하고 발을 놓아 밤새도록 발에 걸린 물고기를 아침에 가서 건져 오기도 했다. 이곳 신점동이 태어나서 유년기, 청소년기를 보낸 아름다운 고향 마을이다. 읍내에서 학교 다닐 당시 주말이나 방학 때 항상 가슴 설레고 기쁜 마음으로 당고개를 넘어 고향을 찾았지만 고향을 떠날 때는 항상 밭에서 어려운 농사일에 지치신 어매의 모습이 마음을 늘 아프게 하였다.

  1950-60년대 윗마을에서만 21가구 100여 명이 살았다. 그러나 지금은 5가구 고령자 6명이 살고 있다. 도시로 이농 현상, 저출산, 고령화가 심각한 수준임을 절감한다. 당시 마을에서 이웃집의 호칭은 택호를 사용했다. 어머니가 중평동(중뜰)에서 신점(새점)으로 시집오셨기 때문에 어머니는 중동댁, 아버지는 중도 어른이 호칭이다. 나를 소개할 때는 중동댁 둘째 아들로 소개했다. 초가삼간 시절 윗마을 우리 동내는 상촌댁, 이곡댁, 사천댁, 이연댁, 우명달, 사호댁, 상엿댁, 문노댁, 금곡댁, 댕밎댁, 덕천댁, 오살댁, 신노댁, 덕젓댁, 백동댁, 금산댁, 수곡댁, 관동댁의 여러 이웃이 있었다. 밤이면 호롱불 밑에서도 사탕 내기 화투 놀이를 즐기고 집집마다 서너 명 이상 아이들이 있어 친구가 많았다. 택호로 불렸던 어르신들은 지금 한 분도 안 계시고 같이 뛰어놀며 즐기던 부동 국민학교(府東國民學校)는 폐교로 없어지고 국민학교 친구들은 이미 세상을 많이 떴다. 초가삼간도 사라지고 국민학교도 없어져 옛 모습은 사라졌지만 신점동의 옛 지형과 마음의 고향은 여전히 남아 있다. 당고개의 당나무(느티나무)와 거북송이 마을을 지켜 주고 있다. 부모님과 조상이 잠든 영원한 고향 산천. 그래도 소림일지(巢林一枝) 초가삼간 시절이 그립다. 그때 그 시절을 열심히 표현하려 노력하였으나 그 초가삼간이 현존하지 않아 대단히 아쉽다.

송기죽 먹고 자란 아이

One child grew up on Main food by soup of pine skin

초가삼간에서 어려운 유년 시절 큰집은 기와집에, 동내가 잘 내려다 보이는 높은 위치에 자리 잡고 있었다. 할아버지는 항상 탕건(宕巾)을 쓰시고 인자하신 선비 모습이셨다. 4촌, 6촌 형 및 먼 친척 젊은이들이 아침마다 차례로 사랑방에 와서 한문을 공부하였다. 큰집 사랑방이 서당(書堂)이었다. 할아버지는 천자문(千字文)부터 시작하여 동몽선습(童蒙先習), 소학(小學), 대학(大學)까지 가르치셨다. 먹고살기 어려운 때였지만 책 한 권 공부가 끝나면 책거리 떡을 해서 선비에게 대접하는 모습이 기억난다. 큰집은 토지도 많고 머슴을 둘이나 세강 주며 농사를 지었다. 장남이 조상을 모시기 때문에 유산은 장남 중심으로 배분되었다. 손자들 사이에서도 서열을 느낄 정도로 차별이 있었다. 그런데 할머니가 가끔 제사 후에 과일, 떡 등을 따뜻하게 챙겨 주셨던 기억이 남아 있다. 차남은 새로 세간을 나는데, 아버지는 차남으로 세간 살림살이를 받지 못하셨다. 차남의 차별이 빈곤한 시기에 더욱 심하였다. 아버지는 일본 징용으로 일본도 다녀오셨다. 그 후 아버지는 산전(山田)을 일구어 농사를 조금 지으시고 참나무 숯을 구워 팔아 생계를 유지하셨다. 국민학교 1학년 때 아버지를 따라 집 뒷산 너머 소나무의 껍질을 낫으로 벗겨 집으로 가져갔다. 소나무 껍질로 죽을 쑤거나 떡을 만들어 주식으로 했다. 송기죽과 송기떡으로 저녁을 때웠다. 우리 집과 비슷한 처지의 옆집도 있었다. 초여름이면 영글지도 않은 풋감자를 캐서 봇도랑에 가져가 발로 비벼 껍질을 벗기고 삶거나 때로는 껍질 채 삶은 피감자를 식사 대용으로 하였다. 이렇게 어려운 생활에도 이웃과는 죽과 감자도 서로 나눠 먹었다. 제사 음식도 반드시 나누어 먹는 따뜻한 이웃이었다. 먹는 문제 외에는 걱정 없는 이웃과 화목한 즐거운 세상으로 철없이 지낸 행복한 시절이었다.

  그 당시는 시골은 예방 주사 혜택을 전혀 받을 수 없었다. 우리 마을에도 천연두에 걸려 얼굴이 얽은 어른과 친구도 더러 있었다. 홍역, 천연두 등의 전염병은 치명적이었다. 대부분 가정에 아기들이 어려서 많이 희생되었다. 국민학교 1학년 때 내 여동생이 6살이었다. 예쁜 이름 김SO였다. 어느 날 밤 안방에서 여동생을 안고 이름 부르는 어머니의 절규와 절망하시는 아버지 모습을 지금도 잊을 수 없다. 아침에 일어나니 동생이 보이지 않았다. 영문도 모른 채 당한 홍역이 철없는 어린 가슴에 너무나 큰 상처를 주었다. 홍진(홍역)이라는 역병이었다. 앞집의 동생과 같은 또래였던 김YW를 친척 칠순 잔치에서 만났다. 60대 중년 아주머니가 된 여동생 친구를 보니 내 여동생의 아련한 모습이 한동안 교차하였다. 얼마 전 형님과 얘기 나누는 중에서 역병으로 희생된 두 살 위 누나도 있었다는 또 하나의 슬픈 얘기를 들었다. 열악한 국가의 의료 시스템과 자유당, 민주당 정권의 정쟁에만 휘둘려 질병 관리나 국리민복은 안전에도 없었던 때다. 지프차의 확성기에서 선거 홍보 '못살겠다 갈아 보자 갈아 봤자 별수 없다'가 산골 마을까지 울려 퍼졌다. 언론도 통제되어 당시 읍내에서 《동아일보》, 《조선일보》 등 진실 보도 신문 구독은 감시가 심하여 비료 푸대 종이에 싸서 이른 새벽 비밀리에 배달되었다. 언론이 진실에서 벗어나면 사회는 혼란이 오고 국가는 쇠망을 초래하게 된다. 현재 살아남은 누님, 형님, 삼남매는 모두 건강하게 잘 살고 있다. 부모님 세대에 가난과의 전쟁, 농촌과 도시의 차이로 겪은 뼈저린 고통과 참혹한 희생에 세월의 무상함을 느낀다. 먼 거리의 밭농사와 집안 가사와 농사일로 힘겨워하신 어머니의 모습이 마음 아프게 항상 남아 있다. 산나물 뜯어 오실 때 대레끼(어깨에 메는 바구니) 산나물 속에 뿔나무 빨간 열매와 가재를 잡아 오신 즐거운 기억도 남아 있다. 귀향길 당고개를 넘어 다닐 때 항상 이런 감정 때문에 고향 갈 때 설렘과 기쁨으로 넘던 당고개와 뒤로하는 당고개는 항상 슬픔과 무거운 마음으로 변했다.

부남 5일 장날에는 마을 사람들이 고추나 곡식 푸대를 짊어지고 십 리 길 높은 독짐재(峙)를 넘어 가야 했다. 장날 독짐재를 넘어 다닌 그 시절의 애환을 잊을 수 없다.

부모님은 초가삼간에서 조금씩 재산을 늘리셨다. 논농사도 지으시고, 소도 한 마리 기르시고, 고추, 담배 재배로 목돈을 모으셔서 점차 동내에서 알뜰 부자로 소문이 나기 시작했다. 부자라야 논밭 몇 마지기 정도였다. 근면하시고 열심히 사신 아부지의 삶의 교육과 철학의 값진 유산이 오늘의 나를 있게 했다. 초가삼간 집 뒤편 밭 끝자락에 넓은 기와집을 새로 지으시고 재산을 크게 일구셨다. 형님과 함께 워낙 열심히 일하시고 아끼고 모으셔서 노후에는 부럽지 않은 행복한 여생을 보내셨다.

어머니의 노년 시절 시골 마을에선 채소나 일부 생필품을 실은 타이탄 트럭이 마을을 다니며 판매하였다. 자동차 마이크 소리 듣고 나가면 이미 차는 가 버리고 없어 사지 못하셨다는 노년의 어머니 말씀은 늘 가슴에 아픔으로 깊이 남아 있다. 아버지는 조상 숭배를 늘 몸소 보여 주셨다. 집에서 500m 정도 떨어져 족두리봉과 거북송이 보이는 아늑한 곳에 직접 묘 터를 잡고, 가묘를 만들어 수년 동안 잔디와 잣나무를 손수 심고 가꾸셨다. 그 자리에 지금은 어머니와 영원히 함께하시고 있다. 여러 차례 족보와 뿌리를 심어 주시고 직접 작성하신 족보를 저에게 주셨다. 조상 숭배를 가장 큰 즐거움으로 경주 신라 경순왕 능참봉 봉사를 가장 자랑스러워하셨다. 경주 왕릉 참봉을 계속 봉사하시게 참봉의 제례복을 함께 관에 준비해 드렸다. 그리운 고향이 이런 곳이라네요.

소풍의 명소 주왕산
Favorite picnic site of the Juwangsan Mt.

　윗마을은 개울을 사이에 두고 건넛마을, 아랫마을과 갈라져 있다. 부동 국민학교(초등학교)는 아랫마을 당고개 옆에 있다. 집에서 학교까지 거리는 700m로 그리 멀지 않았지만 징검다리로 된 개울을 건너야 했다. 개울물이 조금만 불어나면 추운 겨울에도 맨발로 건너야 했고 홍수 때는 학교를 갈 수 없었다. 단기 4286년(서기 1953년) 3월 국민학교 1학년 때 대부분 학생들이 검정 고무신을 신었으나 나를 포함 맨발로 다니는 학생도 더러 있었다. 홍수가 그렇게 좋을 수가 없었다. 학교에 가지 않아도 되니까. 한 학년의 학생 수는 20명 남짓해서 복수 학급으로 운영되어 1학년과 6학년이 한 교실에서 같이 공부했다. 교장 선생님도 수업과 담임을 하셨다.
　기억나고 재미있었던 학교생활은 소풍 가서 보물찾기 하는 것이었다. 선생님이 나무껍질 밑이나 바위 틈새, 돌 밑에 접은 종이를 몰래 숨겨 놓고 학생들이 찾는 일이다. 접은 종이를 찾아 열면 공책, 연필, 지우개 등 상품명이 쓰여 있다. 봄가을 원족(소풍)은 학교에서 십 리 떨어진 소풍의 명소 주왕산을 주로 갔다. 6년간 봄가을 소풍을 자주 간 주왕산은 물론 산길을 걸어서 가야 했다. 소풍이란 말보다 원족(遠足)이란 말을 주로 들었다. 주왕산은 입구에서 보면 기바위의 장엄함과 바깥 절과 안 절, 주왕굴, 폭포 등 아기자기한 절경을 이루고 있다. 바깥 절 입구에 알록달록하고 화려한 단청과 힘상궂은 2명의 장수 사천왕이 무서워서 볼 수가 없었고, 자비로운 부처님 얼굴도 무서워서 볼 수가 없었다. 불교문화의 한 특색인 현란한 단청이 두려움의 대상이었다. 벤또(알루미늄 도시락 통)가 귀해서 6년 동안 밥 담은 옥식기 위에 무장아찌 석인 고추장 작은 종지를 꾹 눌러 얹은 것이 소풍 도시락 전부였다.

주왕산 바깥 절, 큰 절(大殿寺). 장엄한 기바위(화산암).

그래도 야외에서 모처럼 쌀 섞인 보리밥을 먹을 수 있어 소풍 점심시간이 행복한 순간이었다. 특별히 삶은 고구마를 가져온 학생도 있었다. 학교에서는 미국 구호품 분유를 자주 나누어 줬는데, 광목 책보자기에 담아 집에 오는 중 먹기도 하고 집에 가져와 밥 위에 같이 얹어 쪄서 먹기도 하였다.

추운 겨울에 난로 땔감을 들고 학교 가는 일은 너무 힘든 일이었다. 토요일이면 학교 운동장 풀 뽑기를 했다. 봄이면 운동장 주변 둑에 호박을 심고 가꾸었다. 학교 운동장에서 할 수 있는 유일한 놀이는 동전 크기의 사금파리로 땅따먹기 놀이와 갱후 전쟁놀이였다. 갱후 놀이는 두 팀으로 나누어 대장 갱과 나머지 졸은 점수를 다르게 지정하고, 서로 손을 잡고 운동장을 뛰어다니면서 점수로 대결하는 전쟁놀이 개임이다. 일본 제국주의 학교생활 잔재가 언어나 놀이 곳곳에 남아 있었다. 도시락보다 주로 벤또란 말을 사용했다. 동내 친척 누나들의 이름은 하루에, 히사코, 하다코, 요시코, 미야코 등으로 불렀다. 어렸을 때 옷이 없어서 주로 벗고 살았는데 온몸이 유난히 검어 인도진(印度人)이라는 별명으로 이웃집 아저씨로부터 오까시이네(우수꽝스럽다)라고 놀림을 많이 받았다. 그 당시는 뜻도 영문도 모르고 놀림을 당했다.

국민학교 4학년 때 청송군 교육청 주최 그림 그리기와 습자(글씨 쓰기) 대회가 열렸다. 청송 읍내 향교 마루에서 강 건너 선왕당의 이른 봄 풍경을 그리는 대회에 출전하여 가작상에 입선하였다. 학교에서 담임선생님과 지동 못당맥이까지 십 리를 걸어가 청송읍까지 처음으로 이십리 버스를 탔다. 친구 박경환은 붓글씨 대표로 선발되어 출전해 가작상을 받았다. 매년 가을에 열리는 운동회는 가장 싫은 날이었다. 100m 달리기 경주에서 매번 4등으로, 상품이 주어지는 1, 2, 3등 줄에 한 번도 서 보지 못하고 폐회식 때 상을 받지 못한 학생들에 나누어 주는 가장 저급 상품인 연필 한 자루나 누런 종이 공책 한 권을 부끄럽게 받았었다. 그러나 운동장 주변에 일부 학부모들이 준비한 삭힌 감, 삶은 고구마와 점심 도시락 먹는 즐거움은 운동회 추억으로 남아 있다. 집에 가서는 상 얘기가 나올까 봐 두려웠다.

학교에서 돌아오면 쇠꼴 캐기와 소 풀 먹이러 가는 일이 전부였다. 전후(戰後)에 남겨진 탄피로 만든 총으로 카야쿠(화약)를 넣어 참새 잡기, 통나무 바퀴와 나무 널빤지로 만든 구루마(자동차) 제작과 구루마 타는 맛은 정말 재미있었다. 이따금 고무신, 고철, 깨진 냄비 등 고물 수집하는 리어카 아저씨가 마을을 지나다녔다. 알록달록한 아메다마(알사탕), 고무줄, 카야쿠(화약) 등과 고물을 교환 수집하였다. 종이판에 점점이 박혀 있는 카야쿠를 살 고물이 없었다. 고물을 실은 낡은 리어카를 개울 길 십 리를 뒤에서 밀어 주면 카야쿠 종이 두 장을 준다 했다. 카야쿠 종이를 받아 다시 십 리를 집까지 되돌아 걸어오면서도 기분이 너무 좋았다.

학교에 시험지 채점은 점수 숫자 표기보다 동그라미 숫자로 평가하였다. 동그라미 수가 많으면 잘한 것이다. 선생님은 학생이나 학부모의 존경 대상이고 선생님은 학생들을 사랑하는 참스승이셨다. 미국 구호물자의 도움을 많이 받았다. 처음 보는 옷, 학용품, 통조림의 독특한 맛, 얇은 성경책. 누가복음이 무엇인지 몰랐지만 그때 처음 접해서 지금도 누가복음이란 용어에서 그때의 기억이 생생하다. 6년 졸업 때까지 그렇게 입고 싶던 검정 양복 교복은 끝내 한 번도 입어 보지 못하고 어머니가 지어 주신 한복 바지저고리로 졸업하였다. 중학생이 되어야 써 볼 수 있는 검정 모자는 누구나 쓰고 싶어 하였다. 졸업식 날 우등상과 청송군 교육감상으로 국어사전을 부상으로 받았다. 아버지의 유품 가방에서 상장들과 대학 수험표, 학생증 등이 보관되어 있었다. 전후 빈곤 속의 어려운 교육 환경이었지만 따뜻한 참교육으로 교육받은 그때 학교 교육이 오늘의 나를 고등학교 교장과 대학교수로 만들었다. 참스승이셨던 선생님들께 존경과 감사를 드린다.

단기 4292년 3월 부동 국민학교 6학년 졸업 기념(오른쪽 앞에 앉은 필자). 지금은 다른 세계에 계신 담임 선생님과 학급 동료.

한(恨) 많은 독짐재(峠)

Unforgettable High hill of the Dokjimjae Pass
on the way of the Market day shopping

1950-60년대에는 청송 시골에는 교통편이 아주 열악하여 주로 걸어서 이동하였다. 우리 마을 부동 신점을 중심으로 청송 읍내 삼십 리, 부남 십 리, 도평 삼십 리 떨어진 마을에서 5일마다 장이 선다. 바로 5일장 날이다. 우리 마을 신점에서 가장 가까운 장터가 부남장이다. 부남장으로 가려면 두 갈림길이 있다. 상평 마을을 거쳐서 부남으로 비포장 국도를 1시간 40분 정도 걸어서 가는 코스와, 석고개에서 독짐재(峠) 산을 넘어 부남장으로 가는 1시간 남짓 걸리는 코스가 있다. 독짐재는 이름조차 독특하다. 한자 峠(상)은 고개 상 자(字)이다. 한반도에는 한계령, 추풍령, 천둥산 박달재나 문경 새재와 같은 유명한 재가 많다. 문경 새재는 백두 대간의 조령산 마루를 넘는 곳이자 한강과 낙동강을 잇는 높은 재로 새도 날아서 넘기 힘든 고개다. 독짐재는 이들에 비하면 낮은 재지만 어릴 때의 한과 추억이 쌓여 있다. 독짐재는 장날 옹기와 독(검정 항아리)을 사서 짊어지고 넘는 고개라는 뜻으로 생각된다. 독짐재를 올라갈 때 개울을 건너 굽이굽이 가파른 좁은 산길 소로를 걸어 올라가 정상에서 땀을 말리고, 부남 장터 마을을 내려다보면서 내리막길을 굽이굽이 걸어 내려가 개울을 또 건너가야 한다. 부동면 이전, 집골, 배나무골, 새

골, 신점, 부일, 석고개 주민들은 이 독짐재를 넘어 부남장을 본다. 부동 골자기에 살고 있는 주민들의 한(恨) 많은 독짐재였다.

  장날 장에 가는 일은 큰일 중의 하나로 농사일을 접고 가야 한다. 또 모처럼 옷차림도 신경 쓴다. 당시 대부분 농산물을 팔기 위해 고추, 마늘, 곡식 등 농산물을 지게로 짊어지거나 여자들은 머리에 이고 이 독짐 재를 넘는다. 때로는 닭, 돼지, 소를 팔기 위해 가축을 몰고 재를 넘는 사람도 있다. 독짐재를 힘겹게 넘어 장에 가는 날은 농축산물을 팔아 돈을 만들고 새로운 물건을 구매한다는 기대로 즐거움에 가슴 벅차하며 힘든 재를 넘는 고통을 잠시 잊는다. 장에 가면 오징어, 꽁치, 간 배인 아지, 미역, 진저리 등 보기 드문 간배기 생선과 해산물을 살 수 있고 내복과 양복이나 국시(국수), 아메다마(알사탕) 등도 살 수 있어 즐겁기만 했다. 소고기와 돼지고기 같은 육류는 제삿날이 아니면 구경하기 어려웠다. 보통 장 보러 가는 날은 제사상 제물 준비 때문에 많이 간다. 조상 숭배 제사는 집안의 큰 행사였다. 장터에서 점심 국수 한 그릇 먹는 일은 모처럼의 외식이다. 모처럼 장날 무거운 고추 푸대와 마늘을 짊어지고 독짐재를 넘었지만 가격이 맞지 않아 다시 무거운 고추 푸대와 마늘을 지고 독짐재를 넘어 집으로 도로 가져와야 하는 경우도 종종 있었다. 농산물 가격이 장날마다 다르고 시세를 알 수 없기 때문이다. 시세가 맞지 않으면 땀 흘려 수확한 농산물을 팔 수가 없다. 가격 하락으로 싼값에 어쩔 수 없이 농산물을 팔고 마음 아파한 농민들 한숨 소리가 아직도 기억난다. 어렸을 때 왜 그리 힘든 독짐재를 넘어 장에 따라가고 싶었는지? 장 구경하러 따라가는 게 소원이었다. 짐을 머리에 이고 장에 가는 누님 따라 장에 따라가려고 떼 쓰던 어린 시절이 즐거운 향수가 되었다.

  50년이 지난 오늘도 5일장 날은 여전히 열린다. 그러나 그동안 도로와 교통이 편리해져서 버스도 하루 한두 번 정도 다닌다. 두메산골이 주왕산, 주산지 등 관광 명소로 바뀌어 교통량이 부쩍 늘었다. 도로도 포장되고 시골 사람들도 자가용과 화물 자동차를 이용해 장을 본다. 놀라운 변화다. 기후 변화로 논밭은 사과나무 과수원으로 변하여 농가 소득이 크게 향상되었다. 시골 환경 변화로 한 많은 독짐재는 더 이상 넘을 필요가 없게 되었다. 이제 독짐재의 소로 산길은 울창한 나무숲으로 덮여 사라져 버렸다. 독짐재 이름마저 점차 잊히고 있다.

지질학자로 눈을 떠 보니 이 지역이 중생대 경상계 사암, 역암, 셰일 등의 퇴적암 지층으로 지형이 비교적 험준한 편이었다.

기나긴 자취(自炊) 생활
Long school days cooked my own meals

    읍내에 있는 중학교는 집에서 삼십 리 떨어져 있다. 교통편은 집에서 못당맥이나 지동까지 십 리(4km) 걸어가고, 이십 리는 비포장도로로 드물게 오는 시외버스를 이용할 수가 있다. 그러나 그 당시 버스비가 나에겐 너무 큰돈이라 중학교 3년 동안 버스를 타 본 일이 거의 없었다. 물론 그 당시 많은 학생들이 이삼십 리는 보통 걸어 다녔다 국민학교 졸업 후 중학교는 꿈도 꿀 수 없는 경제 형편이었다. 그런데 꿈에 그리던 검정색 교복에 운동화를 신은 중학생이 된 자신이 믿기지 않았다.

    단기 4292년 부동 국민학교 졸업 전에 친구들과 학교 운동장에서 찍은 기념사진에 '굳세게 나가자'라고 다짐했다. 아랫마을 부면장 아들인 친구가 중학교 간다고 해서 같이 읍내 중학교까지 삼십 리 걸어가 운동장에 줄을 섰다. 선생님이 이름 적고 바로 입학이 된 것이다. 건넛마을 동내 친척 선배가 읍내 고등학생인데 달막에서 자취 생활을 하고 있었다. 그 방에 같이 자취 생활하기로 정하고 꿈같은 중학교 생활이 시작되었다. 자취 집에서 두레박 사용 우물물을 길러 와야 했다. 우물까지는 30m 떨어져 밥을 지을 때마다 추운 겨울에도 물 버킷(양동이)으로 우물물을 매번 길러 와 밥을 지어야 했다. 어린 나이에 물 버킷이 힘에 겨워 다리 사이에 들고 여러 번 쉬어 가며 뒤뚱뒤뚱 집까지 날라 왔다. 처마 밑 아궁이에서 장작 나무를 때서 솥 밥을 지어야 했다. 땔감은 오후에 개울가에 가서 주워 오거나 장날 나뭇짐 지고 팔러 오는 사람에게서 같이 모은 돈으로 사기도 했다. 도끼가 없어 아침저녁 돌로 나무를 잘게 깨서 밥을 지었다. 자취방에 낮은 책상은 건넛마을 신노 할매네 아제(아저씨)가 쓰던 책상을 빌려서 청송까지 짊어지고 와 3년 쓰고 졸업 후 다시 시골로 짊어지고 가서 돌려 드렸다. 지금은 상상할 수 없는 3년간 고난의 자취 생활이었다. 그러나 책상 앞에 붙여진 인내(忍耐), 노력(努力)이란 한자 표어를 매일 보면서 꿈을 키웠다. 중학생이 된 자신이 자랑스러웠다. 전기는 비상선과 일반선이 집에 들어와 있었지만 전기 요금 때문에 각자 책상 위에 석유 호롱불을 켜고 공부하였다. 지금 고백하자면 지붕 밑까지 들어와 있는 전선을 몰래 연결해 도용해서 쓰기도 했다. 우리만 그런 건 아니고 발각되어 벌금을 문 사례도 있다. 책상 앞에 붙어 있는 인내, 노력이라는 표어를 보면서 스스로 다짐과 결심을 계속하며 공부했다. 학교 끝나고 강가에서 낚시도 하고 집 뒤 고염나무 위에 올라가 시험공부 한 기억도 새롭다.

학교에서 집으로 돌아가는 중에 읍내 출신 동료와 방천둑에서 싸움을 붙이는 나쁜 동료 학생이 있었다. 읍내 텃세로 학교 폭력이 자주 있었다. 그 당시에도 따돌림(이지메) 때문에 괴로웠다. 교문에서 규율부 고학년 학생 대표가 복장 검사를 가끔 할 때는 긴장되었고 아는 고향 선배의 도움을 받아 무사히 통과하기도 했다. 여름철에 길거리에서 상자를 메고 다니며 파는 아이스케키는 명물이었다. 겨울밤에 파는 찹쌀떡 아저씨의 찹쌀떡 외침과 여름철 달고 시원한 아이스케키를 외치는 아저씨의 음성이 아직도 귀에 생생하다. 자취방을 돌면서 떡을 파는 할머니가 쌀과 떡을 교환해서 밥 대신 별미 떡 송편을 가끔 즐겨 먹었다.

지금 생각하면 교실 뒷자리에 앉던 짓궂은 학생들이 음악 담당 여선생님을 놀리기 위해 교탁 모서리에 분필 가루를 발라 놓기도 하였다. 수업 시간에 옆 짝과 장난치다 들켜서 교탁 앞에 둘이 불려 나가 서로의 뺨을 때리게 한 나쁜 선생님도 있었다. 실력 없는 교사를 퇴출시키자는 데모가 일어나 주동자로 몰린 친구가 타교(진보 중학교)로 전학 가는 불상사도 있었다.

반공일(토요일)이나 공휴일이면 삼십 리를 걸어서 늘 고향 집을 찾았고, 집에서 조금이라도 더 놀고 싶어 다음 날 새벽에 한 주일 먹을 쌀 주머니와 고추장 단지를 넣은 짐 보따리를 짊어지고 석고개-지동-속골-청운-읍내 학교까지 삼십 리를 걸어서 갔다. 비포장 자갈길 국도라 걷기에 불편했고 드물게 지나가는 자동차의 먼지를 피할 수 없었다.

이 국도는 청송-대구를 잇는 도로로 시골 마을에서는 십 리 밖에 있지만, 마을 사람들이 매년 몇 차례 도시락을 가지고 십 리 길을 걸어 나와 자갈을 도로에 까는 부역(賦役)을 했다. 부역은 국민의 의무로 돈이 없어 버스 한번 타 보지 못하는 산골 사람들도 바쁜 농사일을 미루고 멀리까지 나와 힘든 일을 해야 했다. 지역 주민의 의무이기 때문이다. 내가 땀 흘려 부역하던 도로가 포장 확장되어 넓은 관광 도로로 변할 줄은 그 당시 상상하지도 못했다.

자취 집 주인아저씨가 지방 유지로 촌에서 읍내로 나와 어렵게 공부하는 우리들에게 항상 격려의 말씀을 해 주셨다. 중3 때 고등학교 진학에도 조언해 주셨다. 집안 경제 형편상 고교 진학은 꿈꾸기 어려웠다. 5.16 혁명 정부가 새마을 운동 농업 정책에 중점을 두었다. 사범 학교에 가서 국비로 공부하고 교사가 되거나 농림 학교를 졸업하고 농촌 지도

소 취업의 꿈을 꾸고 있었다. 자취 집 주인아저씨의 소개로 이삼 일 먹을 쌀을 넉넉히 가지고 가서 안동의 주인아저씨의 친척 집 옆방에 묵으면서 안동 Ａ 고등학교 입학시험을 치렀다. 안동 화성동에 있는 기독교 지원 고아원의 관리인의 집이었다. 아침저녁마다 고아원생들이 부르는 찬송가 소리가 마음을 신선하게 했다. 시험에 합격함으로써 고등학교 진학의 꿈이 실현되었고 또다시 고등학교 3년 자취 생활이 시작되었다. 고등학생이 된 자신이 꿈만 같았다. 강한 자부심이 미래의 꿈을 꾸며 도전의 용기를 심어 주었다. 당시 시골에는 고등학생이 매우 드물었다.

청송읍 월막 2동(달막)에 아직도 남아 있는 그 당시 자취 집 자취방 모습(2022년 9월)과 청송 중학교 1학년 때 자취방 중3 선배와 함께

콩나물 요리로 풍성한 마을 잔치
Bean sprout dish in the Whole village Banquet

　산골 마을에 큰 잔치 행사가 드물게 열린다. 주로 설날과 추석 명절날 그리고 결혼 전통 혼례식과 환갑잔치다. 장례와 결혼식, 환갑잔치가 가장 큰 행사이다. 잔칫날이 연중 최고의 날이다. 이날은 농사일 안 하고 쉬면서 맛있는 음식에 모처럼 먹고 즐길 수 있는 날이기 때문이다. 나이 든 처녀들은 시집갈 준비로 베개, 책상보 등에 뜨개질로 수를 놓아 결혼 준비를 하고, 20살이 가까우면 가마 타고 시집을 가고 온다. 혼례식이 가까워지면 밤에 옷을 준비하는 빨랫방망이 소리도 요란해진다. 전통 혼례식으로 큰 상위에 장닭(수탉)과 암탉을 묶어 귀한 쌀을 먹게 한다. 두루마기를 입은 사회자의 어려운 표현의 주문에 따라 예식이 진행된다. 아름다운 옷으로 치장한 신랑 신부는 엄격한 혼례 예절을 지킨다. 신부는 방문을 나갈 때도 엉덩이가 보이지 않게 뒷걸음으로 걸어 나가야 한다. 잔칫날 전날 밤에 동내 사람들이 술(막걸리)과 감주 등을 직접 만들어 한 단지씩 머리에 이고 잔칫집에 온다. 두부를 만들거나 콩나물을 길러서 가져오기도 한다. 잔칫날 콩나물국과 콩나물무침은 술안주지만 콩나물로 배를 채우기도 한다. 동내 또래 아이들은 콩나물을 좀 더 먹으려고 손님상에 남은 콩나물에 눈독을 들인다. 잔칫날은 모처럼 마음껏 포식하는 날이다.

어느 집이나 출산을 하게 되면 대문이나 마당 입구에 경구줄을 친다. 경구줄은 짚이 드문드문 들쑥날쑥하게 나오도록 특별히 꼰 새끼줄에 빨간 고추나 검은 숯을 끼워 만든다. 고추가 걸려 있으면 아들이고 검은 숯이면 딸 출산을 암시한다. 경구줄은 삼칠(3주) 기간 동안 외부인의 출입을 삼가도록 하는 표시다. 산모는 삼칠 동안 미역국으로 몸을 보양한다. 과학적인 방역과 건강 관리 방법이다.

환갑잔치는 가장 즐거운 잔치다. 당시 회갑을 넘기면 장수하는 것으로 생각할 정도로 평균 수명이 짧았다. 고된 농사일, 부실한 영양, 의료 시설 부재 등으로 많은 동네 사람들이 일찍 세상을 떴다. 국민학교 동창 중 많은 친구가 이미 우리 곁을 떠났다. 장수를 기원하고 축하하는 환갑잔치가 인생의 황금 절정기인 셈이다. 가정의 재물과 생사화복은 조상들이 내려 주심을 굳게 믿고 있다. 조상 숭배가 대단히 엄격하고 철저하게 지켜진다. 기제사는 물론이고 장사 후 삭망(朔望)을 꼭 지킨다. 삭망이란 장례 후 초하루 보름 아침과 저녁에 꼭 제사를 올리는 전통 제례다. 이웃집에서 곡소리가 나면 삭망 제사임을 알 수 있다. 가을이면 시사를 지내는데 시사는 가을에 그해 지은 농사로 떡을 준비해 묘지에서 제사를 지내고 조상을 기리는 것이다. 어느 해 추위에 벌벌 떨면서 제사 후 산에서 음복하고 싶은 걸 참고 집으로 가져와서 가족에게 자랑하고 같이 먹은 추억도 있다. 떡이 보통 때는 먹기 어려운 귀한 시절이었다.

농촌은 이른 봄이 되면 벼 종판(씨 뿌려 모종을 기르기 위해 만든 작은 모판)과 벼 모판과 담배 종판을 만든다. 이때가 되면 농민들은 긴 겨울의 휴식이 가고 또 바쁜 농사철이 시작된다. 봄이 되면 산나물 캐는 일과 씨 뿌릴 논밭을 일구는 준비가 시작된다. 농부의 이랴 이랴 소를 모는 소리가 지금도 귀에 선하다. 모내기 같은 일은 동네 사람들이 품앗이로 서로서로 돌아가며 한다. 모심기 날은 모처럼 새참, 점심, 중참 등 하루 다섯 끼의 식사를 제공한다. 비 오는 날은 우장(짚으로 만든 비옷)을 쓰고 모심기를 계속한다. 모심기가 끝나면 논에 물을 대기 위해 자주 보(洑)를 해야 한다. 보를 한다는 일은 도랑을 파서 개울의 물을 논으로 보내는 걸 말한다. 개울물이 날씨에 따라 변하므로 논의 위치에 따라 물길의 위치가 다르기 때문에 위 들 논, 건너 들 논, 앞들 논의 보를 따로 실시한다. 때문에 보의 횟수도 잦고 아침 식전에 하기도 하고 낮에 하기도 한다. 보의 규정이 엄격해 애궐도 철저히 기록하고 불참 시에는 비용을 지불하게 되어 있다. 애궐은 성년이 아닌자가 출석하는 경우인데 노동을 반만 인정해 준다. 고등학생 때 애궐로 인정받아 불만이 있기도 했다. 일도 어른들보다 더 잘하는데 미성년이라는 이유로 애궐로 취급받았다. 마을 사람들은 이 규정을 잘 지켰다. 마을 규정을 엄격히 잘 지키는 농촌의 법을 보고 자랐다.

 한여름이 되면 또 논매기 일이 큰일이며 기계로 매기도 하고 때로는 손으로 매야 한다. 마을 앞 하천에서는 삼을 삶는 삼굿을 만들다. 삼굿은 네모난 큰 구덩이를 파서 한쪽엔 장작을 쌓고 한쪽엔 삼을 쌓아 흙을 덮는다. 불을 피운 장작불에 물을 부어 수증기로 삼을 익힌다. 이때 감자를 옆에 같이 묻어 익혀 먹는 맛을 잊을 수 없다. 저녁에는 마을 아낙네들이 달빛 아래 시원한 개울가에서 삼 껍질을 벗긴다. 벗긴 삼은 길쌈을 하여 베틀에서 삼배를 짠다. 어머니가 베틀에서 짠 삼베로 만든 시원한 삼베옷을 입어 보기도 했다. 물론 그때는 양복을 입고 싶었지만 살 형편이 안 되어 양복은 입어 보지 못하였다. 밭에서 명(목화)을 따서 쐐기로 틀고 물레로 실을 뽑아 무명베를 짜는 어머니 모습도 선하다. 명밭에서 익지 않은 다래를 따서 먹기도 했다. 농촌의 생활은 모두가 시작에서 끝까지 직접 재배 생산하는 전 과정을 체험하며 배우고 자랐다. 씨를 뿌리고 잘 가꾸어 풍성하게 수확하는 기쁨을 경험하였다. 심고 가꾼 대로 거둔다. 삶의 모든 과정 역시 기본적으로는 이와 동일함을 알게 되었다. 어렸을 때는 도회지의 삶이 꿈이고 너무 부러웠지만 농촌의 삶 자체가 오늘의 나를 만들게 된 것이라 지금은 더 감사하고 있다.

담배 재배 역시 이른 봄 종판에서 담배 모종을 심고 조금 키운 후 밭으로 이양해 키우고 커진 잎을 따서 황초방에서 말린다. 황초방에 말릴 때는 24시간 밤새도록 불을 때야 한다. 노랑 색깔로 잘 말린 담배 잎 수납을 위해 특별히 잘게 묶는 작업을 한다. 담배 재배는 지도원이 별도로 동내에 파견되어 지도 감독하였다. 마지막 전매청에 수납을 하면 농촌에서 목돈을 마련할 수 있게 된다. 잎담배 수납 시에 등급을 잘 받기 위한 소위 로비 활동을 어린 나이에도 보아 왔다. 나쁜 현상을 본 유일한 일로 전매청 담배 등급 감정원이 나쁜 사람이 있음을 알게 되었는데 철없었을 때는 커서 저런 직업을 가지면 좋겠다는 생각을 할 만큼 비리와 허세가 심하였다. 담배 수납 후에 아버지가 밤에 돈다발을 세시면서 즐거워하실 때와 한숨 쉬신 때를 옆에서 영문도 모르고 지켜본 기억이 많았다.

배가 아프면 박하 잎을 갈아 마시거나 체하였다면 이웃 사호 할매네 집에 가서 손으로 배를 만져 치료받았다. 감기 걸리면 고춧가루 넣은 콩나물국 먹고 이불 덮고 땀을 낸다. 몸살이거나 원인 모르게 열이 나고 아프면 벽에 걸어 놓은 꿩발을 끓여 물을 마신다. 원인 불명으로 열이 나거나 구토가 나면 객구를 물려 귀신을 쫓아낸다. 객구에 걸리면 비린 생콩을 씹어도 비리지 않다. 이를 확인 후 이웃집 할매가 도마에 칼을 치면서 객구 귀신을 소리쳐 쫓는다. 객구 귀신을 잘 쫓아내는 명의는 이웃집 댕밑 할매다. 화상을 입으면 개울에서 뜯어 온 청태를 감아서 치료한다. 이런 방법으로 질병을 이기고 어린 시절 살아남았다. 기적 같은 삶이다.

　농촌은 겨울을 빼고는 언제나 쉴 틈 없이 바쁘다. 일손 부족으로 저녁 늦은 시간 아침 새벽부터 농사일로 바쁘다. 때로는 젊은 청년에게 군(軍) 입영장이 나와 군에 입대하게 된다. 어렸을 때는 한국 전쟁 후라 전후의 위험이 파다한 시기였기에 군 입대는 돌아올 수 없을 수도 있다는 절박감으로 마을 사람들은 근심 속에 큰 잔치를 베풀어 출전을 응원 격려하였다. 가장 큰 일꾼을 잃게 되어 농촌은 농사일에 어려움이 가중된다. 그래도 국가의 부름의 사명감을 입대자도 마을 사람들도 이해하고 건강하게 살아 돌아오기만을 기원하고 부족한 손길은 남은 사람들이 두 배의 땀으로 메꾸었다.

　대문과 담이 없는 농촌 마을 풍경이 너무 평온하다. 삶 역시 순박하고 열심이고 정직하고 이웃과 따뜻한 정을 나누는 삶이 너무 정겹다. 이 나라 전체가 그런 삶의 바탕이 되었으면 한다. 심고 가꾼 대로 자라는 농촌, 농촌에서 태어나 콩나물 먹고 자란 것이 너무 자랑스럽다.

▶ 지질학자의 청진기 해머(Hammer)

3장 지질학 학문의 길 찾아

Find the way to Geology

- 화폐(貨幣)란 한자(漢字) 지질학 인생의 나침판
  Navigator as the Geologist suggested by the Chinse character of Hwapae(currency)
- 장학(獎學)이 된 5.16 장학금 Encouraged learning 5.16 Scholarship fund
- 유격 훈련, 하강 훈련을 마치고 Ranger Training Assessment Course, Military desending chute
- 유학 생활, 일본 나고야 대학(名古屋大學) Studying abroad in Nagoya University, Japan
- 평생직장 이화 여자 대학교 Permanent Job as the Professor of Ewha Womans University
- 미래와 양질의 교육을 지향한 이대 부고 교장
  Principal as Leading the way to the Future and High quality Education in Ewha Womans University High School
- 중국 옌볜(延边) 조선족 자치구를 찾아서
  Visit to Korean-Chinese Peoples in Yanbian Korean Autonomous Prefecture
- 키타(北)알프스를 종주하다 Walk along the Kida Alps Mountain in Japan
- 융프라우에 올라가니 The Jungfrauhoch at the Top of Europe
- 일본 미야케지마(三宅島) 활화산과 야쿠시마(屋久島) 해중 온천
  Active volcano of the Miyakejima and Hot spring in the sea of the Yakushima Island, Japan
- 최고(最高)의 학문 지질학 Geology as the Best Sciences

화폐(貨幣)란 한자(漢字) 지질학 인생의 나침판
Navigator as the Geologist suggested by the
Chinse character of Hwapae (currency)

고등학교 생활은 꿈만 같았고 외지에서 자취 생활도 중학교 3년 경력이 있어 두렵지 않았다. 새로운 도시 안동에서 1962년 입학시험에 합격해 고등학생이 되었다는 자부심에 학업에 더욱 열중하기로 결심하였다. 당시 이 지역에서 입학시험을 친 유일한 학교로 인기 학교였다. 농촌 지도소 취업이라는 진로를 고려해 농과를 선택했다. 농학과, 축산과, 임학과, 원예과가 있었는데 농학과만 1반, 2반으로 두 반이 있었다. 국가 농업 정책의 비중을 반영하는 것 같았다. 그 당시 군사 혁명 정권이 실업계 학교를 특별 우대했다. 전액 국비 지원인 안동 사범 학교와 상주에 있는 상주 농잠 학교가 취업 100%로 인기가 높았다. 주변 인문계 고교는 모두 미달이었던 때라 농촌 지도자로 공무원이 되고 싶었다. 실업계 학교라 교과 과정이 국어, 영어, 수학 과목보다 작물개론, 토양비료, 과수원예 등 실업계 과목 수업 시간이 많고 야외 실습까지 있어 실습용 논밭에서 땀을 많이 흘렸다. 5월이면 퇴비를 만들기 위해 풀을 베러 산에 가고, 밭에 김을 매고, 농기구를 물로 씻는 것이 일상인 학교 수업이었다. 학교 성적은 3년간 반에서 늘 최우수였다. 담임 선생님이신 사회과 선생님이 쓰신 《묘미 있는 법률》 책이 너무 재미있었다. 판검사는 하늘의 별같이 느껴졌다. 취업하기 위해 고3 말에 농협 직원 시험에 응시했으나 떨어졌다. 고3이 되니까 대학에 욕심이 생겨 도회지에서 신문 배달로도 대학 다닌다는 뉴스를 접하고 대학 진학 꿈을 꾸게 되었다. 고교 성적 우수자로 대학 4년 전액 장학금 특차 무시험 전형에 자격이 되어 서울의 K 대학에 지원하고 생전 처음 청량리행 3등 밤 열차로 서울을 가게 되었다. 서울은 처음 보는 별천지였다. 노상 전철도 다녔다. 버스를 탔는데 고등학교 교복 차림의 여학생이 스케이트를 메고 있었다. 너무 부러웠다. 서울에는 소매치기 쓰리꾼(소매치기)이 많다고 해서 양말 속에 용돈과 차비를 접어 깔고 온종일 걸었더니 저녁에 지폐가 땀에 흠뻑 젖어 있었다. 판사나 검사가 되어야겠다는 생각으로 법학과(法學科)를 지원했다. 면접 날 세 분의 교수님 앞에서 긴장하면서도 차분히 지원 동기와 몇 가지 질문에 답변을 나름대로 잘했다. 그런데 한 분 면접 심사 교수님이 화폐를 한자로 써 보라고 하셨다. 화(貨) 자는 어렵사리 썼는데 폐(幣) 자를 쓸 수 없었다. 당황해서 다음 질문부터 어떻게 답변했는지 지금도 기억이 나지 않는다. 화폐만 한자로 썼으면 전액 장학금으로 법학도의 꿈을 키웠을 것이다. 그런데 그 길이 아님을 면접시험 결과가 알려 주었다. 시험에 낙방한 첫 경험을 하였다. 진학한다면 동일계 가산 점수를 받고 S대 농대를 가야 했는데 당시 시골에서 가장 큰 출세는 판검사 되는 것인 줄만 알았다. 《묘미 있는 법률》과 《검사와 여선생》의 책에 큰 감명을 받아 법학과를 지원한 동기가 되었다. 특차 시험이 일반 1차 시험 기간과 같은 날에 잡아져 있어 1차 시험 볼 기회마저 놓쳐 버렸기 때문에 재수의 길을 택할 수밖에 없었다. 이때부터 제3의 고난의 재수 생활이 시작된다. 재수도 돈이 있어야 도회지에 가서 학원도 다니는데 형편이 허락하지 않아 청송 주왕산 절을 찾아가 스님께 절에서 공부 좀 하게 해 달라고 용기 내어 요청했으나 방이 없다는 이유로 거절당했다. 또 한 번의 좌절을 맛보았다. 공장에서 일하는 고향 친구 자취방에서 잠시 숙식하며 대구에서 학원(구일 예비 학원)에 등록해 잠시 공부하다가 서울로 가기로 큰 결심을 했다.

  서울에 연고가 없어 성북구 삼선교의 독서실에서 숙식하며 수험 공부를 계속하였다. 삼선교 삼선 시장 내 월남한 국밥집 주인 할아버지 할머니가 장국밥을 항상 가득히 주시던 따뜻한 마음씨를 잊지 못한다. 서울에서 숙식비도 어려운데 학원은 꿈도 못 꾸었다. 서울행은 먼 친척 안암동 K대 사학과 학생 아저씨의 멋져 보이는 대학 생활 모습이 대학 진학의 꿈을 더욱 자극했다. 아저씨는 길음 시장에서 콩나물 장사하는 누나와 살면서 누나가 동생 대학 공부를 시키고 있었다. 아저씨의 대학 생활이 부러울 정도로 멋있어 보였다. 대학 진학에 대한 열망은 더욱 강해졌다. Y대 상대를 지망한 독서실 옆자리 친구가 Y대 지질학과가 작년에 신설되어 신설학과 취업 진로가 밝다며 추천했다. 당시 국내에는 지질학이란 학문이 잘 알려져 있지 않았다. 수험 번호 11번 합격자 명단 대자보와 주요 일간지 호외 신문에 이름 세 글자를 확인하고 K대 사학과 친척 아저씨와 막걸리를 밤새도록 마셨다. 거나하게 취해 들이마신 달콤한 담배 맛에 빠져 담배도 피우게 되었다.

  한자 화폐(貨幣)가 숨은 인생의 새로운 길을 찾아 주었다. 특히 폐(幣)자가 결정적 역할을 해 준 가장 고마운 한자(漢子)이다. 법학(法學)의 꿈을 접고 지질학(地質學)을 선택함으로써 숨겨져 있던 나의 인생 새로운 밝은 미래를 활짝 열리게 하였기 때문이다.

  젊은 시절 실패를 두려워 말라는 얘기도 많이 들어 왔다. 대학 진학 실패가 숨어 있던 나의 미래의 성공의 길을 열어 주었다. 실패는 성공의 어머니란 말이 실현되는 기적이 일어나고 있었다. 화폐(貨幣)란 한자(漢字) 지질학 인생의 나침판이 되었다. 농학자나 법학자의 길보다 지질학자의 길이 나의 정도(正道)였음을 가이아 지신(地神)이 인도해 주었다고 믿고 싶다. 일생 지질 조사, 돌과의 대화로 대자연에서 산을 타고 바위를 타면서 자연과 함께 살아온 삶이 강인한 체력과 바른 생각을 심어 주었다. 인생 최고의 삶 지질학자(Geologist)의 삶을 살아가고 있다.

지질학 연구 인생의 출발, Y대 지질학과 지원 수험표(1966년)

장학(獎學)이 된 5.16 장학금
Encouraged learning 5.16 Scholarship fund

1966년 3월 2일 Y대 지질학과 학생으로 지질학 학문의 길을 출발하였다. Y대 입구 철길 안에 있는 헐무리한 하숙집에 두 달 하숙 후 신촌 먹자 골목길 옆 기와집 작은 문간방에 전세 30만 원 방만 빌리는 하숙집을 구했다. 식사는 골목 식당에서 졸업 때까지 노트에 기록하며 매식을 하였다. 식당에는 백반, 장국밥, 닭곰탕, 잡채밥, 볶음밥 등 메뉴는 다양했다. 집 식사와 식당 식사의 차이점을 처음 알게 되었다. 몇 달 지나자 식당에 들어서면 특유한 음식 냄새 때문에 많은 고통을 겪었다. 그러나 식당 주인아주머니는 참 싹싹하고 친절했으며 가족처럼 대해 주었다. 김천 출신 공과 대학 전기과 선배와 광주 출신 상과대 선배 등 지방 출신 선배 학생 몇 명 매식 동료가 있어 심심하지는 않았다. 방학이면 시골 가서 농사일을 돕고 서울 오면 학업에 불안을 느꼈다. 방학 내내 농사일만 해 공부를 따라갈 수 있을까 걱정이 많았다. 고무신 차림으로 도서관을 주로 이용했다. 대학에서 시험은 주로 대학 교과서에서 출제되었다. 대학 교재의 연습 문제 중에 그대로 출제된 문제도 있어 답까지 기억이 났다. 밤잠 자지 않고 기말고사 준비를 했는데 멍멍하게 공부한 내용이 기억이 나지 않아 당황한 때도 있었다.

대학에 입학하자 학생증을 받았다. 학생증은 요즘 신용 카드처럼 맡겨서 술집에서 술도 먹고 학생증을 보이면 할인 혜택도 받아 많은 사람들이 건전하고 착실한 사회인으로 인정해 주었다. 2학년 말 어느 날 L 교수님이 연구실로 부르셔서 성적이 우수해 5.16 장학금을 받게 되었다고 알려 주셨다. 알고 보니 그 학기 평량평균 4.0 만점에 3.95를 받았다. 모두 A 학점인데 1학점 보건이 B학점이였다. 꿈같은 일이다. 5.16 장학금은 졸업 시까지 등록금 전액을 지원하는 당시 최고액의 장학금이었다. 한 학기 1968년 수업료 기성회비 포함 납부금이 27,570원이었다. 거금이었다. 정말 가난한 학생들에게 장학(獎學)이 되는 장학금이었다. 시골에서 입학금, 수업료 등록금을 마련하려면 소를 팔든가, 담배를 수납해서 목돈을 마련하든지 고추 몇 푸대를 장에 가서 팔아야 겨우 마련할 수 있는 큰돈이었다.

5.16 장학회는 박정희(朴正熙, 1917.11.14.-1979.10.26.) 대통령이 설립하였다. 음수사원(飮水思源)이 기본 철학이다. 과학 기술에 대한 박대통령의 철학이 국가 경제 개발의 초석이 되었다. 1학년 때부터 친구 어머니와 친구의 소개로 가정 교사를 하게 되어 식비와 용돈을 조달하게 되었다. 졸업 시까지 음수사원의 장학회 설립자의 이념과 철학을 체험하며 청오회(靑五會) 학생 동아리 활동도 계속했다. 우등생 장학금만은 외부 장학금과 중복 수혜가 가능하여 더블 장학금 혜택을 받기도 했다. 노천극장 졸업식장에서 학과대표로 박대선 총장님으로부터 졸업장을 직접 수여받는 영광도 누렸다.

삼선교에서 가정 교사를 하면서 작은댁 여자 사촌을 만나게 되어 지금까지 같이 지내고 있다. 4년 내내 가정 교사로 생활비를 마련하였다. 5.16 장학금으로 Y대 졸업 때까지 대학원 진학과 ROTC 장교 임관 등 학부 대학 생활을 성공적으로 마감하였다. 취업 길을 택하지 않고 진학한 대학원은 고생길의 연속이지만 지금 생각하면 아주 훌륭한 진로 선택이었다.

예견한 고생길이 또 시작되었다. 군 전역쯤 결혼과 전역 후 대학원 복학으로 주경야독 생활 전선에 고난이 시작되었다. 동덕 여고, 한영고, 창덕 여고 등 고등학교 지학 강사, 삼육 학원 지학 강사 등으로 생계를 꾸려 가며 대학원 공부를 계속하였다. 대학원 석박사 과정 6년 내내 고교 지구 과학 강사, 학원 강사, 대학 시간 강사로 바쁘게 살았다. 대학원 공부를 계속하는데 처가의 지원도 빼놓을 수 없다. 을지로 4가 국도극장 뒤 잠시 처가살이, 신당동, 남가좌동, 이대입구, 북아현동, 을지로6가, 성남 단대동 등 대학원 학생 신혼 살림살이는 떠돌이 생활이었다. 아이 둘과 셋방살이 이사를 이렇게 많이 한 대학원 학생도 드물 것이다. 셋방살이 세월이 석사 학위를 받게 해 주었고 Y대 지질학과 박사 과정 1호에 입학을 하게 되어 지질학 전공에 더욱 가깝게 접근하게 되었다.

박사 과정에서 광상학 연구를 하면서 해외 유학의 길을 꾸준히 찾으려 노력하였다. 오스트레일리아 국립 대학(ANU)에 어렵게 입학 허가를 받았으나 장학금을 해결하지 못했다. 그 당시 상공부에 석유 기금 지원 펀드가 있음을 알고 학생 신분으로 처음 장학금 지원 요청을 위해 고향 옆 마을 출신 상공부 S 장관실을 용감하게 방문했다. 따뜻하게 맞아 주신 장관님이 시골에 관해 말씀도 해 주시고 담당자인 K 광무국장을 책상 위 인터폰으로 호출하셨다. 불행하게도 K 광무국장이 외출 중이라 만나지 못하고 다음 얘기는 수행 비서에게 넘어갔는데 수행 비서가 게을리해서 무산된 아픈 사연이 있다. 그러던 때에 일본 나고야 대학(名古屋大學)의 나카이 노부유키(中井信之) 교수님의 도움으로 나고야 대학에 유학하게 되었다. 이때 도야마 대학 미즈타니 요시히코(水谷義彦) 교수님의 조언이 지도 교수님 결심에 결정적 역할을 하였음을 후에 알게 되었다.

당시 디스크로 고생하는 부인과 두 어린아이는 교회 친지 할머니께 맡기고 단돈 50만 원을 들고 1979년 5월 일본 나고야 대학 유학길에 올랐다. Y대 대학원 박사 과정 1호 입학 3년을 수료하고 논문 자격시험까지 어렵게 끝냈다. 논문 자격시험에 제2 외국어 독일어 시험의 어려운 난관도 패스했다. 석박사 과정 5년을 김옥준 교수님 지도로 박사 과정 연구 주제는 '신예미 연-아연 광상 성인' 연구였다. 1979년 논문 제출만 남겨 놓고 어려운 일본 나고야 대학 유학을 결심했다. 박사 학위 논문은 국제 수준의 최고 연구 성과여야 한다는 생각 때문에 당시 첨단 연구 분야인 안정 동위원소 분석 연구를 국내에서는 처음 하기로 결심하였다.

1979년 5월 나고야에서 또 고난의 하숙, 게슈쿠(下宿) 생활이 시작되었다. 하숙은 6조 다다미방만 방세를 내고 빌려 잠만 잤으며 식사는 대학 식당에서 해결하였다. 아침 쵸쇼쿠(早食)A가 210엔이었다. 1979년 210엔이던 조식A가 40년이 지난 2020년에는 310엔이었다. 조식A는 쌀밥 한 공기, 날계란, 단무지 두 쪽, 작은 김 네 조각, 미소시루(국물)가 전부다. 그러나 세이쿄(生協)에서 운영하는 학교 구내식당은 저렴하고 철저한 영양 관리로 식사가 양질이라 대학 구성원 교직원, 학생 구분 없이 이용하였다. 유학 초기 어느 날 지도 교수님이 나고야역 주변 어느 극장으로 데려갔다. 선생님이 열렬한 팬인 유명 가수 시마쿠라 치요코(島倉千代子)의 공연장이었다. 지도 교수님이 평일 날 공연장 앞자리에 유학생과 나란히 앉아 유학생의 외로움을 달래 주신 멋쟁이 참스승이셨음을 나중에야 알게 되었다. 그 후 시마쿠라 치요코 가수는 물론 마츠다 세이코(松田聖子) 가수의 노래와 팬이 된 계기가 되었다.

대학 실험실은 한국에서는 보지도 못한 질량 분석기와 시료 전처리 진공 장치가 방에 가득 설치되어 기계음이 끊이지 않았다. 미국 일본 등 선진국에서만 가능한 실험 시설에 연구 데이터를 직접 생산할 수 있어 CH7 질량 분석기 앞에서 밤을 새워 가며 실험했다. 유학 중 첫 논문으로 우리나라 온천수의 동위원소 분석 연구로 일본 《地球化學》(1981) 학회지에 실리게 되었다. 한반도의 온천수의 기원과 성인이 안정 동위 원소 분석으로 처음 밝혀졌다. 도쿄 공업 대학 마츠오 사다오(松尾禎士) 교수님의 논문 심사 격려 말씀 엽서에 큰 힘을 얻어 동위원소 연구에 더욱 흥미와 자신감을 얻게 되었다. 박사 학위 주제 연구 논문을 학회지에 속속 발표하였다. 그 결과 어느 날 나카이 노부유키 지도 교수님이 나고야 대학에 박사 학위 논문 제출을 허가해 주셨다. 학위 논문 발표와 심사를 통과해 꿈의 이학 박사 학위를 받게 되었다. 학위 논문은 '신예미 연-아연 광상의 안정 동위원소 분석' 연구로 안정 동위원소 분석 연구는 국내에서 처음 이루어졌다. 학위 취득과 함께 기쁜 일이 계속 이어졌다. 한국 E 대학으로부터 1981년 교수 초빙을 받게 되어 학문 연구와 교육의 길이 활짝 열리게 되었다. 5분 후에나 학생들이 웃을 정도로 스리 쿠션 유머로 유명하신 기상학 전공 L 교수님이 명문 E 대학으로 불러 주셨다, 안타깝게도 일찍 우리 곁을 떠나 재미난 유머와 십팔번 제비 노래를 더 이상 들을 수 없게 되었다.

 교수가 된 후 조그마한 전세 아파트였지만 방배동 삼호아파트에 정착해 대학 동창을 초청하여 식사를 대접했다. 그때 지질학과 대학 동창 김홍윤 왈 "청송 시골 촌놈 개천에서 용(龍)났다."라고 농담 섞인 칭찬을 해 준 기억이 엊그제 같은 데 그는 이미 우리와 다른 세상에 있다. 개천에서 용(龍) 난 게 아니고 개천에서 지질학자(地質學者)가 난 건데?

유격 훈련, 하강 훈련을 마치고
Ranger Training Assessment Course, Military desending chute

대학 3학년 때 학군단, ROTC(Reserve Officers Training Corps)에 지원 신체검사와 소정의 심사를 거쳐 지질학과에서 7명이 선발되어 군사 교육과 훈련을 대학 공부와 병행하게 되었다. 3, 4학년 2년간 전공과목 수업과 군사 훈련과 군사 교육을 병행하는 일은 결코 쉬운 일이 아니었다. 여름 방학에는 병영 훈련을 한 달 시행하고 졸업 시까지 꽤 어려운 과정을 성공적으로 마치게 되었다. 1970년 졸업과 동시에 육군 소위(ROTC 8기)로 임관되었다. 임관식에는 친구 이모님이 소위 계급장을 달아 주고 축하해 주셨다. 시골에서 부모님이 이를 위해 상경하시기가 좀 어려워서였다. 졸업하고 나니 서울에 하숙집도 끝나고 머무를 연고지가 또다시 모두 없어지게 되었다.

ROTC 병영 훈련

ROTC 병영 훈련 앞줄 왼쪽에서 세 번째 김규한 장교 후보생

임관 후 3월 초부터 광주 보병 학교에서 4주간 강한 훈련이 있고 부대에 실전 배치 근무하게 되어 있다. 3월 초인데도 피교육자는 항상 춥고

배가 고픈 게 일상이라 어렵고 고된 군사훈련이 계속되었다. 고난도의 동복 유격장에서 하강 훈련을 포함 유격 훈련을 마치니 적을 이길 수 있는 자신감도 생기고 군인 정신이 깊숙이 배어들게 되었다. 주적인 남침 민족의 역적 김일성을 때려잡고 조국을 지키는 일이다. 유격 훈련 중 크게 두렵던 하강 훈련을 무사히 마치니까 장교가 된 자긍심 또한 생기게 되었다. 하강 끝에 물로 풍덩 했는데 유격 훈련 조교가 도와주지 않고 장대로 나를 누르던 나쁜 기억이 남아 있다. 매복 훈련 중 칠흑같이 어두운 밤에 민가에 들어가서 동료들과 쌀밥을 배부르게 시켜 먹은 기억도 생생하다. 피교육자의 춥고 배고픔이다.

광주 보병 학교 동복 유격 훈련장 하강 훈련. 하강 중인 김규한 소위, 다음 순번 하강 훈련자는 쪼그려 뛰기로 정신을 혼미하게 만든다. '매도 먼저 맞는 것이 낫다'라는 진리를 경험하는 순간이다.

훈련과 교육이 끝나고 8733부대 16연대 6중대 3소대장으로 명을 받고 완전 군장 배낭을 지고 부대로 찾아갔다. 전령이 뛰어나와 반갑게 소대장을 막사로 안내했다. 숙소는 BOQ 장교 숙소에 머물고 소대 막사에서도 잠을 자게 되었다. 아침에 페치카에서 대운 따뜻한 세숫물에 준비된 치약, 칫솔과 타월을 들고 소대장님 세면하시라는 전령의 따뜻한 음성이 생에 최고의 대접을 받은 날이었다. 물론 부대 교육과 훈련은 고되지만 보람 있는 병영 생활 나날이었다. 소대장 직책의 책임감과 사명감이 생겨나고 소대원들과 내무반에서 가족처럼 가깝게 지내게 되었다.

일정 기간 지난 후 부대 주변 마을에 영외 거주 허가를 받고 마을에

방을 빌려 생활하게 되었다. 결혼해 신혼 생활을 하는 동기생도 있었다. 1년 후 중위로 진급되고 소대장에서 인사 장교로 보직이 변동되어 본부 중대장을 겸직하기도 했다. 군복무 중 삼선교 가정 교사로 가르친 학생의 사촌 누나의 잦은 면회가 오늘의 가정을 만들었다. 군 장교 복무가 지도자의 역량을 키운 중요한 시기였다. 소대장 근무 시 휴가 후 미복귀 소대원 한 명 때문에 고생도 하였다. 또 통신 대장 동료 장교가 주말 명지산 등산에서 실종사 한 사건 등 어려운 일도 있었지만 군부대 생활은 보람 있고 즐거웠다.

주말 서울 외출은 외출증 없이 위수 지역을 벗어날 수 없게 되어 있어 검문소에서 가끔 헌병과 다툼이 생기기도 했다. 어려운 일은 야간 적응 훈련 기간 중에는 낮에 숙소에서 잠을 자야 하는데 주인집 사람들의 일상생활과 겹쳐 불편하기도 했다. 강인한 군사 교육과 훈련이 투철한 군인 정신과 정의와 애국심을 길러 주었고 국가에 대한 충성심으로 주인 의식을 심어 주었다. 제대 후 사회 지도자로서의 역량과 역경과 고난에 대한 자신감을 심어 주어 사회생활 성공의 기초가 되었다. 2년 3개월의 황금기에 강한 자긍심, 지휘력, 인내력과 진취적인 정신을 갖게 해 주었다.

제대 무렵 1972년 3월 23일 서울 서대문 교회에서 결혼식을 하게 되었다. 이 교회는 장인 장모님이 월남해서 개척한 교회였다. 군에서 받은 급여를 저축한 소액 정도로는 집세와 생활비가 막연한 상태에서 대학원 복학과 함께 학업과 연구의 힘난한 길에 접어들게 되었다.

그래도 제대 후 새로운 길을 가면서도 군 병영에서 동고동락하며 함께 국방을 지킨 동료들의 소식이 궁금해진다. 전역 후 50년이 지난 지금 당시 계급으로 병영 생활을 같이한 강 중령님(대대장), 유 중위님, 염

중위님, 곽 중위님, 박 중위님, 김 중위님, 김 소위님, 김 상사님, 손 상사님, 곽 병장님 등등 모두 안녕하신지. 옛 전우들 만나 보고 싶어요.

대대 인사 장교

대대 본부 중대장

유학 생활, 일본 나고야 대학(名古屋大學)
Studying abroad in Nagoya University, Japan

　1979년 5월 디스크로 고생하는 처와 두 아이를 두고 난생 처음 비행기를 타고 김포 공항에서 일본 나고야(名古屋) 고마키(小牧) 국제공항으로 찹찹함과 미지의 설렘을 안고 출국했다. 고마키 공항에 마중 나오신 나고야 대학(名古屋大學) 나카이 노부유키(中井信之) 지도 교수님의 빨간색 예쁜 승용차가 인상적이었다 서투른 영어로 지도 교수님과 처음 인사를 나누고 이케시타(池下)의 게슈쿠(下宿)로 안내받았다. 게슈쿠의 주인아주머니가 현관 마루에서 무릎을 꿇고 큰절 인사로 맞이해 주셔서 많이 당황하였다. 다다미 6조 방으로 같은 하숙집 옆방에 같은 교실 대학원생 야츠미미(八耳俊文) 학생이 하숙하고 있었다.
　도착 첫날 저녁 지도 교수님 댁에 식사 초대를 받았다. 나고야 시내 카미야시로(上社) 주택가에 있는 아담한 2층 저택에 담이 없는 낮은 대문이 눈에 띄었다. 사모님이 문간에 앉으셔서 큰절로 맞이해 주셨다. 방에서 지도 교수님과 녹차 한잔을 마시는데 사모님이 목욕탕에 유카타(浴衣)가 준비되었으니 목욕하라고 하셨다. 지도 교수님 댁에 처음 손님으로 방문하였는데 갑자기 목욕하라니 당황스러웠다. 사모님의 현관 마루에서 꿇어앉아 큰절로 맞아 주신 것과 목욕 문화의 큰 차이를 처음 경험하였다. 화장실은 처음 본 비데가 설치되어 사용에 어려움이 있었다. 언어도 불편하고 지도 교수님과 처음 만남도 긴장되는데 문화의 차이로 더욱 얼떨떨하였다. 사모님이 직접 준비하신 일본식 나베 요리와 오사케 니혼슈(日本酒) 술맛은 최고였다. 예쁜 고등학생 따님과 교수님 닮은 훤칠한 키의 중학생 아드님이 인사를 했다. 나카이 교수님이 남극 일본 쇼와기지(昭和基地)를 다녀오신 비디오 영상을 재미있게 보여 주셨다. 생소한 남극의 자연 환경과 보통 사람이 가기 어려운 남극 탐험 얘기가 신기하고 흥미로웠다. 너무나 과분한 환대와 친절하신 사모님이 일본과 일본인의 따뜻한 첫 이미지를 심어 주셨다.

처음 경험하는 학교 실험실은 이게 선진국의 대학 실험실임을 실감케 해 주었다. 실험실에는 여러 대학원생들과 같이 쓰는 이학관(理學館) 550호실 한구석에 내 책상이 준비되어 있었다. 실험실은 안정 동위 원소 분석용 시료 처리 진공 장치 실험 시설로 가득 차 있었다. 나카이 교수님 교수실에도 시료 처리 실험 장치가 설치되어 있었다. 교수님의 연구 실험을 돕는 아르바이트로 오타(太田) 상, 이소베(磯辺) 상, 시미즈(淸水) 상 등이 실험을 하고 있었다. 연구실은 나카이(中井) 교수님, 스기사키(杉崎) 교수님, 기요수(淸棲) 조수와 박사 과정 와다(和田) 상, 야마모토(山本) 상, 미무라(三村) 상, 츠지(辻) 상, 쿠라하시(倉橋) 상, 키노시타(木下) 상, 야츠미미(八耳) 상 등의 대학원생이 있었다. 활화산을 보고 싶다고 했더니 학부생 안도(安道) 상이 어느 날 친절하게 온타케 화산까지 작은 자기 자동차로 안내해 주었다. 안도 상 덕택에 처음으로 온타케 활화산을 견학했다. 참 고마운 학생이었다.

실험실은 모두가 실제 연구 실험 데이터를 생산할 수 있게 되어 있었다. 그 당시 국내에서는 편광 현미경이 고작이고 화학 분석이란 불가능하였다. 학생들은 암석 시료를 분쇄해서 주성분을 분석하는 습식 분석을 실험하고 동위원소 분석을 위한 시료 전처리 실험을 마친 후 질량분석기로 동위원소비를 분석하고 있었다. 실험하는 학생들이 빈틈없이 꼬박꼬박 시키는 대로 움직였다. 놀라운 것은 비커 세척도 수돗물에 세제로 씻고 증류수로 3번 가시고 100℃ 오븐에 30분 말린다는 시간과 횟수를 철저히 준수하고 있었다. 실제 시료로 전암 분석을 직접 실험실에서 해 보고 이게 지구 화학의 기본이라는 사실을 알았다. 과학은 원리와 기초를 중시하였다. 교수가 학생에게 본인 사적인 연구 일을 시키는 일이 없었다. 물론 아르바이트로는 한다. 어느 날 저녁 콘파(회식)가 있어 모토야마(本山)역 부근에 있는 음식점에서 모였다. 학생은 걸어서 또는 자가용으로 이동하는데 어느 젊은 교수는 자전거로 각자 이동하였다. 자전거로 출퇴근하는 대학교수는 당시 국내에서는 볼 수 없었다. 점심시간은 모두가 같이 식당 가서 식사하는 경우가 많았다. 개인이 중시되면서 공동 일은 대단히 협조적이었다. 그래서 공동 연구가 성공적으로 잘 진행되었다. 초등학생들이 아침에 등교할 때도 마을에 모여서 학교까지 함께 이동한다. 공동생활의 훈련이 어려서부터 시작된다.

이케시다(池下)의 하숙방은 6조 다다미방으로 코타츠(火燵, 炬燵)는 필수다. 코타츠는 난방 기구로 낮은 테이블 밑에 전구가 달려 있고 얇은 이불로 덮여 있다. 코타츠에 발을 넣고 책상처럼 사용하였다. 어느 날 아침 하숙집 옆 마을 도로 한편에 크고 작은 깨끗한 소니 TV와 크고 작은 냉장고가 버려져 있었다. 이라나이 모노(쓰지 않는 물건)라 해서 필요하면 누구나 가져가 쓸 수 있는 날이었다. 마음에 드는 TV와 아담한 냉장고를 돈 안 들이고 구하게 되었다. 1979년 일본이 흑백 TV에서 컬러 TV로 전환되는 시기였다. 서울에서 한화 50만 원 가지고 나고야 유학 생활을 시작했다. 어느 날 지도 교수님이 나고야 죤타클럽에 장학금을 추천해 주셔서 매월 3만 엔을 받았다. 주일 나고야 한인 교회에서 한국어 강사도 했다. 1년 후에는 월 5만 엔의 로타리 요네야마 장학금을 받게 되어 유학 생활에 큰 도움이 되었다. 모두 지도 교수님의 추천과 노력으로 이루어졌다.

지도 교수님 외의 나고야 유학 생활에 은인은 요시오카 시게오(吉岡茂雄) 씨와 가족이다. 요시오카 상은 유리 세공 전문 기술자로 나고야 대학 지구 화학 연구실의 기술직 공무원 직원이었다. 이학관 E관 6층에 사무실 겸 작업실을 가진 요시오카 상은 내 인생에 만난 최고의 은인이었다. 유학 초년생의 어려움을 친동생처럼 보살펴 주신 분이다. 실험실에서 항상 따뜻하게 도와주신 일을 물론 유학 생활 내내 든든한 후원자이셨다. 유학 후에도 언제나 따뜻하고 지금까지 사랑이 이어지고 있다.

나고야 시내 번화가는 사카에(榮), 이마이케(今池), 나고야역 등이다. 이마이케는 백화점, 빠칭코, 음식점, 술집 등이 많은 유흥가라서 학생들의 모임 장소로도 유명하였다. 유학생의 향수를 잊게 하기 위해 요시오카(吉岡) 상이 자주 술도 사 주시고 재미있는 극장도 대려가 주었다. 학교 주변으로 가까운 지하철역인 모토야마(本山)역 주변에 음식점, 빠칭코, 술집 등도 학생들이 많이 찾는 곳이다. 지금은 지하철 노선이 대학을 지나게 연결되어 모토야마역 주변의 상권이 크게 위축되어 있었다. 그 당시 시내를 나가기 위해 지하철은 주로 모토야마역을 이용했다. 그 당시 이마이케(今池)의 성인 쇼 극장이 학생 출입 금지가 아니고 학생 할인이라는 데 또 한 번 놀랐었다. 나고야의 명물 중의 하나로 후라이보(風來坊)점의 데바사키(毛羽先) 요리와 나마비루(生麥酒)를 빼놓을 수 없다. 점심 식사로 야키니쿠 데이쇼쿠(불고기 정식)와 기쓰네 우동, 덴돈 등을 즐겨 먹었다. 이자카야(居酒屋)에서는 안주 종류가 너무 많아 선택이 어려웠다. 이마이케의 야키도리 전문점 키모젠(Kimozen)은 요시오카 상의 단골집이라 자주 이용했다.

한국지질자원연구원장과 연구원 일행이 2015년 미즈나미(瑞浪)에 있는 방사성 폐기물 처분 실험 시설인 미즈나미 초심지층연구소(瑞浪超深地層硏究所)를 방문차 가는 길에 나고야에 하루 묵게 되었다. 한국지질자원연구원장으로 2015년 요시오카 상을 생전 마지막으로 만난 장소 역시 이마이케에 있는 기모젠 음식점이었다. 요시오카 씨의 가족과 여러 곳을 여행했다. 그중 히마카시마(日馬加島)섬에서 해산물 요리, 진주섬(眞珠島)의 진주 양식장 견학, 게로(呂路) 온천의 향토 석식, 메이지무라, 아이치현의 기소가와(木曾川) 부근의 모미지가리(紅葉狩)와 아유(은어) 구이, 토야마(富山)에서 사시미와 생선 내장 사시미 등 함께 즐겼던 추억들이 이제 기억 속에만 아련히 남아 있다. 일본인이지만 동생처럼 돌봐 주시던 인생에서 가장 따뜻한 분으로 영원히 기억하고 싶은 분이다. 많은 사랑을 받고 큰 빚을 지고도 갚지 못한 채 마지막 이별을 같이 나누지 못하고 2018년 5월 20일 1주기 행사 때 가족과 함께 마지막 모시는 장소인 나고야 호우젠인(豊善院)에서 저세상과 이 세상 간의 무언의 재회를 하였다.

과학 연구 실험실 시설이 지극히 빈약한 한국과는 달리 모든 실험실에서 최첨단 시설로 데이터를 직접 생산하는 일본의 대학 연구실을 보고 놀라지 않을 수 없었다. 진지하게 실험하는 학생들과 연구밖에 모르는 교수님들, 처음 접하는 안정 동위원소 분석용 질량 분석 장치, 실험 연구실을 가득 채운 시료 전처리 진공 라인 실험 시설. 교수, 학생, 아르바이트 연구 보조원 등 그렇게 열심히 일하는 모습을 본 일이 없었다. 복도 청소하는 아줌마도 마룻바닥 닦는 데만 열중하였다.

전공 도서실이 같은 건물 5층에 있어 실험하면서 짬짬이 들려 최신 논문을 열람하며 본인 연구에 열중하는 모습이 선진국의 대학 모습이었다. 치열한 연구 경쟁이었다. 유사한 아이디어의 논문이 먼저 발표되면 한발 늦어 연구 성과를 낼 수 없기 때문이었다. 질량 분석기 CH7 Mass spectrometer는 매뉴얼로 조작하고 기록지의 차트를 자로 재서 동위원소 데이터를 계산하였다. 측정 중 화장실 가거나 잠시 쉬어야 할 때 어떻게 기계를 조작하는지를 몰라 점심시간에 화장실도 못가고 질량 분석을 계속한 기억은 실험실의 에피소드로 전해지고 있다.

당시 나고야 대학에 한국 유학생이 8명 있었는데 우수한 한국의 명문대 출신이 주였다. 십여 명 유학생 모임에서 연구지 '메이우(名友)'를 발간하고 있을 정도로 연구 활동이 매우 활발하였다. '메이우' 제3호에 당시 한 유학생의 학위 논문 요지, 연구 논문, 연구 활동 등이 소개되었다. 나는 안정 동위원소의 연구 동향을 소개했다. 노벨 과학의 산실 명문대의 저력임을 지금에야 알게 되었다. 나는 안정 동위원소의 연구를 한국 학생으로는 처음 공부하게 되었다. 유학길 배낭에 신예미 연-아연 광상의 무거운 광석 시료를 한 짐 지고 갔다. 질량 분석용 시료 준비 내용을 몰라 무거운 광석 시료 운반에 진땀을 흘렸다. 가서 보니 분석용 시료는 극히 적은 양으로도 측정이 됨을 알게 되었다. 실험 도중 어느 날 지도 교수님이 연구실로 부르시더니 서울의 가족에게 전화를 걸라며 교수실 전화기로 걸어 주셨다. 눈시울이 뜨거웠다. 국제 전화 요금 때문에 남겨두고 온 가족이 궁금해도 참고 지나던 터인데 지도 교수님의 배려로 나고야에서 처음으로 가족에게 국제 전화로 소식을 전했다. 교수가 된 후 학생 지도에 좋은 교훈이 되었다.

나고야 대학 질량 분석기 실험실과 이학관(理學館) 550호(1979-1981년) 안정 동위원소 분석 시료 준비실

질량 분석용 시료는 모두 가스화해서 표준 시료와 분석용 샘플 시료를 질량 분석기에 번갈아 주입시키면서 질량별로 강도를 측정 계산한다. 가스라서 시료 준비 과정이나 질량 분석 과정에 코크 개폐를 실수하면 실험은 한순간에 실패로 돌아가게 되는데, 마지막 단계에 중요한 시료 가스를 실수로 날려 보내 마음 상하여 아파한 경우도 많았다. 그러나 연구의 새로운 유익한 데이터 생신이 너무 재미있고 그 분석 결과가 연구 논문의 데이터로 바로 사용될 수 있기 때문에 늦은 밤까지 열심히 분석했다. 일생에 가장 열심히 실험 연구를 한 시기였다. 그 결과 연구 성과로 박사 학위까지 받게 되고 한국에서 처음 안정 동위원소 연구를 소개하는 결과를 낳게 되었다. 1991년 처음 민음사 발행 《동위원소 지질학》을 야심 차게 집필 출판하여 안정 동위원소 연구를 지도 전수해 주신 나카이 교수님의 1992년 3월 14일 정년 퇴임식에 참석하여 직접 사사해 드렸다. 지도 교수님의 흐뭇해하시던 표정을 지금도 기억하고 있다. 그리고 안정 동위원소에 추가해 도쿄 대학에서 배운 영족 기체 동위원소 분석 내용을 포함하여

《동위원소 지질학》(민음사, 553p.) 저술서를 1992년 3월 나카이 교수님 정년 퇴임식장에서 헌정

동위원소를 총괄한 《동위원소 지구화학》을 2010년 시그마프레스에서 출판하였다. 동위원소 지질학과 동위원소 지구 화학의 학문의 길을 열어 주신 나카이 노부유키(中井信之) 교수님은 생에 가장 존경하는 영원한 참스승님이셨다. 교수 생활의 롤 모델(Role-model) 선생님이시다.

일본 가고시마 대학 지구 화학회 학회 참석 나카이 노부유키(中井信之) 지도 교수님과 나고야 대학 실험실 직원 요시오카 시게오(吉岡茂雄) 상

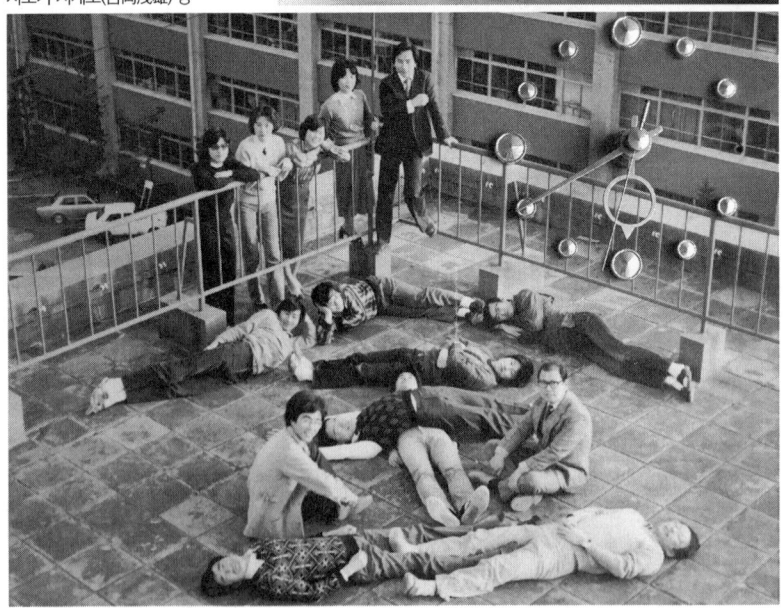

최고의 기념 선물: 1981년 박사 학위 취득 후 연구실 동료, 대학원생들 와다 상, 요시오카 상, 오다 상 등과 이학관 옥상에서 김 상의 김(金) 자 모형 송별 기념사진 촬영 후 만든 시계 선물

평생직장 이화 여자 대학교
Permanent Job as the Professor of Ewha Womans University

1981년 3월 이화 여자 대학교 과학 교육과 전임 교원으로 임용되어 평생직장이 처음 결정되었다. 물론 1976년부터 시간 강사의 경력을 포함하면 이화와 인연은 더 길다. 당시 박사 학위 소지자는 통상 조교수로 임용되어 그런 줄 알고 1981년 3월 부임했는데 나중에 알고 보니 전임 강사로 임용되어 1년 후 조교수로 승진되었다. 일본은 신학기가 4월에 시작되어 나고야 대학 학위 수여가 3월이라 우리나라와 1개월 차 때문에 학위 미취득 자격으로 3월에 전임 강사로 임용되었다는 얘기였다. 나고야 대학에서 박사 학위 소지자로 이화 여대에 초빙된 것인데 조교수로 임용하지 않고 전임 강사로 임용된 것을 나중에야 알게 되었다.

아무튼 1981년 처음 직장은 대학교수직 취업으로 연구와 교육의 큰 길이 열리게 되었다. 이제 지질학 학문을 평생 연구할 수 있는 터전이 마련되었다. 캠퍼스 생활은 재미있고 연구도 맘 놓고 할 수 있어 더할 수 없이 행복했다. 일본《도쿄신문》(《東京新聞》 1994.5.29.)에 행복한 우리 가정이 소개되기도 하였다. 처음으로 매달 대학교수 봉급 거액 50여 만 원을 받게 되어 가족생활의 생활비와 자녀 교육비의 고민도 단숨에 해소되었다. 우수한 학생들의 교육, 연구 생활, 야외 지질 답사 등 캠퍼스의 행복한 나날이었다.

교수 연구실은 연구실 사정이 좋지 않아 선배 교수님과 같은 방을 썼다. 그러면서도 대학원생 조교 2명까지 좁은 교수 연구실을 같이 사용하였다. 교수와 학생 간의 교육의 연계와 교수-조교-학부생 간의 학생 지도가 잘 이루어졌다. 강의가 끝나면 선배 교수님과 저녁 식사와 술도 마시며 학내 생활, 연구 생활 등 선배 교수님의 많은 경험을 전수받았다. 국내에 분석 실험 시설이 없어 방학이면 연구 시료를 가지고 일본 나고야 대학 실험실에 교수 자격으로 방문 연구하게 되어 꿈에 찬 연구 활동을 계속해 연구 실적을 쌓아 나갔다. 33년 대학 강의 중 감기로 휴강 한 번 없이 열강하였다. 해마다 학과에서 사은회가 열리어 4년간 학생들과의 정을 나누며 화기애애하게 회고담을 나누었다. 감기로 훌쩍거리며 한 강의실 열강보다 단양, 영월 등 학생들과 야외 답사 활동이 더욱 재미있고 인기였다는 얘기를 사은회 때 들었다.

어느 해 겨울 방학 도야마 대학에서 실험 연구에 열중하고 있는데 국제 전화로 사범 대학 교학과장 보직을 맡게 되어 학교 행사가 있으니 즉시 귀국하라는 학장님의 전화가 왔다. 해외에서 연구 중인 교수에게 당장 귀국 호출하는 한국 대학 행정을 일본 교수들은 이해하지 못하였다.

대학에서 보직은 대학 행정 경험으로 좋지만 연구 생활에는 지장이 있었다. 전공이 지질학이라 젊고 산을 잘 탄다고 해서 전통 깊은 사범 대학 산악반 지도 교수를 겸하였다. 지리산, 소백산 산행으로 산악 훈련을 하였다. 처음으로 일본 키타(北)알프스의 해외 원정 등반도 하였다.

캠퍼스 생활에 성실함을 평가받아 교학과장에 이어 학생처 차장(부처장), 학무처(교무처) 차장의 중요 보직을 연속으로 맡게 되었다. 그땐 연구처와 입학처가 없고 학무처가 입학 업무까지 모두 전담했다. 일은 힘들었지만 대학 핵심 행정 보직은 보람 있는 경험이었다. 남녀 공학 대학과 여자 대학에 대한 고교 3학년 여학생들의 학교 선호도 차이가 심한 입시 경향 때문에 여자 대학 커트라인이 공학 대학에 비해 다소 낮아지는 경향이 있었다. 교무 회의에서 입시 업무 실무자로 이에 대한 대처 논의의 필요성을 교무 위원들에게 주문했다. 갑자기 회의 주제자로부터 이화의 우수성에 반하는 얘기라며 불편한 심기로 심한 질책을 받았다. 이 때문에 학무처 차장 임기 후 한동안 대학 보직에서 벗어났다. 입시 업무를 겸한 학무처의 업무는 몸이 상할 정도로 정말 힘든 격무였다. 이런 와중에도 동위원소 지질학의 학문 연구는 계속하였다.

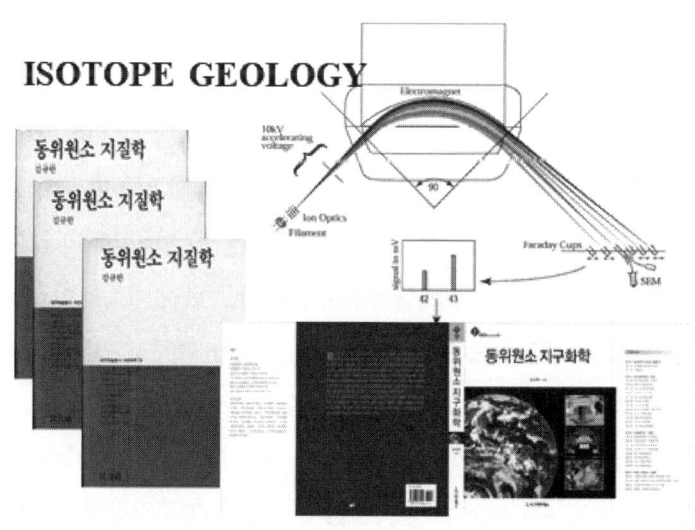

《동위원소 지질학》(민음사), 《동위원소 지구화학》(시그마프레스) 저술

한동안 지난 후 새로운 총장께서 자연사 박물관장과 이대 부고 학교장 일을 맡기셨다. 이화 여자 대학교 사범 대학 부속 이화 금란 고등학교 교장의 중책을 맡게 되어 4년간 중등 교육 현장에서 좋은 교육 경험을

쌓게 되었다. 이화 학당 병설 금란 여자 중고등학교와 이대 사범 대학 부속 중고등학교가 통합된 후 학교의 분위기가 다소 어수선하여 학생들의 선호도가 낮았다. 대강당을 자율 학습실로 개조하여 학생들의 방과 후 교육에 집중 지원하였다. 실내 체육관을 건설하고 학교 교육 환경을 개선하여 면학 분위기를 조성하였다. 그러다 보니 학생들의 만족도가 높아지고 진학률이 점차 향상되어 학부모들의 인지도와 선호도가 크게 증가하였다. 그 결과 일본에서도 이화 여대 부속 초등학교와 부속 중고등학교를 벤치마킹하기 위해 방문하였다. 교장이 다목적 캐비닛형 청소 도구함 개발 특허를 취득하여 학교 교육 환경 개선에 기여하기도 했다.

이화 여대 행정에 개선되어야 할 문제점도 있었다. 1984년 과기부 해외 연구 교수에 선발되어 1년간 캘리포니아 공과 대학(CALTEC)에서 과기부 국비 월 1,000불을 지원받아 출장 가게 되었다. 그런데 대학이 과기부 출장을 휴직으로 처리하고 대학의 급여를 지급하지 않았다. 지방 사립 대학도 출장 기간 중엔 급여를 지급하기 때문에 학교에 급여 지급 요청을 했지만 대학은 이를 들어주지 않았다. 1년간 가족들이 미국에서 아르바이트로 생활비를 보태 연수 연구 생활을 마치고 귀국했다. 2012년 정년 퇴임 시 또다시 놀란 사실은 대학교수 근무 연수가 맞지 않는 사실을 알게 되었다. 대학 근무 연수 1년이 맞지 않아 문의했더니 전임 강사 1년을 교육부 보고 없이 근무한 결과였다. 평생직장에서 학무처 중요 행정까지 담당한 보직자로 정말 열심히 학교 교육 연구와 봉사 생활을 했었는데, 일부 전임 경영진과 보직자들이 이화의 건학 이념과 교육 정신을 망각하고 학교의 위상을 격하시키는 일을 해 왔다는 부끄러운 면을 발견하고 크게 실망하기도 하였다. 진리의 전당인 대학은 이런 우(憂)에서 자유로워야 한다.

그러나 지질학에 안정 동위원소 기법을 국내 처음 도입하여 동위 원소 지질학(Isotope Geology) 학문의 터전을 만든 일은 생의 최고의 업적으로 자랑스럽게 생각하고 있다. 《동위원소 지질학》(1991, 민음사, 553p.)과 《동위원소 지구화학》(2010, 시그마프레스, 402p.), 《지구화학》(1996, 민음사, 443p.) 등의 전공 저서를 후학들을 위해 남겼다. 그리고 이화에서 퇴임 직전까지 학진 연구비를 계속 수주해 연구 성과를 퇴임 후에도 CHEMICAL GEOLOGY에 게재한 성과는 늘 자랑스럽게 생각하고 있다.

재임 기간 《동위원소 지구화학》(시그마프레스) 외 20여 권의 책을 저술 출판하였다. 연구실 문 앞에서 저술한 신간 서적 책 표지를 보며 다음 출판할 책을 구상했다. 교보문고 판매 서가에 내 책이 진열된 것을 보고 마음속으로 무척 기뻤다. 교육관 B동 3층에 지구 과학 전공 게시판을 설치해 전공 소식과 신간 서적, SCI 발표 논문 초록, 신문 칼럼 등으로 가득 채우려고 동료 교수님과 노력했다. 게시판에 가득 찬 전공의 소식과 교수 연구 활동을 볼 때마다 너무 행복하였다.

《동아일보》, 《조선일보》, 《중앙일보》 등 주요 일간지에 50편 이상 과학 칼럼을 기고하여 과학 대중화에 기여한 공로로 대한민국과학문화상 수상 등 이화에서 이룬 많은 연구 업적과 성과가 퇴임 후 정부 출연 연구 기관 기관장 선임 심사에 큰 기여를 한 것으로 판단된다. 지질학 전공 교수로 우리나라 지질학, 자원 지질학 연구의 센터인 한국지질자원(KIGAM) 연구원장 공모에서 대학에서 열심히 연구한 삶과 실적이 큰 힘이 되어 퇴직 후 2013년·8월부터 3년간 새로운 일에 봉사할 수 있는 정부 출연연 기관장의 좋은 기회를 얻게 되었다.

사은회 이내영 교수님과 함께

연구실(스승의 날)

교육관 365호실 연구실 입구

광화문 교보문고 판매대에 진열된 저서들
(《동위원소 지구화학》, 《행성지구학》, 《지구환경화학》 등)

미래와 양질의 교육을 지향한 이대 부고 교장

Principal as Leading the way to the Future and High quality Education in Ewha Womans University High School

　기독교 정신을 바탕으로 인성 교육에 앞장서는 학교로서 수준 높은 양질의 교육(High quality Education)을 통해 미래 우수 인재 양성에 초점을 두고, 명문대 진학률이 높은 명문 고등학교 발전을 목표로 하였다. 대학교수가 중등학교 교장직을 갖는 것은 흔하지 않다. 대학 부속 학교가 있는 경우에만 가능한 제도였다. 교수는 교수 자격증 없이 임용되지만 교사와 교장은 교육부의 교원 자격증 없이는 임용되지 못한다. 그만큼 미래 꿈나무를 교육 양성하는 유초중등 교육에는 국가가 무한 책임을 지고 자격을 부여하는 것이다. 모든 교육 수혜자는 미래에 자립해서 국가 사회와 국제 사회에 공헌해야 하는 의무가 있다. 교육 현장에서 교사와 교육자는 학생들의 교육뿐만 아니라 교육의 표본이 되므로 모든 교육자도 학생들에게는 행동하는 교과서가 되어야 한다. 이화 여자 대학교 사범 대학 부속 이화 금란 고등학교(이대 부고) 교장의 직책 또한 그만큼 책임 무거움을 절감하였다. 2001년 9월 1일 제11대 교장 취임식 날 취임사에서 양질의 교육, 쾌적한 교육 환경으로 개선, 인성과 창의력 향상 교육, 명문 대학 진학률 향상, 우수 학생 유치, 국제 교류를 통하여 학생들의 국제적 소양을 길러 인류에 기여하는 교육을 시키겠다는 야심 찬 포부를 밝혔다. 명문 대학 진학뿐만 아니라 기독교 정신에 입각한 인성 교육과 전인 교육에도 힘을 쏟았다. 취임 후 지역 중학교 졸업생이 선호하는 학교로 발전 변신하기 위해 지역 사회 학부모님들을 초청하여 학교 설명회를 실시하고, 교육 현장을 개방하여 자유롭게 견학할 수 있게 하였다. 교실에는 겨우 벽에 달린 선풍기가 고작으로 교육 환경은 지극히 열악하였다. 냉온풍기, 가습기, 공기 청정기를 갖춘 쾌적한 도서실, 자율 학습실을 만들어 늦은 밤까지 학생들이 학교에서 자유롭게 공부할 수 있게 하였다. 문제가 있어야 답이 있다는 철학으로 문제 해결 능력을 키우는 데도 초점을 두었다. 대강당을 쾌적한 자율 학습실로 바꾸고 교장이 밤 11시까지 학생들과 함께하였다.

이대 부고 학생들과 함께

교육부 교육청 특별 지원으로 다목적 실내 체육관을 건립하여 교육 환경을 크게 개선하였다. 0교시 수업(정규 수업 시작 전 아침 1시간 일찍 등교하여 특별 수업 실시, 교육청은 금지했지만 교장 철학이라서)을 실시하였다. "The early bird catches the worm." 격언과 머슴이 아니라 주인 의식을 가지도록 학생들에게 훈화하였다. 학교 운영 위원회를 통해 학교 발전 기금을 모금하여 전 교실 에어컨 설치, 화장실 개선 등 교육 환경을 개선하고 경제적으로 어려운 학생들에게 장학금 수혜를 확대하였다. 부임 시 주변 학부모는 물론 이화 여대 교직원 일부마저 이대 부고 입학 배정을 피하여 강남으로 이사한다는 소문까지 퍼져 있었다.

그러나 교장 임기 4년 중 명문대 진학률이 점점 늘어나 명문대 진학 학부모들의 자발적인 학교 교육 시설 지원이 늘어나고 심지어는 수고한 교사들을 위해 서교 호텔에서 식사 대접을 받기도 하였다. 학교가 학생과 학부모가 선호하는 학교로 변화하는 교육 현장을 경험하고 교직원과 재학생들이 이루어 낸 양질의 교육(High Quality Education)을 주창한 교장으로 교육에 큰 보람을 느끼게 되었다. 대학교수 겸직 고교 교장으로 앞서가는 대학 교육과 국제화 교육을 벤치마킹하고 과감한 개선으로 쾌적한 교육 환경을 만들었다. 남녀 공학 학교 여학생 화장실에 여학생 용품 자판기를 처음 설치해 학생들에게 큰 호응을 받았다. 교실 구석에 너저분하게 비치되어 있던 청소 도구를 정리하기 위해 다목적 캐비닛형 청소 도구함을 직접 설계 개발해 특허를 취득하고 모든 교실에 비치해 교실 환경을 쾌적하게 개선하였다. 특허 수익금은 이대 부고를 위해 사용하도록 하였다. 당시 부족한 예산으로 실내 체육관을 신축하느라 B 행정실장이 고생을 많이 하였다.

서울 시내에는 아직도 많은 학교 환경이 산 중턱이나 접근이 쉽지 않은 지형에 위치해 학생들이 통학하기에 불편한 학교들이 많다. 학교 교육 환경 개선에 국가, 지자체, 교육청은 교육 수혜자 중심으로 학교 부지를 학생들이 가장 접근 이용이 편리한 위치와 최고의 지리 지형 및 교통 환경을 고려해 위치하도록 부단히 노력해야 한다.

JOURNAL NEW KOREA 잡지 이대 부고 특집 기사와 표지 인물

2005년 8월 교장 퇴임식(이화 여대 대강당)

이대 부고 교장실

중국 옌볜(延边) 조선족 자치구를 찾아서
Visit to Korean-Chinese Peoples in Yanbian Korean Autonomous Prefecture

1990년 2월 대한민국 대학생 방문단이 중국 북경(北京, 베이징)과 옌볜 조선족 자치주를 찾아갔다. 학생 25명과 인솔단 6명이 참여하였다. 이때는 아직 한-중 국교 수립 전이라 우리 방문단은 홍콩에서 중국 입국 비자를 받아서 북경으로 향하였다. 이 시기에 국내에는 학생 대모가 빈번했다. 대학생들이 공산주의나 사회주의 국가에 대한 경험이 없어 이들을 동경하고 자유주의 국가관이 부족하였다. 정부 지원으로 대학생들을 공산주의와 사회주의 국가의 실상을 경험 교육하는 연수 목적으로 학생 대표를 선정하여 사회주의 공산 국가로 해외여행을 실시하였다. 중국과 북중 경계 지역인 옌볜 조선족 자치구를 방문하였다. 홍콩은 영연방이라 서구식 문화로 큰 차이를 느끼지 못하였으나 화장실이 세수간(洗手間)으로 표기되어 중국 냄새를 느꼈다. 북경 공항에 도착하여 北京이란 큼직한 공항 명칭에 과거 중공군 6.25 침략 역사를 짐짓 떠오르게 했다. 이곳을 밟을 수 있다는 묘한 기분이 들었다.

천안문(天安門, 텐안먼), 이화원(颐和园, 이허위안), 자금성(紫禁城), 만리장성(万里长城) 등을 견학하였다. 한국에서 느낄 수 없었던 규모의 크기에 놀랐다. 식당도 요리 접시도 요리량도 대형이었다. 소주는 모두 알

코올 도수가 높아 우리나라 소주와 큰 차이가 있었다. 북경에서 프로펠러 항공기를 타고 옌볜 공항에 도착하였다. 심한 기내 소음이 지금도 기억에 남아 있다. 당시 옌볜 시내는 비포장으로 낙후된 시가지 모습이었으나 한글 간판과 우리말을 사용하고 있어 친근감이 들었다. 북경에서는 북경 대학(北京大學)을 방문하고 옌볜에서는 옌볜 대학(延边大)을 방문하여 학교 소개를 들었다. 면학에 열중인 대학 캠퍼스의 모습은 인상적이었다. 옌볜에서 윤동주(尹東柱) 시인의 생가도 방문하였다.

북경(北京) 대학과 옌볜 대학 정문

도문지역 북중 경계 (강 건너 멀리 보이는 마을은 북한)

다음 날 북-중 경계 지역 도문(圖們)을 방문하였다. 북한 인민들이 좁은 강을 건너 중국으로 밀입국하는 수가 늘어 중국 공안의 검문 경계가 엄하였다. 도문에서 북한으로 건너가는 다리 한가운데가 북중 경계선으로 색깔로 표기되어 있다. 돈을 얼마 내면 그곳에서 기념사진 촬영을 할 수 있다. 옌볜의 맥주 공장과 농가를 방문 견학하였다. 부억의 독특한 구조와 문이 없는 화장실이 특이하였다. 우리보다 생활 수준이 낮은 중국을 선호하는 북한 인민들의 현실을 학생들이 직접 경험하게 되었다. 반공 교육의 산 현장 체험이었다.

옌볜에서 야간 기차로 장춘(長春)에 가서 장춘 대학(長春大学)을 견학하고 상해로 향하였다. 야간 열차는 정말 보기 어려운 오래되고 낡은 열차였다. 당시 한중 수교 전이라 서로 경계심을 가지고 있었다.

상해에서 일본 오사카에 도착하여 교토, 나라 등을 견학하였다. 시가지가 깔끔하고 천국 같은 느낌이 들었다. 자유 민주주의 국가의 실상을 실감하지 않을 수 없었다.

비록 반일 감정도 있는 일본이지만 학생들은 너무 즐거워하고 자유의 소중함과 시장 경제의 자유 민주주의 국가의 우월성을 비교 체험하여 미래 진로 개척과 올바른 국가관을 가지는 좋은 계기가 되었다. 만족스러워하는 학생들의 표정을 읽을 수 있었다. 지금 이 학생들이 우리 사회의 중심이 되었다. 밝은 미래를 기대해 본다.

이 모두가 33년 전 일이다. 1992년 8월 24일 한-중 외교 수교가 이루어졌다. 자유롭게 중국의 여러 지역을 여행하였다. 중국도 많은 변화가 이루어졌다. 옌볜은 수많은 한국인 백두산 관광객이 신흥 도시로 바꾸는 데 기여하고 교류도 활발해졌다. 여러 차례 백두산을 연구차 방문하면서 변모하는 옌볜을 직접 경험하였다. 한번은 옌볜 공항에서 할머니와 손자 손녀가 돈 벌러 한국 가는 엄마와 생이별하는 가슴 뭉클한 현장도 보았다. 아이들을 할머니에게 맡기고 남편 두고 떠나는 엄마의 마음은? 한국에서 돈 벌어 자녀들과 남편을 데려가는 것이 엄마의 꿈이라 했다. 한국 가서 돈 버는 것이 꿈이라던 도로 가에서 삶은 옥수수 파는 아주머니의 얘기가 아직도 생생하다. 송기죽 먹고 자란 자신의 과거가 머릿속을 잠시 스쳐 갔다. 엄마의 꿈이 빨리 실현되기를 기원해 본다.

발해(渤海)와 거란(契丹)의 우리 역사에서 옌볜 조선족 자치구의 조선인들의 한-중 수교 이전 과거 방문했을 그 당시 모습은 우리 민족으로 동질성을 느끼게 하였다. 그러나 세월이 가면서 중국을 알게 되고 옌볜을 조금씩 재발견하면서 옌볜은 중국으로 조선족 자치구의 많은 조선족이 한국어를 겸용하는 중국인임을 점차 알게 되었다. 조선족이 선조들의 역사를 세기며 옌볜을 중심으로 그 옛날 화려했던 고구려와 발해를 재건하는 그날을 기다린다.

키타(北)알프스를 종주하다
Walk along the Kida Alps Mountain in Japan

알프스산은 유럽을 연상하는데, 일본에 유명한 키타알프스 명산이 있다. 키타(北)알프스는 일본 혼슈(本州)의 중앙부를 남북으로 달리는 산맥으로 아름다운 일본의 알프스산이다. 북에서 히다산맥(飛驒山脈, 북알프스), 기소산맥(木曾山脈, 중앙알프스), 아카이시산맥(赤石山脈, 남알프스) 3곳으로 구분된다. 동해(일본해)에서 태평양까지 해발 3,000m를 오르내리는 일본의 지붕과 같다. 산정에는 여름에도 만년설이 덮혀 있고 험준한 바위와 눈 밑에는 고산 식물과 예쁜 꽃들이 아름답게 피어 있다. 해마다 5월 초순이 되면 가미고치(上高地)에서 개산제(開山祭)의 오마쯔리(축제)가 열린다. 시로우마다케(白馬岳), 켄타케(劍岳), 타데야마(立山), 야쿠시 다케(藥師岳), 하쿠산(白山)으로 이어지는 알프스의 등산 코스가 잘 알려져 있다.

이화 여대 사범 대학 산악반은 역사가 길고 교내에서도 가장 유명한 산악반으로 소문나 있었다. 선배들이 후배들에게 대한 관심도 특별하다. 산을 좋아하는 사람들의 끈끈한 정(情)이 흐르고 있었다. 전공이 지질학에 젊은 교수라는 이유로 산악반 지도 교수를 맡게 되었다. 산악반 지도 교수로 학생들과 소백산, 지리산 등을 원정 훈련하였다. 지리산 피아골에 숙영하며 천왕봉 등정 훈련도 하였다. 그때 피아골 골짜기에서 산악반 대원들이 야외 숙영과 저녁을 준비하고 있었다. 신입 대원 학생이 저녁 캄캄한 개울에서 돌아오지 않아 찾아 나섰다. 신입 대원이 어두운 밤에 콩나물을 다듬고 있었다. 산행 시 콩나물은 대충 다듬어 요리하는 거라는 고참 대원의 충고가 기억에 남아 있다.

지도 교수가 일본통이라면서 산악반 해외 원정을 일본 키타알프스로 가기로 하였다. 해외 원정의 사전 훈련으로 설악산, 지리산, 소백산 등의 국내 훈련을 마치고 일본 키타알프스 등정 준비를 마쳤다. 사범 대학 산악반 선배들과 사범 대학 후원을 받아 여름 방학에 12명이 해외 원정단으로 일주일간의 일본 키타알프스 종주를 준비하였다. 졸업생 선배 회원도 2명 참가하였다. 야외 지질 조사와 산행 훈련으로 교수답지 않게 얼굴이 햇볕에 심하게 그을린 모습은 당시의 연구 열정을 잘 보여 주고 있다.

일주일간의 식량, 텐트 등 등산 장비를 나누게 되었다. 젊고 힘이 넘치는 지도 교수지만 인솔 지도 교수라는 예우로 첫날 숙영지에서 먹을 쌀은 내 배낭에 있는 쌀로 먹기로 했다. 모두들 등산 장비와 식량 등으로 배낭이 키를 넘도록 짐이 많았다. 김포 공항에서 도쿄 나리타 공항으로 도착했다. 입국 심사장에서 입국 서류 중에 자기 집 주소를 한문으로 쓰지 못하는 학생이 있어 놀랐다. 12명이 모두 큰 배낭을 지고 기차로 가미고치(上高地)까지 가서 북알프스를 등정하게 되었다. 12명의 여성 대원을 인솔하는 인솔 교수의 책임이 무거웠다. 무거운 짐을 지고 험준한 키타알프스 산을 올라가다가 첫 야영지에 도착해 숙영하기로 했다. 산소 부족 고산에다 더운 한여름이라 모두 많이 지쳤다. 저녁 당번이 내 배낭에 든 쌀을 달라는 얘기도 없고 모두 자기 배낭 쌀을 내주고 싶어 했다. 힘든 상황이 되니 자기 짐을 줄이고 싶어 하는 사람의 본성이 나타났다. 인솔 단장이 처음 계획대로 쌀을 내놓을 수 없는 현실을 경험하였다.

산행 종주 코스는 호타카다케(穗高岳)와 구로베(黑部)를 거쳐 도야마(富山)로 내려갔다. 해발 3,000m의 만년설 눈 덮인 험준한 바위산을 며칠간 야영하였다. 눈으로 라면을 끓여 먹고 티슈로 코펠을 닦고 그 코펠로 커피 끓여 마셨다. 험준한 바위산에서 신입 회원 한 학생이 굴러 넘어져 큰 사고가 날 뻔했는데 하늘이 도와서 산행을 계속할 수 있었다. 지도 교수 단독 텐트를 칠 수 없어 지도 교수는 학생 대원들 틈에서 숙영해야 했다. 키타알프스 산행 중 산행로에 휴지나 껌 껍질 종이 하나 찾아볼 수 없었다. 중간중간 등산객을 위한 코야(小屋, 숙박과 식사가 가능한 대피소)가 있었다. 일주일간 만년설 덮인 키타알프스 종주를 마치고 카미오카(神岡)를 지나 도야마(富山)로 내려갔다. 도야마역에서 나고야(名古屋)행 기차를 타기 전 도야마 대학 미즈타니(水谷) 교수님께 역구내 공중전화로 안부 전화를 걸었는데 사모님이 받으셨다. 반가운 인사 전화가 하도 길어져 그만 기차를 놓치고 말았다. 학생들은 나고야역에 도착했는데 인솔 지도 교수가 다음 열차로 늦게 도착한 해프닝이 벌어졌다. 내 배낭 속에는 대원들 1일분 쌀이 그대로 남아 있었다. 유학 시절 은인이셨던 요시오카 시게오(吉岡茂雄) 상 부부가 나고야역으로 마중을 나와 주셨다. 친한 지인인 스기하라(衫原) 상 댁에 방문해 넓은 주택에서 성대한 불고기 저녁 파티를 즐겼다. 스기하라 상의 배려로 맨션 숙소를 무료로 제공받아 대원 모두가 편하게 하루를 묵었다. 따뜻한 두 분 가족의 배려는 우리 대원들에게 새로운 일본의 이미지를 심어 주었다. 모두가 요시오카 상과 사모님의 특별한 배려로 이루어졌다. 다음 날 일행은 유학 시절 실험 연구로 밤을 지새운 나고야 대학 연구실과 캠퍼스를 교수가 되어 학생들과 견학하였다. 감회가 새로웠다. 모두들 무사히 일본 키타알프스 산행 해외 원정 일정을 마치게 되었다. 그 후 30년이 지난 어느 날 과학 교육과 박사 학위 졸업생 모임에서 박사가 된 산악반 해외 원정 인솔 대장이었던 길** 대장을 반갑게 만났다. 대원들이 어느 곳에서 지금은 무슨 일을 하고 있는지 궁금하다. 80으로 향하는 지금 키타알프스 산행을 다시 한번 꿈꾸고 있다.

이화 여대 사범 대학 산악반 일본 키타알프스 원정 대원 출국 전 김포 공항 모습

키타알프스 등정 모습

융프라우에 올라가니

The Jungfrauhoch at the Top of Europe

유럽을 여행하면 항상 이색적인 중세 기독교 문화의 사회 환경에 매혹된다. 유럽을 처음 여행한 것은 1991년 이탈리아 로마였다. 그것도 대한 항공 일등석에 부부 동반 자유 여행이었다. 대한 항공의 1991년 6월 27일 서울-로마 직항 개설을 기념한 이벤트 행사가 서울 하얏트 호텔에서 열렸다. 서로가 바빠서 친구도 잘 만나지 못하던 차에 대한 항공 비서실장인 친구가 행사장으로 오라고 해서 만나러 갔다. 거창한 행사라 입구에서 신청 등록을 하고, 명함을 그릇에 넣어 달라 해서 넣었다. 다양한 행사 도중 유명 연예인과 방송국 아나운서 사회자가 행운권 추첨 행사를 진행하고 있었다. 시끄러운 행사장이라 잘 듣지 못하였다. 같이 참여하고 있던 친구가 '김 교수 빨리 앞으로 뛰어가!'라는 것이었다. 영문도 모르고 단상에서 서울-로마 일등석 항공 탑승권 2장 선물을 참석자의 환호 속에 받았다. 경품권 추첨 행사에서 유명 연예인이 추첨에서 내 명함을 뽑은 것이었다. 뜻밖의 행운이었다. 오랜 셋방살이와 유학 생활 기간 병으로 고생한 부인에게 하늘이 내린 축복이라 생각하고 방학에 서울-로마행으로 유럽 여행을 처음 계획하게 되었다. 배낭 차림에 운동화를 신고 공항 탑승장으로 들어가는데 여승무원이 비행기 문 입구에서 일등석 통로를 막고 서 있었다. 모습이 일등석 손님답지 않았나 보다. 생전 처음 타 본 일등석은 자리가 넓고 서비스가 크게 달랐다. 난생처음 로마, 시드니, 나폴리, 피렌체, 소렌토 등 관광지를 즐겼다. 로마 거리에 집시들이 접근하여 불안하였다. 로마 문명을 처음 경험하면서 무게를 달아서 파는 피자를 듬뿍 사서 먹기도 했고, 피렌체에서 우연히 여행 온 제자를 만나기도 했다. 로마에 온 김에 스위스 제네바와 프랑스 파리 루브르(Louvre) 박물관과 에펠 탑 등 시내 관광을 계획해 파리행 야간열차를 탔다. 2층 침대칸 열차에 손님 4명과 함께 타게 되어 불안함에 잠을 잘 수가 없었다. 또 승무원이 여권을 수거하여 더욱 불안하였다.

스위스 제네바는 시계와 칼의 세계 1등 브랜드 상품 같은 깔끔한 도시였다. 산자락의 주택과 목장은 요들송이 절로 나올 정도로 아름다운 자연이었다. 레만 호수의 높이 솟구치는 분수와 호수에서 누드 수영을 즐기는 젊은 여성들이 많이 눈에 띄었다. 가족에게 민망한 분위기의 자유로운 서구 문화에 놀랐다. 지질학자로 알프스산맥의 지질을 답사하고 싶었다. 스위스에서 융프라우 산악 철도와 케이블카로 알프스 정상 3,571m 융프라우(Jungfrauhoch)를 올라간 추억은 지질학자의 큰 보람이었다. 한여름에도 만년설로 덮인 유럽의 최고봉 융프라우는 그림처럼 아름다웠다. 만년설로 덮인 융프라우 주변에 간간이 퇴적암층의 층리가 관찰되었다. 알프스의 철도 주변 알프스산맥의 석회암 역암 등의 습곡 지층을 볼 수 있었다. 융프라우 정상 레스토랑에 우리나라 후라면 컵라면이 인기 메뉴 중 하나였다.

루브르 박물관 관람은 경이적이었다. 그런데 시간은 짧고 볼 곳은 많고, 돌아 나오는데 나오고 보니 모나리자 그림을 못 봤다는 게 생각났다. 출구 카운터에 다시 부탁해서 들어가 모나리자 그림을 보고 나온 열정이 있었다. 꿈같은 파리 여행을 마치고 다시 로마로 가는데, 파리의 오를리(Orly) 공항과 샤를 드골(Charles de Gaulle) 국제공항 두 곳을 잘못 알아서 고생한 기억이 있다. 택시로 오를리 공항에서 드골 공항까지 이동하여 가까스로 로마행 비행기를 타고 로마에서 서울행 대한 항공 비행기를 탈 수 있었다. 시간 여유 있게 공항을 갔기에 가능하였고 김포 공항밖에 없었던 시절이라 공항이 파리에 둘인 줄을 몰랐다. 좋은 경험과 공부를 하였다. 시간은 항상 여유 있게 잡고 모든 일에 확인이 필수가 되었다. 낯선 여행을 현지에 다니면서 직접 계획 예약하고 하는 일이 쉽지 않았다.

두 번째 유럽 여행은 오스트리아에서 열린 EGU 국제 학술 대회 참석이었다. 산악 철도를 이용해 두 번째 융프라우를 올라갔다. 철도 주변 퇴적암 지층을 관찰할 수 있어 더욱 즐거웠다. 유럽의 최고봉이 고생대에는 바다였다는 지질학적 사실은 히말라야와 유사하였다. 산 중턱까지 이어지는 목장이나 마을 풍경은 요들송이 절로 나올 정도로 아름다웠다. 비엔나 학회 포스터 세션 옆자리의 발표자로 미국 North Carolina에서 오신 East Carolina University의 Richard L. Mauger 교수님과 이런저런 얘기 중에 알프스 정상을 두 번이나 올라간 사실을 자랑스럽게 얘기했더니 두 번이나 올라갔다니라고 하신 조크가 생각난다. 융프라우가 젊은 여자란 뜻이라나. 한국 전쟁사에 관심 많으시고 귀국 후에 한국 전쟁 관련 책(The Silent War, John Pina Craven 저)까지 보내 주신 고마운 노교수님이셨다. 학회가 끝나고 비엔나 시내를 관광하였다. 비엔나는 모차르트 바이올린 음악 향이 물씬 났다. 다뉴브 강변에서 햇볕을 즐기는 시민들의 모습과 도심에서의 야외 식당 분위기는 그저 보기만 해도 즐거웠다. 비엔나에는 수많은 국제기구 사무실이 있어 국제적 행사나 활동으로 세계인이 많이 찾아 관광 산업이 주이다. 영화〈사운드 오브 뮤직〉의 촬영지로 유명한 잘츠부르크(Salzburg)에 가기 위해 기차를 탔다. 옆 좌석 젊은 할머니와 얘기를 나누었다. 30여 킬로 떨어진 지역에 사는 남자 친구를 만나러 가고 있다고 하였다. 할머니가 남자 친구 만나러 간다는 얘기가 언뜻 이해가 되지 않았다. 참 멋진 삶이란 사실은 나중에 이해하게 되었다. 잘츠부르크에서는 대성당, 미라벨 궁전, 모차르트 생가와 집 등이 가 볼 만하다. 미라벨 정원을 산책하였다. 잘자흐 강변의 레스토랑에는 관광객이 북적였다. 사운드 오브 뮤직의 관광버스 여행도 재미있었다. 사람 사는 참맛을 즐길 수 있었다. 우리나라도 많은 국제기구 유치로 삼천리 금수강산 관광 산업 활성화와 모든 국민이 국제적 감각을 높여야 함을 절감하였다.

두 번째 파리 방문 때는 베르사유 궁전, 개선문, 〈리도 쇼〉, 라파예트 백화점 등 여유 있는 시내 관광도 겸하였다. 백화점의 드르누운 마네킹은 세계 패션의 중심임을 실감케 하였다. 백화점 부근에서 달팽이 요리에 와인을 같이한 저녁 식사는 아직도 기억에 남아 있다. 자유분방하고 밝은 시민들의 모습에는 활력이 넘쳐흘렀다.

융프라우 최정상(해발 3,571m), 융프라우 정상행 산악 열차 타기 전후

만년설로 덮인 융프라우 정상

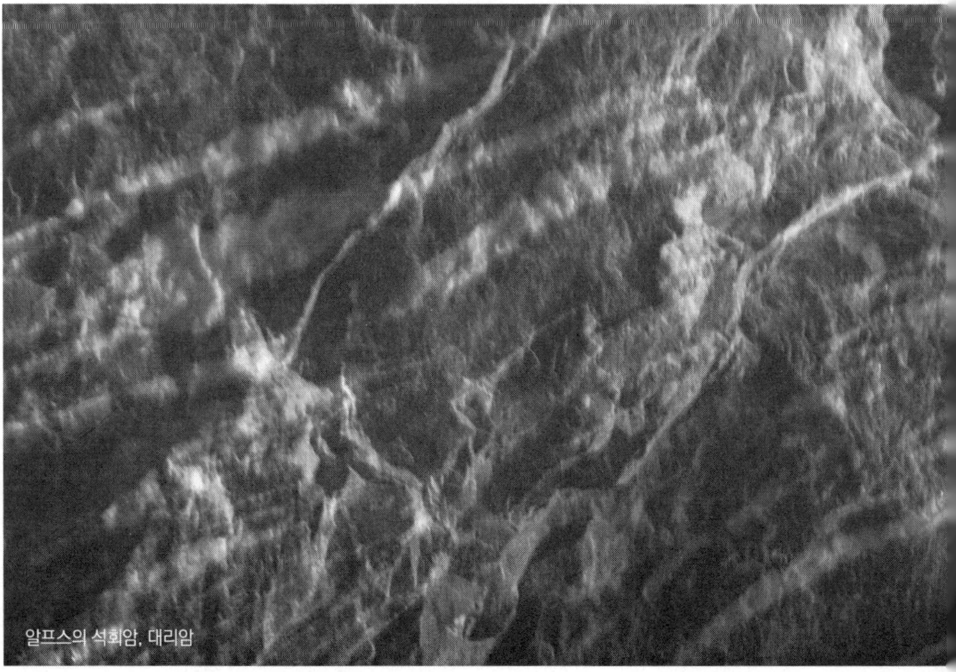

알프스의 석회암, 대리암

일본 미야케지마(三宅島) 활화산과
야쿠시마(屋久島) 해중 온천

Active volcano of the Miyakejima and Hot spring in the sea of the Yakushima Island, Japan

　미야케지마(三宅島) 화산섬은 일본 이즈쇼도(伊豆諸島)의 섬으로 하치조지마(八丈島)와 함께 활화산 국립공원으로 지정되어 있다. 나고야 대학 유학 시 1980년 나카이 지도 교수님의 연구 과제로 연구실의 동료 츠지(辻) 상과 호수 물 시료 채취를 위해 미야케지마를 방문했다. 섬에 도착하

미야케지마(三宅島) 기생 화산

니 섬 주민들의 생활이 도시민과 큰 차이 없이 잘 살고 있는 점이 특이했다. 거리에 시내와 똑같은 자판기가 있어 시내처럼 이용할 수 있었다. 특이한 것은 활화산이라 일본 기상청이 화산 활동을 모니터링하고 있었으며 유해 화산 가스 농도가 기준치 이상 분출되면 경고음이 울려 주민들이 대피할 수 있게 되어 있었다. 본도에서 멀리 떨어진 태평양 가운데 있지만 행정 구역은 도쿄도에 속하고 있다. 지질학을 공부하면서 처음으로 활화산인 화산섬을 방문하여 신비롭기만 하고 지질학 전공자로 자긍심을 느꼈다. 화산 주변에 소규모의 기생 화산 분화구에 화산 각력, 테프라, 화

산재가 붉은색을 띠었다. 호수에서 물 시료를 채취하고 심도별 수온도 측정하였는데 수심이 깊어질수록 수온이 높아져 신기하게만 여겨졌다.

야쿠시마(屋久島)는 가고시마 남단에서 남남서쪽으로 60km 떨어진 태평양 해상에 있는 섬이다. 지질학적으로 서남 일본 외대의 시만토대(四万十帯)에 속하고, 섬 주변은 日向層群의 제3기 퇴적암층으로 중앙부는 직경 약 25km 화강암체가 관입하여 풍화된 화강암 지역에 삼나무가 서식하고 있다. 과거 삼나무 벌목 임업이 활발하였다. 부근에 일본 인공위성 발사대가 있는 다네가시마(種子島) 화산섬이 있다. 야쿠시마는 면적 504.88km², 표고 1,936m로 원시림이 울창한 국립 공원으로 지정되어 있고 유네스코 세계 자연 유산으로도 등록되어 있다. 야쿠시마는 제2차 세계 대전 때 미군이 공격하지 않아 자연환경이 잘 보존되어 있다. 때문에 수령 4,000년 되는 기겐스기(紀元杉, 기원 삼나무)를 포함 원시림으로 덮여 있다. 나무의 나이테를 이용한 연대 측정 시료 채취를 위해 나고야 대학 연대 측정 센터 연구진과 동행하였다.

산악 열차를 이용해 등산하는데 원숭이도 많이 보이고 고목인 아름드리 삼나무 숲길도 인상적이었다. 목재는 변재와 심재의 경계가 뚜렷한데, 변재는 백색, 심재는 담홍색 또는 암적갈색이다. 재질이 좋고 특유의 향기가 있어 가구재·건축재·장식재·악기재 등으로 사용된다. 삼나무를 가공한 가구 공예가 유명해서 인지 과거 목재를 벌목한 흔적이 여러 곳에 남아 있었다. 마을에는 나무 박물관이 있는데 나이테 4,000개가 확인되는 기원

수령 4,000년의 기원 삼나무(紀元杉)

나이테가 잘 발달한 야쿠시마의 스기
(スギ, 삼나무, 杉)

삼나무가 전시되어 있으며 나무 박물관의 여러 전시 내용이 인상적이었다. 수천 년 된 나이테가 잘 발달한 삼나무 시료를 이용해 탄소(^{14}C) 동위원소 측정으로 연륜연 대학 연구는 물론 안정 동위원소비 분석으로 고기후 변동을 밝힐 수 있다. 나무 목공소에서 수집한 한반도와 유사한 형태의 조밀한 나이테가 잘 보이는 삼나무 표본은 지금도 나의 서가에서 향기를 뿜고 있다.

섬에는 야쿠시마 온천(屋久島溫泉), 히라우치 해중 온천(平內海中溫泉) 등 온천이 수처에 있다. 해안가에 있는 온천이 밀물 썰물 때 해수에 잠기기도 하는 노천 온천이 특이했다. 썰물 시간대에 해안에 있는 히라우치 해중 온천 노천탕을 즐긴 일은 일생에 드문 온천욕의 추억이다. 또 가 보고 싶은 제1위의 화산섬이다.

히라우치 해중 온천(平內海中溫泉). 노천 온천이 밀물 때는 바닷물에 잠긴다.

썰물 때의 온천 모습으로 왼쪽이 여탕 오른쪽이 남탕이다.

최고(最高)의 학문 지질학
Geology as the Best Sciences

　학생들에게 장래의 희망과 꿈, 선호하는 직업을 물어보는 기사나 질문을 자주 접한다. 일본에서 어린이들에게 장래 희망을 질문했을 때 여학생은 칸고후(간호사), 남학생은 구루마 운텐슈(자동차 운전수), 소방수라는 답을 하였다. 최근 일본 여고생들이 선호하는 직업은 교사, 회사원이다. 우리나라 고등학생들은 의사나 법조인, 회사원을 희망하고 있다. 나는 어릴 때 도회지에서 살거나 대통령, 장관, 국회 의원이 되는 게 최고인 줄 알았다. 중고생 때는 면 서기, 농촌 지도사, 학교 선생님 등 힘든 농사일이 아닌 직업이면 다 좋아 보였다. 세상을 살아 보니 대통령, 장관이나 재벌가 등 정상 인생 목표보다 삶의 과정(過程)이 중요함을 뒤늦게 알게 되었다. 국민학교부터 대학원의 교육에서도 최종적으로 받은 성적, 학점보다 성적을 받을 때까지의 과정이 나를 만들었고 그 과정이 가장 중요하였다. 삶의 과정이 아름다우면 그 삶은 성공이다. 사람은 어릴 때 자기가 태어난 환경이나 처한 환경에 따라 또는 그 시대 사회 환경에 따라 장래 희망 사항이나 목표 설정에 큰 영향을 받고 있다. 어릴 때는 대통령, 장관, 국회 의원, 판검사가 최고의 직업인 줄 알았다. 그러나 나는 미래 삶을 지질학(地質學, Geology)으로 선택하였다. 대학 지질학과 재학 시절 사람들은 지질학을 잘 알지 못하였다. 어느 날 미국인 할머니와 얘기 나눌 기회가 있었다. 대학에서 무엇을 공부하느냐라는 질문을 받고 "I major in geology."라고 답했다. 할머니로부터 참 좋은 학문을 공부한다며 칭찬받은 기억이 난다. 정말 지질학은 최고(最古)의 학문이자 최고(最高)의 학문이다. 지질학은 인류의 터전이자 인류의 탄생 모체인 지구를 연구하는 학문이라 인간에게는 최고의 학문이다. 태양계 유일하게 액체상의 물이 존재하며 생명의 탄생과 함께 인류가 지구에서 과학과 문화의 꽃을 피우고 있다. 지질학(Geology)은 46억 년 전에 만들어진 지구의 지구사(地球史)를 연구하는 최고(最古)의 학문으로 지구의 미래와 인류의 미래를 예시하는 길잡이가 되는 미래 학문이다.

지질학 어원은 지구 최고의 여신인 가이아(Gaia) 지신(地神)에서 유래된 Ge(지신)와 Logos(논리)란 어원이 결합되어 Geology(지질학)가 만들어졌다. 중세에는 암석이 만들어지는 과정이 물에 의해 만들어졌다는 독일의 베르너(Abraham Werner, 1749-1817)를 중심으로 한 암석 수성론자(Neptunist)의 사상이 지배적이었다. 기독교 사상이 지배적인 중세 시대에는 노아의 홍수처럼 물이 지표에 작용하여 암석을 만들었다는 암석 수성론을 주로 믿게 되었다. 그러나 영국 제임스 허튼(James Hutton, 1726-1797)은 암석이 마그마 기원에서 만들어졌다는 암석 화성론(Plutonism)을 주장하였다. 그리고 허튼은 야외 조사에서 부정합을 조사하여 지층이 침강-퇴적-융기-침식 후 다시 침강으로 반복되는 지각 변동을 관찰하였다. 이와 같은 과정이 지질 시대 동안에 반복해서 일어난다는 동일 과정설(Uniformitarianism)을 제창하였다. 이는 진화론적 개념으로 기독교 사상이 지배적인 중세에는 금기 사항으로 대단한 용기의 결단이다. 동일 과정설은 오늘날 지질학의 중요한 근본이다. 이처럼 지질 현상이 종교와 인간 사상의 근원이 되기도 한다.

지구인(地球人)인 인류는 지구 내외부에서 일어나는 화산, 지진, 기후 변동 등 각종 지질 현상과 함께 살아가고 있다. 때문에 지구사(地球史) 연구가 더없이 중요하며 지구의 미래가 궁금해진다. 지질학의 발전과 함께 지구관(地球觀)도 크게 변화하였다. 대륙 이동설, 해양저 확장설, 판구조론으로 대혁명이 일어났다. 그리고 대기 해양의 변동, 기후 시스템, 맨틀 대류설, 열점, 플룸 텍토닉스(Plume tectonics), 핵의 물성 해석에 놀라운 발전이 계속 이어졌다. 생명의 기원과 탄생, 지구 온난화나 한랭화와 같은 기후 변동, 소행성의 충돌, 거대 지진과 화산 폭발, 생물의 대절멸과 인류의 미래 등 수수께끼도 많이 남아 있다. 모두가 해결해야 할 인류의 미래와 생존과 직결된 문제다. 지구상에는 거대 지진과 화산 폭발이 계속 이어지고 있다.

지질학자는 46억 년간 지구상에서 일어난 지질 현상을 조사하기 위해 우선 해머(Hammer)를 들고 방방곡곡 야외 조사를 시작한다. 자연의 아름다움을 즐기며 산을 타고 암석 광물을 관찰 조사 연구한다. 오늘 못다 해 내일 찾아가면 노두(路頭, Outcrop)는 그 자리에 있다. 천문학자나 야행성 동물 연구자라면 밤잠을 자지 않고 밤을 새워야 한다. 그러나 암석 노두는 도망가지 않는다. 암석이나 노두 지층은 거짓 없이 항상 진실만 보여 준다. 암석, 바위 자체는 바로 예술이다. 암석 내에 보석이나 귀중한 자원 광물이 숨겨져 있기도 하다. 여인의 꿈 루비, 사파이어, 다이아몬드와 황금을 찾는다고 생각만 하여도 가슴이 뛴다. 지질학자는 지구에 숨겨져 있는 보석과 보물을 찾는다. 지구는 지질학자들을 위해 계속 새로운 보물을 땅속에 만들어 숨겨 둔다. 노두나 야외에서 관찰되는 지질 현상은 많은 지질학적 문제를 지질학자들에게 계속 던져 준다. 남극, 북극, 아프리카, 남미 파타고니아, 이스터섬, 미야케지마, 야쿠시마 등 전 지구를 누비며 돌과의 대화로 자연의 수수께끼를 하나씩 풀어 나가면서 새로운 생각과 꿈을 꾼다. 대자연의 맑은 공기와 암석을 중심으로 한 자연 관찰은 지질학자만이 누릴 수 있는 최고의 특권이다. 지질학자의 삶의 과정이 참 아름다웠다. 지질학 인생 나의 선택은 하늘이 내려 준 선택이었다. 지질학이 최고의 학문(Geology as the Best Sciences)임을 경험하였다. 다음 세상에도 달과 화성에서 다이아몬드와 희귀 금속 자원을 캐는 지질학자인 우주 지질학자(Cosmogeologist or ET Geologist)로 살고 싶다.

▶ 영족기체(Noble gas) 동위원소 분석에 열중하고 있는 저자. 일본 도쿄
  대학 지각화학 실험실

▶ 영족기체(Noble gas) 동위원소 분석에 열중하고 있는 저자. 일본 도쿄대학 지각화학 실험실

4장
열정적인 지질학 연구 생활

Energetic Research work in Geology

- 미국 캘리포니아 공과 대학 North Mudd 연구실 Laboratory in the Mudd, North of CALTEC, USA
- 노벨 과학의 산실 일본 나고야 대학 연구 실험실을 찾아서
  Visit to the Nobel prize Research laboratory at Nagoya University, Japan
- 일본(東京大學) 캠퍼스 24시 Campus 24 Hours in the University of Tokyo, Japan
- 남극과 북극의 극지 탐험 연구 Exploration research work on the Arctic and Antarctic
- 파타고니아와 이스터섬 지질 여행 Geologic field work on the Patagonia and volcanic Easter Island
- 백두산 화산 지질 조사 Geological field work of the Baekdusan volcano
- 일본 도야마 대학(富山大學) 동위원소 연구 실험실 Isotope Laboratory in the University of Toyama, Japan

미국 캘리포니아 공과 대학 North Mudd 연구실
Laboratory in the Mudd, North of CALTEC, USA

지질학 연구의 최선진국 최고의 연구 기관에서 지질학 특히 동위 원소 지질학 학문을 더 닦아야겠다는 생각을 늘 하고 있었다. 노력 끝에 1984년 8월 정부 지원 해외 연수자에 선정되어 1년간 미국 캘리포니아 공과 대학 (CALTEC, California Institute of Technology)에 방문 연구자로 가게 되었다. 연구의 꿈이 열려 가슴이 부풀었다.

신분증

더운 여름 초등학교 5, 6학년 두 아이와 함께 가족이 미국 LA 국제공항에 도착했다. 입국 수속장에서 검사관이 짐 속에 드라이드 피쉬(Dried fish, 건어물)가 있느냐고 묻길레 "No."라고 크게 대답하고 무사히 통과하였다. 사실은 미국에는 멸치가 비싸다며 장모님이 싸 주신 고추장과 함께 멸치가 짐 속에 들어 있었다.

처가 쪽 가까운 지인인 노 장로님이 공항에 마중을 나오셨다. 가족 모두가 장로님이 경영하는 식당으로 가서 점심을 먹고 글렌데일에 있는 자택으로 가서 집을 구할 때까지 2주간을 머물렀다. 정말 가족처럼 따뜻하게 대해 주셨다. CALTEC이 위치한 패서디나(Pasadena)에 월 550

미국 캘리포니아 공과 대학(CALTEC) 캠퍼스 South Mudd 연구동, North Mudd 연구동

달러 2베드룸의 집을 구해 이사하였다. 정부에서 월 1,000달러를 지원받았다. 모든 게 생소했고 전화, 전기, 수도 오픈과 은행 체크 개설, 아이들 학교 입학 등 힘든 일이 많았다. 딸 Christine Kim은 패서디나에 있는 Wilson Junior High School에 입학하고 아들 David Kim은 Alexander Hamilton School에 입학하였다. 이름은 부르기 좋은 현지식 이름으로 사용하였다. 학교는 대단히 자유스럽고 친절하게 교육이 이루어졌다. 그때 학교에서 가족사진까지 촬영해 주었다. 급한 일은 자동차 면허 취득이다. 먼저 필기시험을 봐 퍼미션을 받고 지인이 도움으로 연수도 좀 받으면서 면허 시험장으로 갔다. 우리나라와 달리 시험관이 동승 지시하는 데로 운전해 가야 하는데 운 좋게 단번에 패스하였다.

미국 가기 전 UCLA와 CALTEC 두 대학을 지원했지만 결국 나고야 대학 나카이 교수님께서 추천하신 Epstein, S. 교수님이 계신 CALTEC으로 결정했다. 가서 들은 얘기인데 UCLA 연구실에서 한국 이화 여대에서 젊은 여자 교수가 온다는 소문이 자자했다고 한다. DR. Kyu Han Kim이란 이름으로 성별 구분이 어려웠겠지. 그분들이 많이 실망했을 것이다.

패서디나(Pasadena) 날씨가 대단히 더워서 CALTEC 캠퍼스에 주차했던 자동차에 타기가 무서웠다. 너무 뜨거워서 차 안 시트에 앉기가 무서웠다. 캠퍼스 건물의 입구가 아치형으로 특이했다. North Mudd 빌딩

열정적인 지질학 연구 생활 129

과 South Mudd 빌딩 두 동이 지질학 관련 전공 교수 연구실과 실험실로 되어 있다. North Mudd 빌딩의 5층 연세 많으신 지형학 전공 명예 교수님의 넓은 옆방에 책상이 준비되어 있었다. 역사가 말해 주듯 고풍스러운 건물인 North Mudd 빌딩은 지질학과 지구 화학 실험실과 연구실 전용이고 South Mudd 빌딩에는 지구 물리학과 행성 지구 과학 전용이었다. 학과 명칭은 Division of Geological and Planetary Sciences이며 1984년 당시 학과장 1명, 명예 교수 4명, 교수 22명, 부교수 4명, 조교수 3명, Senior Research Associates 3명, Senior Research Fellow 1명, Research Fellows 19명, Sherman fairchild Distinguished Scholars 3명, Visiting Associate Professor 1명, Visiting Associates 29명, Members of the Professional Staff 8명 등 대단한 규모의 유명 교수진과 연구진이 활동하고 있었다. CALTEC 지질 과학 연구진 98명인데 이화 여자 대학교에서는 지질학 전공 교수가 단 한 명이었다. 처음 경험하는 세계적인 석학들과 함께 연구하는 영광을 얻었다. 정말 부러운 캠퍼스 연구 환경과 분위기였다.

North Mudd 건물에는 유명한 지구 물리(지진)학자 베니오프(Benioff) 교수를 기리는 베니오프룸이 있다. 판 구조론에서 지진이 빈발하는 섭입대를 CALTEC 베니오프 교수가 처음 연구하여 베니오프대(Benioff Zone)라고

Epstein 교수 연구사무실 커피 타임

명명하였다. 금요일 일과 후 여러 실험실의 연구자들이 이 방에 함께 모여 맥주를 마시며 연구 정보를 나누었던 열띤 토론 기억이 생생하다. 같은 연구실에 우수한 연구를 수행한 물리학 전공 한국인 연구자(J. Yang

박사)가 있어서 도움을 많이 받았다. 후에 이화 여대에서 같이 근무하게 되었다. 지구 화학 연구실에서 Sam으로 불리는 초청해 주신 Samuel Epstein 교수님은 세계적인 연구자이자 안정 동위원소 연구의 선구자로 연구 실적이 대단하셨다. 같은 실험실에 규산염 광물 동위원소 분석과 암석 열역학으로 유명한 Hugh P. Taylor, Jr 교수실과 실험실도 있었다. 암석 열역학(Thermodynamics in Petrology) 강의도 청강하였다.

  국비 지원 연구 교수라 연구 주제가 국가 전략 과제인 충북 괴산 부근에 분포하는 함우라늄 흑색 셰일 시료를 가져가서 우라늄 광상 성인을 연구하기로 하였다. 연구실에서 광석 시료를 다량 준비하고 동위 원소 분석, 방사선 감광 분포 특징 등 우라늄의 성인 연구를 시작하였는데 Epstein 교수님은 연구 주제에 별로 관심을 보이시지 않았다. 나중에 알고 보니 연구 시료에서 방사능 누출을 염려하여 방에도 잘 들르시지 않았다. 그래서 이 주제는 국내 보고용 연구 정도로 매듭짓고 새로운 과제로 바꿔 상동 중석 광산의 광상 성인 연구를 하기로 했다. 동위원소 지구 화학 연구실에는 규산염 광물의 산소 동위원소 분석 연구로 유명한 Taylor 교수와 Epstein 교수가 핵심이었다. 규산염 광물의 산소 동위 원소 분석 시료 전처리 시 위험한 불화 수소나 불산을 사용하기 때문에 안전에 주의가 대단히 필요했다. 규산염 광물과 탄산염 광물 동위 원소 분석 실험을 성공적으로 수행해 대한중석 상동 중석 광상의 성인 연구에 재미난 성과를 얻어서 일본《鑛山地質, 광산지질》(1988, 38권 212호) 학회지에 발표되었다. 규산염 광물과 탄산염 광물 등 새로운 동위 원소 분석 기법으로 상동 광상의 성인 규명 성과가 미국 연구 생활에서 겪었던 많은 고생을 잊게 해 주었다.

  어느 날 연구실 게시판에 Epstein 교수님 댁에서 가족 동반 파티가 있는데 참석자는 모두 수영복 지참에 간단한 요리나 음식을 가져오라는 내용이 있었다. 가족 동반으로 교수님 댁 실내 수영장에서 수영하고 음료수와 식사를 같이한 파티는 난생처음이라 큰 문화의 차이를 경험하였다. 재미있고 인상적인 모임이었다.

연구 중 교수님과 얘기하며 잘 알아듣지 못하는 경우가 많았다. 그런데 못 알아듣는 것이 체면상 부끄러워 많은 경우 알아들은 표현과 표정을 지었더니, 어느 날 교수님 말씀이 Dr. Kim은 Yes와 No가 불분명하다는 점잖은 말씀을 해 주셨다. 미국에서 언어 훈련이 필요한데 넓은 연구실에서는 늘 혼자였다. 연구자들이 각자 연구에 바쁘기 때문에 사무실에 비서나 실험실 아르바이트 아주머니밖에 얘기할 상대가 없었다. 하루는 캠퍼스 공중전화에 25센트 동전만 들어가고 통화가 되지 않아 오퍼레이터에게 전화를 했더니 다음 달 전화 빌에 25센트가 입금되어 있었다. 얼마를 Deposit했냐는 질문이 기억에 남아 있다. 미국에서는 자동차가 중요한데 돈 없이 간 Post Doctor 연수자라 중고 자동차를 살 수밖에 없었다. 우여곡절 끝에 리사이클(Recycle) 신문을 보고 조건이 좋은 일제 혼다 작은 승용차를 사서 운행했다. 그런데 어느 날 오일 게이지판에 불이 들어와 연료 기름이 없는 줄 알고 주유소에 갔더니 엔진 오일이 부족하다는 얘기였다. 며칠 후 또 오일 게이지판에 불이 들어와 정비 공장에 갔더니 엔진에 이상이 있다고 했다. 엔진 오일이 운행 중에 연료와 같이 연소되고 있었다. 그 후 엔진 오일 한 박스를 항상 트렁크에 싣고 여행하다가 수시로 길옆이나 나무 밑에서 충전해 가며 운행하였다. 자동차의 내용을 속여서 판 것이다. 미국에서는 거짓이 없고 모두 정직한 것으로 믿고 기대

생사고락을 같이한 혼다 Civic CVCC로 데스 밸리(Death Valley)의 사구 답사

했던 미국에 처음 큰 실망을 했다. 이런 문제 있는 자동차로 가족 동반 위험한 Death Valley, 라스베이거스, 그랜드 캐니언, 요세미티 국립 공원, 옐로스톤, 샌프란시스코, 라센 볼캐닉 파크, 팜스프링스, 리노, 솔트 레이크, 빙햄 반암동광상 등 수차례나 장거리 여행을 하였다. 지금 생각해 보면 위험천만한 일이었다. 겁도 없이 사막 길옆에 주차하고 좁은 차 안에서 가족과 함께 잠을 자기도 하고 옐로스톤 가는 도중 밤에 어느 학교 운동장에서 잠시 쉬다가 경찰 안내를 받고 다시 여관으로 이동하기도 하였다. 여행 중에 지질학 교과서에 나오는 지명이 너무 많아 반가웠다. Death Valley 사막에서 귀한 삼능석(Ventifact) 암석 시료를 수집해 무겁지만 서울까지 가져와 대학 강의 시간에 실물을 학생들에게 보여 준 열정도 있었다.

솔트레이크시티 부근에 있는 세계 최대 노천 채굴 Bingham 반암동광상

그랜드 캐니언 수평 퇴적층

친절하게 도와주신 노 장로님 따라 LA 한인 충신 교회를 패서디나에서 1년간 다녔으며 주일 예배 외에 장로님들 가정에서 보는 구역 예배도 열심히 참석하였다. 구역 예배는 보통 자동차로 1시간 이상 거리였다. 불법 이민자들의 현지 생활상도 보고 듣고 대학 동창들의 성공적인 미국 이민 생활도 보면서 미국에서 도전해도 될 듯싶긴 하였다. 미국 이민에 성공한 어느 한 대학 동창 집에 초대받아 방문하였다. 과수원 같은 넓은 정원에 집 환경이 좋았다. 친구 얘기 중에 친구네 집 메인터넌스 비용이 월 3,000불이라고 했다. 나는 한국의 유명 대학교수로서 대한민국 정부로부터 월 1,000불을 지원받아 가족이 함께 생활하는데, 충격적인 말이었다. 자녀 교육이나 여건이 좋은 미국 교육 환경에서 계속 연구하

고 싶은 생각도 있긴 하였다. 그러나 대학에서 연구 열정에 불타던 시기라 귀국 후의 희망이 더 컸다. 가족과 함께 건강하게 1년 미국 연구 연수를 성공적으로 마치게 됨에 만족하고 감사하게 생각하며 귀국하기로 결심하였다. 아이들은 학교생활에 적응하여 미국 학교생활을 좋아하는 듯하였다. David Kim은 Alexander Hamilton School을 졸업하게 되었다. 귀국길 모처럼 가족이 함께 하와이 여행으로 잠시 피로를 풀었다. 교회 목사님이 살기 좋은 미국에서 살라는 권고 말씀이 아직도 기억난다. 그러나 결과적으로 귀국한 것이 참 잘한 결정이었다.

노벨 과학의 산실 일본 나고야 대학 연구 실험실을 찾아서
Visit to the Nobel prize Research laboratory at Nagoya University, Japan

　노요리 료지(野依良治) 교수를 포함 6명의 노벨과학상을 배출한 나고야 대학(名古屋大學) 대학 실험실은 24시간 불을 밝히고 있었다. 실험 시설이 빈약한 국내 대학 실험실과 과학 선진국의 대학 실험실은 너무나 큰 차이가 있었다. 대학 건물 외형은 별로 멋있게 보이지 않았지만 실험실 내에는 연구에 필요한 실험 기기와 부품으로 잘 갖추어져 있었다. 그 당시 국내 대학은 외형만 번드르르하지 실험실은 지극히 빈약해 과학 실험 연구용 데이터를 생산할 수가 없었다. 고작 편광 현미경 수준이었다. 나카이 노부유키(中井信之) 지도 교수님은 사카이 히토시(酒井 均) 교수님, 마츠오 사다오(松尾禎士) 교수님과 함께 세계적으로 잘 알려진 일본 안정 동위원소 연구의 선구자셨다.

　일본은 도제식 연구실 운영 시스템으로 교수, 조교수, 조수, 대학원, 학부 학생으로 연구실 교수의 역할과 권위가 현저하였다. 모든 결정권은 연구실의 교수에게 있었다. 나카이 교수님의 유학생 입학 허가와 신원 보증과 재정 보증이 유학의 문을 열어 주었다. 지도 교수님이 보증하면 하숙집의 보증금으로 레이킨(礼金)과 시키킨(敷金)을 받는데 레이킨을 면제해 줄 정도로 교수의 신임은 대단히 높았다.

나카이 교수님은 1979년 당시 호수 퇴적물의 탄소 안정 동위원소비 분석으로 고기후(古氣候) 연구를 하셨다. 비와호, 하마나호 등의 호수 퇴적물과 수심별로 물 시료 채취에 보조하면서 대학원생 츠지(辻) 상과 함께 하치조지마(八丈島) 화구호의 물 시료 채취를 위해 일본 국내 출장을 갔다. 도쿄에서 태평양 쪽으로 287km 떨어진 활화산 하치조지마는 이즈제도의 섬으로 행정 구역은 도쿄도에 속한다. 처음 가 본 화산섬인데 섬 주민들의 생활 수준이 도시민과 차이가 없을 정도로 높아 많이 놀랐다.

나카이 교수님은 탄소 14 연대 측정 장치인 탄뎀 가속기(AMS, Accelerator Mass Spectrometry)를 도입 설치하여 세계적인 실험실을 만들어 일본 국내 뉴스에도 자주 등장했다. 실험실에 실험용 드라이아이스를 매일 주문 배달해 주었다. E관 건물 앞에 액체 질소, 액체 산소 등의 탱크에서 액체 질소를 실험실로 날라 실험을 매일 진행하였다. 모토야마 빠칭코에 재미를 붙여 실험이 끝나면 이따금 시간을 보내기도 했다. 모토야마(本山) 지명이 반년이 지나도 본산으로 머리에 떠올랐다. 그러던 어느 날 본산과 모토야마가 머릿속에서 왔다 갔다 하다가 모토야마가 머릿속에 확 떠오르기 시작했다. 일본어 언어의 습득에 진전 과정을 직접 경험하였다.

대학 실험실의 명칭도 낯선 이름이 많았다. 실험실마다 대학원생과 학부 4학년생들의 실험 열기는 대단하였다. 그 와중에 바이토(아르바이트)로 학생을 가르치는 학생도 있었다. 집중 강의가 특색으로 어느 과목에 대해 그 분야의 전국에서 가장 유명한 교수를 초빙해 일주일에 한 과목 전부 강의를 끝내는 것이다. 어느 교수는 강의가 끝난 후에 학점이 필요한 학생은 알려 달라 해 학점을 부여한다. 학점보다 강의가 워낙 좋으니 학생 외에 인접 분야 교수나 연구자도 같이 청강하기도 한다.

물리학과 어느 노교수님 연구실을 방문했을 때 안경 렌즈로 두꺼운 돋보기를 끼신 채 연구 논문을 얼굴에 밀착 스캔하면서 읽어 내려가셨는데 그 모습이 열정, 감동 그 자체였다. 노벨과학 산실 실험실의 한 모습이었다. 교토 대학(京都大學) 노벨과학상을 수상한 어느 교수님의 사모님은 남편이 잠자다가도 벌떡벌떡 일어나 메모하는 모습을 일생 동안 옆에서 보아 왔다고 TV에서 대담하는 얘기를 들었다. 그리고 노벨과학 명문 교토 대학 야마기와 주이치(山極壽一) 前 총장은 학생과 교수가 대등하게 교수의 학설을 그대로 믿지 말고 교수의 연구 영역을 넘어 새로운 영역을 개척하게 해야 한다고 역설하였다.

　2018년 노벨과학자 6명을 배출한 나고야 대학을 다시 찾았다. 노벨상을 받은 노요리 료지 교수의 기념관인 노요리 기념 물질과학 연구관과 사카다 히라타 홀의 노벨과학수상자 홍보관에는 자랑스러운 노벨과학상 수상자들 소개와 함께 관련 연구 저널들이 전시돼 있었다. 나고야 대학 동문으로 자랑스럽기도 하고 한편 한국 사람으로 대단히 부러웠다. "일본이 노벨과학상 수상자 22명 배출한 비결"이란 《조선일보》(2018.10.1.) 기고문을 통해 또 한 번 연구자의 분발과 정부 기초 과학 지원을 요청하였다. 이 기사 《조선일보》 일본어판이 야후 재팬에 소개되기도 하였다.

　반세기 동안 나고야 대학 실험실을 자주 이용하였다. 밤늦게 실험이 끝나고 숙소로 돌아갈 때도 실험실은 불이 밝고 연구실 내에 움직이는 연구자들의 모습이 많이 보였다. 연구실 교수님이 도시락으로 점심 식사를 학생들과 같이 먹으면서 연구실의 여러 가지 대화를 나누었다. 그 후 반세기 동안 연구 교류를 해 왔지만 실험실에서 정치 얘기를 나누는 경우는 거의 없었다. 우리나라 대학 현실과는 너무 차이가 컸다. 2021년 현재 단 한 명도 없는 우리나라에 반해 2021년 현재 28명을 배출한 일본인의 노벨과학

나고야 대학 2008년 노벨물리학상 수상 마스카와 토시히데(益川 敏英), 코바야시 마코토(小林 誠), 노벨화학상 수상 시모무라 오사무(下村 脩) 박사를 기념하기 위한 Nobel Prize Memorial Exhibition Hall 건물

상은 주로 대학에서 나왔다. 학부 출신 교토 대학(8명), 도쿄 대학(9명), 나고야 대학(3명)에서 다수 배출되었고 기타 전국 여러 대학에서도 배출되어 노벨과학상의 전국 대학으로 평준화되었다. 2023년 현재 나고야 대학은 노요리 료지(野依良治) 교수를 시작으로 총 6명의 노벨과학자가 탄생하였다. 나고야 대학 노벨물리학상 수상 마스카와 토시히데(益川 敏英) 박사와 코바야시 마코토(小林 誠) 박사의 素粒子宇宙起源研究所(KMI, Kobayashi-Maskawa Institute for the Origin of Particles and Universe)가 2010년 새로 설립되어 후속 연구가 활발하다. 역대 노벨과학상 수상자들은 모두가 그 시대에 요구되는 그러나 그 시대에는 실현되기 어려웠던 놀라운 꿈을 실현시킨 사람들이다. 수많은 노벨과학자들은 어린이와 같은 천진난만한 호기심을 가지는 것이 노벨과학 연구의 첫걸음이라고 충고하기도 한다. 그러나 노벨과학상으로 가는 정도(正道)는 바보스러울 정도로 순진하게 연구(실험)에만 미친 연구자들의 자기 개발의 강한 집념과 학문에 대한 지독한 고집에서 출발하고 있다. 하마구치 미치나리(濱口道成) 나고야 대학 前 총장도 유행 따라가지 말고 자신의 길 가라고 충고하였다(《조선일보》 "유행 따라가지 말고 자신의 길 가라" 2015.1.8. 참고).

우리나라도 국가적인 기초 과학 지원과 활성화로 노벨과학 교육의 길을 새롭게 열어 나가야 한다. 우리나라 대학에도 노벨과학상 수상자를 위한 기념관이 설립될 날을 기대한다.

일본 東京大學 캠퍼스 24시
Campus 24 Hours in the University of Tokyo, Japan

1년 안식 연구년(2005.9.-2006.8.)으로 일본 東京大學(도쿄 대학)에서 새로운 연구에 도전하였다. 해외 파견 연구 교수의 지원을 받아 영족 기체 동위원소(Noble gas isotope) 연구 시설이 잘 갖추어진 도쿄 대학 지구 화학 연구실에서 객원 연구원으로 연구하게 되었다. 비교적 언어와 일본 생활에 익숙하고 대학에 연구 지인도 많아 캠퍼스 생활과 일상 생활은 즐기면서 여유 있게 할 수 있었다.

도쿄 대학은 1877년(메이지 10년) 설립된 이후, 제국 대학, 동경 제국 대학, 도쿄 대학 등으로 명칭이 몇 차례 바뀌었다. 일본 최초 국립 대학으로 혼고(本鄕), 코마바(駒場), 카시와(柏)의 3개 캠퍼스가 있다. 내가 찾은 연구실은 도쿄 대학 혼고 캠퍼스에 있다. 혼고 캠퍼스 내 실험실은 역사 깊고 고풍스러운 건물 내에 있었고, 초청해 주신 나가오 케이스케(長尾敬介) 교수도 공동 연구자로 오카야마 대학에서부터 가깝게 지내 온 터라 편한 마음으로 연구에만 집중할 수가 있었다. 마침 그때 이화 여자 대학 제자가

도쿄 대학 혼고 캠퍼스 건물

그 연구실에서 유학 중이기도 했다. 숙소는 도쿄 시로카네다이(白金台)에 있는 도쿄 대학 연구 지원 시설에서 가족과 같이 편하게 지낼 수 있게 되었다. 도쿄 대학 실험실은 우주 물질과 지구 물질 시료의 영족 기체 동위원소 분석 실험 시설로 지금까지 이용해 온 연구 시설과는 많이 달랐다. 안정 동위원소 분석이나 네오디뮴-스트론튬(Nd-Sr) 동위원소 분석과는 시료 준비나 전처리 과정이 전혀 달라서 실험실에서 분석 방법을 익히는 것부터 시작해야 했다.

영족 기체란 He, Ar, Ne, Kr, Xe 등 비활성 기체로 시료 속에서 이들 가스를 추출하고 이들의 동위원소비를 질량 분석기로 분석하여 우주 물질이나 지구 물질의 생성 기원과 과정 등을 밝힌다. 시료의 전처리 과정이 비교적 깨끗하여 신사들이 하는 실험과 같았다. Nd-Sr 동위원소 분석용 시료 전처리는 위험한 시약 불산 사용과 칼럼 분리 등 화학적 처리로 실험 시 시간이 걸리고 테플론 비커 세척 등 설거지가 많다. 실험실 주변은 도서실, 서점, 식당 등 편리한 시설이 가깝게 있고 연구 환경이 대단히 좋았다. 서점의 특이한 점은 도쿄 대학 관련 출판물이 한 코너를 장식하고 있는 것이었다. 140여 가지 도쿄 대학 관련 출판물이 일본 사회에 기여하고 있는 도쿄 대학의 위상과 비중을 짐작하게 해 주고 있었다.

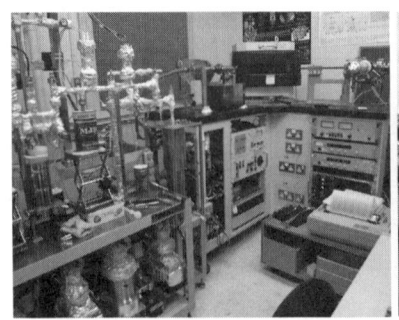 

이학부 지각 화학 실험실의 영족 기체 동위원소 분석 실험실에서 실험에 열중하고 있는 필자

영족 기체 동위원소 분석은 한 시료당 3시간 반 정도 질량 분석기에서 자리 뜨지 못하고 계속 앉아서 측정해야 한다. 미지 시료에서 연구자가 기대하는 데이터가 측정되었을 때 기쁨으로 고된 실험을 이어 간다. 울릉도 화산 테프라층에서 발견된 화강암편의 연대 측정과 영족 기체 분석 결과 지구상에서 가장 젊은 화강암으로 밝혀져 흥분하였다. 《네이처》 저널에 "The youngest granite on Earth"이란 제목으로 투고하였으나 울릉도의 암석이 몬조니암(Monzonite)으로 보편적인 화강암이 아니라는 이유로 게재되지는 못하였다. 그러나 내용이 너무 좋아 유명 전문지 《Chemical Geology》에 실리게 되었다.

혼고 캠퍼스의 연구 실험실은 24시간 불이 밝고 공과 대학 실험실의 기계음은 마치 생산 공장을 방불케 할 정도로 실험실이 역동적으로 돌아가고 있었다. 나가오 교수님은 연중무휴로 주말과 휴일도 없이 실험실에서 시간을 보내고 있었다. 이런 캠퍼스에서 노벨과학상이 다수 배출될 수밖에 없음을 알게 된다. 대학 본부 총장실 입구 현관 로비에는 도쿄 대학 우수 연구성과 홍보물이 전시되어 도쿄 대학의 연구 열정을 엿볼 수 있었다. 우리나라 대학 캠퍼스 현실과 거리감이 크게 느껴졌다.

방문 연구 당시 일본 국립 대학의 발전 전략으로 국립 대학 법인화가 진행 중이라 대학이 새로운 경쟁 체제로 변신하고 있었다. 국립 대학의 미래 지향적 바람직한 변신임을 느끼고 국내 대학도 반드시 가야 할 길이라 생각되어 "日 대학 교육 질 높여 살길 찾는다"(《동아일보》, 2005.12.26.)및 "법인화 이후 도쿄대는 달라지고 있다"(《동아일보》, 2010.1.15.) 칼럼과 2006년 교육인적자원부 발행 《교육마당 21》 잡지에 "법인화 이후 일본 국립대학 소리 없는 대변혁을 보고"란 제목으로 처음 국내에 국립 대학 법인화의 불을 지폈다.

1827년 다이묘(지방 군주) 마에다 나리야스(前田齊泰)가 명장 도쿠가와 이에나리(德川家齊)의 21번째 딸인 요히(溶嬉)를 맞이하기 위해 만든 붉은색 대문인 아카몬(赤門) 옆에 있는 도쿄 대학 커뮤니케이션 센터에서 또 한 번 놀라게 된다. 도쿄 대학과 지역 사회, 세계와 상호 소통을 위한 커뮤니케이션 거점으로 커뮤니케이션 센터를 만들었다고 한다. 로고는 '지성의 얼굴'을 상징하는 UT 영문이 든 도쿄 대학의 둥근 얼굴로 표현하고 있다. 대학 홍보관에는 도쿄 대학 출신 소속 교수들의 자랑스러운 노벨과학상 수상자의 수상 내역과 도쿄 대학의 브랜드 상품이 전시 판매되고 있었다. 브랜드 상품으로 발효학의 세계적인 사카구치 긴이치로(板口謹一郎) 명예 교수가 개발한 술 우사기(御酒)와 우사기 초콜릿, 냉장고 냄새 탈취용 광촉매 시트, 스포츠 선수의 체력 향상에 효험이 알려진 아미노산으로 만든 체력식 영양제 '칸파이(乾杯)', 2000년 동안 잠자던 연꽃씨 발아에 성공하여 담홍색 연꽃에서 추출한 연꽃 향의 향수 '렌카(蓮香)'와 도쿄 대학의 문구류와 기념품이 인기 상품이다.

도쿄 대학 홍보관의 노벨과학상 수상 홍보물(2005년)

구내식당 식사 메뉴 이름도 대학과 관련된 이름이 눈에 띈다. 연구 실험 중 휴식 시간에는 연구실 멤버들이 함께 모여 커피를 마시며 학문적 대화를 이어 간다. 연구실 부근 산시로노이케(三四郎池)에서 자주 산책하며 머리를 식혔다. 좀 더 시간이 날 때는 시노바즈(不忍池) 연못을 지나 우에노역(上野驛) 부근까지 걸어가 아메요코 시장에서 생선 초밥이나 불고기 식사를 즐겼다. 구내식당이 밤 9시까지 운영되며 이 시간에 식당은 학생들과 연구자들의 젊은 열기로 시끌시끌하다. 한편 대학 캠퍼스 내에 24시간 운영하는 편의점이 혼고 캠퍼스에만 3곳이 성업 중이다. 24시간 밤을 밝히는 도쿄 대학의 연구실과 실험실은 일본의 미래를 잘 보여 주고 있다.

남극과 북극의 극지 탐험 연구
Exploration research work on the Arctic and Antarctic

 지질학의 연구 영역은 대단히 넓다. 넓게는 우주부터 좁게는 푸른 행성 특히 우리가 살고 있는 지구가 중심이 된다. 지구에서 일어나는 다양한 지질 현상을 46억 년 전 먼 과거에서부터 미래에 일어날 지질 현상에 이르기까지 다룬다. 특히 현재의 우주 개발 기술로 인간이 접근하기 어려운 미지의 대상인 화성, 달, 소행성 탐사나 지구의 극한 환경(Extreme environment)인 남극이나 북극에 호기심을 가지고 탐험해 왔다. 세계 각국은 남극 대륙에 우리나라를 포함 20개국 45개 상설 과학 기지와 북극에 노르웨이, 프랑스, 독일, 중국, 일본 등 7개국이 연구 기지를 경쟁적으로 운영하고 있다. 우리나라도 극지연구소가 남극과 북극에 극지 연구 기지를 건설 운영하고 있다.

 2006년 남극 세종 과학 기지를 방문 연구할 기회를 가졌다. 서울-LA-칠레 푼타아레나스(Punta Arenas)를 거쳐 남극 대륙에 들어갔다. 칠레 최남단 작은 타운 푼타아레나스에서 칠레 공군 군용기로 남극 대륙 끝자락 킹조지섬(King George Island)에 도착하여 세종 기지에 이른다. 비행장에서 조금 떨어진 해안에서 조디악 고무보트를 타고 바다를 건너 세종 과학 기지로 간다. 처음 경험하는 남극 극지 방문이라 벅찬 설렘과 호기심과 약간의 두려움도 있었다. 남극의 여름이라 생각만큼 그렇게 혹한의 추위는 아니었으나 주변이 빙하로 눈 덮인 지형이며 식생이 급변하여 이끼식물밖에 보이지 않았다.

세종 과학 기지 월동 대원과 연구자들이 반갑게 우리 일행을 맞아 주었다. 펭귄 마을까지 걸어가며 특이한 남극 지형 환경을 견학하고 펭귄들이 집단 서식하는 펭귄 마을에서 펭귄 행동의 신기함에 매료되었다. 펭귄의 알과 새끼를 노리는 검독수리와 치열한 생태계의 전쟁터를 처음 보았다. 수컷 펭귄이 작은 돌을 물고 옆집 펭귄의 담에 옮겨 놓은 행동은 외도하자라는 사인이라는 펭귄을 연구하는 일본 생태학자의 설명이 재미있었다. 아름다운 색의 유빙들이 떠 있는 연구소 기지 주변 해변에 커다란 바다표범들이 뒹굴고 산책하는 펭귄들도 드물게 발견되었다. 이끼식물과 온도차로 일어난 기계적 풍화로 잘게 쪼개진 암석들이 여기저기서 관찰된다. 남극 대륙이라면 눈 덮인 얼음산으로만 상상하지만 남극 대륙에도 화산과 온천이 있다. 연구팀은 디셉션 화산섬(Deception Island)의 성인 연구를 위해 디셉션섬의 온천 화산 가스 채집과 현무암 시료를 채취하였다.

남극 대륙은 중국 면적 1.2배의 대단히 큰 대륙으로 지구상에 남은 유일한 미지의 대륙이다. 먼 지질 시대 후에 언젠가는 인류가 정착 상주할 수 있는 꿈의 대륙이기도 하다. 세종 과학 기지의 위치는 칠레 쪽으로 뻗친 남극 대륙의 한 끝자락 킹조지섬에 있다. 남극 대륙 본토에 대한민국 과학 기지 건설의 필요성을 절감하였다. 1956년 건설된 미국 맥머도 기지(McMurdo Station)와 1957년에 건설된 일본의 쇼와 기지(昭和基地)는 모두 남극 대륙 본토 중심 지역에 있다. "제2의 남극기지 건설하자"(《동아일보》, '과학세상' 2007.1.15.) 칼럼으로 남극 대륙 본토에 과학 기지 건설을 위하여 오피니언 리더로 적극 지원하였다.

연구자는 남극이 여름철인 우리나라 겨울에 가야 하고 북극은 반대로 북극이 여름이고 낮이 계속되는 우리나라 여름에 가야 한다.

다산 과학 기지 연구실 앞, 북극곰

한국극지연구소의 연구자와 일본 연구자가 공동으로 북극 스발바르에 산출되어 맨틀 포획암과 온천가스 시료를 채취 후 He-Ar-Ne 영족 기체 동위원소 분석 연구를 위해 2007년 6월 한 달간 북극 다산 과학 기지를 방문했다. 북극에는 북극점에 가까운 지역 노르웨이영 스발바르섬에 세계 각국이 북극 과학 기지를 운영하고 있다. 노르웨이 오슬로 트롬쇠를 경유 스발바르섬 롱위에아르비엔(Longyearbyen)에서 12인승 작은 경비행기로 뉘올레순(Ny-Alesund)에 위치한 다산 과학 기지에 도착했다. 태양이 머리 위에서 온종일 떠 있는 낮이 계속되는 교과서 얘기를 경험하니 신기하였다. 뉘올레순에는 세계 각국의 과학 기지가 운영되고 있으며 청정 지역에서 연구자들이 지구 환경 연구에 열중하고 있었다. 지구 최북단 우체국, 호텔, 바까지 운영되고 있다. 24시간 낮이 계속되기 때문에 바에서는 사방에 커튼을 치고 촛불을 켜 실내 분위기를 어둡게 만들고, 맥주와 칵테일을 즐기며 극지 환경에서 연구자들이 스트레스를 해소하고 있었다. 각국 연구자들의 가장행렬에서 자국의 문화를 자랑하는 행사도 즐거웠다.

북극 다산 과학 기지 2007년, 아문센(R. Amundsen) 동상 옆 도쿄대 나가오 교수와 함께

배 위에서 이동 숙식하면서 중간중간 하선 시료를 채취하였다. 무서운 북극곰 위험 때문에 연구자들은 반드시 실탄이 장전된 총을 소지하고 야

북극에서 해상 배에 숙식하며 하선하여 지질 조사 및 시료 채취

외 조사를 나가야 한다. 북극에 분출하고 있는 온천수와 온천가스 시료 채취와 맨틀 포획암 시료 채취에 더해 빙퇴석 지형 위에 이따금 흐르는 눈 녹은 샘물과 크기가 아주 작은 아름다운 꽃인 북극 자주범의귀, 북극 장구채, 북극 담자리꽃나무 등에 매료된다. 북극에서는 온 산천이 하얀색 눈과 얼음으로 덮여 있는 지형밖에 볼 수 없다. 노르웨이 트롬쇠로 돌아올 때 비행기에서 내려다본 초록색이 섞인 지형을 보고 초록색이 편안하고 포근하게 느껴졌다. 남극 방문 시 칠레 곳곳에 마젤란(Magellan, F.) 동상과 기념비가 많았는데 이곳은 노르웨이 극지 탐험가 아문센(R. Amundsen) 동상이 대단히 인상적이었다. 노르웨이 트롬쇠 밤하늘에 펼쳐진 오로라는 하늘의 장관이었다.

2014년 남극 대륙 동남단의 로스해(Rose Sea)에 접한 테라노바만(Terra Nova Bay)에 대한민국 장보고 과학 기지가 건설되었다. 2007년 1월 남극 대륙 본토에 제2 과학 기지 건설을 촉구한 《동아일보》, '과학세상' 칼럼 7년 후에 장보고 과학 기지가 건설된 사실에 감격과 소회가 새롭다. 극지 연구의 파트너인 한국지질자원연구원장으로 개소식에

뉴질랜드 크라이스트처치에서 항공기 출발 남극 대륙 도착

참석을 희망했지만 한국의 정치가들 중심의 행사라 참석할 수 없게 되어 과학자로서 큰 실망감을 느꼈다. 연구에 무관한 정치 관료의 자리는 있고 극지 연구에 높은 관심을 가진 핵심 연구 기관의 기관장의 비행기 자리가 없다는 답신이다.

장보고 과학 기지 개소 2년 후 극지 연구 중요성의 대국민 과학 문화 대중화를 선도해 온 공로와 한국지질자원연구원장으로 2015년 12월 극지연구소 소장과 해수부 담당자 등이 장보고 과학 기지를 방문 탐사할 기회를 얻었다. 뉴질랜드 크라이스트처치에서 항공기로 장보고 과학 기지로 날아갔다. 얼음 위 활주로에 무사히 착륙하여 장보고 기지까지 자동차로 이동하였다. 기지의 연구동은 환상적인 구조와 남극 대륙 본토 중심부에 가까운 최적의 지리적 위치인 해안과 인접한 구릉 지형 위에 건설되어 있었다. 기지 주변에 미국, 뉴질랜드, 이탈리아 상주 과학 기지가 있는 장보고 과학 기지 외부, 내부 시설은 국제적 수준으로 극지 연구 활동에 핵심 기지로서 자랑스러운 수준이었다. 과학 기지에서 멀리 보이는 멜버른 화산(Mount Melbourne, 2,732m)은 환상적이었다. 헬리콥터 위에서 바라본 두터운 눈과 얼음으로 덥혀 있는 멜버른 활화산과 지형 견학 탐사는 잊지 못할 여정 중의 하나였다. 남극 대륙에도 화산대를 따라 높은 화산이 많다. 펭귄 마을에서

2015년 남극 장보고 과학 기지와 주변 멜버른 화산, 펭귄 마을

펼쳐진 그들의 삶의 터전과 펭귄 무리의 행동은 머릿속에서 좀처럼 지워지지 않는다. 장보고 기지에서 극지연구소 연구팀이 기획한 남극점을

향한 코리안 루트 개척에 힘을 실은 "남극 내륙기지 적극 개척하자"라는 《조선일보》(2016.1.12.) 발언대에서 남극 대륙 장보고 과학 기지의 미래가 조명되어 있다. 지질학적 먼 훗날에 제2의 대한민국이 이곳 남극 대륙 중심부에 건국 번영할 것이 틀림없다. 지질학의 대륙 이동설이 이를 잘 암시해 주고 있다.

작고 아름다운 자주색의 북극 자주범의귀꽃 · 항공기에서 내려다본 눈 덮인 스발바르 북극 지형

2006년 칠레 최남단 푼타아레나스에서 칠레 공군 항공기로 남극 이동
남극 세종 과학 기지 표지석 도쿄 대학 나가오 교수와 함께. 조디악 보트를 이용한 과학 기지 주변 조사

세종 과학 기지 주변 거대한 빙벽 전경. 평화로운 펭귄과 과학 기지 주변에 뒹굴고 있는 포유동물 웨들바다표범

파타고니아와 이스터섬 지질 여행
Geologic field work on the Patagonia and volcanic Easter Island

우리나라 반대편에 있는 남아메리카의 안데스산맥 주변 지질을 연구 조사할 만큼 우리의 연구 활동 무대가 국제화되었다. 환태평양 지진 화산대의 본고장인 남미 안데스의 화산 활동 연구는 지구적인 관심의 대상이기도 하다. 파타고니아 중부 고원지대는 신생대 화산 지형으로 현무암 용암 대지 위에 빙퇴석 지층이 분포하고 있다. 안데스산맥 형성과 연관된 판 구조 운동으로 신생대 화산 활동이 활발하였다. 극지연구소의 연구팀과 함께 남미 칠레, 아르헨티나의 대표적인 남미 대륙 남쪽 끝 파타고니아(Patagonia) 고원의 빙하와 빙하 지형, 팔리아이케(Pali Aike) 현무암, 맨틀 포획암 시료 채취에 열중하고, 처음 경험하는 지평선과 요란한 구름 아래 넓은 목장을 반쯤 졸면서 지나갔다. 칠레 남부 마가야네스주에 있는 토레스 델 파이네 국립 공원(Parque National Torres del Paine)에서 어느 노부부가 와인과 독서를 즐기는 모습은 인상적이었다. 염수호에 핑크 플라밍고 무리가 떼 지어 뛰노는 아름다운 석양은 한 번쯤은 봐야 할 추천 목록이다. 빙하호 호수가 바로 보이는 레스토랑에서 양고기 구이와 포도주의 궁합이 최고였다.

칠레 산티아고에서 태평양으로 비행기 3시간 정도 가면 전설의 작은 화산섬 이스터섬(Easter Island)이 보인다. 남태평양 해저 화산 활동으로 형성된 이스터섬 화산암 연구를 위해 연구팀이 작은 현지 공항에 도착하여 출구로 나올 때 꽃목걸이 환대를 받았다. 2008년 2월 9일 2시였다. 이스터섬 항가로아(Hanga Roa) 마을 바이 모아나(Vai Moana) 호텔을 찾았다. 원주민 호텔 주인 아가씨가 반갑게 일행의 숙소를 안내했다. 이름은 호텔이지만 제주도의 시골 마을처럼 현무암 돌담과 열대 식물로 덮인 보통 단층집 숙소였다. 담벼락에는 바나나와 예쁜 꽃들이 즐비하게 피어 있었다.

이스터섬은 테레바카(Terevaka), 라노 카우(Rano Kau), 포이케(Poike) 등의 화산으로 되어 있다. 이 섬은 887개 모아이(Moai) 석상으로 유명하다. 일부 석상은 높이 10m, 90톤이나 되는 크기이며 신비한 석상의 기원에는 의견이 분분하다. 해변에는 현무암이 넓게 분포하며 작은 분화구도 수처에 분포한다. 작열하는 더위 속에 화산암과 깊은 대화를 나누었다. 해변에 줄지어 우뚝 서 있는 모아이 석상은 현무암이나 응회암으로 만들어져 있다.

원주민 라파누이(Rapa Nui)가 공연하는 저녁 댄스 페스티벌은 흥미롭고 독특하였다. 오염되지 않은 해변 모래사장에서 국적 불명 젊은 여성 관광객의 노출 선팅은 시선을 유혹하였다. 해변에서 펼쳐진 닭고기 꼬치구이와 이동 주보 판매는 우리와 다르지 않았다. 남태평양 가운데 작은 섬에서 새벽을 알리는 닭 우는 소리는 우리나라와 똑같아 동물 생태에 놀랐다. 공항에 전시된 홍보물에 아낙네의 옷차림이 우리 한복과 유사하고 박물관에 전시된 도끼가 'Toki'로 표기되어 있으며 렌트한 자동차가 현대 차였다. 우리 문화의 고리가 추정되어 새로운 수수께끼가 생겼다. 호텔에서 친구처럼 지낸 팔자 좋은 견공의 한가로운 모습은 이곳이 천국임을 가르쳐 주었다. 이스터섬은 칠레에서도 상류층이 휴가를 즐기는 섬으로 알려져 있다. 섬 조사 시 원주민과 관광객의 만남에서도 모두 친절하였다. 남태평양 해저 화산 폭발로 만들어진 천혜의 휴양지로 화산 지질학자, 역사학자, 생태학자, 환경 연구자를 포함한 관광 마니아들에게 추천하고 싶은 섬이다.

2008년 2월 이스터섬(Easter Island) Vai Moana 호텔. 아름다운 비치

불가사의 거대한 모아이 석상

남미 파타고니아와 아르헨티나 빙하곡 지형

백두산 화산 지질 조사
Geological field work of the Baekdusan volcano

한반도가 분단된 후 북한에 위치한 백두산을 간다는 것은 1990년 이전에는 쉽지 않았다. 현재 국경이 백두산 천지를 가로질러 백두산의 반쪽은 중국, 반쪽은 북한의 영토로 되어 있다. 1990년 2월 9일 처음으로 중국 쪽 백두산(장백산)을 멀리서 견학할 수 있게 되었다. 반정부 학생 운동이 심할 때 학생 대표들에게 공산주의와 사회주의 국가를 견학시켜 민주주의 국가의 우월성을 보여 주기 위해 중국을 견학하는 프로그램(1990.2.5-14. 홍콩-베이징-연길-장춘-상하이-교토-나라-오사카)이 있었다. 중국과 외교 수립 이전이라 홍콩에서 중국 입국비자를 받아 만리장성, 북경 자금성, 천안문 등을 견학하고 연변으로 이동 도문에서 다리 한 가운데 북-중 경계선에서 북한 땅을 처음 바라보았다. 연변 조선족의 생활상이라든가 중국의 경제적인 생활상을 직접 체험하고 중국보다 더 낙후한 북한 인민들이 중국을 선망의 대상 국가로 밀입국한다는 설명에 공산주의와 사회주의 국가를 동경한 학생들에게 북한 실정 교육은 효과적이었다고 본다. 베이징에서 프로펠러기 중국 민항을 타고 연길(연변, 옌지) 공항에 도착했다. 당시 연길은 시내 도로가 비포장에 낙후된 소도시였다. 연길에서 기차로 장춘까지 가서 상해-일본 오사카로 이동하였다.

그 후 백두산 방문은 일본 나고야 대학 연구팀과 공동으로 2000년

3년간 백두산 화산재에 매몰된 탄화목의 탄소 14(^{14}C) 연대 측정 연구로 이어졌다. 지질학자로서 백두산 화산을 조사하는 감회는 남달랐다. 연변의 조선족 연구자 K 씨의 안내로 3년간 여러 차례 현장 조사에서 백두산 화산체의 지질학적 특성을 알 수 있었다. 백두산 정상에서 천지 건너편 북한 쪽 백두산을 조사 연구하지 못하는 안타까움이 컸다. 몇 차례 《동아일보》과학 칼럼에서 백두산 남북 공동 연구를 요청했지만 아직까지 이루지 못하고 있다. 백두산 화산은 휴화산이며 세계적인 규모의 화산으로 재분화 시에 한반도를 포함한 동북아에 미칠 영향이 크므로 세계적으로 지질학, 화산학, 지구 물리학 학자들의 관심도가 대단히 높다. 지질학적 중요성뿐만 아니라 역사학자들도 백두산 폭발과 발해의 멸망과의 관계에 대해 높은 관심을 보이고 있다.

공동으로 연구한 나고야 대학 연구팀이 테프라 화산재층에 매몰된 탄화목의 탄소 동위원소 ^{14}C 연대 측정에서 발해 멸망은 A.D. 926년인데 백두산 최후 대폭발이 A.D. 929-945년으로 측정되어 발해의 멸망과 백두산 폭발의 관련성이 없음을 발표하였다. 흥미 있는 연구 결과가 일본 《아사히신문》(《朝日新聞》, 2002.10.5.)에도 기사화되었다. 연구팀은 두만강 강변을 따라 동해로 향하였다. 연길에서 훈춘-방천으로 두만강 변을 따라 과거 러시아 영토인 강둑을 중국이 입수하여 동해로 연결하기 위해 하산 직전까지 진입하고 중국령이라는 경계비를 세워 두었다. 중국군 감시자의 특별 허가를 받아 최전선까

^{14}C 백두산 분출 연대를 알려 주는 탄화목 시료 나고야, 대학 나카무라(中村) 교수와 함께

천지 중국 長春大學 손(孫) 교수와 함께

지 들어가 북한-러시아를 잇는 철교 너머 동해를 볼 수가 있었다. 그때 두만강 하구 동해에 쌓인 모래 자원을 개발했으면 좋겠다는 생각을 하였다. 방천에서 생선 요리로 점심을 먹고 중국이 고속 도로 공사를 한창하고 있는 방천-훈춘으로 되돌아왔다.

러시아와 북한을 잇는 두만강 철교 철교 뒤편은 동해

장백폭포

백두산 화산은 대량의 현무암 용암 분출로 용암 대지를 이루고 있을 뿐만 아니라 화산재, 테프라층도 넓게 분포하고 있다. 테프라층은 경량 골재 자원으로 부분적으로 개발 활용되고 있었다. 중국 쪽 백두산은 중국이 장백산 국가 지질 공원으로 지정해 관리하고 있다. 지금은 개발이 제한되고 있다. 백두산을 방문할 때마다 중국 정부가 백두산을 관광 자원화하기 위해 환경 정비와 특별 관리를 하고 있음을 알 수 있었다. 창춘(長春)-동강젠(東崗鎭)을 거쳐 백두산으로 있는 고속 도로 건설도 이루어지고 있었다.

지질학자인 나에겐 백두산 밀림 속에 있는 백두산 화산 하부의 정보를 가진 맨틀 포획암의 산출이 큰 관심사였다. 맨틀 포획암(Mantle xenolith)의 연구로 한반도의 지각 구조가 밝혀

백두산에서 산출되는 맨틀 포획암 (Mantle xenolith)

열정적인 지질학 연구 생활 155

지기도 해 연구자로서 큰 기쁨이었다. 백두산은 여섯 차례 이상 방문 조사했으며 마지막 방문은 도쿄 대학 연구팀과 창춘 대학을 방문해 백두산 온천가스의 영족 기체 분석 연구와 맨틀 포획암 시료 채취 및 조사 연구였다. 방문 때마다 백두산이 중국 국가 지질 공원으로 지정 관리하면서 관광 자원 개발로 변모하는 모습을 직접 경험하였다.

이런 연구 과정에서 금수강산 우리나라도 지질 공원으로 개발을 장려해야 함을 생각하게 되었다. 특히 고향인 청송 주왕산 국립 공원의 규모는 작지만 지질학적으로 개발할 가치가 높음을 더욱 절감하게 되었다. 청송 출신 지질학자로 한국지질자원연구원장으로서 유네스코 세계 지질 공원으로 지정받는 데 기여할 수 있는 좋은 기회였다. 그 후 고향 청송 중학교 후배인 Y 군수와 협력하여 청송이 성공적으로 유네스코 세계 지질 공원으로서 국제적으로 인정받게 되었다.

일본 도야마 대학(富山大學) 동위원소 연구 실험실
Isotope Laboratory in the University of Toyama, Japan

도야마시(富山市)는 일본 열도 중부 일본해(동해)에 위치한 2023년 3월 현재 인구 약 40만 7천 명의 항구 도시이다. 도야마 대학(富山大學)은 지방 국립 대학으로 당시 이학부 지구 과학과에 안정 동위원소 연구 실험 연구가 활발하였다. 지금은 지구 과학과가 도시 디자인 학부 지구 시스템 과학과로 변경해 이전되있다. 1992년 당시 지구 과학과에는 미즈타니 요시히코(水谷義彦) 교수님이 주임 교수로 계셔서 나를 초대해 주셨다. 미즈타니 교수님은 나고야 대학 나카이(中井) 교수님 절친으로 일본 유학 시 큰 도움을 주신 교수님으로 저의 실험 연구에 많은 도움을 주셨다. 특히 당시 도야마 대학 지구 과학과에 일본 내에서도 드문 규산염 광물의 산소 동위원소비 분석 실험실이 있었다. 규산염 광물의 산소 동위 원소비 분석을 위해 위험한 불소나 불산을 사용하여 시료에서 산소를 추출하기 때문에 철제로 된 진공 라인 실험 시설이 잘 갖추어져야 한다.

도야마 대학 실험실의 규산염 광물 산소 추출 실험 장치

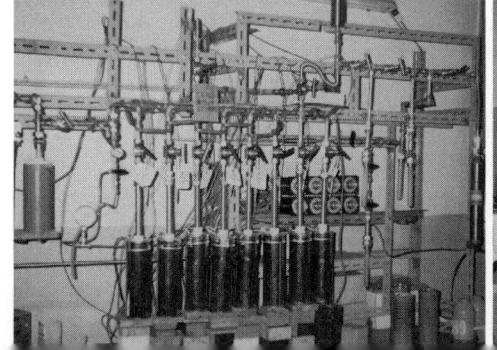
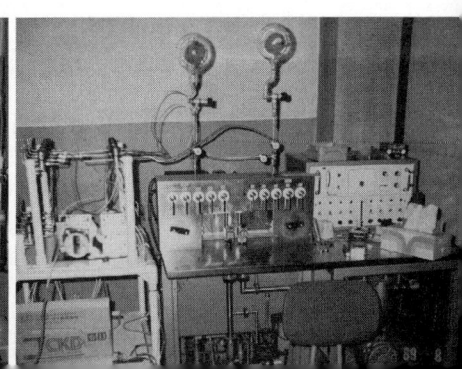

지금은 고인이 되신 사타케 히로시(佐竹 洋) 교수가 설치한 우수한 실험실로 사타케 교수의 따뜻한 배려로 연구가 가능하였다. 우리나라 중생대 화강암이나 광석의 규산염 광물 동위원소 분석으로 흥미 있는 연구 결과를 얻었다. 국내에는 지금도 이런 실험실이 없다. 대표적인 연구로 "Oxygen isotopic compositions of Mesozoic granitic rocks in South Korea"(Kim et al., 1992, Mining Geol., 42(5), Japan)가 있다.

키타알프스산맥 기슭에 유명한 카미오카 광산(神岡鑛山)이 있다. 행정 구역은 기후켄(岐阜縣) 히다시(飛驒市)에 위치한다. 1,100년의 긴 개발 역사를 가진 세계적인 Zn-Pb-Ag 광산이다. 카미오카 광산은 도야마 시내 가까운 거리에 위치한다. 이 광산은 선광장 폐수에 흘러나온 카드뮴으로 발생한 카드뮴 중독 이타이이타이(イタイイタイ)병으로 유명하다. 광산 제련소 미처리 광산 폐수가 도야마 시내로 흐르는 진즈가와(神通川)로 흘러내린다. 그래서 진즈가와 상류의 논에는 반세기가 지난 지금도 벼농사를 짓지 못하고 정부에서 보상해 주고 있다. 왜냐하면 카드뮴으로 오염된 용수로 벼농사를 지으면 농업용수 속의 카드뮴 이온이 쌀에 농축되어 이 쌀을 먹으면 카드뮴 중독으로 지독한 통증의 이타이이타이병에 걸리기 때문이다. 이타이이타이병 환자가 고통을 참지 못하여 방구석을 기어다니는 모습의 일본 뉴스 화면이 지금도 생생하다. 일본에는 쿠마모토현 야쓰시로해(八代海) 연안에서 미나마타병(水俣病) 수은(Hg) 중독 환경 오염병도 잘 알려져 있다. 카미오카 폐광산의 지하 1,000m 갱내에 도쿄 대학이 슈퍼카미오칸데라는 우주에서 오는 뉴트리노 소립자를 관측하는 실험실을 만들었다. 여기서 도쿄 대학 고시바 마사토시(小紫昌俊) 명예 교수와 제자 카지타 타카아키(梶田隆章) 교수 2명의 노벨과학자를 탄생시켰다.

도야마는 일본 키타알프스산맥의 남서단 일본해(동해) 연안에 위치해 겨울에 특별히 눈이 많이 내린다. 겨울에는 교수실에 긴 장화 신발이 비치되어 있다. 교직원들이 장화를 신고 출퇴근한다. 시내 도로는 재설을 위한 수도 배관 시설이 되어 있고 늦가을이 되면 정원수 가지가 눈으로 부러지지 않게 끈으로 묶어 잘 관리하고 있다. 겨울에는 지붕에서 눈을 내리는 직업도 있다. 대학 내에 우리에게는 생소한 눈을 연구하는 설빙학(雪氷學) 실험실이 있어 빙하학 연구를 실감하게 되었다.

도야마 대학 외빈 숙소에 묵을 때 미즈타니 교수님 사모님이 원 컵 오사케(酒)를 한 박스 선물로 주셔서 실험 끝나고 밤에 마신 참 좋은 기억도 있다. 어느 날 한밤중에 갑자기 잠이 깨었다. 방에서 흔들림이 있어 무심결에 잠에 깬 것이다. TV를 켜니 NHK에서 지진 발생 재난 방송이 나오고 있었다. 순간 아무 생각도 없었고 여기서 이대로 죽을 수는 없는데라는 생각이 잠시 머릿속을 스쳤다. 다행히 재난 방송 덕택에 안정을 되찾아 원 컵 하나를 마시고 다시 잠들었다. 여러 차례 미즈타니 교수님 댁에 초대받아 따뜻한 접대를 받았다. 사타케 교수님 댁에도 몇 차례 초대받고 즐거운 시간을 가졌다. 소학생인 자녀들이 너무 나를 반겨 주어 기억에 지워지지 않는다. 그런데 어느 날 아직 젊은 나이에 우리 곁을 떠났다는 슬픈 소식을 접했다. 참 좋은 동료 교수님을 더 이상 만날 수 없다니 세월이 무상함을 느낀다. 다시 한번 사타케 교수님의 명복을 빈다.

도야마 시내의 식당 정원에 큰 수족관이 있는 고급 생선 횟집에서 미즈타니 교수님과 사모님과 함께 먹은 사시미 요리는 일본 최고 메뉴였다. 도야마항은 우리나라 동해안처럼 깨끗한 일본해에서 맛있는 생선이 많이 잡힌다. 미즈타니 교수님과 도야마에서 키타알프스로 올라가는 타테야마(立山) 중턱까지 올라가 식당에서 맛있는 점심을 대접받은 기억도 생생하다. 그리고 선생님은 어느 날 연구실에서 이와나미 사진문고 (岩波寫眞文庫) 《일본의 석탄(石炭)》, 《동산(銅山)》 책을 선물로 주셨다. 이 책에는 식민지 시절 조선인들이 광산에서 강제 노역 하는 산 기록의 사진들이 실려 있다. 코로나 있기 전 해까지는 연하장을 보내 드리고 받았는데 지금도 건강하시리라 믿고 선생님의 따뜻한 지도와 배려에 늘 감사드린다.

도야마 대학에서 실험하고 있던 어느 날 나고야 대학 요시오카 상이 먼 거리 도야마까지 오셔서 같이 나마즈(鯰) 온천에서 온천욕을 하였다. 온천수가 뿌연 회색으로 독특한 천질이었다. 온천욕 후 도야마 시내 어느 식당에서 니혼슈와 작은 접시에 흰 색깔의 생선 내장 사시미를 먹었다. 생선 내장의 독특한 고소한 맛은 잊을 수 없다. 가격이 많이 비쌌다는 기억이 난다. 요시오카 상의 따뜻한 우정은 일본에서 얻은 최고의 선물이다. 실험실에서 얻은 알찬 분석 데이터를 가지고 흐뭇한 기분으로 도야마에서 나고야행 열차를 탔다. 그러나 실험실 시설이 열악한 국내 대학 여건으로 언제까지 해외 연구실을 찾아 실험해야 하나 생각하니 한편 슬프기도 하였다. 이런 실험실을 가지는 것이 꿈이었다. 우리나라 대학 실험실 시설 환경이 언제쯤 국제 수준으로 개선될지?

도야마 대학 캠퍼스 안내

미즈타니(水谷) 교수님과 키타알프스 산록 여행

▶ 국제 협력 활동의 현장

5장

세계를 향한 국제 협력 활동

Activities of the World International Cooperation

- 세계 최고 연구 기관 한국지질자원연구원 Leading the World Top Research Institute of KIGAM
- 한국의 시실 나늘길을 걸으며 Walk along the Nadeulgill, Geologic Time Street of Korea
- 영국 지질조사소 지질 자료 보존관을 보고 나서
  Visit to the Geological Repository Building in British Geological Survey, UK
- 제복 입은 대학 총장, 러시아 광산 대학
  Uniformed President of National Mineral Resources Univ.(Univ. of Mine), Russia
- 에티오피아 아디스아바바 대학 탐방 Visit AAiT (Addis Ababa Institute of Technology), Ethiopia
- 물류 허브로 변모하는 아랍 에미리트(UAE)
  UAE's Transformation from Oil Industry to Distrbution and Logistic Networking Hub
- 제50차 CCOP 국제회의, 파푸아 뉴기니를 가다 Participating the 50th CCOP meeting in Papua New Guinea
- CCOP 운영위원장 Chairman of CCOP
- 이탈리아 페루사 Perusa, Italia
- 이란 테헤란 방송 TVV와 인터뷰 Interview with Tehran TVV at the Iran Oil Show
- 캐나다 지질조사소 Geological Survey of Canada
- 형제 국가 튀르키예 MTA MTA, Turkey as the Brother country
- 미국 프린스턴 대학교 보웬 홀 Princeton University's Bowen Hall, USA
- 세계 최초 고준위 방사성 핵폐기물 지하 처분장 핀란드 온칼로
  Oncalo, the world's first permanent underground nuclear waste repository in Finland
- 치큐(地球), (海洋研究開發機構) Chikyu in JAMSTEC, Japan Agency for Marine-Earth Science and Technology
- 제1회 한-중-일 지오서밋(GeoSummit) 열다
  1st Trilateral GeoSummit: CGS-China, GSJ-Japan and KIGAM-Republic of Korea.
- 몽골 칭기즈 칸 국제공항 Chinggiskaan International airport, Mongolia

세계 최고 연구 기관 한국지질자원연구원
Leading the World Top Research Institute of KIGAM

2012년 2월 대학교수 정년 퇴임은 언젠간 올 거라는 것을 예측하며 지내 왔지만 퇴임이 가까워지자 마침내 마지막 강의를 하게 되었다. 여느 강의와 다르게 지질학 전공 강의보다 학생들에게 미래 도전 정신을 심어 주고 더 강한 모습을 보여 주고 싶었다. 강의실에는 학장님, 학과 교수님 몇 분도 함께하였다. 나이가 들어, 시간이 되어 교단을 떠나는 모습을 보이고 싶지는 않았다. 이제부터 새로운 일을 더 열심히 해 보겠노라는 약속과 노력하면 반드시 그 보답이 되돌아온다는 경험을 학생들에게 들려주었다. 학생들에게 마지막 강의와 인사는 내가 지켜야 할 예의다. 33년간 감기로 휴강 한 번 한 날 없고, 휴가도 사용한 적 없이 열심히 연구실을 지켰다는 마지막 떠나는 교수의 자부심으로 섭섭한 마음을 달랬다. 학생들이 불러 주는 스승의 노래로 마지막 고별 강의는 끝났다.

부지런하게 워낙 바쁘게 열심히 살아온 터라 아침 출근 시간에 갈 곳 없이 집에서 빈둥거린다는 것이 너무 어색하였다. 평일 일과 시간에 동내 은행에 가면 오늘 교수님 휴강이신가 보지요라는 친절한 은행원의 인사말이 나를 슬프게 만들었다. 그래서 아침이면 동내 앞 대모산, 낮에는 가끔 북한산 등산으로 1년 반 동안 마음을 추스르며 보냈다. 교수 퇴직 후 새로운 일자리를 찾는다는 것은 쉽지 않았다. 그러던 어느 날 정부 출연 연구 기관으로 지질학 및 자원 지질학 관련 연구 분야의 중심인 한국지질자원연구원(韓國地質資源硏究院, KIGAM, Korea Institute of Geoscience and Mineral Resources) 원장 공모

한국지질자원연구원 정문

를 알게 되었다. 전혀 예상치 못한 일이라 갑자기 이 기회에 도전해 봐야겠다는 생각이 들었다. 정말 전공과 경력과 본인이 새로운 꿈을 펼쳐 볼 적격의 기관으로 자신이 적임 후보자의 한 사람이라 생각하고 도전장을 던졌다. 1차 심사에서 그동안 연구원에 대한 정보 등을 분석하고 연구원 발전 전략으로 세계 최고 수준의 연구 실험실을 만들어 자기 개혁(Self-Inovation)으로 연구원을 크게 발전시키겠다는 야심찬 포부를 강하게 심사 위원들에게 전달하였다. 3배수로 압축되자 일간지에는 박근혜 정부 최초 기관장 공모라서 관심도가 높게 뉴스로 소개되었다. 서울 양재동 외교 회관 회의실에서 3배수 후보자들이 13명 심사 위원들 앞에서 2차 심사 발표를 모두 끝내고 후보자 3인은 부근 커피하우스에서 최종 선정 결과를 초조하게 기다렸다. 연구원 직원 2명이 허겁지겁 달려와 반가운 최종 결과를 알려 주었다.

원장 취임사(2013.8.29.)

다음 날 아침 임명장 수여 후 바로 취임식 일정으로 이어졌다. 이 순간부터 교수에서 원장으로 호칭이 바뀌고 바로 기관 전용차가 나를 안내하였다. 기쁨과 책임감과 자신감 등이 함께 가슴을 벅차게 하였다. 당장 내일 아침에 원장 취임사를 준비하여 연구원과 연구

원 모든 가족들에게 새로운 기관장의 야심찬 발전 방안과 운영에 관한 메시지를 전달하는 부담감과 꿈이 현실화되는 놀라운 개인의 역사적 시간이었다. 2013년 8월 29일 아침 서울 외교 회관 회의실에서 임명장을 받고 곧바로 대전으로 내려가 한국지질자원 제18대 원장(The 18th President of KIGAM) 취임식을 시작으로 대전에서 3년 임기를 시작하게 되었다. 세계 TOP 수준 연구원을 지향하며 세계 최고 연구 실험실을 만들고 연구원 구성원의 자기 변화와 개혁 Self-Inovation을 강하게 요구하는 메시지를 전달하였다.

  새로운 환경에서 새로운 시각으로 보니 우수한 연구원이지만 변화를 시켜야 할 과제가 여기저기 나타나고 새로운 아이디어가 머릿속에 떠오르기 시작하였다. 이런 경험은 이대 부고 교장으로 기관 운영 시 비슷한 경험을 하였다. 연구원 실험실의 연구 시설과 연구 환경 업그레이드가 최우선 과제다. 연구자가 마음 놓고 실험실에서 연구할 수 있는 세계 최고 수준의 최첨단 실험 시설 환경을 만드는 데 역점을 두었다. 연구원의 소소한 환경과 운영 시스템 일부가 눈에 거슬렸다. 국제화 시대에 넓은 연구원의 연구 시설 안내 표시가 한글로만 되어 있어 영어 표기를 병기하도록 하였다. 연구 단지 주변 도로 표지판에 연구원 안내 표지를 설치하여 연구원 방문자의 편의를 도모하였다. 식당 입구 계단이 장애인은 들어갈 수 없음을 지금까지 인지 못하였다. 즉시 장애인 휠체어가 올라갈 수 있게 출입구를 고쳤다. 탄동천 벚꽃 길 옆에 KIGAM 라운지 빌딩의 신축 도서실을 2층으로 이전하고 KIGAM 라운지에 연구 정보 교류와 연구원 휴식을 위한 유명 브랜드 커피 전문점을 입점 개업하였다. 주인 의식을 가지면 새로운 것이 잘 보인다. 연구원 구석구석 연구 환경 업그레이드에 진력하였다.

탐해3호 진수식 (2023.7.5.)

국가와 지역 사회에 크게 기여하는 지질 박물관은 연구원의 보고(寶庫)이다. KIGAM 라운지와 미래연구동의 건물 명칭도 전 연구원을 대상으로 공모해서 무기명 투표로 선정하였다. 공교롭게도 둘 다 내가 제안한 명칭이 선정되었다. The Future Earth에서 착안하였다. 지질 박물관과 KIGAM 라운지 빌딩 사이에 연구원 핵심 연구동의 하나인 미래연구동이 있다. 연구 단지를 흐르는 작은 탄동천은 벚나무 꽃길로도 유명하다. 미래연구동과 탄동천 사이 숲길에 '한국의 지질 나들길'을 조성하여 지질 박물관과 KIGAM 라운지를 연결하는 산책로를 만들었다. 이 길을 걸으면서 한국의 지질 시대별 대표적인 암석을 관찰하며 지질 문화 탐방과 교육의 장으로 지질 자원 연구원의 상징성을 대표하도록 하였다.

신축된 미래동 로비 한편에 연구원 100주년 역사 문화관을 준비하고 로비는 최적의 문화 공간으로 구성하였다. 안내 표지판은 서울 롯데 월드를 벤치마킹하여 제작 설치했다. 대학에서 주말 없이 등교 실험실을 지키고 감기로 휴강 한 번 하지 않은 연구 생활을 33년간 해 왔다. 연구자는 24시간 실험실과 연구실을 지키고 관리해야 한다는 것이 대학에서 실천한 개인의 철학이다. 물론 한 번도 휴가 간 적 없이 연구원을 대학 실험실 지키듯 지켰다. 도쿄 대학과 나고야 대학 실험실이 24시간 불을 밝히고 도쿄 대학 혼고 캠퍼스에 편의점이 세 곳 성업 중인데 연구원의 식당 식사 인원도 적고 주말 매점은 문이 닫혀 있었다. 연구원에 편의점 입점날을 기대하며 연구원의 연구 문화 변화를 강하게 주문하였다.

주말에 연구원 운전기사는 쉬게 하고 직접 차를 몰아 출퇴근하며 연구원 곳곳을 탐방하듯 연구원의 현황을 조사하였다. 주말이나 휴일 늦은 시간 실험실에 열중하고 있는 연구자가 있으면 대화하며 격려했다. 원장이 주말에 식당을 활용하니 일하는 분들이 처음에는 의아하게 생각하였다. 연구 실험실을 수시로 방문하였고 연구원과의 대화에서 문제점과 개선해야 할 일이 저절로 발견되었다. 연구 환경을 업그레이드시키는 일을 과감히 추진했다. 기관장의 책무 중 하나이고 변화시킬 수 있는 최대의 힘을 가지고 있기도 하다.

연구자들이 Nature와 Science 등에 연구 논문을 발표하고 저질 무연탄 선탄 기술 개발, 가속기 질량 분석 시료 전처리 기술 개발 등 연구자들의 놀라운 연구 성과로 연구원의 위상을 크게 높였다. 주말 연구원장실에서 국가의 새로운 미래를 창조하는 세계 최고 지질 자원 연구 기관의 구상에 몰두하였다. 또한 해외 자원 개발 현안 문제, 방사성 폐기물 처분장 문제, DMZ 지질 생태 평화 공원 조성 등 국가적 이슈에 대하여 《조선일보》, 《동아일보》, 《매일경제》, 《중앙일보》, 《대전일보》 등에 과학 칼럼을 계속 써서 KIGAM 홍보와 함께 과학 문화 확산과 대중화에도 노력하였다.

연구원 기관장 3년 동안 많은 일 중에 영국, 캐나다, 독일, 일본, 중국, 튀르키예, 몽골, 캄보디아, 인도네시아 등 선진국이나 개도국의 지질조사소와 국제 협력을 증진시키고 국가 원수 국빈 방문 시 방문단으로 5회나 참여해 연구원의 국제 연구 협력을 향상시킨 것은 큰 보람이다. 특히 한국, 중국, 일본의 연구 기관 국제 협력 협의체로 한-중-일 지오써밋을 구성해 2015년 4월 8일 중국 베이징에서 첫 회의를 개막했다.

2014년 9월 22일 Chateau Laurier, Ottawa 호텔에서 열린 한-캐나다 비즈니스 심포지엄에는 박대통령의 기조연설 후에 국가 대표 기관으로 "The future of Korea-Canada energy cooperation"란 주제로 발표하였다. 2015년 CKC(Canada-Korea Conference on Science and Technology)에서는 "Korea-Canada Energy & Mineral Resources Cooperation and KIGAM's R&D Roles"라는 주제로 Plenary Speakers로 발표하였다. 그리고 칠레 국빈 방문 시에는 세계적인 동광 회사인 CODELCO와 MOU를 체결하고 이란 국빈 방문 시는 이란 석유산업연구소(RIPI)와 연구 협력 양해 각서 체결, UAE 국빈 방문 시(2015.3.1-6.)는 유전 개발 R&D를 위해 아부다비석유공사-한국석유공사-한국지질자원연구원(ADNOC-KNOC-KIGAM) 3개 기관이 MOU를 체결했다. 에티오피아 국빈 방문(2016.5.24-29.)에서 아디스아바바 공학원(AAiT, Addis Ababa Institute of Technology)과 MOU를 체결하고 연구 지원 협력을 약속하였다.

러시아 출장(2014.4.22-27.)에서 National Mineral Resources University(University of Mine)와 MOU, 러시아 지질연구소(A.P. Karpinsky Russian Geological Research Institute(VSEGEI))를 방문해 연구 협력을 구축했다. 페루, 칠레 국빈 방문(20154.18-25.) 때 페루 지질광업제련연구소(INGEMMET)와 MOU, 칠레동공사(CODELCO)와 MOU와 세계 최대 반암동광상인 El Teniente 구리 광산 현장을 방문하였다. 캐나다와 미국 출장(2014.9.20-27.)에서 캐나다 지질조사소(GSC)와 MOU, 미국 프린스턴 대학과 국내 유일하게 연구 협력 MOU를 체결하였다. 벨기에, 독일, 영국 출장(2014.3.24.-4.2.)으로 브뤼셀 EGS 회의장에서 독일 BGR(The Federal Institute for Geosciences and Natural Resources of the Fedral Republic of Germany)과 MOU 체결 후 하노버의 BGR을 방문하였다. 벨기에, 튀르키예 출장(2015.3.24-30.)을 통해서 튀르키예

MTA(The General Diretorate of Mineral research and Exploration of the Ministry of Energy and Natural Resources of the Republic of Turkey)와 MOU 체결을 하였다. 활발한 국제 협력이 이어졌다.

2016년 6월 일본 지질조사소 방문 및 미즈나미(瑞浪) 방사성 폐기물 처분 시험장인 초심지층연구소(瑞浪超深地層硏究所, MIU)를 방문해 연구 협력을 구축하였다. 이어서 일본 해양연구개발기구(JAMSTEC, Japan Agency for Marine Earth Science and Technology)를 방문하여 MOU를 체결하고 연구 협력을 약속하였다. 2014년 10월 15-23일간 파푸아 뉴기니 제50차 CCOP 연차 총회에 참석하였고, 2015년 9월 9-18일 동안 핀란드 GTK, 이탈리아 IRPI 출장, 오스트레일리아 브리즈번에서 CSIRO 회의 참석 등으로 국제 협력을 한층 강화하였다.

한국인 처음으로 CCOP 운영 위원장으로 캄보디아 시엠립에서 제66차 운영회의 주관 등 활발한 국제 협력 활동으로 KIGAM의 위상 재고에 노력했다. KIGAM 대외협력실의 국제 활동 전성기였다. 2015년 10월 5-10일 동안 제주도에서 아시아해양지질국제회의(ICAMG-8)를 개최하였으며 2015 이탈리아 로마 Saplenza Univ에서 43차 국제지하수학회(IAH, International Asociation of Hydrogeologists)를 대전으로 유치해 2016년 대전 컨벤션 센터에서 성공적으로 개최하였다. 대한지질학회장과 공동추진위원장으로 2024년 IGC(International Geological Congress) 부산 유치에도 성공하였다. KIGAM 대외협력실의 국제 활동이 대단히 활발하였다. 기관장으로 큰 보람을 느낀다.

출연연 모든 기관은 기관장 임기 말에 기관 평가를 받는다. 기관장의 경영 평가, 연구원의 실적 평가를 외부 평가단이 엄정하게 평가한다. 평가 등급은 최우수, 우수, 보통, 미흡, 아주 미흡으로 구분되어 최우수를 받으면 기관장 임기 연장의 특혜가 주어진다. 그동안 열심히 노력한 결과 각계 전문가로 구성된 심사 평가단으로부터 '우수' 평가를 받았다. 기쁨의 순간이었다. 그런데 그 후 미래 창조 과학부가 상위 평가란 명목으로 평가 점수를 임의로 깎아 내려 '보통'으로 평가 등급을 낮추었다. 정부 출연 연구 기관이 이처럼 주말 없이 노력하여 얻은 3년간의 실적에 주무 부처는 격려하고 지원을 확대해야 정상이지 않은가. 정말 나쁜 갑질 불공정 행정이었다.

한국지질자원연구원 업무 활동 이모저모(2013.8.29.-2016.9.7.)

원주한국지진관측소(KSRS) 신축기공과 포항지질자원실증연구센터가 개소식(2016.3.24.)을 하고 같은 해 8월 17일 포항시와 협력하여 탐해 2호 전용 부두 취항식을 포항에서 하게 되어 환동해 해양 연구 전진 기지로 도약 발판을 구축하였다. 그리고 2,000톤급인 탐해 2호에서 6,000톤급인 탐해 3호를 새로 건조할 수 있는 국가 지원 사업을 성공적으로 유치했으며, 연구원의 자산을 확충하게 되었다. 가칭 탐해 3호가 건조되면 포항 센터가 환동해 전진 기지로 세계를 향한 미래 해양 탐사가 이루어질 것으로 기대한다. 3년간 노력의 결실로 연구원에서 수행한 사업 중 가장 큰 보람을 느낀다. 마침내 탐해 3호가 건조되어 2023년 7월 6일 부산영도 H 조선사에서 진수 명명식을 가지게 되었다. 세계를 향한 해양 지질, 자원 탐사 연구에 출항하는 출항식에 참석할 수 있기를 기대한다. 한국지질자원연구원의 탐해 3호 진수 축하와 그동안 이를 위해 수고한 연구원관계자와 석유해저

한국지질자원연구원이 2023년 7월 6일 건조 진수한 6,000톤급 탐사선 탐해 3호 모습

연구본부 연구원들의 노고에 감사한다. 연구원의 지속적인 발전 가속화를 위해 기관장 연임에 도전하였으나 그 꿈을 접어야 했다. 그러나 재임 기간 중 휴가 한 번 없이 주말 휴일에도 연구원을 출근해 열심히 일 한 연구원 생활은 즐겁고 보람 있는 지질학 인생의 대역사였다. 세계와 우주를 향한 한국지질자원연구원(KIGAM)의 무궁한 발전을 기원한다.

한국의 지질 나들길을 걸으며
Walk along the Nadeulgill, Geologic Time Street of Korea

'한국의 지질 나들길'은 2015년 대전 연구 단지 탄동천 옆 한국지질자원연구원 내에 만들어졌으며 한국의 대표적인 지질을 산책하면서 견학할 수 있는 교육, 문화, 과학이 접목된 길이다. 한국지질자원연구원 지질박물관 관람 후 한국의 지질 나들길을 걸으면 명품 커피와 가벼운 간식을 즐길 수 있는 연구자들의 대화 광장 KIGAM 라운지에 이른다. 봄이면 나들길 옆의 탄동천 변 벚꽃 길도 아름다운 명소다. 지질 박물관은 우리나라 유일 지질 특성화 박물관으로 표본의 질이 대단히 우수하고 교육적으로 전시 기획되어 관람객이 대단히 많다. 연구와 전시 기능을 겸한 자연사박물관으로 국가 주요 자산이다. 나들길 이름은 KIGAM 전 연구원 전희영 박사가 지었다.

한국의 지질 나들길은 선캠브리아기 편마암을 시작으로 고생대 석회암, 슬레이트, 중생대 역암, 사암, 안산암, 화강암, 신생대 현무암에 이르는 한국 지질의 대표적인 암석이 지질 시대별로 길바닥에 예쁘게 깔려있고 길옆에는 커다란 표본이 전시되어 한반도 지질 역사 교과서와 같다. 지질 시대별 지층의 대표적인 암석에 적절한 설명이 있어 학생들의 야외 교육의 장소로도 좋다.

한국의 지질 나들길은 2014년 영국 지질조사소(BGS, British Geological Survey)를 방문했을 때 소 내 정원에 설치된 영국의 대표적인 암석 야외 전시를 보고 착안하였다. 영국 지질조사소 입구에 조각상이 있고 지질 표본 보존 건물(Geological repository) 옆을 지나면서 잔디밭에 대형 표본이 시대별로 전시되어 있었다.

한국의 지질 나들길 모습(2015년)

1835년에 창립하여 200년 이상 된 세계에서 가장 긴 전통과 역사를 가진 영국 지질조사소의 표본 보관실은 가장 부러운 시설로 우리도 반드시 만들어야 하는 시스템, 시설, 건물이다. 1873년에 설립된 독일 지질조사소(BGR, Bundesanstalt fur Geowissenschaften und Rohstoffe)를 2014년 방문했을 때 연구원 건물 넓은 벽면에 대형 지층 모형으로 되어 있는 상징물이 시선을 끌었다. 한국의 지질 나들길은 KIGAM의 상징물 중 하나로 100년 이상의 긴 역사를 가진 우리나라 지질-자원 과학의 중심 모체가 되는 길이다.

한국지질자원연구원은 1918년 5월 22일 지질조사소로 설립된 긴 역사를 가지고 있다. 지질조사소(1918)로 설립된 이후 지질광산연구소(1946), 중앙지질광물연구소(1948), 국립지질조사소(1961), 국립지질광물연구소(1973), 재단 법인 자원개발연구소(1976), 한국동력자원연구소(1981), 한국자원연구소(1991), 한국지질자원연구원(2001) 등 여러 차례 기관 명칭이 바뀌었다. 미국, 영국, 독일 프랑스 등 많은 외국의 지질조사소 명칭은 설립 후 그대로 유지되고 있다. 지질조사소로 설립된 기관 명칭이 자주 변화한 것은 바람직한 현상이 아니다. 연구원 정체성과 학문의 정통성에 취약점을 보여 왔다. 많은 사람들이 자주 찾는 지질 자연 문화 산책길인 한국의 지질 나들길(Nadeulgil, Geology of Korea)은 한국지질자원연구원의 긴 역사와도 잘 부합하는 역사적인 길로 영구히 한국지질자원연구원을 지켜 줄 것으로 기대한다. 우리나라 대학의 단과 대학 명칭과 학과명이 시대에 따라 바뀐 경우도 많다. 대부분 취약성을 이름으로 보완하기 위한 대안이었다. 이름 개명보다 연구 성과로 경쟁력을 높여야 한다.

한국의 지질 나들길에 전시된 표본이 연구 대상이 되어 "한국의 주요 지질에 대한 자연방사선"(田中 剛, 李承求, 金奎漢, 2017, 資源地質 67)이라는 연구 논문까지 발표되었다. 참 흥미 있는 결과다. 한국의 지질 나들길이 국내 YTN 방송을 통해 자세히 소개되었고 연구 논문을 통해 일본 등 해외로도 널리 알려지게 되었다. 한국의 지질 나들길이 KIGAM의 상징성과 정체성을 살리고 지질 박물관과 함께 많은 관람자가 찾는 명소로 미래로 나아가는 희망의 길이 되기를 기대한다.

연구소의 상징물. 영국 지질조사소의 지질 시대별 암석 독일 지질조사소 건물 벽면의 지층 구조(2014년 3월, 전시 정원(2014년, Dr. John Luddon 소장과 함께) Dr. Hans-Joachim Kumpel 소장과 함께)

영국 지질조사소 지질 자료 보존관을 보고 나서
Visit to the Geological Repository Building in British Geological Survey, UK

영국 지질조사소(BGS, British Geological Survey)는 1835년에 설립되었다. 지질 조사 연구 기관으로 세계에서 가장 긴 역사를 가지고 있으며 그동안 세계를 선도하여 왔다.

2021년 '지구의 이해(Understanding our Earth)'라는 슬로건으로 지구 과학 자료와 지식을 제공하는 세계 최고를 지향하는 지구 과학 연구 기관을 목표하고 있다. 지구 환경 변화(Environmental change), 날탄소(Decarbonisation), 자연 재해(Multi-hazards) 등에 초점을 두고 있다. 특히 공공 일반에 유익한 지구 과학을 강조하고 있다. BGS는 오랜 기간 KIGAM과 협력하여 왔으며 특히 Dr. Reedman이 우리 연구원에 오랜 기간 자문역을 해 왔다. 2014년 3월 31일 BGS에 방문하여 BGS와 KIGAM이 상호 연구 기술 협력을 위한 MOU를 체결하였다.

영국 지질조사소 현관 입구

이번 노팅햄(Nottingham)에 있는 영국 지질조사소 BGS를 방문했을 때 두 가지에 놀랐다. 여느 연구소와 다름없이 실험실이나 연구소의 분위기는 비슷했지만 건물 입구 간판이 문간 입구에 아담하게 표시되어 있고 정원에는 조각상이 있어 인상적이었다. 그런데 놀라운 사실은 186년의 연구원 긴 역사 동안 모든 연구 문헌과 시료가 잘 정리되고 보관되어 있는데 그 규모가 놀라울 정도였다. 큰 건물 2개 동의 지질 자료 종합 보존 관리용 큰 건물이었다. 이 자료 보존관(資料保存館, Geological repository)의 표본 열람은 이동식 지게차를 이용하여 고층의 암석, 광물, 광석, 화석 표본이나 자료를 운반 열람할 수 있게 되어 있다. 연구소의 귀중한 보물 창고로 너무 부러웠다.

더욱 놀란 것은 한국지질자원연구원(KIGAM) 기관장 일행의 공식 방문이라 친절하고 따뜻한 환영과 귀한 자료를 특별 배려로 열람시켜 주었다. 모든 자료가 전산 데이터베이스화 되어 있었다. 그중에 우리도 가지고 있지 못한 최초로 발행된 한국 지질도(정확한 제목은 〈圖布分質地山鑛鮮朝〉)가 있었다. 그리고 지질조사소가 남영동에 있을 당시 촬영된 연구소

지질 자료 보존관에 소장 중인 한국 지질 자료 초기 한국 지질도

초기 사진과 보고서 등이 포함되어 있었다. 귀중한 우리의 과거 지질 자원 연구 자료를 우리는 보존하고 있지 못하고 있는데 이곳은 보관하고 있었다. 부럽기도 하고 한편으론 부끄러웠다.

우리 KIGAM은 100년의 역사를 가지고 있지만 그간의 귀중한 연구 자료나 암석, 광물, 광석 많은 표본이 보존되어 있지 못하고 극히 일

지질 자료 보존관 내부(2014년 3월)

부만 지질 박물관에 보관 중이다. 연구원에 그동안 귀중한 자료가 관리되지 못하고 있어 조속히 지금부터라도 지질 자료 보관 건물을 준비하여 반드시 철저히 보존 관리해야 한다. 귀국 후 늦었지만 BGS를 모델로 지질 자료 보존 관리 방안 연구를 추진하였다. KIGAM이 2015년부터 GDR(Geoscience Data Repository) 플랫폼 기반 시스템을 개발하여 2018년부터 운영하고 있어 다행스러웠다. 광물 암석 시료 등 연구 자료를 보존할 시설물 건축이 이루어져야 한다.

미래동 1층 로비에 연구원 100년사 소규모 홍보 코너는 만들었다. 우리는 연구원의 보물을 알지 못하고 그동안 모두 유실한 것이다. 우리는 일본 지배, 한국 전쟁과 잦은 연구소 건물 이전 등과 연구 자료 관리 시스템 부재로 연구원의 보물을 많이 잃었다. 참으로 안타까운 현실이다. 연구원장으로서 만약 전시나 유사시에 연구원의 가장 귀중한 보물로 필수적으로 관리해야 할 자료가 무엇일까 고민해 보기도 했다. 당연히 연구원의 생명과 같은 이 연구 표본과 100년간의 연구 자료일 것이다.

런던의 국립 자연사 박물관을 견학하면서 부러움과 놀라움의 연속이었다. 지금까지 국립 자연사 박물관이 없는 우리로서는 꿈같은 박물관으로 우리 인류의 미래와 자연과 생물 다양성, 자연환경의 중요성을 교육하는 교육의 장으로 국립 자연사 박물관 신축을 염원해 본다. 서울에 국가 기관으로 유일하게 서대문 자연사 박물관이 2003년 7월 10일에 개관하였다. 1997년부터 박물관 건립 자문 위원으로 참여한 것을 자랑스럽게 생각한다. 우리는 중요한 자연사 연구 자료나 표본 등의 보존 관리에 더욱 충실해야 한다.

2014년 3월 영국 지질조사소 Dr. John Ludden 소장과 연구 기술 협력

제복 입은 대학 총장, 러시아 광산 대학
Uniformed President of
National Mineral Resources Univ.(Univ. of Mine), Russia

1992년 이화 여대 학생처 차장일 때 학생 25명과 인솔단 멤버가 모스크바, 폴란드 바르샤와, 독일 뮌헨을 방문한 후 2014년 4월 22일부터 27일까지 두 번째로 한국지질자원 연구원장으로 러시아 광산 대학과 러시아 국립 지질조사소를 방문하였다. 학생들과 처음 방문할 당시 러시아의 경제 사정이 좋지 않을 때라 공항 입국장에서도 급행료를 요구하고, 공항에서 모스크바 시내 호텔로 가는 길가에 고장 난 많은 승용차가 방치되고 있었다. 처음 공산 국가 방문이라 호기심도 많고 새로운 점도 많았다. 길거리에 호박 등을 파는 매장에서 호박 구매 시 돈을 지불하고 거스름돈을 요구했는데 돈을 받지 않았다고 거짓 떼 쓰는 일을 경험하여 인상이 그리 좋지 않았다.

그런데 이번 러시아 방문에서 러시아의 변화된 모습과 따뜻한 이미지에 새로운 러시아를 발견하였다. 상트페테르부르크(St. Petersburg)의 풀코보(Pulkobo) 국제공항은 깨끗하고 아름다웠다. 한국지질자원연구원(KIGAM)이 러시아 최고 광산 전문 대학과 MOU를 체결하고 앞으로 상호 협력을 약속하는 국가적인 방문이었다. 상트페테르부르크에 있는 광산 대학(University of Mine)은 1773년 11월 1일 예카테리나 2세 칙

령으로 광물 산업 발전을 위한 Petersburg Mining Univ. 공과 대학 설립 후 1996년 National Mineral Resources Univ.(Univ. of Mine)으로 교명이 변경되었다. 광산 탐사 개발 전문 대학으로 대학이 광산을 소유하고 있으며 대학의 위상이 대단히 높았다. 학생들은 물론 교복을 착용하였지만 교수와 총장(Rector)까지 특별한 제복을 입고 있었다. 제복은 총장과 교수의 직급에 따라 견장, 소매 디자인에 차이가 있었다. 물론 학생도 교복을 입었다. 대학에서 제복 입은 총장, 교수, 직원은 처음 접하였다. 2014년 4월 23-25일 광산 대학이 주최한 천연자원의 활용 주제의 국제 포럼에 KIGAM 원장이 축사를 하였다. 행사장을 가득 메운 교실에 단상이 일반석보다 지나치게 높아 공산주의 국가의 분위기를 실감하였다. 강당 주변 벽에는 역대 총장의 사진이 장식되어 있었다.

2014년 4월 러시아 광산 대학과 MOU 체결(Vladimir Stefanpvich Litvinenko 총장)

　총장실 부속 회의실에서 KIGAM과 광산 대학이 MOU를 체결하였다. 회의실 벽에 푸틴 대통령의 큰 사진이 걸려 있고 모든 교직원들이 특이한 제복을 착용해 공산주의 국가 러시아의 엄격한 위계 분위기를 잘 보여 주었다. 그러나 교직원 모두는 대단히 친절하고 우호적이었다.
　실험실 투어에서 실험 시설이 대단히 잘 갖추어져 있었다. 암반 시추기까지 실물이 실험실에 설치되어 학생들이 직접 자원탐사 시추를 실습하며 배울 수 있게 되어 있었다. 졸업 후 바로 광산 현장에서 전문성을 가지고 일할 수 있게 실험 교육 시스템이 잘 구축되어 있었다.

놀라운 것은 대학 박물관의 시설, 광물, 광석 표본과 전시장의 규모가 대단하였다. 수많은 진귀한 광석 표본들에 크게 놀랐다.

다음 방문지로 1882년 러시아 최초 국가 지질 기관인 A.P. Karpinsky Russian Geological Research Institute(VSEGEI)를 방문하여 양국 간 연구자의 세미나와 실험실 투어를 하였다. 실험실은 최신 연구 분석 장비들이 잘 운영되고 있어 연구소의 우수성을 잘 보여 주었다. VSEGEI와 KIGAM의 연구 협력 교류 확대를 재확인하였다.

상트페테르부르크를 여행한다면 미술관 관람을 꼭 추천하고 싶다. Pieter Paul Rubens의 Roman Charity(Cimon and Petro)와 Henri Matisse의 Dance, Leonardo Da Vinci의 Madonna and Child 등의 수많은 고대 유명 화가 작품이 소장 전시되고 있다. 보기 드문 작품과 금으로 도색된 박물관의 우아함에 놀라지 않을 수 없었다.

러시아 광산 대학 포럼 축사와 발표장   실험실 견학

2014년 4월 25일 러시아 국립 지질조사소 방문(A.P. Karpinsky Russian Geological Research Institute(VSEGEI), VSEGEI에서 Dr. OLEG V. PETROV 소장과 연구 협력)

에티오피아 아디스아바바 대학 탐방
Visit AAiT (Addis Ababa Institute of Technology), Ethiopia

　2016년 5월 24일 인천 공항 출발 두바이 경유 에티오피아 아디스아바바로 향하였다. 대통령 국빈 방문 방문단 일행으로 2016년 5월 26일 KIGAM과 AAiT(Addis Ababa Institue of Technology)와 MOU 체결 ICT 분야 과학 기술 국제 협력 행사를 위해서였다. 아프리카 땅을 밟은 것은 처음이라 궁금증이 많았다. 아프리카 전역은 모기로 감염되는 풍토병, 말라리아 예방약을 출국 전 사전에 복용하여야 한다. 그런데 첫날 호텔방에서 왕모기와 싸우며 밤잠을 설쳤다. 에티오피아는 농업이 주이고 광업은 금을 수출하고 있다. 커피 생산과 목화가 유명하다. 에티오피아에는 아프리카 국가를 대표하는 Africa Union(AU), Nelson Mandela Hall이 수도 아디스아바바에 있다.

　2016년 5월 27일 아디스아바바 공과 대학을 방문했다. 캠퍼스 내 실험 시설이 낙후하고 캠퍼스 주변도 환경이 깨끗하진 않았다. 그러나 교수들의 열의와 학생들은 대단히 진지하였다. 자부심도 대단했다. 한국 전쟁 때 참전국으로 한국에 대한 특별한 우정과 친절함을 느낄 수 있었다. 동맹, 혈맹의 국가임을 잘 보여 주었다. 호텔 행사장 출입 시 코리언이라면 그냥 짐 검사 없이 출입을 허가해 줄 정도로 한국인에 대한 특별 예우와 높은 신뢰도를 보여 주었다. 아디스아바바 공과 대학 근처에 있는 박물관에는 세계적으로 잘 알려져 있는 유인원 화석 루시(Lucy)가 전시되어 있다. 약 318만 년 전 호수 진흙 바닥에서 루시의 사체가 화석화되었다. 1974년에 발굴되어 석기를 포함한 유물에서 초기의 환경 변화나 생활상의 중요한 정보를 제공해 주고 있다. 대학과 박물관 사이 길 옆에 있는 '루시 레스토랑'에 학생들이 붐볐다.

수도 아디스아바바 시내에는 일본 자동차가 많이 보였으며 아프리카 특유 벽화가 눈길을 끌었다. 특산물인 커피 역시 대단히 유명했다.

국빈 만찬이 대통령궁에서 열렸다. 사자 박제와 카펫이 깔려 있고 우리나라 왕실처럼 임금님 방석 의자가 비치되어 있었다. 저녁은 깔끔한 생선 스테이크 같은 양식이 와인과 함께 제공되었다. 만찬장에서 식사보다 양국 정상이 상호 협력을 위해 의견 교환에 열중하는 모습을 보면서 국익을 위한 열정적인 외교 현장의 뜨거움을 실감하였다. 학교 교과서나 지리부도의 동해 표기가 궁금해 시내에서 열심히 찾았으나 그런 지도 자료가 없었다. 귀국 후 아프리카에 친환경 기술을 수출하자는 기고문을 《대전일보》(2016.7.11.) 실었다. 아프리카 대륙은 한국형 지구 환경 대응 탄소 자원화 적정 기술 확산 및 수자원 환경 기술 수출 미래 신시장 블루오션이다. 특별히 우리가 동해 표기와 독도가 정확하게 표기된 지도와 자료를 제작해 에티오피아에 제공해야 한다는 취지를 과학 칼럼을 통해 제안하였다. 우방국에 올바른 동해 표기와 독도 영유권 표기를 홍보해야 한다.

에티오피아 아디스아바바의 Africa Union 본부 (2016.5.27.)

아디스아바바 공학원(Addis Ababa Institute of Technology) Mr. Esayas G, Youhannes 부총장과 MOU

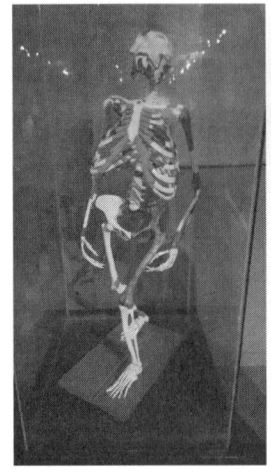
유인원 루시(Lucy) 화석

에티오피아 전통 커피

에티오피아 대통령궁 내부 응접실 카펫과 박제 사자

에티오피아 대통령궁 만찬장 모습과 열정적인 국빈 외교 현장(2016.5.27.)

물류 허브로 변모하는 아랍 에미리트(UAE)
UAE's Transformation from Oil Industry to Distrbution and Logistic Networking Hub

두바이 공항의 놀라운 규모의 공항 시설에 얼떨떨하였다. 두바이와 아부다비의 현대화된 도시는 사막에 이룬 기적으로 지하에 매장된 석유와 천연가스가 만들어 낸 결과이다. 전 세계 석유의 약 10분의 1이 매장되어 있으며 천연가스도 대량 부존되어 있다.

이번 아랍 에미리트 방문(2015.3.1-6.)은 중동 4개국 경제 사절단 참가자 100여 명의 한 일원으로 참가하였다. UAE-한국 에너지 산업 협력 주제 발표 특별 세션이 있었다. 한국석유공사가 개발 중인 아부다비 유전에 대한 특성화 및 회수증진 기술 개발 연구를 통해 생산성 향상을 목적으로 2015년 3월 4일 한국석유공사, ADNOC(Abu Dabi National Oil Company), 한국지질자원연구원이 MOU를 체결하였다. 한국석유공사 3개 탐사광구를 대상으로 탄산염암 저류층에 대한 특성화 및 회수증진 기술 개발을 목적으로 KIGAM이 참여하였다. 아부다비 석유공사의 압둘라 나세르 알 스와이디 총재의 따뜻한 환대 속에 석유와 천연가스 자원 확보를 위해

초고층 빌딩 아부다비 시가지 모습

KIGAM 전문 연구자가 직접 참여하는 기술 지원을 약속하였다. 한국석유공사 아부다비 현장 사무소를 방문하여 아랍 에미리트 개발 현장과 이락 등 유전 개발 현황을 들었다. 내전 중에 있는 이락 석유 광구 관리를 위해 생명의 위험을 감수하고 자원 현장에서 노력하는 석유공사 현장 직원에게 큰 격려를 보냈다. 해외 자원 현장 전문가의 목소리를 직접 들었다. 해외 자원 개발에 정부의 적극적 지원이 절실함을 해외 현장이 보여 주었다.

대통령 국빈 방문이라 거리에는 환영 현수막이 걸려 있고 축제 분위기였다. 뜨거운 열대 사막이지만 두바이 아부다비의 빌딩 숲은 사막을 잊게 한다. 곳곳이 풍요로웠으며 건축물이 특색 있고 럭셔리함을 느끼게 된다. 국빈 만찬에서 최고급 요리인 낙타 고기를 대접받았다는 얘기를 들었다. 만찬장에 참가하지 못한 아쉬움이 있었다. 종교적으로 음주가 금지되어 있지만 외국인 시당 등 예외를 인정하여 여행객을 유치하고 있다. 호텔 로비에 대추야자를 먹을 수 있는 작은 서비스가 마음을 끌었다.

길가의 가로수와 정원의 꽃밭에도 해수 담수화로 생산한 물이 혈관처럼 관을 통해 식물에 제공되고 있다. 셰이크 자이드 그랜드 모스크의 실내 아름다움과 방대한 실내 공간 장식물과 우아한 건축물에 놀라지 않을 수 없다. 세계적인 산유국으로 석유 산업에서 물류 허브로 변신한 두바이와 아부다비를 보면서 미래를 준비하는 왕실 지도자의

셰이크 자이드 그랜드 모스크

역량이 존경스러웠다. 탄소 중립 기후 변동에 따른 에너지 정책 변화에 선제적으로 대응하고 산유국이 원전까지 건설하는 지도자의 선견이 놀랍기만 하다. 국가 지도자는 먼 미래를 볼 줄 아는 안목과 지혜를 가져야 한다.

아랍 에미리트 아부다비에서 아부다비 국영 석유 회사(ADNOC)와 KIGAM-ADNOC-KNOC MOU(2015.3.4.) 압둘라 나세르 알 스와이디(Abdulla Nasser Al Suwaidi) 총재, 한국석유공사 서문규 사장과 KIGAM 김규한 원장

2015년 3월 4일 아부다비 국영 석유 회사 총재 일행과 회합 및 만찬

세계를 향한 국제 협력 활동

제50차 CCOP 국제회의, 파푸아 뉴기니를 가다
Participating The 50th CCOP meeting in Papua New Guinea

파푸아 뉴기니(PNG, Papua New Guinea)는 보통 여행하기 쉽지 않은 먼 나라다. 서남태평양 지역 Melanesia와 오스트레일리아 브리즈번에서 가까운 섬나라다. 인구는 주로 밀림 시골 지역에 널리 거주하며 도시 인구는 약 13% 정도 된다. 언어도 많이 다르고 다양하다. 수도는 포트모르즈비(Port Moresbby)이다.

파푸아 뉴기니 Tokua 공항에서 원주민 특유의 환영 행사

CCOP 50차 회의가 2014년 10월 15-23일간 East New Britain의 Kokopo에 있는 Gazelle International Hotel에서 열려서 국제회의에 참석하기 위해 이곳을 방문하였다. 포트모르즈비 국제공항에 도착하여 Niugini 차터 항공편으로 Tokua 공항에 도착하였다. 시골 작은 Tokua 공항에서 ENG Governor Elemon Tobaining, Jr 정부 고위 관계자의 따뜻한 영접을 받았다. 세계 각국 대표 89명 한 사람 한 사람에게 꽃목걸이를 씌워 주고 직접 환

담하는 진지한 입국 행사였다. 이 자리에는 원주민의 특유한 환영 세리머니가 있어 흥미진진하였다. 원주민의 민속 환영 행사라 이 지역에서만 볼 수 있는 차림이 신기하였다.

우리 일행의 입국 환영 및 CCOP 행사가 《Islands》라는 이 나라 신문에도 소개되었

CCOP 회의장에서 일본 지질조사소 Tsukuda 소장과 한-일 협력 조인

다. 이번이 두 번째 주최 행사로 1986년에 1회 CCOP 행사가 Madang에서 개최된 바 있다. CCOP가 동아시아-동남아시아 각국의 지질 자원, 환경 문제 상호 협력에 기여하고 있으며 진지하고 활발한 국제 활동이 이루어지고 있기 때문이다. PNG는 화산 지진대에 위치해 현재 활동 중인 활화산이 여럿 있다. 그렇기 때문에 지질학적 관심도 높다. 인접 국가 동티모르의 IPG와도 2014년 2월 25일 MOU를 채결하고 상호 협력 중이다. KIGAM 연구자를 파견하여 현지 지질도 제작과 조사법을 지도하였다.

CCOP 운영 부위원장 자격이라 책임감을 느끼며 우리 일행 모두는 상호 국제 협력의 성과를 도출하기 위해 많은 노력을 하였다. 일본 지질조사소 츠쿠다 아이키치(佃 榮吉) 소장과 특별히 한-일 연구 협력을 논의하였다. 츠쿠다 소장은 CCOP 운영 위장을 필자는 부위원장을 맡고 있다.

숲속 바나나와 꽃밭으로 둘러싸인 호젓한 숙소는 말 그대로 지상 낙원이었다. 바로 옆 비치의 파도 소리와 저 멀리 활화산의 분출 가스 전경은 우리 지구

지구상에서 희귀하고 아름다운 극락조

환경의 기이함과 중요성을 실감하게 하였다. 현지 민물 게 요리와 열대 과일은 우리에겐 별식이었다. 극락조라는 희귀 조류도 처음 보았다.

자동차는 주로 일제 토요타 자동차가 많았으며 중국인이 경영하는 호텔이 많았다. 중국은 이 나라에 고속 도로 건설을 지원하고 있고 일본 역시 다양한 지원으로 PNG의 자원 확보에 노력하고 있었다. 미래 개발 가능성이 높은 PNG에 경쟁적으로 각국이 국제 협력에 진력하고 있는 현장을 볼 수 있었다. KIGAM도 다양한 지원과 협력을 진행하고 있다. PNG 광산청(Mining)에 방문하여 장관과 지질 자원 협력을 논의하였다. 이 나라는 자원 개발 잠재력이 대단히 높다. 지하 자원으로는 현재 금광 개발이 잘 알려져 있다. 현지 총영사를 만나 현황과 미래 협력 지원에 대해 논의하였다.

우리를 반겨 준 꿈나무 아이들

동티모르 IPG와 MOU 체결

현장 답사 시에 길거리의 초등학생들은 맨발로 책가방 없이 학교에 가고 있었다. 내가 어릴 때 시골에서 경험한 과거가 회상되있다. 행사에서 받은 기념품 가방은 아이들을 위해 현지인에게 선물하였다. 전후 우리가 격은 모습과 같았다. 나도 국민학교 때 맨발로 학교를 다녔고 고무신도 기워 신었다. 당시 미국 구호 물품은 최고의 물건이고 모두 처음 보는 물건들이었다. 분유 배급을 받아 그냥 먹기도 하고 밥에 쪄서 먹기도 하였다. 우리의 과거를 생각하면 이 나라는 들판에 열대 과일이 널려 있고 해양 자연 자원이 주변에 많은 잠재적인 파라다이스다. 미개발 밀림 지역은 천연자원이 숨은 보물 창고일 수도 있다. 현지 기독교 선교 활동을 하고 있는 한국인 선교사를 만났다. 선교처럼 적극적인 우리의 ICT 현대 과학 기술 지원이 절실히 요구되는 미래 비전이 높은 나라다. 국가적 차원에서 우리 정부나 기업의 적극적인 진출이 요구된다.

CCOP 운영위원장
Chairman of CCOP

2015년 11월 중국 시안(西安)에서 열린 65차 아시아지질자원위원회(CCOP) 운영위원회에서 차기 운영위원장으로 선출되었다. CCOP는 아시아-태평양 지역 유일 국제기구이다. 2013-2015년 CCOP 운영위원장은 일본 지질조사소 츠쿠다 아이키치(佃榮吉, Eikichi Tsukuda) 소장이었고 그때 부위원장을 2년 역임했다. 아시아지질자원위원회(CCOP, Coordinating Committee for Geoscience Programmes in East and Southeast Asia)는 현재 한국, 중국, 일본을 포함 14개 아시아 국가가 참여하고 있으며 영국, 미국, 캐나다, 오스트레일리아 등 14개국의 협력 국가로 구성되어 있다.

CCOP 운영위원장 개회사

화기애애한 간친회

CCOP는 UN 산하 ECAFE(The UN Economic Commission for Asia and the Far East)의 지원하에 1966년 한국, 중국, 일본, 필리핀이 주축이 되어 설립되었다. 우리나라는 한국지질자원연구원(KIGAM)이 CCOP 주관 기관이다. KIGAM 대외협력실이 활발히 활동을 지원하고 있다. 1995년부터 3명째 사무총장직을 맡고 있다. CCOP 제1회 세션이 필리핀 주최로 마닐라에서 열렸다. 첫 협력 과제는 한국 동남해의 지구 물리 탐사로 포항에서 실시되었다. CCOP의 주요 사업은 아시아-태평양(아태) 국가의 지구 과학 공동 이슈 해결이며 해양 탐사, 지질, 지하자원, 지하수, 환경, 기후 변화에 이르기까지 다양하게 확대되었다. 아태 지역 국가들의 지구 과학 분야 상호 협력 기구로 대단히 중요한 국제기구다. 현재 CCOP 사무국은 태국 방콕에 있다.

태국 방콕의 CCOP 사무국

우리나라가 CCOP에 주도적으로 참여한 이후 49년 만에 처음으로 운영위원장(Chairman, CCOP Steering Committee Meeting)에 선임되어 무거운 책임감을 느끼게 되었다. 운영위원장으로 첫 번째 회의인 66회 CCOP 운영회의가 캄보디아 시엠립(Siem Reap)에서 2016년 3월 9-11일 동안 개최되었다. 처음 경험하는 국제회의 주재로 대외협력실의 도움을 받아 무리 없이 회의와 행사를 성공적으로 마쳤다. 간친회에서 성대히 준비한 캄보디아의 배려로 분위기가 화기애애하였다. 동남아 국가 회원국 대표들의 다정다감한 간친회는 미래의 협력을 굳건히 다지는 계기가 되었다. 마침 2016년이 CCOP 창립 50주년이 되는 뜻깊은 해라 창립 50주년 기념행사를 태국 방콕에서 열기로 하고 기념 책

CCOP 창립 50주년 기념 출판서 서문
출판서 《50th Year Anniversary of CCOP》

《50th Year Anniversary of CCOP》와 《CCOP through the years》라는 책을 발간하였다. 이 기념행사와 기념지를 발간한 운영위원장의 큰 영광을 누리게 되었다. 아쉬운 일은 2016년 9월이 KIGAM 기관장 3년 임기 말이었다. 크게 활략하기로 결심했는데 연임하지 못하여 방콕에서 준비한 CCOP 50주년 행사에는 안타깝게 참석하지 못하였다. 그동안 몽골의 CCOP 가입을 위해 많은 노력을 했는데 마무리를 짓지 못한 아쉬움이 남아 있다. 그러나 그동안 CCOP 활동은 대단히 보람 있고 유익한 경험이었다. 2018년 10월 28일부터 11월 1일 54차 CCOP 연차 총회와 71차 운영위원회를 11월 2-3일 부산으로 유치해 성공적으로 개최하였다. 부산에서 회원국 대표들을 반갑게 만났다. CCOP의 무궁한 발전과 CCOP를 통한 아시아 태평양 국가들의 따뜻한 상호 협력이 한층 더 증대되기를 기원한다.

CCOP 제66차 운영회의 현장 이모저모(캄보디아 시엠립)

이탈리아 페루사

Perusa, Italia

이탈리아 페루사(Perusa)에 있는 이탈리아 국가 연구원(CNR IRPI, Italian National Research Council) 지질-수문방제연구소(Research Institute for Geo-Hydrological Protection)를 2015년 9월에 방문해 연구 협정을 맺었다. 특히 이번에는 산사태 연구에 초점을 맞추었다. IRPI는 세계적인 연구 기관이다. 이탈리아는 지형이 우리나라와 유사하다. 때문에 산사태 연구에 있어 우리와 관련성 깊은 부분이 많았다. 페루사의 도시는 가파른 언덕 지형에 고대부터 주택이 밀집되어 있으며 좁은 골목이 특징이었다. 언덕 정상의 발달된 주거지에 깊은 우물을 파서 지하수 탐사, 개발, 이용한 고대인들의 지혜를 엿볼 수 있었다.

이탈리아 페루사(Perusa)에 있는 이탈리아 국가 연구원 (CNR IRPI, Italian National Research Council) 방문

페루사 방문에 앞서 이탈리아 로마 Sapienza University에서 열린 2015년 9월 국제수리지질학회(IAH, International Association of Hydrogeologists) 참석 연구자들의 노력으로 IAH 2018을 대전으로 유

치하는 데 성공하였다. 2018년 대전에서 IAH 국제 학회가 성공적으로 개최되었다. 이런 국제적 행사를 국내에 유치함으로써 국가 위상과 지역 경제에 활력을 불어넣었다. 한국지질자원연구원과 대한지질학회 공동으로 제37차 세계지질과학 총회(IGC, International Geological Congress)를 2024년 부산으로 유치하는 데도 성공하였다. IGC는 지질 과학 분야의 올림픽과 같은 대규모 지질 과학자의 최고 국제행사다. 지금 행사를 열심히 준비하고 있지만 뜻밖의 코로나로 어려움이 있다. 그러나 반드시 성공적으로 개최될 수 있기를 기원한다.

지질-수문방제연구소(Research Institute for Geo-Hydrological Protection)를 방문해 연구 협력 협정(2015년 9월)

로마와 이탈리아 페루사 방문은 대한 항공 서울-로마 취항식 때 행운의 일등석 항공권 경품권으로 여행한 후 오랜만에 이루어졌다. 연구원장으로 IRPI와 연구 협력 및 IAH 2015 국제 학회 참석과 IAH 2018 대전 유치의 공무 출장이었다. 모든 업무가 성공적으로 이루어져 잠시 교황청과 로마 시내에서 짧은 관광도 곁들였다. 과거에 로마를 처음 여행하였을 때 집시들에 시달렸고 개인 여행이라 일정 준비에 바쁘게 움직여 여행의 여유를 가지지 못하였었다. 그러나 짧은 시간이지만 이번은 모든 일정이 성공적으로 마무리되어 가벼운 마음으로 새롭게 많이 변화된 로마와 바티칸의 깊은 참면모를 볼 수 있어 행복하였다.

이란 테헤란 방송 TVV와 인터뷰
Interview with Teheran TVV at the Iran Oil Show

    2016년 5월 5일부터 8일까지 이란 수도 테헤란에서 열리는 제21회 이란 석유 박람회(Iran International Oil, Gas, Refining and Petrochemical Exhibition)에 참석할 기회가 있었다. 대통령 이란 국빈 방문 행사의 일환이다. 테헤란의 도시 풍경은 미국의 경제 제재 때문에 그리 밝지 않았다. 드물게 건물 외벽에 반기 포스터가 걸려 있었다. 길거리에 박대통령 환영 현수막과 이란 국왕의 사진이 붙어 있었다. 테헤란 시가지는 화려하거나 고층 빌딩이 많지 않고 좀 어두운 분위기였다. 미국과의 대결로 침체된 경제 상황처럼 보였다. 아몬드와 같은 견과류 가게가 이색적이었다. 무슬림 국가라 거리의 여성들은 모두가 히잡(Hijap) 차림이었다.

    이란 석유부와 기술 협력 양해 각서 협정식이 이란 TVV 방송에도 방영되어 한국과 이란의 좋은 출발점이 되었다. 세계 최대 규모의 석유 산업 박람회 행사였다. 경제 제재가 해제된 2016년에는 독일, 프랑스, 중국, 한국, 이탈리아, 터키 등 39개국에서 1,900개의 업체가 참여하였다. 특히 유럽 참여가 두드러졌다. 유가 하락의 국제적 변화가 무색할 정도로 박람회는 대성황을 이루었다.

    이란 석유 박람회는 LNG, 지질 및 지구 물리 분야, 탐사 및 생산, 시추 서비스, 석유 가스전 장비 및 서비스, 정유 및 석유 화학, 측정 및 자동화 기계, 소매 및 소비, 소프트웨어, 건설, 인력, 보안, 육상 및 해상 기술, 실험 설비, 제작 및 설치, 석유 생산 및 수출, 전자 부품 등 24개 분야로 구분하여 진행되었다. 이번 이란 석유 박람회는 석유 및 가스 관련 분야에서 세계 최대 규모 행사로 위기를 맞고 있는 석유, 천연가스 산업에 새로운 활력소가 되었다.

2016년 5월 이란 테헤란에서 개최된 제21회 이란 석유 박람회(Iran International Oil, Gas, Refining and Petrochemical Exhibition)

이란 석유부와 기술 협력 양해 각서 협정식이 이란 TVV 방송에 인터뷰 방영

이란은 에너지 자원 초강국으로 1,560억 배럴의 세계 4위 석유 매장량과 세계 제1의 천연가스 매장 (33,600km³) 국가이다. Ahvaz, Marun, Aghajari, Gachsaran, Karanj의 5대 대형 유전과 페르시아만과 내륙에 10여 개 생산 중인 유전이 분포하고 있어 전 국토가 유전 지대이다. 지난 10여 년간 이란 석유 시장이 폐쇄되어 개발이 제한되었다. 때문에 잠재적 가치가 높은 유망 유전이 상대적으로 미개발 상태로 보존되고 있어 우리의 새로운 탐사 개발 시장이 되고 있다. 이란 시장은 침체 위기로 접어들고 있는 국내 조선 산업에 새로운 돌파구가 될 수 있다. 원천 기술, 핵심 기술로 승부를 걸어야 한다. 대통령 국빈 방문에 후속으로 국내 기업과 협력해 원원할 수 있는 호기이다.

 이란 정유 개보수 시장을 국내 기업이 선점한다는 반가운 소식과 함께 유전 탐사 개발도 선점하여 유망 석유와 천연가스 자원을 확보했으면 한다. 국제 협력과 외교력을 강화해야 한다.

캐나다 지질조사소
Geological Survey of Canada

2014년 9월 20일 대통령 캐나다 국빈 방문 시 경제 사절단 멤버로 오타와를 방문하였다. 먼저 캐나다 천연 자원부 (NRCan, Natural Resources Canada) 산하 기관인 캐나다 지질조사소(GSC, Geological Survey of Canada)를 방문하여 캐나다 북극권 해안 지대 및 영구 동토 지대의 석유 가스 및 광물 자원 공동 탐사와 부존자원 평가를 위한 목적으로 MOU 체결 사전 협의를 하였다. 캐나다 천연 자원부 Brian T. Gray 차관보의 친절하고 따뜻한 환대를 받고 양국의 협력 내용에 대하여 의견을 나누었다. 그리고 실험실을 견학하였다. MOU 행사는 22일 한-캐나다 포럼 행사장에서 이루어졌다. GSC는 1842년에 설립되었으며 지진 네트워크와 지자기 모니터링이 핵심적으로 연구되어 왔다.

캐나다 지질조사소(GSC, Geological Survey of Canada) 방문

Dr. Brian T. Gray 차관보와 MOU (2014.9.22.)

캐나다는 북극권에 석유, 천연가스, 광물 자원의 미래 개발 유망 대상 국가이다. 영구 동토층의 기후 변화 대응 연구와 셰일 가스, 오일 샌드, 우라늄 광상 등의 부존자원이 우리에게 흥미를 준다.

2014년 9월 22일 Chateau Laurier, Ottawa 호텔에서 열린 한-캐나다 비즈니스 심포지엄에는 박대통령의 기조연설 후에 The future of Korea-Canada energy cooperation이란 주제로 발표하는 큰 영광을 가졌다. 이 자리에는 우리나라 정부 고위 대표자와 기업 총수를 만날 수 있는 좋은 자리였다. 행사 후에 캐나다 총독의 관저

오타와 Rideau Hall. 오타와에서 열린 대통령 국빈 방문장

인 리도 홀(Rideau Hall) 방문과 Rideau Canal 운하 견학, 유람선 여행도 즐겼다. 이눅슈크(Inukshuk), 이뉴잇족의 위상을 표시하는 데 사용하는 돌로 만들어진 조형물이 숲속에 있었다. 이눅슈크는 인간 능력의 연기(acting in the capacity of a humann)란 의미로 수 세기 동안 북극 땅에 돌 조형물을 만들어 왔다. 이눅슈크는 여행자의 안내자, 위험 경고, 사냥의 보조와 숭배 장소 표시의 역할을 해 왔다. 잘 자라고 있는 전직 대통령의 기념식수도 볼 수 있었다. 오타와 도심을 가로지르는 수동식 운하는 여행자들의 시선을 끌었다.

캐나다 방문은 2015년에도 캘거리에서 열린 CKC(Canada-Korea Conference and Technology) 행사에 참석하여 우리나라를 대표해서 Plenary Speaker로 발표(Topic: Korea-Canada Energy & Mineral Resources Cooperation and KIGAM's R7D Roles)의 기회를 가졌다. 이때 SK텔레콤 손길승 명예 회장, Dr. Mathieu Brochu

한-캐나다 비즈니스 심포지엄에서 Plenary Speaker로 발표

한덕수 전 총리님과

McGill Univ. 교수의 발표가 이어졌다. 이 행사에는 국내 출연연 기관장, 국회 의원 등이 다수 참석하였다. 여기서 캐나다 주재 한국 과학자, 교수, 학생들을 함께 만날 수 있는 좋은 장이 되었다. 캘거리 부근은 캐나다 로키산맥에 위치한 밴프(Banff) 국립 공원 주변 경관이 대단히 수려했다. 유네스코 자연 문화 유산이다. 연보라색 특유의 물 호수는 신이 만든 자연이다. 이 아름다운 물의 색깔은 주변의 석회암이 풍화되어 호수에 녹아서 특유한 색을 나타낸다는 캐나다 지질학 전공 교수의 설명이다. 연옥색 호수 주변에 수평층에 가까운 퇴적암 층의 층리가 잘 보였다.

캘거리 아름다운 Louse 호수

2016년 CKC는 8월 7-9일 오타와에서 열렸다. 미국에서는 이와 유사한 한미 과학자 대회 UKC(US-Korea Conference)가 텍사스 애틀랜타에서 8월 10-13일간 개최되어 캐나다와 미국 행사에 모두 참석하였다. 이는 연례행사로 한미 과학자들의 학술 정보 교류 협력의 유익한 대규모 행사다.

세계 각국의 지질조사소와 그동안 연구 협력과 국제 공동 연구 등 많은 진전이 이루어졌다. 그러나 항상 후속 사업의 계속성이 낮은 점이 문제점 중의 하나다. 가장 큰 원인은 기관장의 임기가 3년이라 자주 바뀌기 때문에 계속 추진하는 데 어려움이 제기된다. 정부 출연 연구원의 기관장 임기는 최소한 5년 이상, 길게는 10년 정도 임기가 되어야 양 기관의 사업 완성도를 높이는 데 도움이 될 것으로 판단된다.

형제 국가 튀르키예 MTA
MTA, Turkey as the Brother country

　1915년 3월 22일 벨기에 브뤼셀에서 EGS(The Geological Survey of Europe) 초청 회의 참석 후 튀르키예 MTA(The General Directorate of Mineral research and Exploitation of the Ministry of Energy and Natural Resources of the Republic of Turkey)를 방문하기 위해 앙카라로 향했다. EGS는 유럽 연합 33개 국가의 모임으로 1971년에 설립된 지질, 자원 등 지구 과학 전 분야의 국제 공약을 지원하고 지구 과학 분야 경쟁력 강화와 지식을 공유하는 국제기구이다.

튀르키예 앙카라에 있는 MTA(The General Directorate of Mineral research and Exploitation of the Ministry of Energy and Natural Resources of the Republic of Turkey)를 방문, MTA의 Yusuf Ziyz Cosar 소장과 연구 협약 연장 서명

　한국지질자원연구원(KIGAM)과 MTA는 이미 2010년에 MOU를 체결하고 광물자원, 해양 지구 물리 탐사 등 지질 과학 분야 공동 탐사 및

연구 협력이 상호 수행되어 왔다. MOU의 연장을 위해 MTA를 방문하였다. 따뜻한 환영 분위기 속에서 MOU를 체결하고 상호 협력에 대해 논의하였다. 그리고 MTA의 실험실과 박물관을 견학하였다.

MTA 시설과 실험실 견학

MTA는 지질 조사 연구, 금속 산업 에너지 분야 탐사, 해저 지구 물리 탐사, 지질 자원 탐사 기술 실증화 및 환경 영향 평가 등을 수행하고 있다. MTA에는 3,000여 명의 연구원과 직원이 근무하고 있다. 그동안 KIGAM의 인재개발센터에서 운영하는 광물 탐사 교육 등에도 MTA 연구자가 참가하였다.

앙카라에서 업무를 마치고 이스탄불로 이동해 튀르키예 문화 체험의 짧은 시간을 가졌다. 튀르키예는 한국 전쟁 참전국으로 한국에 대한 우정이 대단하였다. 그들은 형제 국가의 우의와 신뢰를 보여 주었다. 역사 문화 체험을 위해 PANORAMA 1453관을 입장하였다. 비행기 탑승 시간에 좀 급하게 움직여야 했는데 한국인이라는 이유로 특별 배려를 받아 신속 입장을 허가해 줄 정도로 한국인에 대한 호의가 컸다. 짧은 시간에 파노라마의 역사 내용을 잘 이해하지 못하였으나 실내 진행 내용이 대단히 우아하였다.

이스탄불에서 유명 요리 레스트랑 'Beyti'는 세계 유명인들이 많이 찾는다고 자랑스럽게 광고하고 있었다. 이명박 전 서울 시장의 명함도 게시되어 있었다. 케밥은 추천할 만한 요리였다. 식당 분위기가 대단히 산뜻하고 훌륭하였다. 그리고 이스탄불에서 작은 인기 식당 세븐 힐(Seven Hill)도 특색 있는 식당이다. 주변 식당가에 태극기가 장식될 정도로 한국인에 대한 친절함이 인상적이었다.

이스탄불에는 짧은 시간이었지만 블루 모스크(Blue Mosque), 예레바탄 지하 궁전(Yerebatan Basilica), 오벨리스크 방첨탑(Obelisk of Theodosius), 아야 소피아 성당(Ayasofya Meydani), 보스포루스 해협(Bosphrus strait) 등이 인상 깊었다. 길거리에 리어카 군밤 장사도 눈에 띄었다. 다시 한번 관광 여행하고 싶은 국가다.

미국 프린스턴 대학교 보웬 홀
Princeton University's Bowen Hall, USA

　대학 재직 시에는 직접 교류해 보지 못한 미국 명문 프린스턴 대학교(Princeton University)에 연구원 기관장 자격으로 2014년 9월 24일에 방문하여 연구 교류 협력의 좋은 기회를 가졌다. 프린스턴 대학은 1746년 10월 22일 개교한 기독교 사립 종합 대학이다. 교훈이 하나님의 전능 아래 번성할 지어라(Under God's Power She Flourishes)이다. 1984년 캘리포니아 공대(CALTECH)에서 방문 연구자로 1년간 지낸 경험이 있어 미국 명문 대학의 분위기는 예상하였다. 넓은 캠퍼스는 웅장하지는 않지만 고풍스러움이 긴 역사의 명문 대학이란 분위기가 물씬 느껴졌다. 국내 미국 선교사에 의해 설립된 연세대나 이화 여대의 대학 건물 분위기가 프린스턴 대학의 캠퍼스 건물 분위기와 유

미국 프린스턴 대학교(Princeton University) 캠퍼스

사한 점이 많았다. 건물 외벽에 덮인 담쟁이와 건물 건축 양식이 유사하였다. 대학 교회의 우아한 분위기와 대학 박물관의 전시 내용이 나의 큰 관심을 끌었다. 대학에서 자연사 박물관을 관리해 온 교수로서 재직 시에 방문하였더라면 하는 아쉬움도 있었다.

　대학 부총장실에서 연구 협약 체결을 하였다. Dr. Diana Davies 국제 대외 협력 부총장(Vice Provost for International Initiatives)의 따뜻한 환영을 받았다. 벽에 부착된 세계 지도에 그동안 프린스턴 대학이 교류해 온 세계 각국의 대학과 기관이 표기되어 있었다. 프린스턴 대학이 세계 각국의 대학과 연구 교류를 하고 있는데 한국은 우리 연구원(KIGAM)이 처음이라고 하였다. 벽에 부착된 세계 지도에 한국 KIGAM 표기가 추가 되었으리라 생각한다. 캠퍼스의 학생들의 표정이나 실험실과 연구실의 분위기가 세계 최고 대학의 모습을 잘 보여 주었다. 대학 건물 공간 부족으로 일부 실험 기기는 복도에 설치되어 실험 가운을 입은 학생들이 복도에서 실험에 열중하는 모습은 대단히 인상적이었다.

프린스턴 대학교 Dr. Diana Davies 국제 대외 협력 부총장(Vice Provost for International Initiatives)과 KIGAM이 국내 최초로 연구 협약 체결(2014.5.24.)

　캘리포니아 공대(CALTEC)에는 유명한 지진학자인 베니오프(Benioff) 교수를 기리는 베니오프 룸(Benioff Room)이 있어 금요일 오후 일과 후 많은 연구자들이 각자 들고 온 맥주나 간단한 간식을 먹으면서 열심히 연구 정보를 교환하던 기억이 생생하다. 토, 일요일엔 다수 연구자가 주말을 즐기기 위해 여행을 떠나 학교 연구 실험실이 조용했다. 그러나 중국 유학생이나 나 같은 연구자는 주말에도 실험실을 지킨 추억이 있다. 판구조론에서 판과 판이 마주쳐 섭입하는 섭입대(攝入帶)를 CALTEC 베니오프 교수가 처음으로 지진 연구에서 밝혀 베니오프대(Benioff Zone)라 부른다. 캘리포니아는 환태평양 지진대에 위치해 지진이 빈발한다. 그래서 캘리포니아 공대는 지진 연구가 대단히 활발하다.

프린스턴 대학 실험실 투어에서 놀랍고 반가운 것은 보웬 홀(Bowen Hall)을 찾은 것이다. 프린스턴 대학의 William G. Bowen Hall은 제17대 프린스턴 대학 Gordon Y. S. WU 총장이 1993년 7월 4일 헌정한 홀이다. 유명한 암석학자 보웬이 프린스턴 대학 교수였다는 사실을 몰랐다. 화성암석학에서 보웬 반응 계열(Bowen reation series)은 모든 교과서에 나오는 너무나 유명한 이론이다.

또 하나 가장 인상적인 실험실 투어는 안정 동위원소 분석 연구 교수실을 찾은 것이다. 실험실은 1980년대 일본 나고야 대학에서 안정 동위원소 분석을 하던 분위기와 같이 시료 전처리 진공 라인이나 질량 분석 장치 등의 눈에 익은 반가운 시설이 잘 갖추어져 있었다. 옛날 일본 유학 생활이 순간 떠올랐다. 프린스턴 대학 실험 연구실에서 극지방 얼음 시추 코어 분석 결과 기후 변동 연구 내용을 친절하게 설명해 주시던 교수님의 인

프린스턴 대학교 안정 동위원소분석 연구 실험실 견학

상이 강하게 남아 있다. 프린스턴 대학 방문은 대학 교육 현장의 새로운 신선함과 연구자들의 아름다운 학문의 전당을 경험하게 해 준 최고의 시간이었다. 잠시나마 대학교수 연구자가 자기 집에 되돌아온 느낌으로 뿌듯한 자긍심을 심어 주었다.

프린스턴 대학교 보웬 홀(Bowen Hall) Dept. of CEE, Peter Jaffe 교수님과

세계 최초 고준위 방사성 핵폐기물 지하 처분장 핀란드 온칼로
Oncalo, the world's first permanent underground nuclear waste repository in Finland

2015년 9월 10일 성공적으로 건설하고 있는 세계 최초의 고준위 사용 후 핵연료 영구 처분장 건설 현장인 핀란드 온칼로(Onkalo)를 방문했다. 올킬루오토섬에 위치한 온칼로 사용 후 핵연료 영구 처분장은 주변 환경이 수려하여 관광 휴양지와 같은 쾌적한 자그마한 섬이다. 지하 500m에 고준위 사용 후 핵연료 영구 동굴 처분장을 만들었다. 우리나라 원자력환경공단과 유사한 포시바(Posiva)라는 자회사가 관리 운영하고 있다. 모든 방사성 폐기물 처리 처분 책임은 방사성 폐기물 생산자에게 있다. 포시바가 핀란드 고용경제부가 승인한 프로그램에 따라 방폐장을 운용하고 있다.

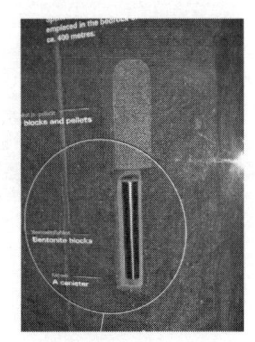

핵 폐기물 저장 지하 500M 시추공

핀란드에는 2015년 현재 4기의 원전이 가동 중이며 핀란드 전력 약 28%를 생산하고 있다. 현재 건설 중인 원전 2기가 완공되면 2024년에는 원전 비율이 약 40% 차지하게 된다. 우리나라와 아주 비슷한 현황이다.

고준위 방폐장의 계획에서 시공까지 현재 진행하고 있는 모든 과정이 우리에게는 교과서와 같다. 포시바의 고준위 사용 후 핵연료 영구 처분 방폐장 건설은 1978년 예비 타당성 연구를 시작으로 부지 조사, 부지 예비 선정 및 허가, 2000년 부지 확정, 부지 정밀 지질 조사, 2012년 처분장 건설, 2018년 운전 허가 신청, 시운전, 2020년 사용 후 핵연료 처분 시작이다. 무려 40년의 긴 과정에서 이루어졌다. 이 과정 모두가 지역 주민과 일반 국민에게 하나하나 그때그때 투명하게 공개되었다.

핀란드 올킬루오토섬에 위치한 세계 최초의 고준위 사용 후 핵연료 영구 처분장 건설 현장인 핀란드 온칼로(Onkalo) 지하 시설 견학(2015년 9월)

가장 중요한 시작이 부지 선정 작업이다. 부지 선정 과정은 전 국토를 대상으로 20년에 걸쳐 위성 사진, 지질 지구 물리도, 기반암 등의 평가로 예비 후보지를 압축하였다. 예비 후보 지역을 또다시 10년에 걸쳐 야외 정밀 지질 조사, 수리지화학, 암석 역학 등 타당성 평가 등을 거쳐 최종 후보지를 결정하였다. 무려 30년에 걸쳐 부지 선정 타당성 조사를 실시하였다. 이 과정이 우리가 간과해선 안 될 핵심 사항이다. 최종 선정 부지가 시생대 미그마타이트질 변성암 지역이다. 사진에서처럼 노두나 시추 코어에서 기반암이 잘 확인된다. 한반도에도 화강암 기반암과 시생대 변성암 기반암이 넓게 분포하고 있어 다행스럽다.

방폐장 시공과 함께 시공 현장에 지하 연구 실험실(URL)을 운영 병행하여 지반 물성이나 특성을 수시로 파악하고 상시 모니터링 시스템도 구축하고 있다. 방폐장의 위치는 원전에서 될수록 가까운 지역을 우선으로 하여 폐기물 운송 비용과 위험도를 최대한 줄여 안전도를 최대로 높이고 있다. 시공 과정에 고준위 방사성 폐기물 처분에 부적합한 현상이 발견된 경우에도 감추지 않고 오히려 사용이 부적절한 사례로 일반인들에게 공개하여 안정성과 투명성을 한층 높이고 있다.

또한 쾌적한 미니 체험관을 건설하여 원전 발전과 폐기물 처분 전 과정을 일반 국민이 편하고 알기 쉽게 체험할 수 있게 하고 있다. 핀란드의 사용 후 핵연료 처분장 건설 작업 공정 과정이 우리의 반면교사다.

우리나라도 2015년 8월 경주에 중-저준위 방사성 폐기물 처분장이 준공되어 친환경 코라드 청정누리공원과 함께 온 국민에게 개방되었다. 방사성 폐기물은 현재 크게 중-저준위 폐기물과 고준위 폐기물로 구분해 처리하고 있다. 중-저준위 방사성 폐기물은 원전 내 방사선 관리 지역에서 사용하였던 공구나 작업복 같은 방사능 수치가 낮은 폐기물이다. 한편 고준위 방사성 폐기물은 원자력 발전소에서 사용 후 나오는 핵연료 폐기물로 방사능 수치가 높아 위험도가 높은 폐기물이다. 그러나 우리는 아직 고준위 사용 후 핵연료 영구 처분 방사성 폐기장 준비와 건설을 착수도 못하고 있다. 고준위 방폐장 건설이 시급하다.

헬싱키에 유명한 지하 교회가 있다. 지하 암벽에 변성암 모암에 화강암이 관입한 핀란드 지역의 지질을 잘 보여 주고 있었다. 공원에 설치된 거대한 야외 파이프 오르간과 기차역의 조각과 시내 풍경이 정겨웠다. 아름답고 평화스러운 도시 분위기였다.

편마암 기반암으로 구성된 고준위 방사성 핵폐기물 지하 처분장 지하 터널

시추공에 설치할 핵폐기물 처분용 동파이프

핀란드 지질조사소 GTK와 MOU 체결 및 연구협의

치큐(地球), 海洋研究開發機構
Chikyu in JAMSTEC, Japan Agency for Marine-Earth Science and Technology

일본 유학과 유학 후 연구를 위해 수십 차례 일본 대학을 방문했지만 일본 地質調査所와 海洋研究開發機構(JAMSTEC)은 방문할 기회가 없었다. 더욱이 미즈나미(瑞浪)에 있는 방사성 핵폐기물 처분 지하 실험장인 특수 시설은 방문할 수가 없었다. 그러나 나고야 대학 연구 중 카미오카(神岡)에 있는 슈퍼카미오칸데를 방문한 적이 있다. 슈퍼카미오칸데는 우주에서 오는 뉴트리노 관측 연구로 도쿄 대학 고시바 마사토시(小柴昌俊) 교수와 카지다 타카아키(梶田隆章) 교수의 노벨과학자가 2명 탄생한 우주 연구 실험장이다. 지하 연구 시설을 견학하는 중 한 곳에 메모 게시판이 있어 견학 소감을 메모해도 되느냐 물었는데 여기는 세계적인 유명 우주 천체 물리학자만이 메모할 수 있는 곳이란 답변을 듣고 머쓱해 한 일이 지금도 기억 속에 남아 있다. 도쿄 대학 객원 교수 시절 일본 극지연구소를 방문할 기회가 있었다. 도쿄 대학 학생들 교육을 위해 운석 표본을 대여해 온 일이 있다. 귀중하게 보관된 표본에 무게를 달고 기록한 후 대여해 주는 방법이 지금도 잊히지 않고 있다.

꼭 한 번 방문해 보고 싶었던 일본 지질조사소와 JAMSTEC을 한국지질자원연구원장으로 2016년 6월 방문하게 되어 더욱 감회가 컸다. 방문길에 일본의 방사성 폐기물 지하 처분 실험 연구 시설인 일본 원자력 연구개발기구 미즈나미 초심지층연구소(瑞浪超深地層研究所, MIU)를 방문할 기회도 만들었다. 미즈나미를 가기 위해 나고야에서 하루를 묵었다. 나고야에서 유학 생활 은인인 요시오카(吉岡) 상 부부를 이마이케 도리젠 이자카야에서 반갑게 만났다. 도리젠은 유학 시절 자주 찾았던 선술집 음식점이다. 요시오카 상과 생에 마지막 만남이 되었다. 그 후 2년 뒤에 돌아가셨다는 소식을 들었다. 2018년 5월 20일 나고야시 후지가오카 부근 호우젠인(豊善院) 납골당에 모셔진 일주기 추모 행사에 참석하여 무언의 재회를 하였다.

일본 아이치현 미즈나미(瑞浪)에 있는 방사성 핵폐기물 처분 지하 실험장인 미즈나미 초심지층연구소(瑞浪超深地層研究所, MIU) 지하 실험 시설

미즈나미 핵폐기물 처분 연구 시험장 초심지층연구소는 일본 원전에서 발생하는 고준위 핵폐기물 지하 처분을 위한 중요한 국가 연구 시설이다. 지진 화산 활동이 많은 일본의 핵폐기물 저장 실험 연구 시설이 궁금하였다. 우리나라도 중-저준위 핵폐기물 처분장이 경주에 있지만 아직 고준위 핵폐기물 처분장은 준비되어 있지 않고 있어 금후 대단히 중요한 국가 과제이다. 미즈나미 시험장 주변은

기반암 화강암질암

화강암질 암석으로 구성되어 있으며 지하에서 지하수의 유출이 핀란드 올킬루오토섬에 있는 온칼로(Onkalo)에서 보다 많았다. 지하 터널에 과학적 안전성을 모니터링하는 시설이 잘 갖추어져 작동하고 있었다. 우리가 배우고 상호 교류 협력해야 할 중요 대상임을 확인하고 KIGAM과 협력 시스템을 구축하였다.

일본 츠쿠바(筑波)에 있는 일본 지질조사소를 방문, 소장과 연구 협력

이어서 츠쿠바(筑波)에 있는 일본 지질조사소를 방문하여 츠쿠다 아이키치(佃 榮吉, Eikichi Tsukuda) 소장님의 따뜻한 영접을 받고 실험실

가나가와현 요코스카(神奈川県, 横須賀)에 있는 海洋研究開發機構(JAMSTEC)를 2016년 6월 방문, JAMSTEC 다이라 아사히코(平 朝彦) 이사장 영접을 받고 연구 협력

견학도 하였다. 지질조사소의 기구 개편에 따라 변화가 있는 느낌을 받았다.

다음 가나가와현 요코스카(神奈川県, 横須賀)에 있는 해양 강국 일본의 해양 연구 핵심 센터인 海洋研究開發機構(JAMSTEC)를 방문하였다. 우리나라 해양기술연구원과 유사한 국가 기관이다. 다이라 아사히코(平 朝彦) 이사장 영접을 받고 연구 협력을 약속하였다. 연구 시설 투어 중 지구 심부 시추선 치큐(地球, Chikyu)에 승선하여 선내 실험 시설 장비를 견학하였다. 세계 최대 시추선이라 예상은 했지만 해양 강국 일본의 모습을 잘 볼 수 있었다.

JAMSTEC의 심해탐사 잠수정 신카이 6500

너무나 부러웠다. 삼면이 바다인 우리도 언젠가 갖추어야 할 시설임을 절감하였다. 놀라운 시추선과 실내 시설 및 시추 성과 등에 큰 충격을 받았다. KIGAM 탐해 3호 5,000톤급 연구 탐사선 준비에 큰 자극이 되어 성공시킨 결과다. 바다 깊은 속은 아니지만 연구동에 보관 중인 심해 해저 탐사용 신카이 6500 내부에 직접 들어가 장비 시설에 대한 설명을 들었다. 좁은 공간이지만 다양한 과학 관측 장치가 장착되어 있었다.

지구 심부 시추선 치큐(地球, Chikyu)

저녁에 나카이치라는 레스토랑에서 타이라 이사장의 저녁 식사 초대를 받았다. 이 레스토랑은 미쉐린에 등재된 유명 식당이라 손님이 많고 기억에 남을 음식 맛이었다. 일본의 지진학, 자원 지질학, 해양학 핵심 연구 시설 방문은 큰 성과이자 큰 보람이었다. 한일 간에 과학 교류의 협력이 더욱 확장되기를 기대한다.

치큐(地球) 선내 실험 시설 장비 견학

제1회 한-중-일 지오서밋(GeoSummit) 열다
1st Trilateral GeoSummit: CGS-China, GSJ-Japan and KIGAM-Republic of Korea.

　우리는 역사적으로 중국과 오랜 연을 가지고 있으며 이웃 일본과도 아픈 역사를 가지고 있다. 삼국지(三國志)를 통한 중국은 옛날부터 독특한 동양인의 특성을 가진 국가다. 6.25 한국전에서 중공군의 인내 전술에서 우리 군은 큰 피해를 입었다. 일본과도 임진왜란 전승과 36년간의 식민 지배를 당한 악연이다. 그들의 조상 천황 가족이 백제(百濟, 쿠다라, くだら)인으로 알려져 있다.

　일본과는 1965년 6월 22일 국교를 수립하였고 중국과는 1992년 8월 23일 수교하였다.

　그러나 이들 국가와는 여러 역사적 지리적 배경으로 수많은 갈등이 재연되어 왔다. 자유 민주주의 국가인 일본은 경제 대국과 노벨과학 강국으로 발전하였고 사회주의 공산 국가인 중국은 자유 민주주의 IT 산업 강국 한국 기술을 추격하고 있다. 두 인접국은 인구와 자원 면에서 우리보다 우월하다. 중국은 러시아를 제치고 세계 패권에 도전하고 있다. 우리는 지정학적으로 필연적으로 때어 놓을 수 없는 상호 관계임을 서로가 잘 알고 있다.

　한국지질자원연구원(KIGAM)은 한-중-일 간에 지질 과학에서 상호 협력과 우호 증진을 위해 2013년부터 일본, 중국과 협의해 한-중-일 지오서밋을 주도 추진하였다. 현재 대륙별로 유럽 대륙의 EuroGeoSurveys, 아프리카 대륙의 African Ministerial Meeting for Natural Resources Developments 등의 기구가 있다. 2015년 4월 6-10일 중국 북경 시자오(西郊冥館, Xijiao) 호텔에서 3국의 국가 대표 지질 기관장이 모여 제1회 지오서밋 회의를 하였다.

제1회 한-중-일 지오서밋(중국 지질조사국 Ziran Zhong 소장, 일본 지질조사소 츠쿠다 아이키치(佃 榮吉, Eikichi Tsukuda) 소장, 한국지질자원연구원(KIGAM) 김규한 원장)

중국 지질조사국(CGS, China Geological Survey), 일본 지질조사소(GSJ, Geological Survey of Japan)와 한국지질자원연구원(KIGAM) 간에 기관장 모임과 전문가 회의 정례화를 목적으로 하였다. 중국 지질조사국 Ziran Zhong 소장, AIST 부원장 겸 일본 지질조사소 츠쿠다 아이키치(佃 榮吉, Eikichi Tsukuda) 소장, 한국지질자원연구원(KIGAM) 김규한 원장이 참석하였다. 백두산 화산 연구 공조, 해저 지질 연구, 3D 지구 물리 탐사 상호 협력 연구 및 IGC 총회 부산 유치 지원 요청 등이 이루어졌다.

이 회의 전날에는 중국 지진국(CEA, China Earthquake Administration)과 KIGAM이 MOU를 체결하였다. 중국 지진국(陳健民, Chen Jianmin) 국장과 백두산 지진 정보 공유 등 지진 정보 공유와 상호 연구 협력하기로 하였다. 지질학적으로 한반도는 유라시아 대

중국 지진국과 MOU(KIGAM 김규한 원장과 陳健民(Chen Jianmin) 국장)

륙판에 동남단에 위치해 중국 대륙과 지구조적으로도 밀접히 연관되어 있다. 한편 일본 열도는 한반도에서 분리되어 만들어졌음이 잘 알려져 있다. 이념과 정치를 넘어서 아시아 대륙의 과학자들이 과학을 통해 국제 협력을 이끌어 가는 새로운 장을 열었다.

몽골 칭기즈 칸 국제공항
Chinggiskaan International airport, Mongolia

　한국 국제 협력단(KOICA) 사업의 일환으로 몽골의 동, 철광상 평가를 위해 1999년 10월 울란바토르행 대한 항공을 탔다. 김포 공항 울란바토르 노선 항공기 기내 방송이 몽골어 안내가 없다는 데 놀랐다. 승객의 반수 이상이 몽골인인데 한국어와 영어 안내가 전부였다. 귀국 후 대한 항공에 몽골어 방송 필요성을 요청한 기억이 난다. 탑승 시간도 이른 아침이라 이용에 불편하였다. 물론 지금은 몽골어 안내가 이루어지고 있다. 당시 울란바토르는 서울에 비하면 낙후되었지만 백화점과 호텔도 있었다. 일본인이 운영하는 리버사이드 호텔에 투숙하였다. 몽골과학기술 대학 교수의 안내로 학교 실험실 박물관을 견학하였다. 학생들의 진지한 모습과 박물관에 암석 광물 표본이 몽골의 지하자원 부국의 지하자원 부존을 예측할 수 있었다. 울란바토르 공항(칭기즈 칸 국제공항)에서 작은 프로펠러 항공기로 카자흐스탄 국경 가까운 시골 공항에 착륙했다. 공항은 비포장 활주로였으며 공항 부대시설은 전혀 없었다. 시골 여관에 하루 투숙하였는데 특유의 냄새로 고생하였다. 그리고 광산 현장 조사를 위해 유목민이 거주하는 게르에 이틀 묵었다. 현장 조사 시 점심은 보리빵과 양고기를 먹은 기억이 난다. 아이 둘과 부부가 살고 있는 게르에 묵은 기억은 잊을 수 없는 추억이다. 새벽에 용변을 위해 게르 밖으로 나가니 하늘에는 주먹만 한 별들이 반짝이고 양들은 추위에 웅크리고 있는 모습이 지금도 생생하다. 훈련된 매를 사냥시켜 토끼 사냥을 하고 있었다. 말린 소똥으로 피운 불에 직접 짠 젖을 끓여 양고기와 같이 식사를 하였다. 손님에 대한 예의와 친절함은 유목민의 인간애를 배우게 해 주었다. 울란바토르 공항 부근 캐시미어 제품 판매점에 머플러 쇼핑을 하였다. 캐시미어가 국가 브랜드 상품 중의 하나였다.

2016년 대통령 국빈 방문 시 경제 사절단 멤버로 다시 울란바토르를 방문하였다. 울란바토르의 칭기즈 칸(Chinggiskaan) 국제공항이 새로 단장되었다. 울란바토르 시내 고층 빌딩과 많은 아파트가 시내 분위기를 완전히 바꾸어 놓았다. 초라했던 공항이 훌륭한 국제공항으로 변모하였다. 놀라운 경제 발전의 모습을 비교 경험하였다.

대통령 국빈 방문 한-몽골 비즈니스 포럼장에서 몽골 광물청(NRAM, 우란투야(D.Uuriintuya) 청장)과 KIGAM (김규한 원장) 지질 자원 개발 기술 협력 MOU 체결

2016년 7월 18일 한-몽골 비즈니스 포럼장에서 몽골 광물청과 KIGAM이 지질 자원 개발 기술 협력 MOU를 체결하였다. 몽골 광물청은 물론 몽골과학기술 대학(MUST, Monglian University of Science and Technology)을 방문하였다. MUST 본관 건물 입구에 KIGAM 원

장 방문 환영 영상이 설치되어 있었다. 복도에 걸려 있는 반갑고 낯익은 인물 사진을 보았다. 연세 대학교 지구시스템과학과 문희수 교수의 MUST 명예 박사 학위 사진이었다. MUST의 특별한 영접과 안내를 받았다. 방문하는 곳마다 친절하고 따뜻한 몽골인의 모습은 과거 방문했을 때와 변함이 없었다. 박물관과 서점을 방문해 몽골이 쓰고 있는 세계 지도에 동해 표기와 독도에 대한 지도 자료를 조사하였다. 국빈 방문 시 기라 박대통령 자서전 번역판이 서점의 인기 서적이었다. 우리의 우방인 몽골이 동해 표기가 바르지 못함을 확인하고 총영사와 식사 자리에서 외교적 노력을 당부하였다. 몽골 곳곳에 칭기즈 칸 상징물은 칭기즈 칸 국가임을 쉽게 알 수가 있었다. 칭기즈 칸 몇 번째 부인이 조선인라며 자랑스럽게 얘기하는 몽골 과학자도 있었다. 울란바토르 시내에 이태준 선생 기념 공원은 한국과 몽골인의 깊은 우정을 잘 보여 주고 있었다. 몽골은 미개발 넓은 원시 자연 사막 등이 자원의 보고(寶庫)이다. 지금도 사금 광산 현장을 많이 볼 수 있다. 후스타이(Hustai) 국립 공원에는 게르형 관광 단지를 조성하여 야생말과 같은 자연 생태를 즐기려는 관광객들이 세계에서 모여들고 있다. 몽골 지하자원 탐사 개발의 기술 지원 파트너로서 미래의 큰 성과를 기대한다.

몽골 과학기술 대학(MUST) 방문
후스타이 국립공원 게르관광 단지

He-Ar-O ISOTOPIC SIGNATURES IN Au-Ag BEARING ORE FLUIDS OF THE SUNSHIN EPITHERMAL GOLD-SILVER ORE DEPOSITS, SOUTH KOREA

K. H. Kim(1), S. Lee(2), K. Nagao(3), H. Sumino(3) and K. Yang (2)
(1) Ewha Womans University, Seoul, South Korea, (2) Pusan National University, South Korea (3) University of Tokyo, Tokyo, Japan (3)

▶ 대학교수 재직 실험 연구 마지막 논문. 순신 천열수 금은 광상 성인 연구 《Chemical Geology》(2012, 320-321). 순신 금은광산 조사 현장

6장
꿈을 키우고 보람을 찾아
Make my dreams come true and Find out fruitful life

- 새로운 보람을 찾은 과학 칼럼 쓰기 Writing scientific columns in daily news papers
- 《한국의 온천》과 《온천지(溫泉誌)》 출판 Publication of Hot springs of Korea and Oncheonzi, Korea
- 대한민국 과학문화상 Scientific and Cultural Award of Korea
- 지구 최고의 보석 다이아몬드는 어디에? Search for Diamond, Earth's best gemstone
- 노다지 금광맥 찾는 법 How to discover Bonanza gold veins on Earth
- 세계 최대 동 광상 El Teniente El Teniente, the world biggest underground copper mine, Chile
- 대모산(大母山) 새벽 산행 Dawn hiking at the Daemosan Mountain
- 소중한 유산 Precious Inheritance from Parents
- 지질학자의 귀중한 자산 Valuable assets of Dr Kyu Han Kim as Geologist
- 명예 교수와 명예시민 Emeritus professor and Honorary citizenship
- 유네스코 세계 지질 공원 청송(靑松) UNESCO Global Geopark, Cheongsong
- 청송 송이(松茸)버섯을 찾아서 Pine mushroom in the Cheongsong area
- 웨스터댐, 홀랜드 아메리카선 승선 이야기 First embarkation of the Westerdam, Holland America Line

새로운 보람을 찾은 과학 칼럼 쓰기
Writing scientific columns in daily news papers

　울릉도에서 지구상에서 12만 년(0.12Ma)의 가장 젊은 화강암질암(몬조니암, Monzonite)의 암편을 발견하여 《동아일보(東亞日報)》에 소개될 즈음 2005년 동아일보사에서 스승을 기리는 기고문을 청탁받고 "지질학의 큰 별 김옥준 선생을 그리며"를 쓰면서 과학 칼럼의 길에 처음 들어섰다. 글을 쓴다는 것은 연구나 대학 강의보다 나에겐 쉽지 않았다. 우리나라 과학 교육 정책이나 학교 교육의 문제점과 해결 방안을 제시하는 이 글이 교육 현장과 국민 일반 독자가 공감하고 미래 변화를 선도하는 데 큰 역할을 할 수도 있다는 사실에 큰 보람을 느끼고 열심히 써보기로 결심했다. 그러나 평생 대학 강의와 실험실에서 실험하고 유명 국제 저널에 실리는 과학 논문 준비에만 골몰하다가 일반 대중 독자들이 공감하는 칼럼을 쓴다는 것은 여간한 부담이 아닐 수 없었다. 그러나 나에겐 이과(理科)적 적성에 문과(文科)적 DNA가 조금은 잠재하고 있었던 것 같았다. 2005년부터 2023년 현재 짧은 기간에 《동아일보》 28회, 《조선일보》 11회, 《중앙일보》 1회, 《매일경제》 3회, 《경향신문》 1회, 《대전일보》 5회, 《경북매일》 2회, 《전자신문》 1회, 《이대학보》 4회 등 무려 56회의 과학 칼럼을 쓰게 되었다. 그리고 과학 관련 잡지에도 11회 기고문 또는 기사가 소개되었다. 《동위원소 지구화학》과 《행성지구학》을 중심으로 지질학 관련 서적 20여 권을 저술하였다. 이 같은 과학의 대중화 공적으로 2012년 대한민국 과학상을 수상하는 영광도 안았다.

《동아일보(東亞日報)》, 《조선일보(朝鮮日報)》, 《중앙일보(中央日報)》, 《대전일보(大田日報)》 등 주요 일간지의 기고문, 2005년부터 현재 56편의 과학 칼럼 발표

이른 새벽에 친구인 이익훈어학원 원장이 나의 《동아일보》 기고문 잘 읽었다는 격려의 전화에 잠을 설쳤지만, 전국 각지에서 나의 기고문을 읽은 독자들의 격려 전화는 잊지 못할 추억이다. 일본 나고야 대학 다나카(田中) 교수님이 《야후 재팬》에 소개된 《조선일보》 일본어판 나의 기고문을 보내 주셔서 일본인 독자들까지 읽게 됨을 알게 되었다. 해외 출장 중 항공기 기내에서 내 얼굴의 신문 기고문을 반갑게 접한 일도 있었다. 새벽잠을 설치면서도 조간신문이나 인터넷 신문에서 본인의 기고문

조간 기사를 접할 때 설렘과 기쁨의 기분은 경험자만이 알 수 있다.

남극 세종 과학 기지를 방문하고 남극 대륙 본토에 제2의 남극 기지 건설의 필요성을 절감하여 2007년 1월 15일 《동아일보》에 "제2의 남극 과학기지 건설하자"를 소개한 후 남극 대륙 본토에 2014년에 장보고 과학 기지가 건설되었다. "日 사도광산 제2의 군함도 돼서는 안 된다"(《朝鮮日報》, 2022.2.3.)라는 글을 기고하는 등 동해 표기와 독도 영유권 문제, 한-일 간에 첨예한 문제나 일본 과학자들과 따뜻한 과학 교류의 아름다운 미담에 이르기까지 열심히 국민 독자들에게 소개하였다. "자연재해 과학으로 대처해야"의 기고문에서 자연재해에도 보험 제도 도입의 필요성을 처음 제안하였다. 그 후 언젠가부터 자연재해에도 보험 상품이 개발 시행되었다. 일본 도쿄 대학 실험실에서 연구 중 도쿄 대학 캠퍼스를 열심히 탐방하였다. 도쿄 대학 총장실이 있는 대학 본부 건물을 찾아갔다. 건물 입구 로비에는 학회 포스터 세션을 연상하게 하는 교수들의 우수한 연구 업적 홍보물이 깔끔하게 전시되어 있었다. 국내 대학 본부 건물에서는 볼 수 없는 현상이었다.

"법인화 이후 도쿄대는 달라지고 있다"(《동아일보》, 2010.1.15.)와 "법인화 이후 일본 국립대학 소리 없는 대변혁을 보고"(《교육마당 21》, 2006.11.)의 교육마당 잡지 기고문에서 경쟁력 제고가 요구되는 우리나라 국립 대학 법인화의 길의 불을 처음 지폈다. 정부 지원에만 의존하여 운영되어 오던 서울대가 2011년 법인화로 전환해 국제 경쟁력을 한층 높이고 있다. 일본은 모든 국립 대학이 법인화되었다. 그러나 우리나라 지방 대학은 아직 법인화로 전환 자립의 길을 택하지 못하고 있다. "한반도 지진 안전대책 새로 짜야"(《조선일보》, 2016.9.19.), "청년세대 부담 줄여 주는 고령자 일자리"(《조선일보》, 2017.5.15.), "연구실험실 불

꺼뜨린 주 52시간 근로시간제"(《조선일보》 2019.11.5.), "탄소중립 말하기 전에 '탈원전'부터 원상 복구하라"(《조선일보》 2021.2.17.) 등 정부 정책의 올바른 방안을 제시하는 대정부 발언이 정책에 반영되기를 기대하면서 열심히 오피니언 리더(Leader)로 노력하였다.

일간지 신문의 기고문이나 발언대를 통해 소개된 과학 칼럼의 제목만 보아도 짐작이 가는 국내외의 핫이슈로 소개하는 과학 오피니언 리더로서의 자부심을 가진다. 때로는 내가 쓴 표현임에도 내가 어떻게 이런 멋있는 표현을 했을까 스스로 놀랄 때도 있었다. 투고한 칼럼이 신문에 소개되지 못한 기고문도 더러 남아 있다. 신문에 발표된 과학 칼럼 제목은 아래와 같다. 원문은 부록에 소개한다. 이 칼럼 내용들이 독자들 바람에 부응하고 국가와 사회에 조금이나마 기여한다면 더 큰 보람이 없겠다.

주요 일간지 과학 칼럼(2005-2023 현재)

《동아일보》

"세계지도 개정 앞두고 동해 표기에 힘 보태자"(기고/열린 시선) 2016.8.18.
"'한일 과학 교류의 장' 나가오 우주물질 연구실험실"(사설/칼럼) 2015.9.3.
"우수 인재 채용, 국가직무능력표준이 대안"(사설/칼럼) 2015.7.7.
"해외자원 탐사-개발. 현장 목소리에 귀 기울여야"(사설/칼럼) 2015.3.31.
"굴러다니는 돌도 귀중한 자원"(사설/칼럼) 2014.7.4.
"DMZ 생태평화공원 만들자"(사설/칼럼) 2014.3.12.
"해외 광물자원 개발 융복합기술로 풀자"(사설/칼럼) 2013.11.21.
"무서운 불산(弗酸)"(사설/칼럼) 2012.10.10.
"백두산 화산 南北공동연구 서두르자"(사회) 2012.8.1.

"동해, 세계지도에 반드시 표기해야"(사설/칼럼) 2012.4.13.
"남북극 빙하가 녹아내리면"(사설/칼럼) 2011.8.31.
"'한반도의 정원' 동해에 관심 기울일 때"(사회) 2011.6.16.
"바이러스 확산이 심상찮다"(시론/칼럼) 2010.12.18.
"자연재해, 과학으로 대처해야"(사설/칼럼) 2010.8.12.
"교실에서 느끼는 韓日의 과학수준"(사설/칼럼) 2010.3.11.
"법인화 이후 도쿄대는 달라지고 있다"(사설/칼럼) 2010.1.15.
"지구온난화 먼 얘기 아닌데"(사설/칼럼) 2009.6.10.
"실험실 닫아버린 과학교육"(사설/칼럼) 2009.5.7.
"'희토류 광물자원'은 첨단산업의 비타민"(사회) 2008.8.20.
"中 쓰촨성 학교 재앙 '강 건너 불'아니다"(사회) 2008.5.21.
"한국 온 과학사랑 '구사카베 실험실'"(사설/칼럼) 2007.12.4.
"백두산 화산, 남북이 함께 연구하자"(사설/칼럼) 2007.11.5.
"북극 다산과학기지의 꿈"(정보/과학) 2007.7.2.
"호기심 죽이는 과학교육"(정보/과학) 2007.5.28.
"제2의 남극기지 건설하자"(정보/과학) 2007.1.15.
"북 핵실험했어? 두 손 든 한국과학"(정보/과학) 2006.10.21.
"日 대학 교육 질 높여 살길 찾는다"(사회) 2005.12.26.
"지질학 큰 별 김옥준 선생을 그리며"(사회) 2005.3.28.

《조선일보》

"원전 확대 정책, 고준위 방폐장 건설과 함께해야"(기고) 2022.07.11.
"日 사도광산, 제2의 군함도 돼서는 안 된다"(기고) 2022.02.03.
"탄소중립 말하기 전에 '탈원전'부터 원상 복구하라"(기고) 2021.02.17.
"연구 실험실 불 꺼뜨린 주 52시간 근로시간세"(기고) 2019.11.5.
"일본이 노벨과학상 수상자 22명 배출한 비결"(기고) 2018.10.1.

"청년세대 부담 줄여주는 고령자 일자리"(칼럼) 2017.5.15.
"한반도 지진 안전 대책 새로 짜야"(칼럼) 2016.9.19.
"남극 내륙기지 적극 개척하자"(칼럼) 2016.1.12.
"원전·방폐장에 전 국민 책임감 가져야"(칼럼) 2015.8.5.
"백두산 火山 연구 남북이 함께하자"(칼럼) 2014.12.29.
"'동해 지킴이' 독도 地震計에 관심을"(칼럼) 2014.10.16.

《중앙일보》

"고준위 방폐장 부지선정 기한 12년, 길지 않다"(기고) 2016.6.20.

《매일경제》

"아·태 개도국에 탄소자원화 시장 개척하자"(기고) 2016.3.28.
"광물자원 확보, 골든타임 지나고 있다"(칼럼) 2016.2.3.
"동해가스전을 에너지 산업 교두보로"(칼럼) 2015.8.24.

《경향신문》

"셰일가스 개발·생산 '기술혁신'이 열쇠"(칼럼) 2014.10.15.

《대전일보》

"아프리카 친환경 기술수출"(기고) 2016.7.11.
"고준위 방사성 폐기물 방폐장 건설 해법은"(기고) 2016.4.13.
"북핵탐지, 첨단 탐지시스템 구축해야"(기고) 2016.1.25.
"대덕연구단지와 탄동천 살리기"(기고) 2015.9.10.
"물을 돈 쓰듯 하고 물관리는 과학적으로"(기고) 2015.12.3.

《경북매일》

"경주지역 활성단층 지반 안정성 조사 서둘러야"(특별기고) 2016.11.22.
"스멕타이트 점토광물을 의약품 신소재로"(특별기고) 2016.8.8.

《전자신문》

"해외 자원 탐사 개발 위기를 호기로"(칼럼) 2016.2.4.

《이대학보》

"미래의 청정에너지 리튬 광물자원"(칼럼) 2010.11.22.
"日 도쿄대학 캠퍼스 24시"(칼럼) 2010.9.25.
"성경 속에 숨어있는 재미난 첨단 과학"(칼럼) 2010.4.3.
"다윈 진화론은 학문융합과 통섭의 전주곡"(칼럼) 2010.2.27.

과학 관련 잡지 기고문(2001-2008)

"명문대의 높은 진학률로 명문고로 급부상"(《Journal New Korea》, 2003.3.)
"한국 정보교육 시찰 투어 보고서"(《日本文教出版》, 2003.6.)
"동해에서 육지가 떠오른다?"(《과학동아》, 2004.12.)
"울릉도에서 가장 젊은 화강암 발견"(《과학소년》, 2004.12.)
"스스로 문제를 만들고 해결하는 능력이 중요"(《뉴스포커스》, 2005.5.)
"동해 바다 밑에서 새로운 대륙지각이 만들어지고 있다"(《과학과 기술》, 2005.1.)
"울릉도 지하에 새로운 대륙지각"(《Newton》, 2005.1.)
"법인화 이후 일본 국립대학 소리 없는 대변혁을 보고"(《교육마당 21》, 2006.11.)
"인류의 새로운 미래를 개척하는 극지연구"(《극지인》, 2008.)

"일본의 노벨과학상 수상자 무더기 배출 비결"(《과학과 기술》, 2008.12.)
"땅속의 에너지 온천"(《KOGAS》, 2008.12.)
"위대한 대한민국 지질학 1세대 원로 교수님"(《대한지질학회 소식지 원로단상》Vol. 62, 2022.12.)

《한국의 온천》과 《온천지(溫泉誌)》 출판
Publication of Hot springs of Korea and Oncheonzi, Korea

우리나라에는 전통적으로 동래 온천, 해운대 온천, 이천 온천, 척산 온천, 오색 온천, 수안보 온천, 유성 온천, 온양 온천, 덕산 온천, 도고 온천, 백암 온천, 덕구 온천, 부곡 천곡, 마금산 온천 등 14개 지역의 온천이 알려져 왔다. 그러나 그 후 온천 개발 과정에서 포천, 죽림, 평산, 장수, 지리산, 가곡, 영일만, 상대, 불국사, 석정, 담양, 화순, 월출산, 청도, 울산 온천 등이 알려졌다. 한편 북한에는 판장 온천, 팔당 온천, 주을 온천 등 45곳이 알려져 있다. 남한보다 북한에 온천이 더 많이 분포하고 있다.

우리나라는 온천법(법률 제3377호)이 1981년 3월 2일 처음으로 내무부에서 제정 공포되었다. 온천법 제2조 1항에 "'온천'이란 지하로부터 솟아나는 섭씨 25도 이상의 온수로서 그 성분이 인체에 해롭지 아니한 것을 말한다"로 규정하면서 온천

《한국의 온천》(2007, 이화 여자 대학교 출판부, 239p.) 《溫泉誌(온천지)》(1983, 내무부, 723p.)

수의 이용과 개발에 법률적 효력이 발생하였다. 내무부는 온천법 제정과 온천의 효율적 이용을 위하여 전문가들의 집필로 《온천지(溫泉誌)》를 1983년에 출간하여 전국 행정 부서에 배포했다. 이로써 온천 이용과 개발에 활용 활성화가 시작되었다. 온천법 제정과 온천지 집필에 참여하는 영광도 가졌다. 그 당시 내무부 정태수 과장과 이강웅 사무관 등이 동분서주 노력하던 모습이 기억난다.

1979년 일본 나고야 대학에 유학하면서 국내 처음으로 온천수의 안정 동위원소비를 분석 연구하여 일본 지구화학회 정기 학술 대회에 발표하고 일본 《지구화학》 학회지에 한국의 온천수의 산소, 수소 및 황 동위원소비(《地球化學》 15권 6-16, 1981)를 발표하면서 온천 연구에 특별한 관심과 흥미를 가지게 되었다. 유학 후 1년 만에 얻은 성과로 늦은 밤에 질량 분석 실험을 한 유학 생활의 열정적인 연구 결실의 하나다. 안정 동위원소 분석은 물의 기원과 용존 원소의 기원 연구에 대단히 유익한 데이터가 된다. 온천 연구를 위해 나고야 대학 유학 중 일시 귀국해서 시료 채집 용기와 10% 염화 바륨 용액을 들고 전국 온천 지역에 버스를 타고 찾아가 온천수의 시료를 채취하였다. 이런 열정이 후에 나고야 대학에서 박사 학위를 받게 만든 계기가 된 것 같다. 도쿄 공업 대학 마츠오 사다오(松尾禎士) 교수님의 온천 논문 심사 결과 우편엽서가 박사 학위 연구에 큰 용기와 격려가 되었다. 일본 유학 1년 만에 일본어로 《地球化學》 학회지에 논문을 발표하였다. 온천수에 용존하고 있는 황산염 이온(SO_4^{2-})의 황 동위원소 분석을 위해 온천수에서 $BaSO_4$를 침전시켜 나고야 대학에서 황 동위원소비 분석으로 해운대 온천수가 바로 해수의 황 동위원소비와 같은 재미난 사실을 처음 알게 되었다. 이를 계기로 국내 온천 연구에 심취되고 온천법 제정, 온천수의 관리 등에 내무부와 보건 사회부의 자문을 하기도 하였다.

물(H_2O)은 수소 동위원소 ^1H, $^2H(D)$와 산소 동위원소 ^{16}O, ^{17}O, ^{18}O의 조합으로 물 분자의 동위원소비에서 질량이 다른 물을 구별할 수 있다. 가장 가벼운 물 분자는 $^1H_2^{16}O$(질량 18)이고 가장 무거운 물 분자는 $^2H_2^{18}O$(질량 22)라는 재미난 사실이다. 물의 기원에 따라 이들 동위 원소비가 달라 물의 기원이나 물질의 기원을 추적하는 추적자(Tracer)로 유용하게 활용되고 있다. 온천 연구로 축적된 자료로 《한국의 온천》(이화여자대학교 출판부, 2007)을 출간하여 남북한의 온천 자료를 종합해 소개하고 한반도의 탄산 약수도 함께 소개하였다. 연구 열정과 솟구치는 에너지가 지질학자로서 일생이 즐겁고 행복한 연구 생활을 할 수 있게 만들었다.

대한민국 과학문화상
Scientific and Cultural Award of Korea

　대학교수직은 명예스러운 직업이고 일본처럼 사회에서 존경받는 직업이라고 생각해 왔다. 그런 만큼 사회적 요구와 책임이 크고 학부모와 일반 국민들은 큰 기대를 하고 있다. 학생 시절 교수는 존경스럽고 부러운 직업 중의 하나로 하늘같이 높은 자리였다. 교수의 자기가 좋아하는 전공 학문을 마음껏 연구하고 가르친다는 점이 어느 직업보다 좋은 장점의 하나다. 학력 및 경력과 전공 학문 분야에서 우수한 연구 성과로 받은 나고야 대학 박사 학위와 연구 성과를 높이 평가받아 대학교수에 임용되었다. 그러나 대학교수가 학생 지도와 연구 성과를 만족스럽게 성취하기는 쉬운 일이 아니다. 연구 여건이나 시설 등이 만족스럽지 못하고 연구 성과에 대한 압박도 만만치 않다. 젊은 교수 시절에는 강의와 연구 활동 등이 너무 재미있었다. 그러나 실험 시설, 연구 환경이 열악한 여건에서 어려움도 많았다. 연구자가 독자적으로 연구 실적을 올릴 수 있는 길을 찾을 수밖에 없게 되었다.

　젊은 교수가 전공 서적을 저술하는 데 비판적인 시선도 있었지만, 동위 원소 지질학이라는 전공 분야의 학문을 후학들이 쉽게 공부할 수 있게 책을 쓰기로 결심하고 많은 시간을 할애한 끝에 1991년 《동위원소 지질학》(민음사, 553p)을 출판하게 되었다.《현대광상학 기초》,《점토광물학》 등의 일본 서적 번역과《푸른행성지구》라는 대학 교양 교재를 출판하여 강의에 활용하였다. 서가에 20여 권의 전공 서적 저술서와 번역서를 보면 자신이 열심히 살아온 모습을 새삼 느낀다. 특히 동위원소 지질학 책은 이 학문을 처음 전수해 주신 나고야 대학 나카이 노부유키(中井信之) 지도 교수님 정년 퇴임식에 참석해 증정해 드렸다. 스승과 제자의 참 아름다운 만남이었다.

당시 교보문고 판매 서가에서 진열된 내 책을 보고 뿌듯한 자부심을 느끼고 더욱더 좋은 책을 많이 집필해야겠다는 다짐을 했다. 시골에서 부모님의 삶에서 부지런함을 배운 덕택이다. 어려서부터 '굴러 들어온 떡은 절대로 놓치지 않는다'라는 생각이 강해서 신문사나 과학 잡지사에서 원고 청탁이 오면 거절하지 않고 밤잠 자지 않으며 해냈다. 그 결과 하나씩 하나씩 과학 칼럼과 기고문들의 발표가 쌓이게 되었다. 주요 일간지와《이대학보》등에 과학 칼럼 총 56편을 기고했다. 그리고《과학동아》,《뉴톤》,《과학소년》,《과학과 기술》등 과학 관련 잡지에 11편 기고했다. 교장 시절에는《Journal New Korea》에 표지 인물로 실리기도 했다. 이들 중 보람을 느낀 기고문도 많다. "日 대학 교육 질 높혀 살길 찾는다"(《동아일보》, 2005.12.26.)와 "법인화 이후 도쿄대는 달라지고 있다"(《동아일보》, 2010.1.15.)라는 기고문과 "법인화 이후 일본 국립대학 소리 없는 대변혁을 보고"(《교육마당 21》, 2006.11.)의 기고 이후 우리나라도 국립 서울 대학이 법인화의 길로 들어가게 되어 교육과 연구의 경쟁력을 강화하게 되었다. 일본처럼 지방 국립 대학도 언젠가 가야 할 길임을 제시하였다.

세종 과학 기지를 연구 방문한 후 "제2의 남극기지 건설하자"(《동아일보》, 2007.1.15.)라는 칼럼을 발표하고 장보고 과학 기지가 남극 대륙 본토 동남단 로스해(Ross Sea)에 접한 테라노바만(Terra Nova Bay)에 2014년 건설되었다. 기분 좋은 일이다. "DMZ 생태평화공원 만들자"(《동아일보》, 2014.3.12.) 이후 역대 정부는 이를 핵심 정책으로 채택하였다. "자연재해, 과학으로 대처해야"(《동아일보》, 2010.8.12.) 이후 자연재해 보험 상품이 국내 처음으로 개발 등장하였다. "바이러스 확산이 심상찮다"(《동아일보》, 2010.12.18.) 과학 칼럼에서 바이러스의 대재앙과 위기를 경고하고 국립 바이러스 연구소 설립의 필요성을 제안했다. 2020년 바이러스 재앙을 접하고 나서도 정부 정책은 미흡하다. 현재 겪고 있는 코로나19 바이러스의 범지구적 대재앙을 10년 전에 미리 경고했는데 재난을 대처하지 못한 위정자들의 무관심과 무능에 안타까울 따름이다.

활발한 과학 문화 대중화의 공로로 2012년 대한민국 과학문화상과 상금까지 받는 영예를 얻게 되었다. 상금 1,000만 원은 이화 여자 대학교 과학 교육과 장학 기금으로 기부하였다.

2011년 대한민국 과학문화상 시상식

인생살이에 상벌이 따르는데 지금까지 벌(罰)이 없고 상(賞)만을 받았다는 것은 성공적인 삶의 결과라고 생각한다. 상의 시작은 국민학교 우등상, 개근상, 교육감상으로부터 시작하여 대학 4학년 때에 우등생 장학금을 받았다. 교수가 되고 나서 한국과학기술단체연합회 학술 논문상, 과학의 날 대통령 표창(1996.4.20.), 대한자원지질학회 김옥준상(2008.4.24.), 과학기술부장관 표창(2010.5.15.), 대한민국과학문화상(2011.11.30.), 행정안전부 근정포장(2012.2.29.), 대한지질학회 특별공로상(2016) 등을 수상하였다. 그런데 국가 훈포장의 표창패나 금색 메달은 빛이 나고 변색이나 변질되지 않게 오래오래 보존될 수 있는 소재로 제작해야 하는데 몇 년이 지나자 흉하게 변색되어 버렸다. 국가가 수여하는 명예에 걸맞게 메달의 소재도 향상되어야 하지 않을까? 명예의 참뜻은 무형의 자산이지만? 금박을 입히는 이유는 금은 변색되지 않고 얇은 박막을 만들 수 있는 유일 소재이면서 화폐나 자산으로서 가치를 가지고 있기 때문이다. 묘비는 흑색사암(Black sandstone)을 주로 사용한다. 암석이 화학적 풍화에 강하기 때문이다. 오래오래 후손들에게 남기기 위한 목적에 적합한 것이다. 표창패나 메달도 오래오래 남기고 싶은 유물의 하나이기도 하다.

지구 최고의 보석 다이아몬드는 어디에?
Search for Diamond, Earth's best gemstone

지구상 최고의 보석인 다이아몬드는 기원전 7-8세기경 인도의 드라비다족이 보석으로 처음 사용했다는 기록과 Manlius(A.D.16)가 처음 사용했다는 보고가 있다. 여인의 꿈 다이아몬드는 그리스어 Adamas(정복할 수 없는, 무적이라는 뜻)에서 유래한다. 다이아몬드는 탄소의 결정체로 열전도, 녹는 온도(4,090℃), 굳기가 지구상의 물질 중에 가장 높다. 천연 다이아몬드의 20%는 보석으로 80%는 산업용으로 사용되고 있다. 다이아몬드는 현란한 광택, 굳기, 희귀성 때문에 예로부터 가장 인기 있는 보석이다. 다이아몬드는 순결을 상징하여 결혼 예물과 부의 상징으로 널리 사용되고 있다. 한편 산업용으로 연마제, 톱, 굴착기, 절연제, 광학, 전자 산업 등에 사용되고 있다. 때문에 인조 다이아몬드도 생산되고 있다. 이런 다이아몬드가 카메룬 다이아몬드 개발 업체 씨엔케이(CNK) 주가 조작 의혹 때문에 부패의 상징으로 과거 한때 국내 매스컴에서 시끌시끌했다. 법정 결론은 주가 조작 근거 없음으로 싱겁게 끝났지만 해외 자원 개발에 커다란 부정적 영향을 주었다.

이 사건의 대상지가 카메룬 남아프리카다. 17세기 영국 지질학자가 말을 타고 남아프리카의 어느 촌락을 지날 때 꼬마들이 나무 그늘 밑에서 공기놀이를 하고 있었는데 그 공깃돌이 모두 다이아몬드였다는 일화가 있다. 이처럼 남아프리카 대륙은 지구상의 최대의 다이아몬드 생산지이다. 천연 다이아몬드는 대륙 지각에서 약 1,300-1,650℃, 60-80kbar(약 170-230km 깊이에 해당함)의 고온 고압 환경인 지구 맨틀에서만 만들어질 수 있다. 남아프리카 지역은 지질학적으로 지구 맨틀에서 만들어진 다이아몬드를 함유한 킴벌라이트(kimberite)라는 초염기성 암석이 파이프형으로 지표까지 튀어나와 여러 지역에 노출되어 있다. 또 이들 킴벌라이트 암편이 지표에서 풍화되어 이 지역 퇴적층에서 산출되고 있어 사광(砂鑛)으로도 다이아몬드가 개발되고 있다. 원주민들이 밀림 지역 개울 퇴적층에서 소쿠리로 다이아몬드를 걸러 찾아내고 있는 장면을 자주 접한다. 킴벌리 지역의 킴벌리(Kimberly) 광산, 프리미어(Premier) 광산, 핀쉬(Finsch) 광산 등은 다이아몬드 광산으로 세계적으로 유명하다. 그 외에도 러시아의 야쿠츠크(Yakutsk) 지역의 파이프형 미르 광산(Mir Mine) 광산, 미국 콜로라도의 Kelsey Lake 다이아몬드 광산이 잘 알려져 있다. 남아프리카는 다이아몬드 자원 외에도 니켈, 크롬, 백금 등의 광물 자원의 최대 매장 지역으로도 잘 알려져 있다.

다이아몬드가 산출되는 킴벌라이트 파이프 (출처: Wikipedia, The Free Encyclopedia - 킴벌리(남아프리카 공화국))

당시 CNK 주가 조작 사건의 문제점 중의 하나가 다이아몬드 광산의 다이아몬드 매장량 부풀리기 의혹이었다. 매장량이란 정밀 지표 및 지하의 지질 조사와 다이아몬드 품위 등을 분석하여 과학적 수학적으로 다이아몬드의 지하 부존량을 계산한 자료다. 매장량 정보는 광산 평가와 사업성 평가에 대단히 중요하다. 매장량은 추정, 확정 매장량이 있다. 추정 또는 예상 매장량은 그 자체 오차를 허용하고 있어 매장량 부풀리기란 개념과는 어울리지 않는 표현이다. 서투른 지식이 보석의 여왕 다이아몬드를 크게 오염시켜 우리나라가 처음으로 도전한 다이아몬드 광산 개발을 막고 말았다. 이 사건이 해외 자원 개발에 대한 부정적 여론을 조성하고 해외 자원 개발 추진력을 크게 약화시켰다. 지난 MB 정부의 해외 자원 공격적 개발이 부실 의혹으로 해외 자원 개발 시장이 얼어붙어 버렸다. 높은 리스크를 감수하면서까지 열악한 미지의 광구에도 사활을 걸고 해외 자원 탐사를 추진하고 있는 중국, 일본 등 많은 국가들과는 대조적이다.

우리는 아프리카의 정글, 크메르 반군의 격전지인 캄보디아, 몽골의 사막 지역, 그린란드, 남북극 극한 지역, 동남아, 중남미 고산 지역까지 에너지 광물 자원의 확보를 위해 해외 자원 탐사에 많은 젊은 전문 기술자들이 땀을 흘리고 있다. 전문 연구 기술자의 사명감과 노력의 결과로 유전, 가스, 금속과 비금속 전략 광물 자원 해외 자원 탐사와 개발 성공 사례도 적지 않다. 경제 성장 과정에서 고임금, 부존자원 고갈 등으로 국내 광산들이 대부분 문을 닫았으며 이 분야에서 일하는 전문가가 현장을 떠난 지 오래되어 전문가와 기술자를 찾기가 어려운 인력난도 함께 겪고 있다. 자원 탐사 개발 전문가와 자원 외교 전문가 양성 또한 시급한 시점인데 일어난 트리플 악제에 해외 자원 개발은 물론 국내 자원 개발과 관련 분야 모두가 침체의 늪에 빠져 있다.

씨엔케이 다이아몬드 개발 사건을 반면교사로 해외 자원 개발 사업을 활성화해야 한다. 현란한 다이아몬드 섬광이 오염을 씻고 국익과 국민의 희망으로 빛을 발하기를 기대한다.

다이아몬드는 지질학적으로 맨틀에서 유래한 초염기성암 내에서 산출된다. 맨틀에서 만들어진 초염기성암이 지각을 뚫고 파이프형으로 관입한 소위 킴벌라이트 파이프 같은 것이 있어야 한다. 다이아몬드는 이런 지질학적 특수 지역을 찾아가야만 찾을 수 있다. 남아프리카에는 이런 초염기성암이 다수 분포하고 있다. 미개발의 아프리카 밀림 지역이나 러시아 동토 지역 등 인간의 발이 닿기 어려운 지역이 미래 조사 탐사 대상이 된다. 아프리카 밀림 지역과 시베리아 동토 지역에 다이아몬드를 찾아 나서고 싶은 꿈을 아직도 꾸고 있다.

다이아몬드가 들어 있는 킴벌라이트

노다지 금광맥 찾는 법
How to discover Bonanza gold veins on Earth

이집트나 메소포타미아 고분에서 기원전 2600년 전 금(金)과 동(銅)을 이용한 보석 세공품이 발견되었고 중국에서도 기원전 1300년 전부터 금제법 기술이 알려졌다. 성서에도 예수 탄생 시에 동방 박사가 황금을 헌납했다는 등 390회나 금이 인용되고 있다. 우리나라 경주 고분에서도 B.C. 1-4세기경에 금과 동을 사용한 유물이 다수 출토되고 있다.

금은 예로부터 부(富)의 상징으로 장신구용으로 사용되어 왔으며 금괴나 화폐로 사용되어 왔다. 특히 금은 세계적으로 화폐로서 특별한 지위를 가지고 있어 순금 괴는 바로 돈이다.

원자 번호 79번 Au 금의 어원은 라틴어 Aurum에서 유래하고, 영어 Gold의 어원은 인도 유럽어의 Ghel(황금)에서 유래한다. 금은 전성(展性)과 연성(延性)이 크고 두께 10-4mm까지 얇은 박막(薄膜)을 만들 수 있다.

전남 해남 순신 천열수 금광상(Epithermal gold deposits)의 금광석

금은 산소나 황산 등 산(酸)과 반응성이 낮아 잘 부식되지 않고 아름다운 금색이 오래 보존된다. 그러나 금은 왕수(3염산+1초산)에 녹는다. 염소(Cl)나 할로겐(CN)과 반응으로 만들어진 Na(AuCl$_4$)나 K(AuCN$_4$) 같은 용액은 금도금에 사용된다. 금은 컴퓨터, 전자계산기 등 각종 전자 장비와 미사일, 우주선 등에 사용된다. 치과 재료와 화학 공업에 촉매로도 사용된다.

캐나다 유콘지역 클론다이크 금광 지역, 사금 채취 관광 홍보장에서

금은 1848년 미국 캘리포니아 사금광 골드러시(Gold rush)를 시작으로 클론다이크(Klondike) 골드러시로 2차 세계 대전 말에는 미국이 전 세계 금의 50%를 생산했다. 미국의 역사적인 길 66번 도로에 있는 애리조나주의 오트만(Oatman) 금광산은 1910년대 인구 8,000명이 거주하는 금광 개발 붐이 있었다. 지금은 폐광산 관광지로 과거의 모습을 견학할 수 있다. 2차 세계 대전 후 금 생산은 전 세계로 확산되어 남아프리카 공화국 65%, 러시아 12.9%, 캐나다 5.8%, 미국 3.2% 생산하게 되었다.

한반도에 약 2,000여 곳 이상의 금광이 알려져 있으며 그중 남한에 1,841곳, 북한에 347곳이 알려져 있다(김준수, 황덕환, 2003, 한국의 금 광산 및 광산 현황, 한국지질자원연구원). 광산 유형은 중생대 화강암류와 관련된 열극충진 열수 광상, 스카른 광상, 천열수 광상과 풍화 잔류 사광상으로 대표된다. 탐사 개발 실적을 보면 전 국토에 금은 광상이 분포하고 있다.

강원도 정선 지역 금광 조사 때 어느 시골 할머니 말씀이 '우리 집 부뚜막 흙을 부셔서 이러도 금가락지 하나 나온다'라는 얘기가 기억난다. 일제 시대 외인들이 이곳에서 나귀로 금을 실어 나갔다고 전해 주었다. 우리나라도 1960년대에 금정 광산, 무극 광산, 금왕 광산, 구봉 광산, 부평 광산 등 전국적으로 금 은광 개발이 활발하였다. 충남 예산에 사금광도 개발하였다. 해남의 순신 광산은 지금도 금을 개발 생산하고 있다. 북한에도 운산 광산, 대유동 광산, 상농 광산, 홀동 광산, 안원 광산, 수안 광산, 락연 광산, 성흥 광산 등이 알려져 있다. 그러면 금은 어디에 묻혀 있고 어떻게 찾을 수가 있을까가 궁금해진다.

전남 해남 순신 금 광산 갱도 입구

금은 어떻게 만들어질까? 우주는 약 150억 년 전 빅뱅(Big Bang) 과정에서 최초로 수소가 만들어지고 수소 핵융합에 의해 헬륨이 만들어졌다. 행성의 중심부에서 핵융합 반응으로 점차 무거운 원소가 만들어지는데 원자 번호 20번인 철이 만들어졌다. 원자 번호 79번인 금은 초신성 폭발 시 거대한 핵융합 에너지로 만들어졌다고 한다. 또 다른 가설은 중성자성이 충돌하여 폭발할 때 막대한 에너지로 금이 생성되었다는 설도 있다. 때문에 이처럼 금이 만들어지려면 거대한 에너지가 필요하기 때문에 금은 연금술처럼 인공적으로 실험실에서 만들 수가 없다.

이렇게 생성된 원소인 금(Au)은 지구 내부의 암석 중 극소량이 포함되어 있다. 이런 금 원소가 어떻게 특정 지역의 암석 속에 고농도로 포함되느냐를 아는 것이 중요하다.

이를 알려면 지질학적으로 금이 어떻게 생성되는지를 먼저 알아야 한다. 지하의 뜨거운 금(Au)과 금속 원소를 포함한 열수 용액이 지각 암석층의 깨진 틈새 열극(裂隙)으로 들어와 식어서 굳어진다. 열수 광화 용액에서 금은 $AuCl^{2-}$와 같은 착화합물이나 $Au(HS)^{2-}$와 같은 황화물, 착화합물의 형태로 이동된다. 많은 경우 이렇게 하여 광상이 만들어진 것을 열극충진 광맥 광상이라 한다. 열수 광상 중에 비교적 얕은 깊이에서 250℃보다 낮은 열수 용액이 열극을 충진해 금을 함유한 맥이나 세맥(細脈)을 만들어 금광상이 만들어졌을 때 천열수 금광상(Epithermal gold deposits)이라 한다. 250℃ 이상 고온의 열수가 지각의 좀 더 깊은 곳에 충진 되어 만들어진 중열수 광상이 있다. 또 금광상에서 풍화 침식되어 흘러 내려가 퇴적층에 쌓여 만들어진 사금광-고사금광상(Placer and paleoplacer deposits)이 있다. 남아공의 대규모 금광산인 Witwatersland 광산은 대표적인 고사금광상(Paleo-placer deposits)이다. 몽골 상공 기내에서 사금광을 개발하는 모습도 보았다. 우리나라도 과거 김제에서 사금을 개발하였다.

열수 용액이 암석의 열극을 충진해 만들어진 유용 금속을 함유한 석영맥이 지표에서 관찰된다. 열수 용액이 지하에서 탄산염암층을 만나면 교대 작용을 일으켜 그곳에 유용 금속이 농집되기도 한다. 이렇게 만들어진 광상을 접촉 교대 광상이라 한다. 열수기원의 석영맥에는 보통 금이 자연금 상태로 산출되기도 하고 황철석과 같은 황화 광물

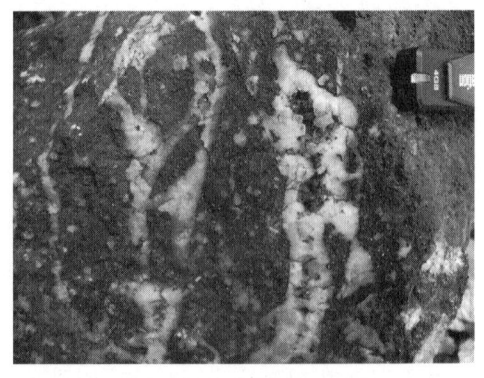

경남 통영 금 광산 함-금은 석영맥 금광맥 노두

내에 미립의 일렉트럼 형태로 은과 함께 산출되기도 한다. 보통 새하얀 석영맥보다 황철석 같은 황화 광물이 함께 포함된 석영맥에서 금이 나올 확률이 높다. 무극 광산 금광석과 해남 순신 광산 금광석 사진을 보면 알 수 있다. 따라서 열수 석영맥이 지표에 노출되고 시간이 지나면 황철석이 산화되어 불그스름하게 표면의 색깔이 입혀진다.

지금은 논이나 갯벌 지역이라도 과거에 하천의 상류 지역에 금 광산이 있었다면 그곳에서 풍화 침식되어 흘러 내려와 어떤 특정 지역에 쌓여 있는 곳으로 사금 광산이 만들어진다. 지금은 논이라도 과거에 쌓인 그런 흙을 파서 패닝하면 금을 얻을 수 있다. 밀림의 개울에서 다이아몬드를 찾는 일도 이와 비슷하다. 금은 국내에서 찾을 수 있지만 다이아몬드는 국내에서는 찾을 수 없다. 우리나라에는 지질학적으로 다이아몬드를 함유한 킴벌라이트와 같은 초염기성암이 분포하지 않기 때문에 다이아몬드를 얻으려면 아프리카나 러시아 등 킴벌라이트 파이프가 분포한 해외 지역을 찾아가야 한다.

우리나라는 전 국토에 금광이 널리 분포하고 있다. 금광맥의 한 후보자인 석영맥은 등산하다 보면 여러 곳에 자주 발견된다. 올림픽 공원 내에도 석영맥이 발견되고 서울 둘레길 도중에도 여러 곳에서 석영맥이 발견된다. 금의 포함 여부는 확인되지 않았지만 관심 대상이다. 지금은 폐광 후 도시화로 주변에 아파트가 건설되었지만 부평 은광산은 수년 전까지만 해도 함금은-석영맥 맥상광체로 지하에 은과 금이 대량 매장되어 있던 유명한 광산이었다. 1960년대 태백산 광화대 조사를 중심으로 국내에 석탄 개발과 금속 광산의 개발은 절정기로 우리나라 경제 개발의 초석이 되었다.

대학 졸업 후 대한중석, 석탄공사, 광업진흥공사, 연화 광산 등에 취업하기는 쉽지 않았다. 전국적으로 광산이 활발히 개발되고 있어 방학이면 현장 실습을 가서 수직으로 광차를 타거나 사다리를 타고 지하 갱도를 내려가서 직접 광체를 탐사한 값진 경험을 하였다. 지금은 모두 폐광되어 광체를 직접 보기가 어렵다. 한반도의 보물인 광석과 광체, 광맥을 지하에서 본 마지막 지질광상학자가 되었다. 상동 광산, 연화 광산, 포천 철산, 울진 광산, 동성 광산, 구룡 광산, 연천 광산, 옥방 광산, 청양 광산 등 수많은 광산 지하의 황금 같은 광맥들이 아직도 눈에 선하다. 마산 부근의 동성 동광 광산은 지하에 채굴적이 배구 코트장 처럼 넓었다. 현장 소장님이 지나가는 어선의 갓 잡은 고기를 전부 내려 해안에서 저녁 파티를 하고 떠나올 때 금일봉을 받은 기억이 생생하다. 그 당시 함백, 상동, 고한 등 강원도 산골짝 광산 현장은 밤이면 불야성을 이루고 활발한 경제 활동으로 희망찬 삶의 참맛을 느낄 수 있었다. 금을 찾는 것은 야외 조사로 직접 금광맥을 조사할 수도 있지만 과학저인 지구 물리 탐사 방법으로 지하에 매장된 광맥과 부광대(Bonanza)를 찾아낼 수 있다. 한반도에도 금은 광맥은 무수히 감춰져 있다. 언젠가는 금은 개발이 재개되어 호황을 이룰 날이 다시 올 수도 있다.

세계 최대 동 광상 El Teniente
El Teniente, the world biggest underground copper mine, Chile

2015년 4월 18일부터 25일까지 중남미 콜롬비아, 페루, 칠레, 브라질 4개국 국빈 방문 경제 사절단 일원으로 페루와 칠레 방문에 함께하였다. 먼저 페루 리마에 있는 페루 지질광물제련연구소(INGEMMET)를 방문하여 지질 및 광물 분야 공동 조사와 과학적 학문 기술 교류를 위한 포괄적인 FRA(Frame Research Agreement)를 체결하고, 페루 남동부의 유망 동광화대의 광상성인 연구를 공동으로 수행하기 위한 SRA(Specific Research Agreement)를 체결하였다. INGEMMET의 환대 속에 연구소 방문이 끝나고 저녁때에 쉐라톤 호텔에서 열린 대통령 국빈 방문 비즈니스 포럼 일환으로 KIGAM과 INGEMMET 간에 MOU 체결 공식 행사가 열렸다. 이 자리에 우리나라 산업 통상부 장관이 배석하였다.

페루 대통령 궁 국빈 만찬장

저녁에는 페루 대통령 초청 국빈 만찬이 대통령 궁에서 열렸다. 대통령 궁에 초대받아 처음으로 페루 대통령 궁을 방문하는 영광을 얻었다. 만찬장은 아름다운 꽃들로 장식되어 있었다. 이날 페루에서 화산 폭발이 있었다. 칠레-페루 지역은 환태평양 화산대 지역이라 화산 활동이 빈번하여 지역민들은 일상으로 생각하고 있었다.

4월 22일 칠레 산티아고 쉐라톤 호텔에서 개최된 한-칠레 비즈니스 포럼장에서 KIGAM-CODELCO 간 저품위 동광 활용 기술 개발 협력을 위한 MOU가 체결되었다. 우리나라 경제 사절단은 약 200명이 참석하였다. 여기서 산티아고에 거주하고 있는 광해관리 공단 이진수 박사를 산티아고 호텔 행사장에서 반갑게 만났다.

페루 INGEMMET의 Ing. Susana Gladis Vilca Achata 소장과 KIGAM 과 INGEMMET 간의 MOU 체결

이 자리에 양국 관련 부처 장관이 배석하였다. 칠레 동 공사 CODELCO(Corporation National del Cobre)는 칠레 국영 기업으로 세계 동 생산량의 10%를 생산하는 세계적인 기업이다.

칠레 동공사 CODELCO가 개발하고 있는 세계 최대 반암동광상(Porphyry copper deposits)인 EL Teniente 동 광산 현장을 방문

다음 날 EL Teniente 동(銅) 광산 현장을 방문하였다. CODELCO가 운영하는 대표적인 EL Teniente 동 광산은 해발 2,300m 칠레 안데스

에 위치하며 1819년부터 현재까지 개발되고 있는 지하 동 광산으로 세계 최대 규모이다. 전형적인 반암동광상(Porphyry copper deposits)으로 3,000km 지하 갱도(Draft)와 5,000명의 광부가 일하며 주변에 인구 15,000명이 거주하는 광산 도시가 형성되어 있다. 2007년에는 광산 종사자가 28,000명이나 일하였다고 한다. 2006년에는 하루 418,000톤의 구리(Cu)를 생산하였다.

광산 현장 사무실의 친절한 안내를 받아 광산 전경을 보며 갱내를 답사하였다. 광산 규모가 너무 커서 상상할 수가 없을 정도이며 갱내 사무실에는 컴퓨터로 광석 채굴, 운반 등을 모니터링할 수 있게 시설이 되어 있고 지하 채굴적은 커다란 운동장 같았다. 갱내 광석 운반 시스템이 벨트로 연결되어 있고 갱내에서 커다란 굴착 중기가 작업을 하고 있었다. 선광장 내부는 보지 못하였으나 외부 규모와 쌓여 있는 광미량을 보았을 때 광산의 규모를 짐작할 수 있었다. 미국 솔트레

지하 갱도는 전산 시스템으로 광석 채굴 자동화

이크시티 부근에 있는 빙햄 반암동광상(Bingham porphyry copper deposits)을 방문했을 때 현장의 큰 규모에 놀랐는데 칠레에서 또 충격적으로 놀랐다. 빙햄 반암동광상은 노천 채굴로 세계 최대 규모인데 반해 지하 채굴 최대 규모 반암동광상은 EL Teniente 동 광산이다. 광산 방문자 숙소는 수영장을 갖추고 있는 아름답고 고급스러운 시설이었다. 지구의 자원의 편재성이 안타까웠다. 자원 외교와 국제 협력을 통하여 해외 자원 개발이 자원 확보의 유일한 길임을 다시 한번 상기시켜 주었다.

대모산(大母山) 새벽 산행
Dawn hiking at the Daemosan Mountain

　대모산(大母山)이 좋아 1995년 서울 목동에서 일원동(逸院洞)으로 이사를 왔다. 293m 높이 대모산은 할미산으로 불러 왔으나 태종이 헌릉을 모신 후 어명으로 대모산으로 명했다고 한다. 여자의 앞가슴 같다 하여 대모산으로 불렀다는 구전도 있다. 처음 대모산 밑 아파트에 입주했을 땐 택시도 손님이 없다고 잘 오지 않았다. 그런데 서울은 도시화가 급속도로 진전되어 이곳은 2023년 지금 수도권의 중심이 되었다. 그런데 집 가까이에 원시림이 우거진 산이 있다는 천혜의 자연환경이다. 11층 아파트의 거실에서 바라본 대모산 전경은 사계절 아름다운 변화를 보여주는 한 폭의 동양화 병풍 같았다. 세계의 유명 도시를 여행하여도 서울처럼 맑은 한강과 주변 가까이에 화강암, 편마암으로 된 아름다운 산이 있는 도시는 드물었다. 지질학적으로 대모산은 산 전체 지역이 선캄브리아기 흑운모 편마암과 편암류로 되어 있다. 특히 자곡동 뒷산 부근 노두에서 변성 광물인 석류석(Garnet) 광물이 다량 산출되어 변성도를 예측할 수 있다. 석류석은 보석 광물이기도 하다. 일원동 로봇고교 바닥 암반 흑운모 편마암 시료 암석의 CHIME 절대 연령은 249Ma(김규한 외, 2008)로 변성 작용의 시기이다. 원암의 절대 연령은 25억 년 이상으로 알려져 있다.

아침에 일찍 대모산 중턱의 숲길을 한 시간 반 걷고 나면 온종일 바이오리듬이 달라진다. 산자락 여러 곳에 지하수가 샘솟고 있다. 아침에 산을 올라 약수 한 컵 마시면 몸과 마음이 맑아진다. 대모산 새벽 산행이 삶의 활력원이 되었다. 퇴근 후 주말도 시간만 나면 대모산에서 자연과 마주한다. 대모산 산책은 일상과 삶의 일부가 되었다. 새벽 산을 오를 때 "하나님이 세상을 이처럼 사랑하사 독생자를 주셨으니 이는 저를 믿는 자마다 멸망치 않고 영생을 얻게 하려 하심이라"라는 요한복음 3장 16절 성경 말씀을 일어, 영어, 중국어로 매일 아침 암송하며 시작한다. 숲길을 걸으며 자연의 소리를 듣고 예수님의 사랑(愛, Love)과 부처님의 자비(慈悲, Mercy)와 공자님의 지혜(智慧, Wisdom)를 구한다.

고라니가 가끔 뛰어다니고 딱따구리가 썩은 나무에서 먹이 사냥하는 소리가 시끄럽게 들린다. 다람쥐도 가끔 보인다. 대모산 골짝 작은 개울에서 일급수에서만 서식하는 가재가 2012년 여름에 발견되었다. 저녁때나 이른 아침이면 다양한 새들이 구애와 먹이

대모산에 서식하는 가재 2012년

사냥의 아름다운 소리를 들려준다. 이따금 귀한 소쩍새와 뻐꾸기 울음소리도 들린다. 산자락에는 다양한 야생화에 인공 생태 공원까지 만들어져 있어 아이들의 생태 학습장이 되고 있다. 이름 모를 야생화 중에 꽃이 줄기 밑동에서 피는 진기한 식물도 관찰된다. 이른 봄에는 고사리과의 고비가 시계태엽처럼 두루루 말린 머리를 내민다.

대모산은 걷기로 건강을 지켜 주고 있을 뿐만 아니라 자연 과학 교육의 학습장이다. 대모산은 딱따구리 천국이다. 그동안 산에서 자주 들

은 뚜뚜뚜뚜 뚝뚝뚝 나무 두드리는 소리의 출처가 궁금하였다. 새가 하는 짓 같은데 직접 확인할 수가 없었다. 그런데 어느 날 이른 아침 나뭇가지에 매달린 딱따구리가 주둥이를 매우 빠른 속도로 나뭇가지에 힘차게 두들겨 소리를 내고 있었다. 먹이를 위한 것이 아닌 듯 반복적으로 주둥이로 소리를 울리고 있었다. 현장을 포착했기에 녹음, 녹화에 성공하였다. 아마도 수놈이 암컷에게 구애하는 행동으로 여겨진다. 동물의 소리는 배가 고플 때와 구애, 새끼 보호나 위험할 때 소리를 내는 것으로 알려져 있다. 대모산 정상 길바닥 한가운데 개미들이 집을 짓고 모두들 바쁘게 일만 하고 있었다. 이왕이면 길섶에 집을 지었으면 밟혀 죽지는 않을 텐데 그게 곤충의 한계다. 생물 분류에서 계(Kingdom), 문(Phylum), 강(Class), 목(Order), 과(Family), 속(Genus), 종(Species) 순으로 지능이 진화되어 호모 사피엔스(Homo sapiens)가 최고 정점에 있어 인간이 우주와 지구를 지배하고 있다. 개미가 알지 못하는 세계처럼 인간을 지배하는 미지의 세계가 있을 텐데? 인간보다 지능이 높은 외계인, 양자 컴퓨터, 인공 지능 로봇 인간일까? 우리 인간을 지배하는 세계는 종교와 신의 세계라고 믿고 싶다. 그게 하나님일까? 재미난 사실은 욕의 강도도 생물 분류 순서와 비례하고 있다. 원숭이보다 못한 놈보다 벌레보다 못한 놈이 더 큰 욕이 된다. 호모 사피엔스 종(Species)에서 과(Family), 계(Kingdom)로 갈수록 욕이 심해진다.

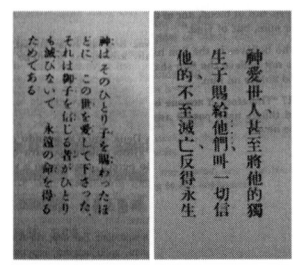

English: For God so loved the world that He gave His only begotten Son, that whoever believes in Him should not perish but have everlasting life.
Spanish: Thi saledes elskede Gud verden, at han gav sin Sen den enbarne, for at enhver, som tror pa ham, ikke sakal fortabes, men have evigt liv.
Dutch: Want alzo lief heeft God de wereld gehad, dat Hij zijn eniggeboren Zoon gegeven heeft, opdat een oeder, die in Hem gelooft, niet verloren ga, maar eeuwig leven hebbe.
Finish: Silla niin on Jumala maailmaa rakastanut, etta han antoi ainkaisen Poikanasa, ettei yksikaan, joka haneen uskoo, hukkuisi, vaan hanella olisi iankaikkinen elama.
French: Car Dieu a tant aime le monde qu'il a donne son Fils unique, afin que quiconque croit en lui ne perisse point, mais qu'il ait la vie eternelle.
German: Denn also hat Gott die Welt geliebt, daß erseinen eingebornen Shon gab, auf daß alle, die an ihn glauben, nicht verloren werden, sondern das ewige Leben haben.

영어, 스페인어, 일어, 중국어 등 세계 각국어 요한복음 3장 16절 성경 말씀

대모산의 오랜 기간 방치된 인적이 드문 약수터에서 추운 겨울 진귀한 얼음 컵과 예쁜 항아리가 만들어진 것을 관찰하였다. 자연이 만든 예술 작품이다. 또 다른 약수터에서 흘러나온 물줄기의 분무가 추운 겨울철에 밤새 주변을 얼려서 아름다운 얼음 결정을 만들었다. 마지 보석 같았다. 광상학에서는 많은 광물의 열수 용액이 열극에 정동(晶洞, Druse)으로 형성되고, 정동 내에 침전된 광물이 결정화되어 광맥 광상을 만든다. 이런 과정은 온천 지역이나 지열 지역에서 드물게 관찰된다. 암석의 열극을 충진한 열수 광맥에서 금, 은, 동, 연, 아연 등의 광석 광물이 침전되고 황철석과 같은 황화 광물과 석영의 결정이 만들어진다. 육각형의 수정 결정과 입방체 황철석 결정이 열수에서 결정화된 맥석을 정동에서 볼 수 있다. 그러나 광물이 열수 용액에서 침전되는 과정을 실제로 보기가 어렵다. 왜냐하면 이들은 지질 시대 긴 시간 동안에 보이지 않는 깊은 지하에서 만들어지기 때문에 생성 현장을 볼 수 없다. 그런데 대모산 겨울 약수터 물줄기에서 흘러나온 분무가 추운 겨울 웅덩이 주변에 만든 얼음 결정을 보고 열수 광상 형성의 지질학적 현상의 메커니즘을

이해할 수가 있었다. 이곳이 광물 침전 실제 실험장으로 열수 광상 형성 과정을 간접적으로 잘 이해시켜 주었다. 참 흥미 있는 놀라운 발견이었다. 긴 지질 시대 동안에 지하 깊은 볼 수 없는 곳에서 형성된 광물의 결정과 열수 광맥 형성 과정의 메커니즘을 대모산 추운 겨울 약수터에서 확인할 수 있어 광상학자의 숙제가 하나 풀리게 되었다. 대모산은 유초등생 자연 학습장일 뿐만 아니라 일반인의 자연 생태 평생 학습 실험장이다. 대모산에서 숨겨진 자연 과학 현상 메커니즘 규명뿐만 아니라 자연 생태 현상에서 인간의 삶의 본질을 깊이 성찰하는 값진 교훈을 얻게 되었다.

대모산 약수터에서 관찰된 겨울 옹달샘. 광물 결정 침전의 신비한 비밀이 숨겨진 얼음 결정.
열수 금, 은, 동, 연-아연 광상에서 열수 용액이 냉각되어 금속 광물이 침전되지만 직접 관찰하기 어렵다. 그 현장을 대모산 겨울 옹달샘에서 처음 확인. 옹달샘 물줄기에서 뿜어져 나오는 수증기가 겨울밤 낮은 기온에 응축해 아름다운 얼음 결정이 되어 마치 광물 결정처럼 만들어졌다. 열수 광상 성인 자연 과학 비밀 해법은 멀리 있지 않고 가까운 곳에 있었다.

소중한 유산
Precious Inheritance from Parents

유산(遺産)이라면 재산 상속의 유산이 먼저 떠오르지만 유산의 의미는 넓고 깊다. 사전적 의미는 죽은 사람이 남겨 놓은 재산, 앞 세대가 물려준 사물 또는 문화, 법률 상속에 의하여 상속인으로부터 물려받은 재산이다. 우리는 부모님으로부터 태어나면서부터 마지막 세상을 떠나실 때까지 계속 유무형의 유산을 물려받으며 살아간다. 첫째는 자연 생태계에서 신의 섭리로 주어지는 유전자 DNA 유산이다. 생물학적으로 DNA(Deoxyribonnucleic acid)는 디옥시리본 핵산으로 핵산의 일종이다. 지구상의 많은 생물이 유전 정보 계승과 발현을 담당하는 고분자 생체 물질이다. 이런 생물계에서 최고 양질의 DNA를 물려받아 자연계에서 중심적으로 생존할 수 있는 것이 가장 귀중한 유산이다.

어려서 밤 잠들기 전까지 아버지 옆에 누워 《천자문(千字文)》의 참뜻을 따라 외우면서 잠이 들었다. 부모님의 삶과 생활에서 진, 선, 미의 정신과 바른 사회생활의 삶과 근면 생활 철학을 이어받았다. 어려운 농촌에서 무(無)에서 유(有)를 창조하신 아버지의 고난의 삶의 역사를 옆에서 보면서 자랐다. 어머니의 사랑은 지금까지 받은 사랑 중에 가장 지극하고 따뜻한 사랑으로 간직하고 있다. 지금까지 성공적인 삶을 살아온 원동력은 부모님의 삶과 생활에서 배우고 터득한 삶의 지혜이다. 일생 동안 근면 절약하시고 열심히 일하시던 아버지를 닮아 가면서 살아온 것이 오늘의 나를 만들었다. 한시도 쉴 틈 없이 억척같은 농사일과 근검절약으로 가난에서 우리 가족을 벗어나게 하셨다. 어렸을 때는 너무도 힘들고 싫었던 농사일이었지만 이 과정이 오늘의 나를 만들었다. '악돌이'라는 놀림을 받은 기억이 있다. 바지저고리 옷 입고 6년 국민학교 등교, 중고교 6년을 자취 생활하고 대학 4년을 매식하면서도 학업에 열중하여 우수한 학과 성적을 유지한 것도 모두 부모님의 영향이었다. 도회지 생활을 동경하고 남들처럼 잘 입고 잘 먹고 놀고 싶어 하면서도 어린 시절을 농사일 도우면서 보냈지만 조금도 후회는 없다. 씨를 뿌리고 땀 흘려 가꾼 만큼 수확한다는 자연 철학을 배우고 익혔다. 가난이 근면과 절약을 몸에 배이게 하여 강인한 정신력과 경제력을 키워 주었다.

그렇게 농사, 노동일이 많고 힘들고 불면하고 가난했어도 청송군 부동면 신점리의 고향은 언제나 푸근하고 아련하고 아름다운 향수에 흠뻑 젖는 마을로 남아 있다. 아마도 바로 신점리 초가삼간에서 태어나 유년기를 보냈기 때문에 지금도 고향은 따뜻하고 아련한 그리움으로 가득한 것 같다. 겨울이면 집자리나 초석자리 틀을 설치하고 자리를 짜는데 아버지는 바디를 아래위로 치시고 옆에서 빗으로 짚이나 왕골을 그때그때 질러야 했다. 하나를 짜는 데 수일이 걸려 정말 지루하고 졸리는 일이었다. 농한기 여가의 시간이나 밤에 아버지는 사랑방 호롱불 아래에서 이두 문자나 고어가 섞인 《홍길동전》, 《임격정전》, 《삼국지》 등 횡서로 쓰인 고담 책을 소리 내어 읽으셨다. 이웃집 눈이 나쁜 아주머니도 옆에서 듣고 책의 내용을 공감하였다.

명절이나 방학 때 고향을 찾으면 아버지는 족보를 얘기하시고 조상 숭배에 대한 말씀을 자주 들려주셨다. 직접 손으로 작성하신 족보 도면을 주시면서 경주 김씨 뿌리를 강조하셨다. 아버지가 물려주신 소중한 유산이자 가보(家寶)이다. 김알지의 67세손이라는 점도 이때 처음 알게 되었다. 경주에 있는 신라 제13대 미추왕릉

新羅殿陵參奉歷任錄(2012, p.221), 아버지가 직접 작성해 주신 족보

(味鄒王陵) 참봉으로 봉사하시면서 조상을 열심히 모시는 아버지의 모습이 항상 떠오른다. 미추왕(味鄒王)은 김알지의 6대손이자 왕이 된 최초의 김(金)씨로 경주 김씨 시조(始祖)다. 신라 왕조 20여 고분 중에 가장 중심에 위치한 고분이다. 무덤 앞에는 위패를 모신 숭혜전(崇惠殿)이 있다. 아버지의 뒤를 이어 장손인 조카(金再鉉)가 젊은 최연소 경순왕 초대 참봉으로 추대되어 신라 왕조 경주 왕릉의 경주 김씨 대표로 봉사하고 있어 할아버지의 숭조 정신이 잘 계승되고 있다.

어느 날 어머니(신후불, 申後不, 1914.5.1.-2002.4.16.)가 위독하시다는 연락을 받고 서울에서 내려가 어머니와 여러 얘기를 나누었다. 학교가 학기 중이라 강의가 있어 다시 상경하였다. 떠날 때 어머니의 말씀이 "지금 니 가면 나 못 본대이."라는 말씀을 뒤로하고 서울로 돌아와 학교로 출근하였다. 그리고 며칠 후 어머니가 많이 위독하시다는 연락을 또다시 받고 급히 시골로 내려갔다. 아버지, 누님, 형님 모두 어머니 곁에 계셨지만 어머니와는 의사소통이 되

경주 신라 제35대 미추왕릉(味鄒王陵) 참봉 김정희(金貞熙), 호 청농(靑儂)

지 못했다. 89세로 음력 4월 16일 낮에 운명하셨다. 강의 며칠 휴강하고 어머니 곁을 지키지 못한 일이 늘 마음 아프고 너무나 후회스러웠다. 내 인생에 가장 잘못한 일이었다. 그리고 수년 후 아버지(김정희, 金貞熙, 1915.1.13.-2010.12.20.)가 일산 어느 요양 병원에서 기력이 쇠약해 말씀을 못하시고 침상에서 '나 청송 시골집에 데려 달라'라고 글씨로 써 보여 주셨다. 아흔일곱 연세의 아버지가 저에게 바란 마지막 소원이셨다. 그런데 그 마지막 소원 말씀을 자식이 지켜 드리지 못하였다. 인생에 두 번째 큰 잘못이었다. 요양 병원에서 가족들과 아버지의 마지막 맥박의 펄스 신호를 보면서 눈물을 흘리며 아버지와 이 세상에서 영원히 이별하게 되었다. 2010년 음력 12월 20일이다. 아버지의 임종 앞에 자식이 할 수 있는 일이 하나도 없었다. 부모님을 좀 더 잘 모시지 못한 불효자의 죄는 영원히 용서받을 수가 없다. 이 순간도 가슴이 메인다.

아버지가 1974년 연세대 대학원 졸업식(석사 학위) 때 멀리 청송에서 상경하셔 처가 가족들과 함께 반가운 시간을 가졌었다. 그리고 1981년 대학교수 임용 후 방배동에서 부모님과 함께 모처럼 가족 모임의 기쁜 시간을 가졌다. 처음으로 부모님 한강 유람선 관광을 모셨을 때 즐거워하시던 모습 등이 아련하게 떠오른다. 좀 더 많은 시간을 부모님과 함께 하지 못한 일이 가슴을 또 메이게 한다.

지질학자의 귀중한 자산
Valuable assets of Dr Kyu Han Kim as Geologist

보통 자산(資産)이라면 금전적 가치 기준의 경제적 자산을 말한다. 지질학자의 자산은 연구 논문, 특허와 같은 연구 성과물과 저서가 중심이 될 수 있다. 또는 연구 조사를 통해 귀중한 경제적 가치가 있는 광업권이나 고가의 희귀 광물 암석 시료도 될 수 있다. 그러나 일생 동안 저술한 전공 서적이나 과학 일반 저서 또는 번역서는 있으나 자산 가치를 부여할 대상의 저작물은 없다. 땀과 시간을 받쳐 저술한 전공 서적(《동위원소 지구화학》,《동위원소 지질학》,《행성지구학》 등의 저서)에 애착은 많이 가지고 있다. 이사 때도 늘 가지고 다니는 몇 점의 광물 암석 시료 역시 아끼고는 있지만 자산의 가치가 없다. 유일한 특허는 전공과 관련 없는 다목적 청소 도구함으로 의장 등록 특허이다. 이화 여대 사범 대학 부속 고등학교 교장 때 개발 취득한 것이다. 캐비닛형 다목적 청소 도구함인데 청소 도구함은 초, 중, 고교 교실에 반드시 하나씩 비치되어 있다. 하나를 제작해 판매 시 1만 원 정도 이익금이 발생하였다. 이에 전국 초, 중, 고교 교실 수를 곱하면 거액이 발생한다. 특허로 발생하는 이익금은 이대 부고를 위해 사용하기로 결정했다. 그러나 그 당시 홍보, 판매 활동을 하지 않아 큰 수익은 얻지 못하였다.

지질학과 1학년 때 우리말로 된 전공 서적이 드물었다. 원서인 전공 서적도 쉽게 구입할 수 없었다. 어느 날 청계천 헌책방을 돌다가 지질학 영어로 된 원서를 한 권 발견하고 구입하였다. 그 당시는 이렇게 소중한 책인 줄 알지 못하였다. 책명은 《Class-Book of GEOLOGY by Sir Archibald Geikie》 (F.R.S. London, MACMILLAN AND CO., Ltd. New York: MACMILLAN & CO. 1896.)이

소장하고 있는 귀중한 지질학 고서(古書), 1896년 출판

다. 총 404페이지로 초판은 1886년에, 제2판은 1890년에 출판되었고 1891, 1892, 1893, 1894, 1896년에 계속 재판으로 출판되었다. 이 책이 그 당시 지질학에 얼마나 인기 있는 책이었는지를 알 수 있다. 전 유럽 국가에서 자국어로 번역판이 출판되었다. 지금 필자가 소장한 책은 1896년에 재판된 책으로 지금으로부터 120년 전에 출판된 지질학 고서적(古書籍)이다. 이 지질학 개론 책은 대단히 자세하고 그림은 목각으로 정교하게 새겨져 있다. 또 한 권은 《THE NATURAL HISTORY OF COAL》(E.A.N. ARBER, 1912.)로 영국 케임브리지 대학 출판사에서 발간한 163페이지 석탄지질학 고서(古書)이다. 그리고 《FIELD GEOLOGY》 (Frederie H. Lahee, McGRAW-HILL, BOOK COMPANY, Inc., 1952.) 제5판의 883페이지 야외지질학 책을 아끼고 서가에 소장하고 있다. 일본 도야마 대학에 실험 연구차 수차례 실험실을 방문하였다. 그때 초청해 주신 미즈타니 요시히코(水谷義彦) 교수님이 이와나미 사진문고(岩波寫眞文庫), 24권 《동산(銅山)》(1951, 64p.)과 49권 《석탄(石炭)》(1951, 64p.) 두 권을 특별히 선물로 주셨다. 역사적으로 의미 깊은 서적이다.

일제 식민지하에 징용으로 끌려간 조선인 광산 노동자들의 생생한 현장 사진을 담고 있다. 우리 민족의 아픈 과거의 기록물로써 역사 자료로 보관하고 있다. 이들 고서적이 지질학자인 나의 가장 귀중한 자산이다. 지구 종말까지 영구히 보존될 수 있기를 기원한다.

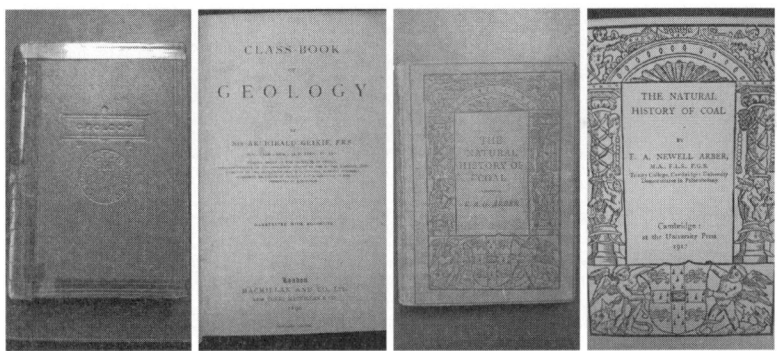

소장하고 있는 귀중한 지질학 고서(古書), 표지와 내부 첫 페이지

명예 교수와 명예시민
Emeritus professor and Honorary citizenship

부(富), 권력(權力), 명예(名譽)는 누구나 이 모두를 가지고 싶어 한다. 이유는 이 모두가 위력(Power)과 명성을 가지고 있기 때문이다. 그러나 이 셋은 상한과 하한이 없다. 모두가 우리 뜻대로 이루어지지도 않는다. 그러나 인간은 태어나면서부터 경쟁 사회에서 이들을 끊임없이 추구한다. 물론 이들이 주어졌다고 반드시 행복한 것은 아니다. 사람마다 중시하는 관섬도 다르다. 부와 권력은 노력으로 성취될 수가 있다. 그러나 명예는 노력과 성취와는 다르게 후에 주어지는 것이다. 주어지는 것은 내가 요구한다고 주어지는 것이 아니다. 따라서 나는 명예가 최상이라고 믿고 있다. 명예는 고귀하고 깨끗하고 정의롭고 대가성이 없다.

명예 교수(Emiritus professor, Honorary professor)는 일생을 대학교수 생활에서 연구와 교육 활동을 한 교수들에게 정년퇴직 후에 선택적으로 주어지는 직함이다. 대학의 교수직은 전임 강사, 조교수, 부교수, 교수로 승진하여 교수에서 퇴직한다. 대학교수 정년퇴직 후에는 명예 교수란 직함이 주어진다. 물론 퇴직 교수 모두가 명예 교수로 추대되는 것은 아니다. 명예 교수는 참 적절하고 영광스러운 호칭으로 큰 자부심도 느낀다. 명예 교수에 대한 예우는 대학마다 다르다. 퇴직 후에 이어지는 직함이라 물론 급여나 보수는 없다. 그러나 후학들과 수직적인 학문의 연계성이 이루어지게 연구 환경이 주어지는 대학도 있다.

이처럼 많은 경우 명예라는 호칭은 인생의 후반기에 지금까지 성공적인 삶의 결과에서 주어진다. 아니면 명예 박사 학위, 명예시민, 명예 총장, 명예 회장, 명예 위원 등 인류와 사회를 위해 놀라운 성과와 공헌을 한 성공적인 삶에서 추대받는다.

2016년 11월 1일 아름다운 환동해 중심 창조 도시이자 항구 도시인 포항시의 명예시민이 된 영광을 얻었다. 포항을 사랑하고 포항의 발전과 위대한 포항 시민 정신을 가져 달라는 의미로 받아들여진다. 포항은 언제나 제2의 고향처럼 포근하다. 경북 청송 출신, 포항시 명예시민, 서울 시민의 자랑스럽고 영광스러운 직을 가진 영광을 얻었다.

명예는 한편으로 크고 무거운 책임감이 항상 주어진다. 부나 재산은 탕진하고 잃으면 다시 얻을 수도 있지만 명예는 다시 회복 불가능하다. 명예와 책임감은 공존하고 있다. 불행한 일이지만 명예 때문에 죽음으로 사수하려는 사람들도 많다. 명예는 명예스러워야 명예다. 명예는 죽음보다 더 귀한 삶의 결실이다. 명예는 사후에도 영원하다. 너무나 감사할 뿐이다.

2016년 11월1일 경북 포항시 명예시민이 되다(포항시청 회의실 이강덕 포항 시장님과 함께)

유네스코 세계 지질 공원 청송(青松)
UNESCO Global Geopark, Cheongsong

지질학자가 되어 내 고향의 지질을 이해할 수 있게 되고 유네스코 세계 지질 공원(UNESCO Global Geopark)으로 지정된 고향 청송(青松)을 보니 나의 지질학의 선택은 하늘이 정해 준 선물로 믿을 수밖에 없다. 지구 탄생사와 한반도 형성사를 머릿속에 그리며 세계를 여행하고, 독특한 각 지역의 인류 탄생 이전의 신비한 지질 역사를 밝혀낸다. 돌과 자연과의 대화로 참맛을 맛보며 살아가고 있는 삶은 지질학자만이 가지는 특권이다. 남극, 북극, 남미, 아프리카, 유럽, 러시아 등 지구상의 모든 대륙을 지질학자로서 직접 밟아 보았다. 두메산골 청송(青松)은 지질학과 나를 끈끈하게 엮어 주었다.

청송의 지질과 지질도는 1973년 국립 지질광물연구소(이홍규, 홍승호)에서 조사 발간되어 있다. 청송 지역은 중생대(66.4Ma-245Ma)에 육성 호수였다. 거대한 호수에 퇴적물이 쌓여 사암, 셰일 등 아름다운 퇴적층이 형성되었다. 퇴적 당시 고환경(古環境)을 반영하듯이 알코스 사암, 적색 사암, 녹색 사암, 적색 셰일, 흑색 셰일 등이 넓게 분포하고 있다. 지층의 습곡은 비교적 완만하다. 이 지층을 경상 누층군이라 부르며 낙동통과 신라통으로 구분하고 있다. 물론 호수 바닥에는 한반도의 기반암층인 선캄브리아기 석회규산염암층과 쥐라기에 이를 관입한 대보 화강암이 깔려 있다. 그리고 화산 활동으로 안산암이 백악기 말에 관입 분출하였다.

한반도는 중생대에 화강암의 관입과 화산암의 관입 분출하는 화성 활동이 격렬하였다. 특히 영남 지역과 호남 남부 지역에 안산암질 화산 활동이 격렬하였다. 아마 공룡도 이를 피하지 못하였을 것이다. 청송 지역도 그 당시(중생대 쥐라기와 백악기)에는 온통 불바다였을 것이다. 호수 퇴적층에는 육성 동식물의 화석이 다수 발견되어 육성 호수 퇴적 환경으로 잘 밝혀져 있다. 청송 읍내를 중심으로 퇴적암층의 주향과 조화적으로 북서-동남 방향으로 쥐라기의 화강암 저반이 노출되어 있다. 규장암도 관입 분포하고 있다. 주왕산 국립 공원 지역은 주로 화산암인 각력질 안산암이 주로 분포하며 응회암, 현무암 등은 소규모로 분포하고 있다. 주상 절리 등이 발달해 있고 기암절벽 지형이 독특하다. 화산암과 퇴적암 지층이 아름다운 경관으로 조화를 잘 이루고 있다. 경험적으로 보면 화강암 지역이 풍화되면 지표 환경이 깨끗해 마을이 많이 형성되어 있다. 청송읍도 화강암 내에 위치해 있고 시골 출생지 신점동(新店洞)도 화강암 지역에 위치해 있는 것을 통해 지질학적 고려가 이루어진 선조들의 지혜가 엿보인다. 고향 마을 부근 법수동에서 과거 고령토를 개발 수출하였으며 도자기 개발지로 유명하였다. 규장암과 안산암 경계 지역이다.

기반의 지질 특성으로 청송 달기 약수(탄산수), 진보 신촌 약수 등 탄산수가 용출되고 있다. 달기 약수터 약수를 용출하고 있는 지역은 퇴적암층과 화강암 접촉 지역으로 부분적으로 미그마타이트질 변

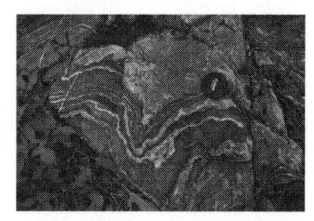

청송 달기 약수터 기반암의 일부인 미그마타이트(Migmatite)

성암이 하천 변에 노출되고 있다. 지하수가 기반암인 변성암 지층에 협재된 대리암이 화강암 저반과의 반응으로 탄산수가 형성되었을 것으로 보인다. 이 지역 탄산수 생성에는 지하의 마그마성 열원이 기여한 것으로 추측된다. 온천가스의 헬륨, 아르곤 동위원소비 특성이 맨틀 기원을 나타내고 있기 때문이다. 용존 이온 중 철 이온이 풍부한 탄산수는 전통적으로 많은 사람의 질병을 고쳐 주었고 지금도 건강 약수로 유명하다.

탄산천 용출지(하탕)

병부동과 덕천동 지역에 분포하는 선캄브리아기 대리암(석회규산염암)층의 분포가 특이하다. 경상분지의 기반암 노출이 흔하지 않아 운모편암과 각섬석 편마암을 일부 협재한 대리암층의 분포는 경상계 하부 기반암의 일부로 지질학적으로 대단히 중요하다. 경상계 지층 하부의 기반암층 노출이 드물어 항상 궁금하게 여겨지고 앞으로 밝히고 싶은 연구 대상이다. 그리고 안산암과 응회암이 만들어 낸 신의 조화 같은 청송 꽃돌(매화석, 국화석)은 또 하나의 자연과 지질학이 준 선물이다. 이 같은 청송의 지질학적 특징은 유네스코 세계 지질 공원으로 지구인에게 자랑할 만한 자연 문화유산이다.

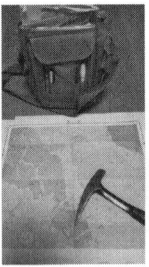

청송 지질도

희귀암석 매화석과 국화석
(유문암과 응회암에 형성된 예쁜 구조)

어느 날 한동수 청송 군수가 한국지질자원연구원(KIGAM)을 방문하였다. 한국지질자원연구원장인 나는 한 군수에게 청송 지역은 재정 자립도도 낮고 주로 사과, 고추 등 농산물로 수익을 창출하는 전형적인 청정 지역, 시골 지역이지만, 지질학적 특성으로 지형이 독특하여 자연 경관이 수려하고 주왕산, 주산지, 약수터, 덕천 고택 등 선조들의 문화유산 등의 특색을 살려 주왕산 국립 공원에서 유네스코 세계 지질 공원으로 지정받아 관광 자원으로 활용해 청송을 발전시키면 좋겠다는 조언을 했다. 그 후 한 군수와 군민들의 열정으로 한국지질자원연구원과 청송군이 MOU를 체결하고 세계 지질 공원 지정에 여러 가지로 협력하기로 하였다. 한국지질자원연구원은 세계적인 연구원으로 세계 각국의 관련 기관과 폭넓게 연구 협력하고 있다. 물론 유네스코와도 특별한 유대 관계와 협력을 하고 있다. 유네스코 사무국에서 세계 지질 공원 지정 신청 후 엄격한 심사 과정을 거쳐 청송이 마침내 유네스코 세계 지질 공원으로 지정받았다. 한동수 군수와 군민의 노력이 유네스코 세계 지질 공원 성공의 새 역사를 만들었다. 청송이 세계적인 지질 공원으로 알려져 외국인 관광객도 찾는 명소로 변모하였다.

한국지질자원연구원과 청송군의 업무 협약(한국지질자원연구원과 청송군 대표자들)

2017년 5월 KIGAM과 UNESCO 업무의 협정

2017년 5월 청송 유네스코 세계 지질 공원(UNESCO Global Geopark) 지정

주왕산, 달기 약수터는 청송의 명소 중의 명소이다. 중학교 시절 약수터에서 외팔이 할아버지가 엿을 팔고 약수를 떠 주는 정감을 잊을 수가 없다. 유네스코 세계 지질 공원이 지정되고 난 후 그 자리에서 어느 날 미국 청년이 약수를 퍼 주었다. 참으로 놀라운 변화로 세계화(Globalization)를 실감하였다. 외국인들이 주왕산을 찾고, 주왕산에 유명 콘도가 입성하고, 청송 사과 등으로 만든 브랜드 상품이 개발되고, 브랜드 커피 전문점이 주왕산에 등장하는 등 놀라운 변화가 두메산골 청송에서 일어나고 있다. 청송이 유네스코 세계 지질 공원으로 지정된 후 놀라운 변화와 발전하는 청송을 보며 청송 출신 지질학자로서 군민과 함께 큰 보람을 느낀다. 한동수 군수와 청송 군민이 이룩한 역사적 과업에 큰 박수를 보낸다. 다음은 한동수 군수가 보낸 휴대폰 문자 서신 내용이다.

"선배님, 유구한 시간의 흐름 속에서 2018년도도 이제 매듭을 지으려고 합니다. 지난날들에 청송 유네스코 지질 공원이 지정되기까지 원장님의 도움을 청송 군민은 영원히 기억할 것입니다. 저도 또한 생애 최고의 성과와 기쁨을 함께한 사건이었습니다. 올 한 해도 저에게 보내 주신 성원에 고개 숙여 감사 인사를 올립니다. 새해에는 더욱 행복하시고 새로운 꿈과 도전으로 더 많은 일들이 성취되시기를 기원합니다." - 한동수 드림.

주왕산 대전사(大典寺) 사찰과 응회암(Tuff)으로 된 빼어난 기바위 암석 지형

특산물 청송 사과

청송 송이(松茸)버섯을 찾아서
Pine mushroom in the Cheongsong area

 청송(靑松)은 지명이 상징하듯이 푸른 소나무가 많은 고을이다. 청송 지역은 토양 기후적으로 소나무가 자라기에 좋은 지역이다. 또한 소나무 서식지에서만 송이(松茸)가 생산된다. 송이는 버섯 중에 독특한 향과 식감이 뛰어나다. 송이버섯은 고급 요리 식자재로 고가라 일반인들이 먹기 어렵다.
 청송 지역은 지질학적으로 주로 중생대 경상 누층군인 호수성 퇴적층과 화성암으로 되어 있다. 지형은 비교적 험준하며 평야 지형이 없는 교통도 불편한 오지다. 때문에 청송이라면 아주 산골의 느낌을 주고 있다. 물론 지형의 영향으로 교통이 불편하고 도시에서 멀리 떨어져 있어 많은 군민들이 대구나 안동 같은 도시를 동경하고 많이 이주하기도 하였다. 다른 한편으로는 이런 지리적 지형적 특성으로 청정 지역으로 잘 보존되어 있다.
 1900년대는 청송의 대표적인 특산물이 담배와 고추 농사였다. 주왕산이 국립 공원으로 지정되면서 점차 관광지로도 유명해지기 시작하였다. 그리고 기후 변화로 청송 지역이 사과나무 재배지로 변화하면서 청송 사과는 현재 세계적인 브랜드 과일로 알려져 있다. 또한 2017년 5월 유네스코 세계 문화 유산인 세계 지질 공원으로 지정되면서 세계적인 관광지로 탈바꿈하여 청송은 청정 지역으로서 농산물은 물론 세계적 관광의 명소가 되었다.

청송 화강암 지역의 지형에는 소나무가 무성하여 송이버섯이 다량 생산되는 1등 상품으로 해외 수출 품목으로도 유명해졌다. 청송 유명 브랜드 상품은 청송 사과, 청송 고추, 청송 송이버섯 등이다. 50, 60년 전 소나무 껍질을 벗겨 송기죽으로 끼니를 대신하였던 그 소나무 밑에서 고급 송이버섯이 대량 생산되는 기적이 일어난 것이다. 송이버섯 산지는 국내에도 여러 지역이 알려져 있다. 그런데 청정 지역 청송에서 생산되는 송이버섯이라 상품의 가치를 더욱 높게 평가받고 있다.

나의 출생지 시골 마을에 왜 그 옛날에는 송이버섯이 나지 않았는지 궁금하여진다. 그때도 송이가 났지만 모르고 살았을 수도 있다. 송기죽을 위해 소나무 껍질을 벗기러 올라갔던 소나무 서식지는 지금 유명 송이버섯밭으로 송이 채취 지역으로 변하였다. 수년 전 형님 따라 송이 따러 우리 소유 산에 올라가 송이를 딴 경험이 있다. 송이 산출 지역은 특정 지역에서만 산출되어 보통 사람은 송이를 찾기가 어렵다. 송이 산출 지역은 자식에게도 알려 주지 않는 극비밀이라는 얘기도 흔히 들었다. 소나무밭이라도 송이가 나는 지역은 지극히 제한되어 현장 경험자가 아니면 송이를 발견하기가 쉽지 않다.

과학자이자 지질학자로 알게 된 것이지만 송이는 물론 소나무의 분포와 밀접히 관련되어 있다. 소나무는 화강암질암의 풍화 토양에서 잘 자란다. 송이는 화강암 풍화 토양 지역에서만 산출되고 있다는 사실을 알게 되었다. 특히 화강암질암 중에 장석 광물이 풍화된 밝은색 토양에 송이버섯 균이 발아해서 자라고 있다. 기온의 일교차가 다소 있는 우리나라 늦가을 날씨의 기후 조건이 맞아야 한다. 송이가 발아해서 자라는 시간은 1-2일이며 단기간에 성장해 머리 부분이 우산 모양으로 핀다. 지표에 머리를 내밀고 갓 올라온 남근(男根) 모양의 송이가 1등급 최상품이다. 송이는 통계적으로 하나가 발견되면 주변에 다수 발견될 확률이 높다. 송이 산출 시기 역시 가을 추석 전후로 기온 일교차가 크고 서리가 내리기 전까지 비교적 선선한 기후에서 자라고 있다. 많은 송이는 풀숲과 낙엽 속에 숨어 있어 찾기가 무척 어렵다. 송이는 지극히 제한된 지역에 산출되어 송이 마니아가 아니면 찾기가 어렵다. 특정 지역에 매년 채취한 유경험자가 가장 유리하다. 송이의 독특한 향과 현지에서 직접 채취한 자연산 신선한 송이를 참기름에 찍어 먹는 맛과 송이 회덮밥, 송이라면 등의 각종 송이 요리의 독특한 향과 식감은 잊을 수 없다. 천혜의 자연 내 고향 청송(靑松)이 자랑스럽다.

송이(松耳) 산지, 필자가 직접 현장에서 발견한 국가 브랜드 청송 송이

웨스터댐, 홀랜드 아메리카선 승선 이야기
First embarkation of the Westerdam, Holland America Line

70 평생을 살면서 가족과 국내는 물론 해외에 휴가나 여행 목적으로 가 본 일이 없었다. 회갑, 대학교수 정년퇴임, 칠순 때 가족 잔치나 가족과 여행을 해 본 일이 없다. 여행을 생각할 여유가 없었다. 단 한 번은 대한 항공 로마 취항 기념행사장에서 행운권 추첨에 당첨되어 서울-로마 1등석 왕복 티켓 2장을 경품으로 받아 아내와 이탈리아 로마, 소렌토, 피렌체와 프랑스 파리를 여행하였다. 이번 두 번째 여행은 친한 대학 동창인 캐나다의 김윤 친구가 제안하여 LA의 안문옥 장로와 세 가족이 부부 동반 여행으로 알래스카행 Holland America Line 크루즈 유람선을 타게 되었다. 난생처음 타 본 크루즈선 여행이었다. 대학 졸업 후 미국 LA로 이민 간 안문옥 장로, 캐나다로 이민 간 김윤 집사 가족 모두 결혼 전부터 가깝게 지내던 대학 친구로 가족도 여러 차례 만난 터라 만남이 너무나 자연스럽고 편안했다. 마침 집사람이 칠순이란 얘기를 듣고 칠순 기념 겸 친한 친구와 멋있는 여행을 하기로 하였다.

캐나다 밴쿠버에 정박한 크루즈선에서 만나기로 하고 2019년 8월 25일 서울에서 캐나다 밴쿠버로 향했다. 밴쿠버 공항 입국 검색대에서 LA에서 온 안 장로 가족을 반갑게 만나 공항에서 크루즈선이 정박한 밴쿠버 항구행 셔틀버스를 같이 탔다. 크루즈선에서 김윤 집사 부부와 세 가족이 반갑게 만나 여행 분위기에 흥분했다. 크루즈선이 워낙 커서 아파트인지 호텔인지 배인지 구별이 안 될 정도였다. 아늑하고 작은 호텔 객실 같은 방에 짐을 풀고 잠시 휴식했다. 크루즈선 내의 여러 시설은 소문대로 호화스러웠다. 먼 여행이라 짐을 줄이려고 옷도 최소한으로 가져갔는데 선내에서 수시로 만날 때마다 새로운 패션으로 등장하시는 두 분 사모님 모습에 놀라고 또 멋있게 보였다. 안 장로 부부는 공항에서 큼직한 여행 가방을 둘씩이나 들고 나올 때부터 알아봤다. 크루즈 여행의 맛과 멋은 그런 것이란 얘기는 듣긴 하였지만, 식당에 따라 정장 차림만 입장되는 우아한 식당에서 종업원의 서비스를 받으며 와인 잔을 들이켜니 친구의 우정과 크루즈 여행의 참맛을 느낄 수 있었다.

캐나다 밴쿠버항에서 Westerdam Holland American Line 크루즈선 승선, 알래스카 빙하 지형 관찰

크루즈선 내 포토 존에서 사모님들

옥상의 풀장에서 수영하며 빙하지형을 보는 즐거움은 남극과 북극 탐험 때와는 사뭇 달랐다. 레스토랑에서 다양한 메뉴의 식사를 즐기고 극장, 카지노, 쇼를 관람하는 즐거움도 특별했다. 첫날과 둘째 날은 밴쿠버항에서 알래스카로 출발하여 선상에서 보냈고 셋째 날엔 케치칸(Ketchcan)에서 하선하여 자유 여행을 하고, 다음 날 주노(Juneau), 스

캐그웨이(Skagway)로 향했다. 옵션 여행으로 기차를 타고 캐나다 유콘 클론다이크(Klondike) 금 광산 마을을 방문하고, 산악 열차로 크루즈선이 정박하고 있는 항구로 귀환했다. 골드러시 때 무진장 금을 채광한 금광산 개발로 유명한 지역이라 지질학자로서 유익하고 즐겁고 흐뭇했다.

알래스카 여행의 또 한 가지 즐거움은 킹크랩 요리 시식이었다. 킹크랩 양식장까지 배로 안내받아 식당에서 일본의 타베호우다이(食べ放題)처럼 무제한 킹크랩을 먹었다. 정말 생에 가장 많이 먹은 게 요리였다. 모두들 만족스러워했다. 다음 날 Glacier Bay에 하선하여 마을 투어 후 맥줏집에 들려 맥주를 마셨는데 아가씨들이 특이하게 봉사하는 집으로 미국에서 처음 본 일이었다. 알래스카 수어드(Seward)에 도착하여 관광 열차로 앵커리지 시내까지 멋진 경치를 감상하고, 앵커리지 시내에서 각자 일정에 맞춰 셔틀버스를 타고 알라스카 JFK 국제공항으로 이동하였다. 세 가족의 여행은 여기서 끝이 나고 각자 귀향, 귀국길에 올랐다. 나는 딸, 사위, 외손녀 외손자와 만남을 가지기 위해 뉴욕에 들렸다.

알래스카 Tracy의 킹크랩 요리
타베호다이(食べ放題, All we can eat)

뉴욕에 도착해 스태튼 아일랜드에 있는 지질학자에게 낯익은 도로명인 클론다이크가(Klondike Avenue)에 살고 있는 딸 집에 한 달 가까이 묶었다. 클론다이크(Klondike)는 1896-1899년 캐나다 서북부 유콘(Yukon)의 금광 지역으로 1896-1899년 대규모의 금광 개발로 10만 명의 금광 탐사자가 몰려들어 미국 시애틀과 샌프란시스코까지 골드러시 바람이 불었던 지역이다. 며칠 전에 방문했던 캐나다 유콘 금광 지역의 지명이다.

뉴욕에 머무는 동안 손녀가 다니는 콜게이트 대학(Colgate University)

을 방문하였다. 가는 도중에 나이아가라 폭포에서 일박하고 아름답고 장엄한 폭포를 즐겁게 구경하였다. 다음 날에 손녀가 좋아하는 김밥을 직접 만들어 콜게이트 대학 캠퍼스를 방문하였다. 수년 전 1984-1985년 캘리포니아 공과 대학(CALTEC) 방문 연구 교수와 2014년 9월 한국지질자원연구원(KIGAM)과 MOU를 채결하기 위해 프린스턴 대학을 방문하였을 때 명문 대학의 면모를 경험했던 것처럼 콜게이트 대학 캠퍼스에 들어서자 명문 대학 분위기를 느낄 수 있었다. 학생 기숙사 시설이 특급 호텔 같은 수준이라 놀라지 않을 수 없었다. 정말 공부하기 좋은 캠퍼스 환경이었다. 대학생이 된 손녀가 캠퍼스를 안내해 주었다. 정말 대견스러웠다. 졸업 후 훌륭한 미국 시민으로 성장하길 마음속으로 기도했다. 뉴욕으로 귀환하는 길에 잠시 40년 만에 미국에서 자동차 운전을 하였다. 40년 전 LA 부근 패서디나(Pasadena)에 있는 캘리포니아 공과 대학(CALTEC) 방문 교수로 생활했던 과거가 떠올랐다. 뉴욕 맨해튼을 몇 차례 구경하고 뉴욕 시립 박물관을 견학하였다. 뉴욕 시립 박물관에서 학예 연구원을 겸하고 있는 제자 박JS 교수의 따뜻한 안내를 받았다. 서대문 자연사 박물관과 계룡산 자연사 박물관 건립 운영 자문이나 이화 여대 자연사 박물관장을 역임하기 전에 방문하였더라면 더 좋았을 거라는 아쉬움도 들었다. 크루즈 여행과 뉴욕 여행은 기억에 오래 남을 보람 있는 즐거운 해외여행이었다.

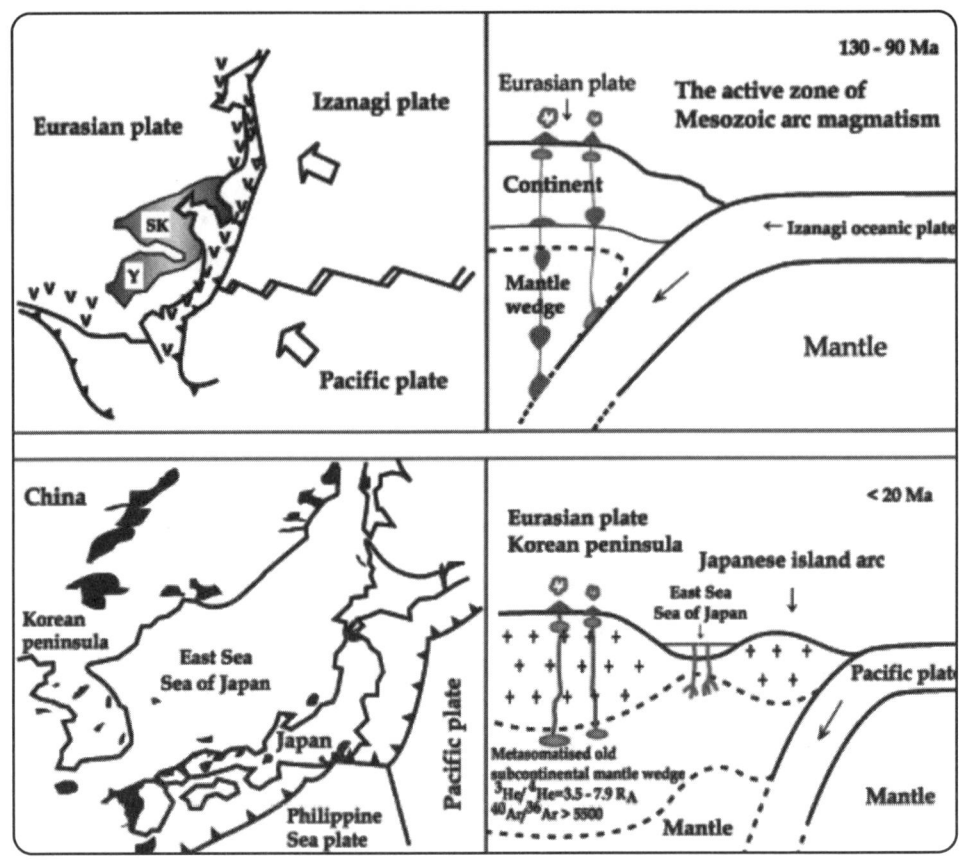

▶ 한반도 중생대 화성 활동의 맨틀 웨지(Mantle wedge) 성인 모델(Kim et al., 2005, Geochem. Jour., 39(4)). 약 90-130Ma경 이자나기판이 유라시아판 밑으로 섭입되면서 맨틀 웨지에서 형성된 마그마가 관입 분출해 중생대 대보화강암과 불국사 화강암이 형성되었다. 그리고 동해가 열리고 20Ma 이후 태평양판과 필리핀해판이 유라시아판 밑으로 섭입되면서 일어난 신생대 화성 활동으로 울릉도, 독도, 백두산, 제주도 등의 화산 활동이 일어났다.

7장 한반도의 지질 이모저모

Some issues of the Geology of Korea

- 한반도 지질학적으로 어떻게 만들어졌나? The Geological search for the Korean peninsula Past
- 울릉도와 독도 알칼리 현무암 Alkali basalt of the Ulleungdo and Dokdo islands
- 동해(東海) 표기 우리의 견해 Korean opinion concerning the naming debate between the East Sea and Sea of Japan
- 동해와(日本海) 호칭 문제 일본의 주장 Japanese opinion concerning the naming debate Between East Sea and Japan Sea
- 독도(獨島) 영유권 우리의 견해 Korean opinion regarding Dominium problem of Dokdo Island between Korea and Japan
- 독도 영유권 일본 주장 Japanese opinion regarding Dominium problem of Dokdo Island between Korea and Japan
- 화석이 말해 주는 지구의 역사 Fossil records the History of the Earth
- 지질 시대 생물종의 절멸과 인류의 미래? Extinction of life and Future of Mankind?

한반도 지질학적으로 어떻게 만들어졌나?
The Geological search for the Korean peninsula Past

한반도 지질학적 형성사(形成史)는 너무 복잡하고 어렵다. 여기서는 지질학을 공부하지 않은 일반 독자도 이해할 수 있게 간략하게 한반도가 지질학적으로 만들어진 과정을 개략적으로 요약 소개한다. 좀 더 자세한 한반도의 지질은 《행성지구학》(김규한, 시그마프레스, 2009)을 참고할 수 있다.

46억 년 전 시구 탄생 시 어느 한 부분에 한반도 전신인 시원 대륙(Proto-continent)이 존재했다. 선캄브리아기-고생대 말까지 지구상의 대륙은 거대한 초대륙(Super-continents)으로 되어 있었다. 고생대 말 약 250Ma(1Ma=100만 년) 시기에는 오늘날의 유라시아 대륙, 아메리카 대륙, 아프리카, 오스트레일리아, 남극 대륙 등이 모여 하나의 거대한 대륙으로 판게아(Pangaea)라는 초대륙으로 되어 있었다. 베게너(Wegener)는 이들 판게아 초대륙이 떨어져 나가 이동해서 오늘날의 각 대륙의 모습을 만들었다는 대륙 이동설(Continental drift theory)을 주장하였다. 남미 대륙과 아프리카 대륙의 해안선과 양쪽 해안의 지질이 퍼즐처럼 잘 부합하고 빙하 지층의 분포, 고지자기 자극 이동, 고생물 등 지질, 지구 물리학적 많은 자료가 대륙 이동을 잘 입증해 주고 있어 대륙 이동설이 학설로 일반화되었다.

 선캄브리아기 시기에 한반도의 모체는 유라시아 대륙 동남단의 얕은 바다 환경에 퇴적물이 퇴적되고 이들 퇴적암이 오랜 지질 시대에 걸쳐 변성 작용을 받아 오늘날 편마암, 편암, 규암 등의 변성암류 지층이 되었다. 변성암류 지층에 드물게 협재된 대리암이 얕은 바다 환경이었음을 말해 주고 있다. 이들 암석이 오늘날 경기 육괴와 영남 육괴와 같은 한반도의 기반을 이루고 있다. 지형이 오늘날과 같은 모양으로 만들어져 있지는 않았지만 유라시아 대륙 동남단에 한반도의 모체인 선캄브리아기(570Ma 이전)에 만들어진 기반(Basement) 위에 점진적으로 고생대, 중생대, 신생대의 지층의 지질이 형성되었다.

 고생대(570-245Ma)에는 이들 기반 위에 오늘날 한반도의 중부 지역 정선-삼척-영월 지역 일대의 태백산 분지와 북한의 평양 부근 지역이 바다 환경으로 석회암, 셰일, 사암, 역암 등 해성 퇴적암층이 만들어졌다. 이들 지층에서 삼엽충 화석 등 고생대의 대표적인 화석들이 산출되고 있다. 중생대(245-66.4Ma)에는 모체인 한반도 대륙 기반 위에는 바다가 없었다. 그러나 중생대에 경상도 지역에 거대한 육성 호수가 만들어져 소위 경상 누층군의 호수 퇴적층이 형성되었다. 그리고 중생대에는 화성 활동이 격렬해 화강암과 안산암류의 화산암이 대규모로 관입 또는 분출되었다. 쥐라기 대보화강암과 백악기의 불국사 화강암이 대표적이다. 트라이아스기의 화강암도 조사되고 있다. 또 이 시기에 대보 조산 운동, 송림 변동, 불국사 변동 등 조산 운동과 지각 변동이 있었다. 신생대(66.4Ma-현재)에는 소규모의 해성 퇴적암층이 포항, 북평, 제주도 서귀포 지역 등에 소규모로 형성되고 백두산, 한라산, 울릉도 독도 등 판 내부 화산 활동(Intraplate volcanism)이 일어났다.

한반도의 화성 활동은 지질학적으로도 대단히 중요할 뿐만 아니라 금속 광상의 생성 성인과도 밀접히 관계되어 광상학적으로도 아주 중요하다. 한반도의 중생대 화성 활동의 성인을 판 구조 운동과 연계해 맨틀 웨지 모델(Mantle wedge model)로 잘 설명하고 있다(Kim et al., 2005). 90-130Ma경 이자나기(Izanagi)판이 유라시아 대륙판 밑으로 섭입(Subduction)하는 맨틀 웨지 환경에서 중생대 대보화강암 화성 활동이 일어났다. 그리고 태평양판, 필리핀해판, 태평양-이자나기 리지(Pacific-Izanagi Ridge)가 유라시아 대륙판 밑으로 섭입하면서 불국사 화성 활동이 일어났다. 한편 20Ma 이후에는 태평양판이 유라시아 대륙판 아래로 섭입하면서 동해가 열리고 배호 분지(Back-arc basin)인 동해에서 울릉도, 독도, 일본 오키섬 등의 화산 활동이 일어나 화산섬이 만들어졌다. 즉 이 시기에 일본 열도가 유라시아 대륙 동남단 한반도에서 떨어져 나갔다. 이 시기에는 판 내부 화산 작용으로 백두산과 제주도 화산이 폭발하여 거대한 화산 지형이 형성되었다. 한반도는 지질 시대와 역사 시대 동안 줄곧 유라시아 대륙의 한쪽 끝자락에 위치해 있었다. 한반도의 형성 과정을 판구조론(Plate tectonics)으로 잘 설명하고 있다. 마이오세(약 15Ma) 이전 동해가 열리기 전까지 이자나기판과 유라시아판이 접하는 부근에 위치하였다.

한국 광역지질도(한국지질자원연구원 발행)

현재의 한반도 모양의 지형은 신생대 마이오세 후기에 일본 열도가 한반도에서 떨어져 나감으로써 현재와 유사한 형태의 지형이 만들어졌다. 일본 열도 분리와 배호 분지 동해의 형성사가 오늘날 한반도 지형 형성에 있어 중요하다. 마루야마(1977) 연구에 의하면 신생대 플라이오세(5Ma) 때까지도 한반도 남부 지역과 일본 큐슈 지역이 연결되어 있었다. 처음 일본 열도가 떨어져 나가기 시작한 시기는 고제3기 말 올리고세(Oligocene, 33.9-23Ma)경이다. 현재 한반도는 태평양판과 필리핀해판, 유라시아판 접경에서 다소 떨어진 위치에 있다. 그래서 판 경계에 인접한 일본 열도처럼 지진과 화산 활동이 빈번하지는 않다.

배호 분지 동해 형성에 대하여 여러 가설이 제안되고 있다. 열개설(裂開說, 이동설)과 함몰설(陷沒說, 침강설, 고정설)이 대표적이다. 열개설, 이동설은 오스트레일리아 태즈메이니아 대학, 지질학자 Carey, S. W.(1956)에 의해 처음으로 제안된 가설로 동해가 형성되는 과정을 거대한 수평 이동 단층 운동으로 설명하고 있다. 재미난 가설로 한반도 남부와 일본의 포사 마그나(Fossa Magna) 단층 남서부 일본 열도가 러시아 연해주 유라시아 대륙에 붙어 있었다는 것이다. 포사 마그나 단층 북쪽 일본 열도는 연해주 북측에 멀리 떨어져 있었다. 우수리 대단층의 수평 이동으로 중국 산동반도 일부였던 오늘날 북한 지역이 북으로 이동하여 현재 위치에 와 있다. 한반도 동해 해안선을 따라 발달한 거대한 수평 이동 단층 운동으로 남서부 일본 열도가 남하하면서 동해가 만들어지기 시작했다. 그리고 포사 마그나 단층 북쪽의 일본 열도가 수평 이동으로 연해주 북쪽에서 현재 위치로 남하하게 된다. 흥미 있는 연구 내용이었다. 일본 히다편마암(飛驒片麻岩)과 한반도 선캄브리아기 편마암을 대비하기도 한다.

오늘날은 열개설에서 더욱 발전된 판 구조 운동에 근거한 동해 형성 가설로 두 종류 모델이 제안되었다(Chemicoff, 1995). 하나는 태평양 판이 유라시아 대륙판 밑으로 섭입되면서 형성된 맨틀 대류로 인해 동해가 확장된다는 가설이다. 또 다른 가설은 판의 섭입 시 중력에 의해 베니오프대가 아래로 끌어당겨짐으로써 동해가 확장되어 배호 분지가 만들어졌다는 것이다. 일본 열도 북동부와 남서부가 서로 다른 방향으로 회전한 결과 동해가 열렸다고 하는 부채꼴 열림 모델과, 일본 열도가 남쪽으로 이동한 결과 동해가 열린 인리형 열림 모델 제안도 있다(최덕근, 2014, Yoon and Chough, 1995).

판 구조 운동론이 일반화된 오늘날 받아들여지고 있지는 않지만 함몰설(陷沒說)을 주장하는 학자도 적지 않다. 수직 단층 운동으로 동해 지역이 함몰되어 동해가 형성되었다는 가설이다(湊正雄, 1973, Beloussov, V.V., 1968). 만약에 유라시아 대륙의 대륙 지각이 함몰되어 동해가 만들어졌다면 동해 밑 심부에 화강암질 대륙 지각이 존재해야 한다. 그러나 지금까지 실시한 동해 해저 물리 탐사와 시추 탐사에서 동해 해저에서 화강암 지각이 확인되지 않고 있다. 湊正雄에 의하면 동해 지역이 고생대 후기 지향사 퇴적 환경이었으며 중생대 후기-제3기 초에 지향사 퇴적층이 수직 단층 운동으로 융기한다. 이들이 침식된 후 다시 지향사 지역이 수직 침강하여 신제3기-현재에 동해가 형성되었다는 가설을 제안하였다. 그래서 동해 심해저에 드물게 화강암이 잔존한다는 것이다. 함몰 증거와 동해 형성사의 열쇠는 동해 해저 지각 지층 연구이다. 일본은 그동안 동해 해저 심부 시추 탐사 연구를 많이 하여 왔다.

재미난 연구 결과로 울릉도 화산 테프라층에서 산출되는 화강암질암(몬조니암)의 절대 연령이 0.12Ma가 얻어져 지구상에서 가장 젊은 화강암질암으로 발표되었다. 동해 해저에서 새로운 대륙 지각이 만들어지고 있는 것일까? 흥미 있는 연구로 배호 분지 발달사와 동해 해저 화성 활동 연구에 새로운 출발점이 되었다. 뿐만 아니라 울릉도가 화강암의 성인 중 현무암질 본원 마그마의 분별 결정 작용으로 화강암질 마그마가 형성된 보기 드문 교과서적 사실 현장이 되었다. 이 연구 내용이 《Chemical Geology》(Kim et al., 2008, 253호)에 소개되었다.

배호 분지 동해가 형성되므로 한반도는 현재의 반도 모양으로 만들어지게 되었다. 지질학적으로 15Ma경 일본 열도는 한반도에서 떨어져 나가 오늘날의 일본을 만들었다. 그 당시는 일본 열도는 직선형이었다. 후에 활 모양으로 점차 휘어졌다.

그동안 동해 연구는 주로 일본 연구자들에 의해 많은 연구가 수행되어 왔다. 일본 가나자와 대학(金沢大學)에서는 《日本海》라는 연구 저널을 1967년부터 발행하고 있었으며 도야마현(富山県)에서는 국제-일본해 정책과라는 행정부서까지 두고 있다.

우리나라도 한국해양연구원 부설 동해연구소가 2008년 10월에 울진에 설립되었다. 해양 자원 개발 및 이용 기술, 해양 환경 관리 보전 기술, 해양 문화 관광, 국제 협력 등 다양한 활동이 이루어지고 있다. 동해특성연구센터, 독도전문연구센터, 동해연안침식연구실과 운영지원실로 구성된 한국해양기술연구원 동해연구소에 더 많은 힘을 쏟아야 한다. 특히 동해(東海)를 일본해(Sea of Japan) 표기로 주장하는 명칭 표기 문제라든가 독도 영유권 주장까지 한일 간에 우리의 동해를 두고 첨예한 갈등이 역사적으로 계속되고 있다. 동해 명칭이나 독도 문제는 한민족의 명운이 걸린 국가적 대문제이다. 일본의 잘못된 주장을 반드시 바로 잡아야 한다. 한반도 지질의 재미난 몇 가지 이슈는 부록에서 소개한다.

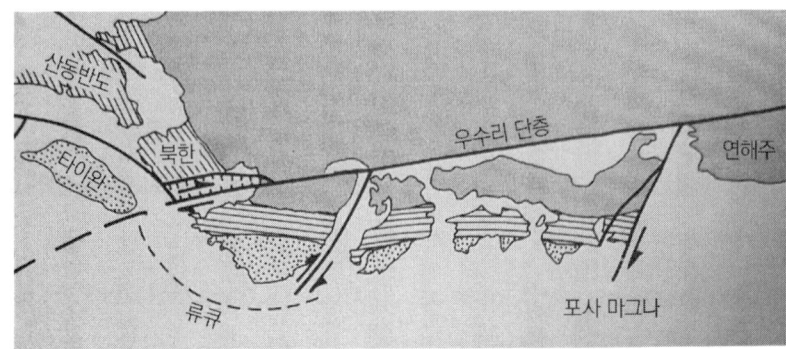

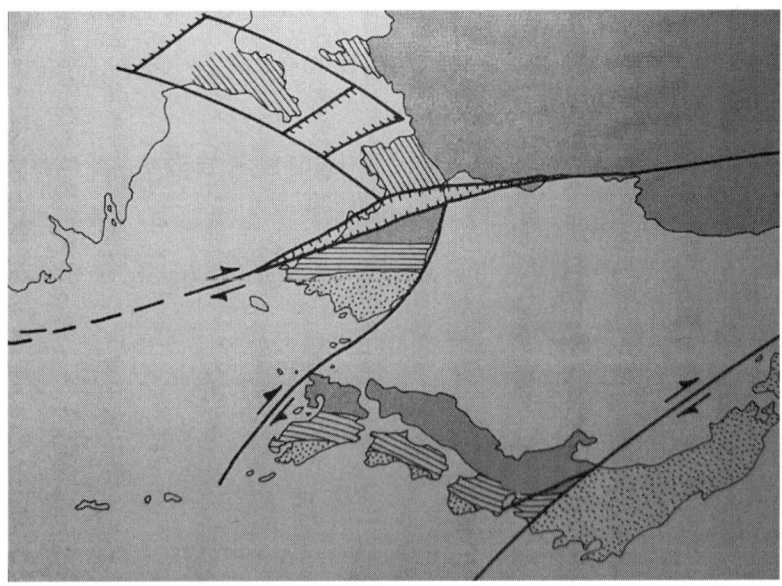

열개설(裂開說, 이동설)로 오스트레일리아 지질학자 Carey, S.W.(1956)에 의해 처음으로 제안된 흥미 있는 가설이다. 오늘날 러시아 캄차카반도에서 한반도 중부로 이어지는 우수리 대단층으로 한반도의 남부와 일본 열도 모체가 서쪽으로 이동한다. 그 후 한반도 동해안을 따라 발달한 거대한 단층으로 일본 열도가 남서로 이동하므로 동해가 열리게 되었다(Carey. S. W.(1956). 〈The Tectonic Approach to Continental Drift〉. in 《Continental Drift- A Symposium》, Univ. Tasmania 177-355p.). (자료 출처:《日本海の 謎(일본해의 수수께끼)》(柏野 義夫, 카세노요시오저, 築地書館株式會社,1975))

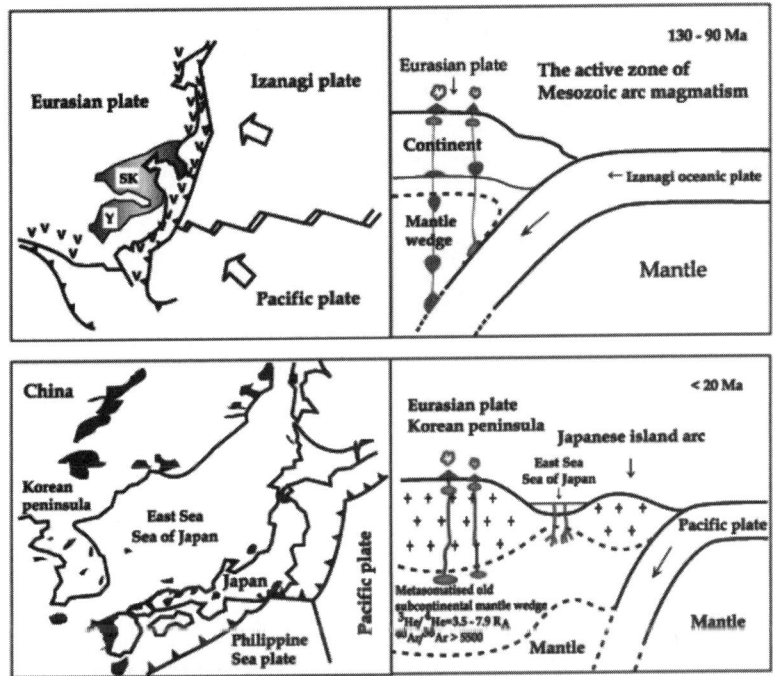

한반도 중생대 화성 활동의 성인 해석(Kim et al., 2005, 《Geochemical Journal》 39(4), 341-356p.). 약 90-130Ma경 이자나기판이 유라시아판 밑으로 섭입되면서 맨틀 웨지에서 형성된 마그마가 관입 분출해 중생대 대보화강암과 불국사 화강암이 형성되었다. 그리고 동해가 열리고 20Ma 이후 태평양판과 필리핀해판이 유라시아판 밑으로 섭입되면서 일어난 신생대 화성 활동으로 울릉도, 독도, 백두산, 제주도 등의 화산 활동이 일어났다.

울릉도와 독도 알칼리 현무암
Alkali basalt of the Ulleungdo and Dokdo islands

독도 영유권 문제로 울릉도와 독도는 국내외에 많이 알려진 유명한 섬이다. 그러나 울릉도와 독도에 가 본 사람은 우리나라 사람도 많지 않다. 적어도 내가 울릉도를 처음 방문했을 때는 그랬다. 그 당시 독도는 일반인 민간인은 갈 수 없었다. 울릉도는 대학 시절 이대성 교수님의 연구로 울릉도 얘기를 가끔 듣고, 대학 후배 김윤규 박사가 박사 학위 연구로 울릉도 지질에 관한 연구를 하여 울릉도 얘기를 접했지만 당시 나에겐 관심의 대상이 되지 못했다. 울릉도 지질학적 연구는 김윤규 박사, 이대성 교수님, 원종관 교수님 등의 연구 결과가 큰 도움이 되었다. 독도에 관한 연구는 김윤규 외(《지질학회지》, 1987), 김윤규 외(《核理硏究報告》, 1986), 손영관, 박기화(《지질학회지》, 1994) 등의 연구 결과가 보고되었다. 당시 전공이 광상학이라 화산에 대한 연구는 먼 거리에 있었다. 또 울릉도를 가는 일 자체가 그리 쉬운 일이 아니었기 때문이었다. 일본 나고야 대학에 연구차 왔다 갔다 하는 과정에 네오디뮴-스트론튬(Nd-Sr) 동위원소 분석과 칼륨-아르곤(K-Ar) 연대 측정이 가능한 일본 실험실에서 화산이 많은 일본의 화산암 연구를 보고 관심을 넓혔다. 백두산 연구와 함께 한반도의 화산암 연구의 중요성과 일본에서 직접 연대 측정과 동위원소 분석을 할 수 있는 연구 여건이 화산암 연구에 흥미를 더하게 만들었다.

강원도 삼척항에서 울릉도행 페리를 타고 처음 울릉도 도동항에 도착하였다. 도동항에 오징어가 잔뜩 널려 있고 민가에 누렇게 익은 호박이 가득 쌓여 있었다. 육지에서 듣던 울릉도 호박엿의 얘기를 실감하였다. 울릉도 해변 도로를 따라 화산암 지질 조사와 시료 채취도 재미있고 점심 식사도 기억에 남을 정도로 맛이 있었다. 나리 분지 내에 있는 자그마한 외딴 교회 십자가는 하늘로 기도가 가깝게 직접 연결되는 환상적인 교회였다. 울릉도와 독도에는 주로 알칼리 현무암계 화산암이 분포하고 있다. 알칼리 현무암(Alkali basalt)이란 알칼리 성분(Na_2O, K_2O 성분이 많음)이 많고 실리카가 결핍된 현무암으로 SiO_2, CaO가 부족할 때 만들어지는 네펠린, 감람석, 휘석 광물을 포함한 현무암이다. 동해와 일본 북규슈 지역에 많이 분포하고 있다.

울릉도 도동항과 울릉도 오징어

울릉도의 여러 차례 용암 분출이 노두에서 쉽게 구별된다. 도동항에서 작은 고개를 넘어가면 저동항이 있는데 저동항 도로변에 화산암질 사암층을 발견하고 제주도 기반인 서귀포층과 비슷한 개념의 울릉도 화산섬의 기반인 저동층의 새로운 지층을 설정하는 연구(《한국지구과학회지》, 1996, 17(5), 383-390p.)의 개가를 올렸다. 울릉도 화산암의 K-Ar 연대 측정과 Nd-Sr 동위원소 연구로 울릉도 알칼리 화산암의 성인(1999, Geochem. Jour, 33(5). 317-341p.)이 밝혀지게 되었다.

연구에 흥미가 더해지면서 마침내 놀라운 발견으로 이어졌다. 울릉도는 화산섬이라 화강암 같은 심성암이 나올 수 없는 지역으로 인식되어 있었다. 저동 지역과 석포리 지역 응회암층에서 테프라와 색상이 유사해 지금까지 인식하지 못하였던 화강암편을 처음으로 다수 발견하였다. 흥분되는 순간이었다. 도대체 울릉도에 어떻게 화강암이 나올까? 동해 해저에 화강암질 대륙 지각이 존재하고 있단 말인가? 궁금증이 더해 갔다.

이 화강암질암 시료의 연대 측정 결과는 더욱 놀라운 사실로 0.12 Ma(12만 년)이었다. 지구상에서 지금까지 발견된 화강암 중에 가장 젊은 암석이었다. "The Youngest Granitic rocks on Earth"이란 제목으로 《Nature》 저널에 야심차게 투고하였다. 그러나 이 암석이 전형적인 화강암이 아니란 이유로 불행히도 수락되지는 못하였다. 이 암석은 화강암질 암석으로 몬조니암(Monzonite)이었다. 그러나 배호 분지(Back-arc basin)에 있는 울릉도에서 테프라 분출 시 지하에서 함께 분출해 나온 이 화강암질 암편이 지구상의 화강암질 마그마의 성인을 밝히게 되었다. 결과적으로 알칼리 현무암질 마그마의 분별 결정 산물임이 밝혀져 실례가 드문 교과서적인 사실이 울릉도에서 밝혀졌다. 이 재미난 연구 결과는 2008년 《Chemical Geology》 253권 180-195 페이지에 발표되었다.

울릉도 연구가 외국에 소개되면서 영국 옥스퍼드 대학 연구자로부터 울릉도 테프라층의 공동 연구 제안을 받았다. 여성 연구자 둘과 함께 울릉도를 또 방문하게 되었다. 세계적인 명문 대학 연구

자들의 야외 조사 연구 과정과 모습에서 역시 명문 대학이 따로 있음을 인정하였다. 참 열심인 연구자들로 기억에 남는다. 연구 결과는 공동 저자로 《Quaternary Science Reviews》(30, 2845-2850, 2011)에 발표되었다.

여러 차례 울릉도를 방문하면서 초기에는 온종일 걸어 다니며 시료를 채취하였지만 버스 편이 불편한 교통이라 나중에는 자동차를 대여해 울릉도의 구석구석을 조사하였다. 석포리 언덕길은 생명을 보장할 수 없는 좁고 가파른 길로 평생의 운전 중에 가장 고난도 코스였다. 울릉도 연구에서 독도 화산암의 연대와 성인이 더욱 궁금해졌다.

울릉도에 이어 독도 연구에 집념을 가졌으나 그 당시 민간인은 갈 수 없는 곳이었다. 어느 해 문화 관광부에서 문인들의 행사가 독도에서 열린다며 배가 출항한다는 뉴스를 듣고 아끼던 양주 한 병을 들고 문화 체육부 담당자를 찾아가 특별 부탁했으나 승선하지 못하였다. 이유는 승선 인원이 차서였다. 대안으로 문인들이 타고 간 배를 통해 독도 암석 시료 채취를 당부했다. 그건 도와주겠다고 했다. 그런데 그날따라 독도 근해에 파도가 심해 문인들이 타고 간 배가 독도에 접안할 수 없어 허사였다. 독도 화산암 연구에 열정적인 지질학자인 나를 태워 갔으면 하늘이 도와 파도를 잠재웠을 텐데? 안타까운 현실이었다. 울릉도 조사 때마다 독도 조사와 시료 채취를 해야겠다는 생각이 머릿속을 채웠다.

추운 겨울 어느 날 울릉도 조사 도중 독도 경비를 관할하는 울릉 경비대를 찾아가 독도 지질 조사를 위해 연구 목적으로 독도 입항을 요청하였다. 그러나 대학교수 학술 연구도 민간인이라는 이유로 독도 방문은 거절당하였다. 독도는 민간인 출입이 제한되어 갈 수 없는 우리나라 섬이었다. 그런데 경비대장이 교수님 서울에서 멀리까지 오셨으니 추운데

차나 한잔하고 가시라 해서 난로 옆에서 커피 한 잔 마시며 얘기 나누던 도중에 고등학교 동창인 경찰청장 비서실장 박○○ 얘기를 했더니 경비대장 역시 내 친구와 친분이 두터워 얘기는 급반전되었다. 학교에 돌아가 있으면 학교로 경비선 배 승선이 가능한 날짜를 알려 주겠다는 것이었다. 몇 주 후에 경비대장 특별 배려로 경찰 전용 물자 운반선에 탑승하여 연구용 시료를 채취할 수 있게 되었다. 그래서 처음으로 독도에 상륙해 감격적인 지질 조사와 시료 채취를 성공적으로 하였다. 독도 가는 날 날씨도 좋고 정박 시간 여유도 있어 조사하기 좋은 날이었다. 참 즐거운 날이었다. 마침내 독도 화산암의 K-Ar 연대 측정 결과를 학회지에 소개할 수 있었다(《지질학회지》, 김규한, 36(3) 313-324p., 2000). 독도 현무암의 연대는 후기 플라이오세(2.28-2.42Ma)임이 밝혀졌다. 이 결과는 2.5-4.6Ma(《지질학회지》, 손영관, 박기화, 1994)의 측정 결과와도 유사하다. 또한 이는 울릉도의 초기 분출 연대와 유사하였다. 뜨거운 연구 열정에는 언제나 하늘이 도와주었다.

대한민국 고유 영토 독도(獨島)에 대하여 일본이 터무니없이 다케시마(竹島)라고 영유권을 주장하고 있다. 그리고 동해(東海)를 일본해(日本海)라고 주장하는 동해 표기 문제가 한일 간에 첨예한 문제로 계속 제기되고 있다. 그 실상과 진실도 이어서 규명하고 진단해 본다.

조면암 내에 포획된 현무암, 조면 안산암 지형, 여러 차례 분출을 쉽게 알 수 있는 용암층과 용암층 사이의 붉은색 풍화 토양

동해(東海) 표기 우리의 견해
Korean opinion concerning the naming debate
between the East Sea and Sea of Japan

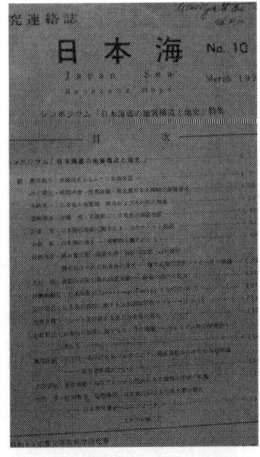

일본 가나자와 대학(金沢大學)에서 1967년부터 발행하고 있는 《日本海》라는 연구 저널

우리나라 동해(東海)에 대하여 일본은 일본해(Sea of Japan 또는 Japan Sea)라고 표기하고 가나자와 대학에서는 《일본해(日本海)》라는 연구 저널까지 출판하고 있다 지금도 동해 표기는 한일 간에 첨예한 대립이 계속되고 있다. 양국의 주장과 견해를 소개한다.

"그래도 동해는 동해다"라는 제목의 《조선일보》 유석재 기자가 정리한 기사(2007.5.8.)에 따르면 다음과 같다. 동해 표기의 역사적 정당성의 증거를 다음과 같이 제시하고 있다. 1145년(인종 23) 김부식이 펴낸 《삼국사기》 고구려 본기 제1에는 동해에 가섭원(迦葉原)이란 곳이 있으니 토양이 기름지고 오곡이 알맞다(東海之濱有地號 日迦葉原)라는 기록이 있다. 기원전 59년 부여왕 해부루(금와왕의 부)가 도읍을 옮기는 기사 중에 나오는 말이다. 5세기 초에 세워진 중국 지린성 지안시 통거우에 있는 광개토대왕비에도 동해란 말이 새겨져 있다. 1530년 간행된 《신증동국여지승람》 중의 〈팔도총도〉에도 동해가 표기되어 있다. 중국 명나라 때의 지도집 동방산요와 1737년 러시아 교과서 지도 등에서도 동해라 표기했다.

  일본보다 약 1,600년 앞서 《삼국사기》 고구려 본기의 시조 동명성왕 편에는 東海之濱有地라고 표기되어 있다. 이탈리아 신부 마테오 리치가 1602년에 제작한 세계 지도 〈곤여만국전도〉(坤與萬國全圖 Kunyu Wanguo Quantu)에도 동해로 표기했다. 정부가 2001년부터 3년간 해외 주요 도서관의 고지도 594점을 조사한 결과 420점(71%)이 동해 한국해 등 한국 관련 명칭으로 표기되어 있었다. 일본해는 12%였다.

  일본은 19세기에 들어와서 일본해라는 표현을 쓰기 시작하였지만 19세기 말까지 일본이 발행한 지도에도 조선해로 표기하였다. 1809년 〈일본변계약도〉, 1810년 〈신정만국전도〉, 1871년 〈지구만국방도〉 등 지금까지 확인된 것만으로도 18종의 지도에서 이렇게 표기되어 있다. 일본해는 동해가 아니라 태평양의 일본 근해를 지칭하였으나 러일 전쟁 후 동해의 전략적 중요성에 눈뜬 일본이 동해를 일본해로 바꿨다. 이를 1929년 IHO 회의에서 확정시켰

19세기 말 일본이 발행한 지도에 조선해로 표기

다. 세계에서 동해(일본해)처럼 3개국 이상의 연안국으로 둘러싸인 바다에 특정 국가 이름으로 쓰는 경우는 드물다. 일본은 동해가 일본 열도에 의해 태평양과 분리된 바다이기 때문에 일본해라고 주장하고 있다. 그러나 뉴질랜드에 의해 남태평양과 분리된 타스만해는 뉴질랜드가 아닌

서쪽 섬 이름을 땄으며 캄차카반도에 의해 북태평양과 분리된 오호츠크해도 캄차카반도의 이름을 따르지 않았다.

현재 우리는 동해 표기에 대해 동해와 일본해를 병기해서 쓰자고 국제 수로 기구(IHO)에 제안하고 있으나 일본은 이를 반대하고 있다. 동해 표기는 양보할 수 없는 국가적 과제다. 동해 표기의 정당성과 중요성을 《동아일보》 기고문([열린 시선/김규한] "세계지도 개정 앞두고 동해 표기에 힘 보태자", 2016.8.18., [기고/김규한] "동해, 세계지도에 반드시 표기해야", 2012.4.13., [기고/김규한] "'한반도의 정원' 동해에 관심 기울일 때", 2011.6.16.)에 세 차례나 동해 표기의 정당성을 제기하였다. 바로 잡아질 때까지 계속 노력해야 한다. 동해는 영원히 동해다.

동해와 日本海 호칭 문제 일본의 주장
Japanese opinion concerning the naming debate Between East Sea and Japan Sea

다음은 코이즈미 이타루(小泉 格, 2006)가 저술한 "日本海と環日本海地域, 일본해와 환일본해지역"《角川學藝出版》에 소개된 동해 명칭 호칭과 독도 영유권의 일본 주장이다. 일본은 우리 동해를 일본해(日本海)라고 주장하고 있다. 그들의 주장의 근거는 다음과 같다.

일본해 명칭이 1815년 이후부터 러시아 제독 크루젠슈테른이 처음 사용했다고 주장한다. 17, 18세기에는 일본의 서쪽 바다를 타다르해, 조선만(朝鮮灣)으로 불러 왔다. 일본해는 일본, 러시아, 한국의 바다이자 연안국, 동아시아, 세계가 공유하는 바다다(《日本海の謎(일본해의 수수께끼)》, 紿野 義夫, 카세노 요시오저, 築地書館株式會社, 1975). 바다의 명칭은 국제 수로 기구(IHO, International Hydrographic Organization)에서 국제적으로 표준화하고 있다. 해저 지형의 명칭은 IHO와 IOC(International Ocean Council) 합동 기관이 세계 해양 수심도(GEBCO, General Bathymetric of the Ocean)를 작성해 여기에 이름을 붙였다. 일본해 명칭은 최초로 1552-1610년 이탈리아 선교사 마테오리치가 북경에서 작성한 〈곤여만국전도(坤與萬國全圖)〉에 한자로 표기되어 있다. 곤살레스 데 멘도사의《시나대왕국지》(1585) 제2부 제3권 제2장에 일본 북방의 해역을 '하폰의 해'로 소개하고 있다. 이는 1583년 마카오 주재 프란시스코 수도사 말틴 이냐시오 데 로욜라가 집필한 〈신세계 여행기〉 지도 이외에 처음으로 사용된 일본해 호칭의 최초 기록이다. 16세기까지는 중국 지도와 서양에도 일본해 호칭 기록이 없다. 1583년 경 마카오 주재 선교사가 일본 북방해역을 일본해로 부르는 정보를 입수하여 마테오 리치가 1602년 일본해로 쓴 배경인 것 같다. 1708년 중국에는 다양한 지도가 발행되었지만 일본해는 기입되어 있지 않다. 1782년 司馬江漢은 약 100년 전 모르체의 지도(네덜란드판) 지구 전도를 동판으로 모사해 일본해를 일본 내해, 태평양을 일본 동해로 호칭했다. 18세기 서구의 세계 지도에는 약 40%가 일본해, 30-40%는 메르도코레, 코리안시라는 조선해로 기재되어 있다. 라베르즈(1741-1788)는 루이 16세의 명에 따라 태평양 탐험을 1785-1788년에 하고 보고서와 지도에 '메르도 자폰'으로 기술하고 있다. 1805년 러시아 함대 함장 크루젠슈테른은 세계 주항기(1809-1812)와 부도에 일본해로 기재하였다. 1816년에 간행된 〈新訂萬國全圖〉에서 조선반도 동쪽 해안을 '조선해' 일본 열도 근해를 '대일본해'로 일본의 독자성을 나타냈다(靑山, 地圖に見る日本海の呼稱, 日本海學の新世紀,《日本海學推進會議編》, 72-82, 2001).

그러나 1855년 개정판 〈重訂萬國全圖〉에서 일본해와 태평양으로 기재하고 그 후 일본해로 정착했다. 현재 국제 수로 기구(IHO)가 국제적 정식 명칭을 일본해로 승인한 배경에는 16세기 이후 이에즈스 선교사가 동아시아 각종 정보를 유럽에 전달함으로써 18세기 말까지 유럽에 일본해 호칭이 정착되었기 때문인 것 같다. 한편 일본의 막부 시대 말까지 일본해 호칭을 정착하고 메이지 정부의 부국강병책과 함께 일본해 호칭이 고착되었다(小泉 格, 2006). 이상은 일본인 스스로가 주장하는 모순 많은 억지 주장들임을 말해 주고 있다.

독도(獨島) 영유권 우리의 견해
Korean opinion regarding Dominium problem of
Dokdo Island between Korea and Japan

독도는 후기 플라이오세(2.28-2.42Ma) 화산암류로 되어 있다

독도(獨島)는 동도(東島)와 서도(西島)로 이루어져 있으며 면적이 약 187,450㎡이다. 약 200만 년 전 후기 플라이오세(2.5-4.6Ma, 《지질학회지》, 손영관, 박기화, 1994, 2.28-2.42Ma, 《지질학회지》, 김규한, 2000)에 분출한 화산섬으로 조면암, 조면암질 현무암, 화산 각력암 등으로 구성되어 있다. 독도의 지질과 진화에 대한 연구 내용이 흥미 있게 기술되어 있다(《지질학회지》 30, 독도의 지질과 진화, 손영관, 박기화, 1994). 독도 근해에는 풍부한 어업 자원과 천연가스, 가스 하이드레이트 등의 지하자원이 부존하고 있다. 독도 근해 울릉 분지에서 한국석유공사가 세계에서 95번째 산유국으로 2004년 7월부터 원유와 천연가스를 생산하고 있다. 독도는 대한민국 행정 구역상 경상북도 울릉군 울릉읍 독도리 1-96번지이다.

역사적으로 독도는 신라 지증왕 13년(서기 512년) 6월 이사부가 우산국(현재의 울릉도와 독도)을 신라에 복속시킨 이래 고려조, 조선조를 거쳐 현재까지 실효적으로 지배하고 있다. 국제법적으로도 포츠담 선언(1945.7.26.)의 연합국 최고 사령관 훈령(SCAPIN) 제677호(1946.1.29.)에 연합국과 일본 간 샌프란시스코 강화 조약(1951.9.8.) 및 한일기본관계조약(1965.6.22.) 등에서 대한민국 고유 영토임을 명시하고 있다.

최근 경북 예천 박물관에 소장 중인 보물 제878호《대동운부군옥》(《大東韻府群玉》, 1589)에서 섬(島), 사나움(悍), 사자(獅) 등의 일반 명사에 울릉도가 인용되어 울릉도, 독도 영유권을 입증하는 새로운 내용이 발견되었다.《대동운부군옥》은 조선 선조 때 권문해(權文海, 1534-1591)가 편찬한 우리나라 최초의 백과사전이다.

《태종실록》(1492)을 보면 태종 재위 기간 조정은 일본 해적들로부터 울릉도와 우산도와 독도 주민들을 보호할 수 없었기 때문에 억지로 '무인도 정책'을 폈다고 돼 있다. 그 이후 17세기까지는 가끔 임시로 이주민들이 이 섬에 거주했다.

1500년대부터 1700년대까지는 유럽 탐험가들이 해도에 표기되어 있지 않은 미지의 대양을 항해하면서 세계를 주로 탐사했다. 1849년 리앙쿠르(Liancourt)라고 하는 프랑스 포경선이 오늘날 독도인 바위섬에 충돌할 뻔한 사건이 있었다. 그래서 배의 이름을 딴 리앙쿠르 록스(Liancourt Rocks)란 이름이 붙여져 1870년대 이후 서양 지도에 표기되었다. 2023년 3월 독도재단 조사에 의하면 스탠퍼드 대학 도서관 소장 〈일본전도〉(영국, 1882)에도 울릉도는 Dagelet I, 독도는 Hornet Is로 일본의 오키섬과 색상이 구별되게 표기되어 있다.

유엔 해양법 협약(UNCLOS) 121조 2항에 따르면, 면적 1km² 이상의 '아일랜드' 요건에 맞으려면 그것이 공해 해수면보다 높아야 하며 그래야 주변 해역도 영해가 될 자격이 있다고 한다. 독도는 한국 본토에서 117해리(1해리=1,853m), 일본 본토에서 135해리 각각 떨어져 있다. 울릉도는 독도에서 47해리(87.4km) 떨어져 있으며 일본의 가장 가까운 오키섬은 독도에서 85해리(157.5km) 떨어져 있다. 유엔 해양법 기준에 의하면 독도는 한국 본토에서 연장되는 아일랜드 또는 록스이다.

1995년 독도 지질 조사에서 독도 경비대장과 함께

대한 제국은 독도가 본래 조선 영토임을 선언하는 황제 포고령 41호(1900.10.25.)를 발표하였다. 그러나 1905년 을사조약으로 대한 제국의 외교 주권을 일본에 박탈당했다. 일본은 1905년 독도를 시마네현의 오키섬 관할로 불법 강제 편입하였다.

일본의 제2차 대전 패망과 함께 1946년 1월, 연합군 최고 사령관은 훈령 SCAPIN-677(제3항)에 따라 일본 영토 범위는 주요 4개 섬(홋카이도, 혼슈, 큐슈, 시코쿠)과 약 1,000개의 부속 도서들로 한정한다. 여기에 울릉도, 리앙쿠르 록스(다케시마, 독도), 사이슈(제주도)는 제외한다라고 명시하고 있다. 연합군 최고 사령부는 SCAPIN(연합국 최고 상부 지령) 677호로 독도가 일본 영토로부터 분리되었음을 선언하고 이를 한국에 반환시켰다. 1946년 6월의 SCAPIN-1033에 따라 맥아더 라인을 설정해 일본 어선들과 어민들이 독도로부터 12해리 이내에 접근하는 것을 금지시켰다. 1951년 3월 연합군 사령부를 위해 영국 정부가 제작한 지도에도 독도와 울릉도가 각각 다케시마와 우츠료시마라는 일본명으로 표기하면서도 한국 영토로 표시했다. 1952년 샌프란시스코 강화 조약(SFPT) 2조와 '한일기본조약'(1965)에서도 이전에 대한 제국과 일본 제국 간에 체결된 모든 불평등 조약 및 협정이 '이미 무효'임을 확인했다.

1954년부터 한국은 독도를 '실효 지배'하고 있다. 동시에, 독도를 포함하는 울등도를 기점으로 200해리 배타적 경제 수역(EEZ)을 주장해왔다. 국제 평화를 위해서, 일본은 독도에 대한 영유권 주장을 빨리 포기해야 할 것이다. 대한민국 칙령 제41호와 고종황제가 1900년 10월 25일에 독도를 울릉도의 부속 섬으로 제정한 것을 기념하여 이날을 독도의 날로 제정하였다.

독도는 일본의 한국 침략에 대한 희생물의 하나였다. 일본의 패망과 함께 독도는 다시 원상회복된 것이다. 일본이 독도를 竹島(다케시마)로 일본 영토라고 주장하는 것은 독도를 재탈취하려는 한국에 대한 도전이자 침략 행위이다. 절대 용납할 수 없다. 일본의 억지 주장을 소멸시키기 위하여 독도가 한국 고유의 영토임을 외교적으로 온 국민이 국제 사회에 끊

독도 동도에 설치된 한국지질자원연구원(KIGAM) 지진계
(출처: 한국지질자원연구원)

임없이 알려야 한다. 세계 각국에서 발간되는 세계 지도와 교과서에 이르기까지 독도가 한국 땅임이 표기되도록 해야 한다. 한국지질자원연구원(KIGAM) 원장 재임 시 KIGAM은 독도에 지진계를 설치하였다. 독도 주변에서 지진 지반 운동이 일어날 때마다 전 세계 지진국에 진원지 독도(DOKDO) 코리아로 기록되어 전 세계에 독도가 대한민국 영토임을 알리게 되어 있다.

대한민국 독도, 동도와 서도 (조면암, 현무암, 화산 각력암 등 화산암류로 되어 있다)

독도 영유권 일본 주장
Japanese opinion regarding Dominium problem of Dokdo Island between Korea and Japan

 일본은 우리 영토 독도를 다케시마(竹島)라 부르고 일본 영토라고 방위 백서에서 주장하고 있다. 일본의 주장은 다음과 같다(小泉 格, "日本海と環日本海地域, 일본해와 환일본해지역", 《角川學藝出版》, 2006).

 1994년 발효된 국제 연합 해양법 조약에 따라 연안국은 최대 350해리(약 650km)까지 대륙붕 주권적 권리를 2009년까지 신청할 수 있도록 인정하였다. 육지로부터 12해리(1해리=1.852km)까지 영해, 200해리(370km)까지는 배타적 경제 수역이지만 조약에서 대륙 사면(Continental slope)에서 갑자기 완만해지는 경사의 최대 변화점(이 지점에서부터 심해저라 부름)까지를 대륙 사면 각부(脚部)(Continental rise)라 하고 각부로부터 60해리(약 111km)를 대륙붕(Continental shelf)의 연장으로 하고 있다. 이 조약은 태평양이나 대서양에 적용되지만 동해와 같은 연해에는 적용되지 않는다. 독도가 한국과 일본 양 국가의 배타적 경제 수역에 걸쳐 겹칠 정도로 면적이 작은 연해에는 인접 국가 간의 경계 획정 관할 해역에 문제를 남기기 때문이다. 그러나 배타적 경제 수역의 해저는 대륙붕으로 규정되어 있다. 일본 열도를 둘러싼 대륙붕의 외연 심도는 140±20m이지만 노도반도(能登半島) 서쪽의 일본해 연안에서는 300-500m로 깊고 산인만(山陰沖)에서는 오키 제도(隱岐諸島)의 북쪽 해역의 수심 500m까지가 대륙붕으로 오키추(隱岐推)로 명명되어 있다. 이 천 해역의 서쪽 끝에 독도가 위치하고 있어 독도를 구성하는 플라이오세-제4기 화산암류는 오키 제도의 최상부 화산암류와 공통이다. 한편 한국측으로부터는 수심 2,000m를 넘는 심해 평원의 대마 해분을 경유해 독도에 이르러 지형적으로 분리되어 있다. 200해리를 초과하는 대륙붕의 신청에서는 해저의 지형이나 지질의 연속성으로 판단하여 독도는 일본의 배타적 경제 수역에 있다고 단언할 수 있다. 한국에 있어서도 이것은 분명할 것이다. 독도 문제 해결에는 고도의 정치적 판단이 요구된다(고이즈미 이타루, 小泉 格, "일본해와 환일본해지역", 《角川學藝出版》, 2006). 2022년 2월 18일 도쿄 소재 일본 국제문제연구소가 다케시마(竹島)가 기재된 에도 후기의 항로도가 발견되었다고 발표하였다. 시마네(島根) 대학 후나스기 리키노부(航杉力修) 준교수가 고서점에서 구입한 지도로 큐슈를 중심으로 한 밀무역의 밀수 단속을 위해 만들어진 항로도이다. 후나스기 준교수는 에도 시대에 다케시마가 일본령의 영유권 인식을 담은 지도 자료라고 주장하고 있다.

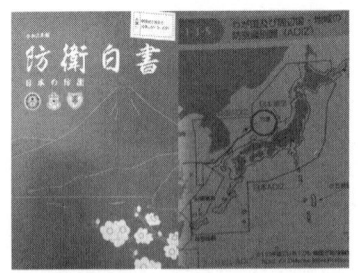

일본 방위 백서에서 독도를 다케시마(竹島)로
표기해 일본 영토로 기록

화석이 말해 주는 지구의 역사
Fossil records the History of the Earth

 지질학자들에게는 지구의 역사를 밝히는 일이 가장 중요하다. 지구 역사의 많은 것은 화석이 말해 준다. 화석(化石, Fossil)이란 과거 지질 시대 또는 역사 시대 이전에 지각에 보존되어 있던 동 식물의 잔해(Remains), 흔적(Trace) 또는 자국(Imprint)을 말한다. 즉 지층에 기록된 과거 생물들의 모든 증거를 말한다. 선캄브리아기의 지층에는 화석이 잘 발견되지 않는다. 지금까지 발견된 화석 중 지구상의 가장 오래전 생물체 화석은 서부 오스트레일리아 필바라(Pilbara) 지역의 스트로마톨라이트질 흑색 처트의 박편에서 관찰된 약 35억 년 전의 원핵 세포 생물(Prokaryotes)이다. 마이크로미터 크기의 아주 미세한 나선형의 현미경적 화석이다(사진 참조). 선캄브리아기 지층에서는 조류(藻類)의 일종인 스트로마톨라이트(Stromatolite) 화석도 다량 발견된다.

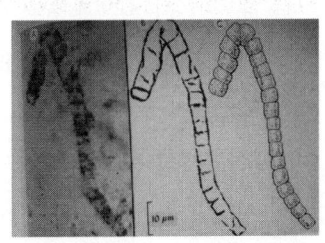

지구에서 가장 오래된 생명체 화석, 서부 오스트레일리아 필바라 지역 35억 년 전 지층에서 발견된 원핵 세포 생물(Prokaryotes)

 그러나 고생대에 오면서 동식물의 화석이 다량 산출되고 있다. 남부 오스트레일리아 에디아카라 힐(Ediacara Hill) 지역에 분포하는 약 6억 년 전 선캄브리기 말 처트와 사암으로 된 퇴적암층에서 부유성인 해파리

Cyclomedus와 환형동물, 극피동물, 절족동물들의 화석(에디아카라 동물군이라 부름)이 발견되었다. 5억 7천만 년 이전 선캄브리아기 지층에서는 화석 발견이 드물기 때문에 이런 화석은 선캄브리아기의 생물 연구에도 대단히 귀중한 화석이다. 고생대(5억 7천만 년-2억 4천5백만 년)에 들어오면 지구의 대기 변화와 함께 바다에는 많은 동식물이 번성하게 된다. 따라서 고생대에는 다양한 종류의 많은 화석이 산출되고 있다.

캄브리아기 바다에는 절족동물인 삼엽충이 탄생해 번성하였다. 우리나라의 고생대 지층이 분포하는 강원도 영월 삼척 지역 셰일층에서도 삼엽충의 화석이 다량 발견되고 있다. 고생대 바다에는 삼엽충 외에도 유공충, 부족류, 복족류 등의 조개류도 서식하였다. 고생대 오도비스기에는 어류가 등장하여 실루리아기와 데본기에

고생대 삼엽충과 중생대 암모나이트 화석

크게 번성하였다. 바다에는 동물 외에 수중 식물도 번성하였다. 고생대에 대기의 진화로 육상에 산소가 많아지고 오존층으로 자외선이 차단되면서 해양 생물들이 육지로 올라오게 된다. 실루리아기 후기에 양치식물이 육상에 서식하고 석탄기에 와서 육상 식물과 양서류가 크게 번성하였다. 육상에 산소가 많아짐에 따라 산소 호흡 생물들이 바다에서 육지로 올라오고 파충류도 육지로 상륙하여 열대림과 파충류가 번성하게 된다. 열대림 속에서 곤충류도 출현한다. 고생대 석탄기 시기에는 번성하던 식물이 지층에 매몰되어 탄화 작용으로 대량의 무연탄이 만들어졌다. 우리나라 영월, 삼척, 문경 지역 석탄층과 함께 그 당시에 번성하였던 양치식물의 화석이 다수 산출되고 있다. 고생대 지층의 분포를 보면 고생대에 한반

도는 쿠릴 해양과 유라시아 대륙이 접한 지역인 평양 지역 부근과 옥천-영월-삼척 지역 일대에 남중국을 통해 소규모 해양이 형성되어 있었다.

중생대(2억 4천5백만 년-6천6백4십만 년)에는 지구상에서 칼레도니아 조산 운동이나 바리스칸 조산 운동, 네바다 변동과 같은 대규모 조산 운동이 일어나 대규모 습곡 산맥이 형성되었다. 한반도에도 중생대에 송림 변동, 대보 조산 운동, 불국사 변동과 함께 대규모 화성 활동이 일어났다. 경상 누층군의 중생대 퇴적암층은 육성 호수 환경이었으므로 육성 환경의 화석들이 발견되고 있다. 중생대의 대표적인 화석으로는 공룡과 암모나이트를 들 수 있다. 중생대 지구상에는 시조새 출현을 포함 파충류가 대거 번성하여 파충류의 시대가 되었다. 〈쥐라기 공원〉이 잘 표현해 주고 있다. 영국 국립 자연사 박물관을 중심으로 세계 각국의 자연사 박물관에는 거대한 공룡 화석이 전시되어 있다. 한반도에서도 경남 고성, 해남 지역 등 여러 지역에서 공룡의 족적 화석이 발견되고 있다. 그러나 한반도 중생대에는 바다 환경이 아니어서 암모나이트 화석은 산출되지 않는다. 중생대 말에 공룡이 멸종하였다. 공룡 멸종은 운석 충돌에 의한 기후 변동이나 화성 활동이 원인일지도 모른다.

자연사 박물관 관장 시절 박물관 직원과 함께 경남 고성 지역 지질 답사 중 해안가에 앉아 점심 식사를 하다가 썰물이 일어났다. 물에 잠겼던 큰 바위 덩어리에 공룡 발자국 같은 흔적이 보였다. 수집한 암석 시료가 진짜 공룡 발자국으로 확인되어 E대 자연사 박물관에서 보존하고 있다. 바닷물 속에 잠겨 있던 굴러다니는 바위였지만 고성군에 반출 허가를 받고 박물관에 소장한 것이다.

영국 국립 자연사 박물관에 전시된 거대 공룡 화석

Y대 박물관에도 한쪽 발 공룡 화석이 수집 보존되어 있었다. 공교롭게 서울 신촌에 공룡의 오른쪽, 왼쪽 발자국이 잘 보존 전시되고 있어 중생대 공룡 화석이 교육용으로 서울 신촌에 진입한 것이다.

6천6백4십만 년 이후 신생대에는 인류를 포함해 포유류가 지구상에 번성하게 된다. 신생대 지층에서 발견되는 화석들은 대부분 현생과 동일하거나 유사하다. 우리 인류의 시조가 약 300만 년 전에 지구상에 등장하였다. 인골의 방사성 탄소 동위원소(^{14}C) 분석에서 인골의 생존 연대와 산소, 수소, 탄소, 질소 등의 안정 동위원소비를 분석하면 그들의 과거 식생활을 복원할 수 있다. 유인원 화석의 작은 시료만 얻을 수 있다면 유인원들의 식생활과 환경을 밝힐 수도 있을 텐데? 원핵 세포 생물(Prokaryotes)에서 호모 사피엔스(Homo sapiens)까지 어떻게 진화되었는지 지구의 생물 변천사는 고생물학 연구로 많이 밝혀졌다. 그러나 생명의 탄생, 인류의 탄생 등은 궁극적으로 아직도 과학, 종교, 철학의 수수께끼로 남아 있다. 지진, 화성 활동 등의 지각 변동, 거대 운석 충돌의 천변지이, 급속한 범지구적 기후 변화, 맹독성 슈퍼 바이러스 출현, 종교 갈등, 약육강식, 핵무기를 이용한 세계 패권 전쟁 등으로 지구상 생물계와 인류 미래를 매우 어둡게 하고 있다. 인류가 언제까지 지구상에 존속할 것인지 참으로 궁금하다.

지질 시대 생물종의 절멸과 인류의 미래?
Extinction of life and Future of Mankind?

46억 년 전 탄생한 지구에는 약 30억 년 전 최초로 생물이 등장한다. 지구 초기에는 지구 전체가 뜨거운 마그마 오션(Magma ocean)으로 덮여 있어 지표 온도가 1,200℃ 이상이었으며 초기 대기의 성분은 주로 수소(H_2)와 헬륨(He)으로 생물이 존재할 수가 없었다. 초기 뜨거운 마그마 오션이 점차 냉각되면서 수증기가 응축하여 뜨거운 해수가 만들어졌다. 점차 CH_4, NH_3, H_2O, H_2 등의 원시 대기가 만들어지면서 따뜻한 얕은 바다 갯벌에서 유기물이 처음으로 합성되었다. 지구에서 가장 오래된 생명체인 원핵 세포 생물(Prokaryotes)의 화석이 서부 오스트레일리아의 필바라 층군인 35억 년 전 지층에서 발견되었다. 조류(藻類) 기원의 녹색식물인 스트로마톨라이트(Stromatolite)도 따뜻한 얕은 바다에서 성장하여 선캄브리아기 지층에서 화석으로 발견되고 있다. 스트로마톨라이트는 현재까지 생존하고 있다. 지구 대기의 진화와 함께 지표에 생물들이 점차 탄생해 진화하기 시작하였다. 고생대에 들어오면서 해양에서 생물이 크게 번성하기 시작했다. 지표에 산소가 증가함에 따라 바다 생물들이 육지로 올라와 육상 생물이 번성하게 된다. 중생대에서 신생대로 옴에 따라 동식물 생물종의 개체수가 급격히 증가하였다.

다윈(Charles Robert Darwin, 1809.2.12-1882.4.19). 지질학자, 생물학자이자 박물학자인 다윈(출처: Wikipedia, the free encyclopedia - 찰스 다윈)

Charles Darwin portrayed as an ape in a cartoon in The Hornet magazine, March 22, 1871.

현재 지구상에 존재하는 생물종은 150만 종이 넘는다. 그중 식물이 약 30만 종, 동물이 120만 종이다. 동물 종류 중 80만 종이 곤충으로 곤충이 지배적이다. 한편 지질 시대 중에 생물의 대멸종 사건도 10여 차례 일어났다. 지난 30억 년 동안 지질 시대 중 절멸한 생물은 현존 생물종의 100배인 1억 5천만 종 이상으로 추정하고 있다. 이렇게 많은 생물종이 지구상에서 사라지는데 인류가 지구상에서 생존하는 것도 기적 중의 기적이다. 페름기와 트라이아스기 경계에 해양 생물종 70%가 대량 멸종된 사건이 있었다. 다음으로 백악기와 제3기 경계에 해양 생물종 45%가 대멸종하였다. 잘 알고 있는 공룡도 중생대 쥐라기에 번성하다가 중생대 말에 멸종하였다. 생물종의 탄생과 멸종은 다윈 진화론이 잘 말해 주고 있다. 이 같은 생물종의 대절멸의 원인은 기후 변동, 해수면 변동, 화산 활동, 운석 충돌 등 여러 요인을 들고 있다. 운석 충돌의 경우 운석 충돌 시 발생한 대량의 폭발 잔해가 하늘을 뒤덮어 지표의 기후 변동으로 생물이 멸종하였다.

금세기에 인류의 멸망 원인을 인구의 폭발적 증가로 인한 식량 부족, 지구 온난화, 한랭화와 같은 빙하기 도래의 기후 변동, 원자력 방사성 피폭, 바이러스와 같은 역병 등을 들고 있다. 대부분 지구상에 지역적으로 일어날 수 있어도 전 인류의 멸망에는 이르지 못할 것이다. 그러나 기후 변동이 가장 중요한 원인이 될 것이다. 왜냐하면 이미 지구상에서 일어난 과거의 빙하기가 입증해 주고 있다. 특히 스노볼 어스(Snowball Earth) 가설처럼 지구가 완전히 얼어 있었던 시기도 있었다. 지질 시대 생물종의 많은 절멸 이벤트 사실을 보면 인류의 멸망도 가능 대상에 있다. 다만 시간 단위가 지질 시대의 수억만 년, 수천만 년, 수백만 년의 긴 시간 단위라 100년 단위의 짧은 생존 기간은 인간의 적용 범위 밖에 있다. 인류의 멸망 가능성이 열려는 있지만 인류의 생존 기간 역사 시대에는 일어나지 않는다. 오히려 인류도 다른 일부 생물종처럼 긴 지질 시대 기간 중 자연 도태가 근본 원인일 수도 있다.

현생 인류는 약 200만 년 전에 탄생하였다. 세계 각지에서 발견된 유인원의 화석이 인류의 초기 탄생을 말해 주고 있다. 중국 북경 원인, 독일에서 발견된 네안데르탈인, 프랑스에서 발견된 크로마뇽인, 아프리카 에티오피아에서 발견된 318만 년 전의 루시(Lucy)도 잘 알려진 유인원의 화석이다. 루시는 보존 상태가 양호하며 아디스아바바의 박물관에 보관 전시되고 있다. 현생 인류인 호모 사피엔스(Homo sapien)가 지구상에 언제까지 생존할지는 아무도 모른다. 역사 시대에 여러 차례 전염병이 유행하여 많은 사람이 생명을 잃었다. 중세에는 역병 페스트(Pestilence, 흑사병, Black Death)가 대유행하여 최대 1억 명이나 많은 사람이 사망하였다. 이로 인하여 중세 봉건 제도가 몰락하였다. 그때 전염병 재앙을 막은 방법은 1차적으로 격리였다. 그리고 프랑스 화학자이자 미생물학자 파스퇴르(Louis Pasteur, 1822.12.27.-1895.9.28.)가 발병 원인과 백신 개발로 이 악성 바이러스 전염병을 잠재우게 했다. 지금도 바이러스 유행의 기본 방역은 격리이고 백신 개발이 최대 방역 예방법이다. 지금 코로나 바이러스가 지구상의 인류를 위협하고 있다. 근년에 와서도 우리는 여러 차례 전염병에 노출되어 예방과 방역을 해 왔다. 그러나 바이러스의 전파는 예측 불허라서 상시 대응 대비하지 않으면 안 된다. 10여 년 전 소규모 바이러스가 유행하였을 때 "바이러스 확산이 심상찮다"라는 주제의 《동아일보》 과학 칼럼(2010.12.18.)으로 국가와 국민들에게 바이러스의 위험을 경고했었다. 그때 국립 바이러스 연구소를 설립해 미리 대응하자는 제안을 했었다. 선견지명이 있었는데 아쉽다.

바이러스는 유해한 것만 있는 것이 아니고 인간에 유익한 바이러스도 많다. 바이러스 연구로 밝은 미래를 열어 가야 한다. 지금 에이즈나 코로나(Covid-19)와 같은 유행성 전염병 바이러스 대재앙은 시작일지도 모른다. 미래에 더욱 강력한 독성 슈퍼 바이러스가 인류를 공격할 수도 있다. 대비책을 미리 준비하는 자만이 지구에서 생존 영생을 누릴 수 있다.

우리가 살고 있는 지구는 암석권(Lithosphere), 대기권(Atmosphere), 생물권(Biosphere), 수권(Hydrosphere), 정신권(Noosphere)으로 구성되어 있다. 산업 혁명 전에는 이들 각 권 사이에 이상적인 물질 평형이 이루어져 있었다. 그러나 우리 인류는 기후 변화, 인구 증가, 전쟁과 질병의 공포 등으로 평형이 깨지고 지역적으로 생존의 위협을 받고 있다. 거대 운석 충돌 같은 천변지이(天變地異)도 일어날 수 있다. 생물종의 절멸은 범지구적 기후 변화 문제가 주원인이 될 것이다. 때문에 인류의 영속을 위해 지구 온난화(Global worming)나 한랭화(Global cooling)와 같은 범지구적 기후 변화에 대한 대응이 중요하다. 금세기에 와서 생물계의 박테리아, 바이러스, 슈퍼 바이러스와 같은 미생물의 위협이 크게 증가하고 있다. 때문에 인류가 지구상에서 영생하기 위해서는 이와 같은 바이러스, 슈퍼 바이러스와 다양한 미생물을 지혜롭게 조절하는 자연과의 조화를 위한 인류의 지혜가 요구된다. 나는 미래학자가 아니다. 그러나 생물종의 절멸과 인류의 미래를 다윈(C.R. Darwin, 1809.2.12.-1882.4.19.)의 진화론에서 답을 찾을 수 있을까? 다윈은 1859년에 〈종의 기원(On the origin of species)〉이란 유명한 논문을 발표한 생물학자로 널리 알려져 있다. 그러나 사실 다윈은 생물학자이기 전에 지질학자였다. 영국 왕립 지질연구원의 서기를 역임하고 지질학자로서 화산학 등의 연구 논문 업적도 다수 보고되어 있다. 다윈은 지질학자, 생물학자이자 위대한 박물학자이다. 인류의 미래를 점쳐 줄 지질, 생물, 박물학자, 제2의 다윈 탄생을 기원한다. 생물학적 죽음과 생물종의 절멸은 진화의 과정이기 때문이다.

Appendix 부록

주요 일간지 신문 기고문

동아일보(東亞日報)

[열린 시선/김규한] 세계지도 개정 앞두고 동해 표기에 힘 보태자

김규한 한국지질자원연구원장 이화 여대 명예 교수
2016-08-18

세계 각국의 많은 교과서, 세계 지도, 방송, 관광 지도, 지구의 등에는 아직도 동해가 일본해(Sea of Japan)로, 독도가 다케시마(竹島)로 표기되어 있다. 일본 외무성은 영어, 한국어, 일본어, 아랍어, 중국어, 프랑스어, 독일어, 이탈리아어, 러시아어, 스페인어 등의 언어로 된 동영상 자료로 동해와 독도를 일본해와 다케시마로 홍보하고 외교력을 통해 잘못된 사실을 강요하고 있다.

동해를 일본해로 표기한 오류는 1929년 출판된 국제 수로 기구(IHO) 해양 지도 제1판 지도책에서부터 시작된다. 이때는 한국이 국권을 박탈당한 시기로 IHO 회원국이던 일본이 우리 동해(East Sea)를 일본해로 표기한 것이다. 우리는 역사적으로 훨씬 앞서 2000년 전부터 동해로 표기해 왔다. 우리나라는 1957년에 IHO에 처음 가입했고 1991년 유엔 가입 후에야 동해 표기 문제를 제기하게 되었다. 우리는 1992년 IHO에 동해 표기를 주장하고 동해와 일본해의 병기를 추진해 왔다.

현재 IHO 해양지도 개정 4판이 준비 중이다. 내년 4월 24일 모나코에서 열릴 제19차 IHO 총회에서 한일 양국 간에 또 한 번 뜨거운 쟁점이 될 것으로 예상된다. 그런데 미국 국방부 보고서를 포함해 아직도 많은 미국 교과서와 지도 등 출판물에 일본해로 표기되어 있다. 각국의 교과서 지리부도, 사회 역사 교과서 3,380건 중 독도가 한국 영토로 표기된 것은 겨우 49건으로 1.5%에 불과하다. 국내 구글 지도에서는 독도로

표기되어 있지만 여타 국가에서는 여전히 독도가 리앙쿠르 암초로 나타난다. 애플 지도의 독도 위치는 여전히 일본 행정 구역으로 잘못 표기되어 있다. 최근 북한이 동해로 수차례 발사한 미사일에 대하여 영국 BBC, 중국중앙(CC)TV, 독일 디벨트 등 주요 외신들이 모두 일본해로 발사되었다고 보도하고 있다.

국가 차원에서 실효성 있는 대안이 필요하다. 내년에 열리는 IHO 19차 총회에 앞서 미리 준비해야 한다. 국내외 민간단체의 노력으로는 한계가 있다. 정부와 국민 모두가 세계 각국에 학교 교과서, 내비게이션, 전자 지도 등의 동해 표기 노력에 적극 힘을 보태야 한다. 유엔 등 국제기구를 통해 우리의 정당성을 알리는 외교력이 한층 더 요구된다. 지도 출판이 어려운 저개발 국가에 지도 출판, 전자 지도, 내비게이션을 지원하면 어떨까. 온 국민이 우리 동해를 반드시 지켜 내야 한다.

[열린 시선] '한일 과학교류의 장'. 나가오 우주물질 연구실험실

김규한 한국지질자원연구원장 이화 여대 명예 교수
2015-09-03

일본의 그릇된 역사 인식으로 한일 관계가 광복 70년이 지나도록 헛돌고만 있다. 독도의 억지 영유권 주장, 동해 표기 문제, 역사 교과서 왜곡, 위안부 사죄와 보상 문제 등 수많은 현안이 근본적인 해결책 없이 반복돼 한일 관계는 냉각되기만 한다. 하지만 한일 관계를 밝은 미래로 바꿔 가고 있는 정의롭고 양심과 양식 있는 일본 국민도 많다. 전 도쿄대 원로 교수의 국경 넘은 훈훈한 과학 사랑이 그렇다.

얼마 전 인천 송도에 있는 해양과학기술원 부설 극지연구소 지질-운석연구실에서 새로운 실험실 개소 행사가 열렸다. 우주 물질 연구 과학계에서는 대단히 중요하고 의미 있는 개소식이었다. 극지연구소 브레인풀 연구원인 나가오 케이스케(長尾敬介) 전 도쿄대 교수(66)가 우주 물질 생성 기원 연구의 필수 시설인 영족 기체 동위원소 분석 실험실을 국내 최초로 만들었기 때문이다. 그는 도쿄대와 오카야마대에서 평생 아끼며 연구하던 실험 시설을 통째로 옮겨 왔다. 이제 국내에도 영족 기체 동위원소 분석 시설이 설치돼 각국의 연구자가 찾아오는 세계적 실험실이 갖춰졌다. 한국은 우주 물질 운석 1호 두원 운석과 진주 운석, 남극 대륙에서 수집한 운석을 다수 보유했다. 이 운석들과 외계 물질에 숨겨진 우주 비밀을 캐는 주요 연구 시설을 갖춰 우주 물질 첨단 연구에도 한발 다가서게 됐다.

나가오 교수는 헬륨, 아르곤, 네온 등 영족 기체 동위원소를 분석하는 우주 물질 전문가다. 그는 일본이 야심차게 추진하는 소행성 탐사선 '하야부사'의 소행성 물질 기원 연구의 핵심 멤버이기도 하다. 하야부사가 2010년 가져온 소행성 이토카와 표면 물질의 영족 기체 동위원소 분석을 통해 이 표면 물질이 우주 풍화로 조금씩 발산돼 10억 년 후면 소행성 자체가 소멸될 것이라는 사실을 처음 밝혀냈다. 평생 365일 실험실에서 연구하던 노벨상 강국의 전형적인 대학교수다. 또 그의 실험실은 2007년 오카야마대 구사카베 미노루(日下部實) 교수가 극지연구소에 구사카베 실험실을 만든 이후 두 번째이다. 구사카베 실험실은 우주 물질 산소 동위원소를 분석 실험한다.

21세기는 우주 과학 시대다. 미국 항공 우주국(NASA)은 먼 우주로 나아가 '뉴허라이즌스' 발사 9년 6개월 만에 명왕성을 근접 통과하며 놀랍고 새로운 정보를 제공했다. 한국항공우주연구원도 지난해 소형 위성 발사체인 나로호의 발사 성공 이후 2020년 대한민국 최초로 달 탐사선 발사를 준비하고 있다. 한국건설연구원, 한국지질자원연구원, 한국과학기술원도 우주 탐사 로버와 탐사 장비 개발 연구에 힘쓰고 있다.

[열린 시선] 우수 인재 채용, 국가직무능력표준이 대안

김규한 한국지질자원연구원장
2015-07-07

최근 치열한 취업 시장의 화두는 단연 '스펙 초월 채용'이다. 필자의 대학 시절만 해도 '스펙'은 수입 자동차 설명서에서나 볼 수 있는 용어였다. 그런데 최근에는 스펙 3종, 5종, 7종 세트에 이어 스펙 9종 세트(학벌, 학점, 토익, 어학연수, 자격증, 공모전 입상, 인턴 경력, 사회봉사, 성형 수술)라는 신조어마저 나오고 있다. 스펙 12종 세트로 늘어나는 것도 시간문제다. 지금까지 국내의 많은 전문 기관 취업 시장은 스펙과의 전쟁이라 해도 과언이 아니다.

개인 능력이 무시된 고스펙 신규 인력 채용 시스템을 개선하기 위한 새 대안으로 고용 노동부가 국가직무능력표준(NCS)에 토대를 둔 능력 중심 채용 제도를 도입하고 있다. 한국지질자원연구원은 정부 출연 연구 기관 최초로 NCS 기반 스펙 초월 채용 시스템을 올해 초 처음 실행했다. 그동안 고스펙을 갖춘 인재를 우선 선발하던 연구 기관에서 스펙을 초월한 능력 중심의 채용을 위해 공인 영어 성적과 학력 제한 등을 과감히 없앴다. 특히 기술·행정직은 서류 전형 없이 NCS 기반 직무 능력 평가에 바로 응시할 수 있게 했다. 연구 기관 특성상 연구직 서류 전형은 기존대로 실시해 정부 정책과 기관 특성에 부합하는 차별화된 NCS 채용 제도를 설계했다. 연구직을 포함한 전 직군의 3차 전형은 NCS 기반 구조화 면접 방식으로 실시해 인성과 실력을 겸비한 인재를

채용할 수 있는 기반을 마련했다.

　이번 NCS 채용 결과는 최적화된 직무 중심의 잠재력 있는 인재를 뽑았다는 데 큰 의미를 부여할 수 있다. 특히 연구직은 박사급뿐만 아니라 우수 연구 실적과 역량을 갖춘 석사급 연구 인력도 함께 채용했다. 행정직은 스펙 초월과 직무 적합도, 직무 수행 능력을 강조해 공인 영어 성적이 없거나 학점이 낮더라도 실제 업무 역량을 갖춘 인재를 우선 채용했다.

　앞으로 NCS 제도는 인사 채용 제도뿐 아니라 인사 관리 전반으로 확대, 적용이 가능하다. NCS는 서로 다른 조직 문화와 제도를 보유한 공공 기관이 하나의 목표와 가치 미션을 공유하는 능력 중심 사회 구현을 위한 정부의 노력이다. NCS 제도의 새로운 적용 성공 사례는 모든 공공 기관 인사 담당자와 취업 준비생에게 희소식이다. 지질자원연구원의 사례가 학벌과 스펙 만능 사회에서 능력 중심 사회로 발전하는 출발점이자 국가 연구 기관의 NCS 도입과 확산의 신호탄이 됐으면 한다.

[내 생각은] 해외자원 탐사-개발. 현장 목소리에 귀 기울여야

김규한 한국지질자원연구원장 이화 여대 명예 교수
2015-03-31

중동 4개국 경제 사절단 멤버로 석유 부국 아랍 에미리트(UAE)를 다녀왔다. UAE 국영 석유 회사(ADNOC)와 석유, 천연가스 공동 탐사 개발을 위한 연구 협력 및 양해 각서(MOU) 체결을 위한 행사 참가였다. UAE는 현재 국가 예산의 77%를 원유 수출 수입에 의존하고 있으며 석유 매장량 세계 6위, 천연가스 매장량 세계 7위인 자원 강국이다. 2014년 1인당 국내 총생산(GDP)이 6만 9,731달러로 한국(2만 8,739달러)의 2배가 넘는다.

한국 석유 공사의 UAE 석유 개발 사업은 1960년 탐사 시추를 시작으로 할리바 광구에서 현재 약 6억 배럴의 원유를 확보했으며 셰일 오일과 심부가스층 탐사에도 주력하고 있다. 석유 공사는 다프라 지역 등 유망 광구의 추가 정밀 탐사로 새로운 메이저 원유 개발의 강자로 부상하는 것을 목표로 야심차게 진력하고 있다. 9일 석유 공사는 2017년 하루 5,000배럴의 원유 생산과 2019년 하루 최대 4만 배럴로 생산량을 늘릴 예정이라는 기쁜 소식을 발표했다.

중동 석유 자원에 대한 위기감으로 석유 개발 업체들은 기술 개발 투자를 확대하고 있다. 중동의 석유가 매장된 저류층은 백악기, 제3기 탄산염암이라는 지질학적 특징이 있다. 탄산염 저류암층은 매우 복잡해 효율적 탐사·개발을 하려면 저류층의 분포, 지층 구조뿐만 아니라 공극

구조, 속성 과정, 암상 등 복잡한 특성 규명이 관건이다. 이미 발견된 원유의 회수율을 늘리는 기술력이 매우 중요하므로 한국지질자원연구원, 석유 공사, UAE 국영 석유 회사가 MOU를 맺고 새로운 공동 연구에 착수하는 것이다.

'난세에 영웅 나고 불황에 거상(巨商) 난다'라는 중국 옛말이 떠오른다. 셰일 가스 생산에 따른 국제 유가 하락, 과거 부실한 해외 자원 투자 후유증, 일부 부도덕한 기업 등 때문에 해외 자원 탐사 개발의 활력이 사라지고 있다. 하지만 지금이 에너지 공기업의 선제적 투자 적기이다. 셰일 가스, 가스 하이드레이트, 셰일 오일 등 비(非)전통 에너지와 북극, 사막 등 극한지 해외 자원 탐사 개발에 적극 투자해야 한다.

[기고/김규한] 굴러다니는 돌도 귀중한 자원

김규한 한국지질자원연구원장 이화 여대 명예 교수
2014-07-31

지구와 우주는 돌(암석)과 광물로 구성되어 있다. 이들은 종류마다 구성 성분이 다양하다. 이런 광물 성분이 지표 암석의 풍화나 침식으로 토양과 바다, 강으로 흘러 들어가 생태계로 유입된다. 우리 인체는 Ca, Mg, C, P 주원소와 Zn, Mn, Cu, F, Co, Mo, I, As 등의 미량 원소를 생태계의 순환 과정에서 섭취해 생명을 이어 가고 있다. 특히 암석에 포함된 미량 원소는 인체에 필수 요소이다. 과다 섭취하면 독이 되지만 극소량 섭취는 생체 활성과 만병통치약이 된다.

동양 의학에서 약학이란 원래 본초학(本草學)을 말한다. 책 이름에서 보듯 약의 근원은 식물이다. 생리 활성화 기능이 식물에 있는 경우 식물성 식품을 영양제나 약제로 많이 사용한다. 이런 약용 성분은 주로 암석 광물과 토양에서 유래한다.

암석 광물 자체도 예부터 광물 약으로서 옥석, 광석, 단약으로 구분돼 약으로 사용됐다. 전통적인 광물 약은 주로 체온 조절에 석고, 해열 진정에 방해석, 지혈 해독 두통 장염에 운모류, 생식 기능 강화에 양기석, 이뇨에 활석, 접골 골절 치료에 자연동(산골) 등이 사용됐다. 수은, 납, 비소 등은 치명적인 독성 원소지만 극소량을 사용하면 진정제, 해독, 악성 빈혈, 영양 장애, 습진, 병원 미생물 멸균 등에 효능이 탁월한 것으로 알려져 있다.

그런데 최근 암석 광물의 과학적 연구 성과로 점토 광물에서 광물 신약이 일부 개발되고 있다. 일례로 몬모릴로나이트, 스멕타이트 광물을 원료로 만든 위장 질환 치료제 슈멕톤과 스멕타 등의 제품이 이미 국내에서 생산 시판되고 있다.

스멕타이트는 점토 광물의 결정 구조적 특성으로 위나 장점막을 보호하고 유해 물질 흡착 기능이 탁월해 위장약 신약제로 개발되고 있다. 또 기능성 피부 보호제의 원료가 되기도 한다. 그러나 스멕타이트 원료와 정제 기술을 수입에 의존하고 있어 국내산 원료 연구 개발(R&D)이 시급하다.

점토 광물은 약용 외에도 화장품, 비료, 세라믹, 종이 원료, 가축 사료 첨가물 등으로 널리 사용되고 있다. 우리나라는 화장품 원료로 연간 600억 원 이상, 제약용으로는 연간 수십억 원어치의 점토 광물을 수입하고 있다. 다행히 포항 지역에 대량 매장된 산업 광물 벤토나이트 광산은 제약 원료용 고품질 스멕타이트 광물 개발 최적지임이 지질학적으로 밝혀졌다. 그리고 국내 비금속 광물 자원의 가채 매장량은 약 96억 1,000만 t이며 잠재 가치는 170조 원으로 평가되고 있다.

이 때문에 국내 비금속 광물 자원을 의약품용, 화장품용, 세라믹, 사료용 원료와 같은 고부가 가치 자원으로 활용하는 기술을 개발하면 침체된 국내 광물 자원 산업이 신성장 동력 산업으로 탈바꿈해 새로운 일자리 창출에 기여할 것으로 기대된다. 광물 의약품 신시장 개척을 위한 생태계 창조형 R&D 지원 확대가 요구된다. 돌이 약이 되는 천연 광물 신약 개발 새 시장의 창조 경제 신화를 만들어 보자.

[기고/김규한] DMZ 생태평화공원 만들자

김규한 한국지질자원연구원장 이화 여대 명예 교수
2014-03-12

독특한 지질 자연 생태 환경이 가장 잘 보존된 한반도 비무장 지대(DMZ)는 동서 248km, 폭 4km, 전체 면적 약 907km²로 서울 면적(약 605km²)보다 훨씬 넓다. 원산에서 홍성을 잇는 추가령 구조곡이 DMZ를 횡단하며 아름다운 현무암 계곡이 한탄강, 임진강 변 양측에 절경을 이루고 있다. 제4기 약 22만 년 전에 분출한 전곡 현무암 용암층 하부에는 구석기 시대 유물이 발견된 한민족의 고대 역사 유적지가 있다. 대암산 용늪 습지, 장단 반도 습지, 초평도 습지는 식물 460여 종, 동물 229종의 서식처이자 재두루미, 멧돼지, 산양, 고라니 등 야생 동물의 낙원이다. 희귀종인 오색딱따구리와 흰꼬리수리, 검독수리 등 천연기념물 13종도 조사 확인되었다.

천혜의 자연, 인문, 사회, 역사, 지역 문화가 융합된 자연 유산인 지오파크(Geo-park) 지질 생태 환경 공원을 DMZ에 조성하면 어떨까. 지오파크란 지구 과학적 가치를 가진 자연 경관이나 노두(露頭, 암석이나 지층이 지표에 노출된 것을 말함)를 보면서 그 지역의 지사(地史)나 자연의 참모습을 이해할 수 있는 자연 지질 공원이다. 남과 북이 힘을 합해 DMZ에 지오파크 생태 환경 평화 공원을 조성하면 남북 교류와 세계 평화 교육의 장을 만들 수 있다. 국제적 관광 산업으로 활성화시킬 수도 있다.

몇 년 전 학회 활동으로 말레이시아 랑카위 지질 공원을 답사한 일이 있었다. 랑카위 지오파크는 열대림으로 이루어진 섬 전체가 면세 지역 관광 명소와 휴양지로 유럽인들이 즐겨 찾고 있었다. 불현듯 우리나라

DMZ와 다도해가 떠올랐다.

　1990년 2월 한중 수교이전 처음 백두산 방문을 시작으로 수차례 연차적 답사 과정에서 백두산 주변 환경의 놀라운 변천을 경험할 수 있었다. 중국은 최근 장백산(백두산) 지역을 유네스코 세계 자연 유산으로 지정받기 위해 지질 생태 환경 보존 관리에 집중하고 있다. 이미 백두산을 2009년 8월 장백산 화산 국가 지질 공원으로 지정했다. 백두산 주변 환경 정비와 창춘-장백산 고속 도로 개통 등으로 내외국인 관광객 수가 급속도로 늘어나고 주변 지역 환경 개선과 경제 활동이 대단히 활발해졌다.

　우리 국토를 과학적으로 분석해 지질 자연 생태 문화 유산으로 개발해 지오파크 생태 공원 조성을 확대함으로써 국토의 부가 가치를 높여야 한다. 생태 관광, 지질 여행 등 여가를 자연에서 즐기고 자연이 준 삶의 지혜와 선물로 국민의 삶의 질을 높여 국민 행복 시대를 열어 가자.

　DMZ는 우리 민족의 새로운 미래를 열어 주는 자연과 역사가 만들어 준 새로운 보고(寶庫)이다. DMZ를 지질 생태 평화 공원으로 조성하고 유네스코 접견 생물권 보전 지역, 세계 자연 문화 유산, 생태 평화 공원으로 지정하여 인류 평화의 소중함과 금수강산의 아름다운 모습을 세계인과 함께 공유하자. DMZ의 새로운 가치 창출을 위해 민간 차원에서 DMZ 남북 공동 지질 생태 조사 실시와 생태 지질 환경 보호와 보전을 위한 국가 통합 관리 기구 설치를 우선 제안한다.

[기고/김규한] 해외 광물자원 개발 융복합기술로 풀자

김규한 한국지질자원연구원장·이화 여대 명예 교수
2013-11-21

세계 각국의 에너지·광물 자원 확보 전쟁은 갈수록 치열해지고 있다. 우리나라가 그간 수행한 해외 자원 개발 사업 중 성공도 적지 않았지만, 다수의 광구에 소수 지분 참여로 단순 투자자 역할을 하는 사업이 많아 직접적인 기업 경영 기회가 극히 제한적이었다. 또한 광업이 국내 총생산(GDP)에서 차지하는 비중은 0.17%에 불과하고 광업 활동 역시 99%가 비금속 광물이어서 국내 현장에서 운영 노하우 등을 축적하기에는 한계가 있다. 국내 기업들이 자원 개발에 대한 노하우를 축적하기 위해선 정부 차원의 지원이 요청된다. 우리나라의 자원 개발이 글로벌 경쟁력을 갖추도록 하기 위한 제언을 하고자 한다.

해외 자원 개발 사업은 국가 간에 이루어지는 사업이다. 중국과 일본의 경우 국무총리를 위원장으로 하는 자원 정책 기구를 운영하고 있다. 우리나라도 대통령을 위원장으로 하는 자원 거버넌스를 구축해서 자원에 대한 국가 관리 상징성을 확보하고 종합적 정책 지원 체계를 새로 마련해야 한다.

현장과 연계된 융·복합 기술 개발을 통해 자원 개발 사업의 성공률을 높여야 하는 것도 과제다. 우리나라는 운영권 사업이 많지 않아 현장 접근성이 용이하지 않다. 이런 현실에서 현장에 대한 경험을 쌓고 기술을 확보하는 것은 현장과 연계된 대규모 연구 개발(R&D) 사업을 통해서만 가능하다. 우리나라가 운영권을 가진 사업의 테스트 베드(시험대)를 기반으로 대형 국가 연구 개발 사업을 추진해 기술 확보와 전문 인력을 육성하고 자원 서비스 기업에 현장 기회를 제공해야 한다.

국내 자원 보호와 개발 효율성을 높이기 위한 제도 정비도 필요하다. 최근 캐나다, 호주 등의 광업 회사가 국내 광산 개발 사업에 적극 참여하는 등 해외 기업의 국내 자원 개발 사업 진출이 벌어지고 있다. 일본은 2011년 광업법을 전면 개정해 특정 광물을 지정하고 국가가 사업자의 능력을 평가해 광업권을 부여하는 등 광업권 설정에 정부의 참여를 강화하고 있다. 우리나라 역시 국가적 관점에서 중요한 광종의 경우 사업자에 제한을 두고 국내 자원 보호와 개발의 효율성을 높이는 것이 필요하다.

마지막으로 자원 서비스 기업 역량 강화를 위한 터전을 마련해야 한다. 자원 서비스 기업은 사업 운영을 위한 기술을 제공하는 역할을 한다. 현재 국내 자원 서비스 대상 기업은 대다수가 매출액 10억 원 미만, 종업원 10명 미만으로 영세한 수준이다. 자원 서비스 기업을 대상으로 하는 연구 개발, 인력 지원 및 육성, 장비 지원, 정보 지원, 창업 지원, 현장 연계 등 일관적인 지원 체계를 구축하고, 이를 수행할 수 있는 컨트롤 타워가 필요하다.

[과학세상/김규한] 무서운 불산(弗酸)

김규한 이화 여대 과학 교육과 명예 교수
2012-10-10

지난달 27일 발생한 경북 구미시 산동면 불산 가스 누출 사고는 일본 후쿠시마현 원전 사고를 연상시킨다. 산동면 주변 봉산 마을의 농작물이 말라 죽은 모습에서 일본 원전 방사선 누출 피해 지역의 폐허와 두려움이 떠오르기 때문이다. 화학 반응에 무관한 식물이 고사할 정도의 맹독성 화학 물질 오염에도 속수무책인 공장이나 정부 대책을 보면서 안타까움을 넘어 분노가 치밀어 오른다.

불소(F) 가스는 인체에 치명적인 가스다. 불소 화합물인 불산(HF)은 독성이 강한 강산으로 반응성과 부식성이 강해 인체에 대단히 유해하다. 불소 가스와 불산은 암석과 광물을 녹일 정도로 강한 화학적 특성을 지닌다. 이 때문에 과거에 불소 가스 분리 연구를 하다 많은 과학자가 희생됐다. 프랑스 화학자 앙리 무아상은 불소 가스를 1886년 처음으로 안전하게 분리한 성과로 1906년 노벨화학상을 수상했다.

불소 가스와 불산은 잘 사용하면 도움이 된다. 불소 가스와 불산이 들어 있는 수소 원자를 불소로 치환해 만들어진 불소 화합물은 화학적으로 안정적이고 무해하다. 내열성과 내약성도 뛰어나다. 그래서 불소를 함유한 테플론 재질의 합성수지가 전기밥솥, 프라이팬 등 각종 가전제품에 유용하게 사용된다. 액체 불소 함유 유기 화합물은 인공 혈액으로 사용되며 고분자 세정제, 냉매제로도 널리 쓰인다. 불화수소나트륨 수용액은 충치 예방제나 구강 보호제로 사용된다.

　그러나 독성이 강한 만큼 다루는 데 조심해야 한다. 후드와 환기 시설이 잘 설치된 실험실에서도 불산 시약을 사용할 때는 특별한 주의를 요한다. 불산은 인체의 피부 점막 조직인 단백질과 반응해 염증, 발진을 일으키고 피부를 손상시켜 통증이 지속된다. 30년 전 최고의 안전성이 갖추어진 미국 캘리포니아 공대 실험실에서 실험을 하던 중 직접 겪은 일이다. 불산을 테플론 비커에 주입하는 과정에서 비닐장갑의 미세한 흠집을 통해 극소량의 불산 용액이 스며들어 새끼손가락 끝에 닿게 되었다. 물처럼 무색이고 극소량이라 전혀 감지하지 못했다. 그런데 그날 저녁 손가락 끝에서 심한 통증과 함께 발진이 일어나 병원 치료를 받은 공포의 경험이 있다.

　이 같은 유독성 가스나 강산은 직접 피부에 닿지 않도록 피하는 게 최선이다. 불산이나 불소 가스에 노출됐을 때는 신속히 그 지역을 벗어나 맑은 공기를 호흡하면서 노출 부위를 물로 씻고 병원 치료를 받아야 한다.

　정부는 사고 발생 12일째인 8일에야 구미를 특별 재난 지역으로 선포했다. 그러나 이번 사고는 누출 가스의 유독성이 심각한 만큼 발생 직후 즉각적인 피해가 없더라도 곧바로 주민과 가축을 모두 안전지대로 대피시켰어야 했다. 눈에 보이는 증상이 없다 해도 심각한 후유증이 우려되는 상황이기 때문이다. 사고가 일어난 즉시 바람의 방향과 세기를 고려하는 등 기상 조건을 감안해 주변 지역에 미칠 수 있는 영향을 분석하고, 예상 피해 지역 주민 역시 즉각 안전지대로 대피시켜서 2차 피해를 줄여야 한다.

 향후 유해 물질을 취급하는 공장 지역이나 실험실에는 유해 가스 자동 감지 장치를 반드시 설치·운영해야 할 것이다. 일본의 경우 10여 년 전 미야케지마 화산이 분화한 뒤로 유해 가스 자동 감지 장치를 화산 지역에 설치해 화산 가스를 상시 모니터링하고 있다. 안전 기준치를 넘는 유해 가스가 발생할 때는 지역 주민들에게 자동 경고 방송으로 사전 대피를 유도하고 있다. 유해 화학 물질 사용 및 취급 기관은 철저한 유해 물질 기초 과학 교육과 안전 교육, 대피 요령, 취급 관리 지침을 재점검해야 한다. 이번 사고는 유해 물질 관련 사회 안전망 시스템의 문제점을 알린 값진 경고음이다.

[기고/김규한] 백두산 화산 南北공동연구 서두르자

김규한 이화 여대 과학 교육과 명예 교수
2012-08-01

백두산은 우리 민족의 혼과 얼이 숨 쉬는 영산(靈山) 중의 영산으로, 단군 신화의 발상지이기도 하다. 북한에서도 묘향산, 금강산, 구월산, 지리산과 함께 백두산을 5대 명산으로 칭송한다. 천지를 반쪽씩 공유하면서 우리의 백두산은 창바이(長白)산이라는 또 다른 이름을 갖고 있다.

백두산은 1903년 분출을 마지막으로 현재 쉬고 있는 휴화산이다. 지질학적으로 백두산의 화산 활동은 신생대 제3기의 올리고세(2800만 년 전)에 시작돼 제4기의 플라이스토세(9만 년 전)까지 10차례 이상 대량의 현무암질 용암을 분출해 주변에 광활한 용암 대지가 이뤄졌다. 10세기 대폭발로 최고봉인 병사봉(2749m)을 포함한 오늘날의 백두산 지형이 만들어졌다. 화산 중심에 거대한 칼데라호인 천지가 만들어져 화산 지형은 장엄하고 아름답다. 백두산 화산은 인도네시아 탐보라 화산과 함께 금세기에 가장 큰 화산으로, 대폭발 당시 화산재가 25km 상공 성층권까지 치솟았고, 염소, 불소, 황 같은 유독성 가스도 대량 분출됐다. 백두산 화산 활동이 재개된다면 주변국에 큰 재앙을 줄 수 있다.

백두산 천지 주변에는 장암 온천, 백두 온천, 백암 온천 등 섭씨 80도 이상의 뜨거운 온천수가 여러 곳에서 솟구치고 있다. 백두산 지하에서 뜨거운 마그마 활동이 계속되고 있음을 말해 준다. 화산성 지진 발생 빈도가 증가하고 있다는 보고와 화산 재폭발 가능성을 중국은 경계하고 있다. 도호쿠대의 다니구치 히로미쓰 교수와 같은 일본 화산 전문가들도 활발한 연구를 통해 백두산 재분화 우려를 경고하고 있다. 그러나 정작 산의 주인인 우리는 백두산 화산에 대한 연구와 정보 부족으로 아무런 반응과 대책도 내놓지 못하고 있다. 2011년 두 차례 열린 백두산 화산 활동 연구를 위한 남북 민간 전문가 회의에 큰 기대를 걸었으나 성과 없이 안타깝게 중단됐다.

한중 수교 이전 1990년 2월 중국 옌지를 통해 백두산 천지를 처음 답사한 뒤 수차례 연차적으로 백두산을 방문할 기회가 있었다. 백두산 주변 환경이 놀랍게 정비되고 편리한 관광 시스템이 구축돼 있었다. 우선 관광 인파에 놀랐는데, 산 밑에서 천지까지 관광객을 수송하는 100여 대의 승합차 행렬은 장관이었다. 그리고 관광객을 대상으로 한 안내에서 자주 들리는 '창바이산'이란 표현이 우려스러웠다. 백두산이 언젠가 창바이산으로만 불리게 되는 것이 아닌가 하는 의구심과 불안감마저 생겨났다. 더욱이 중국은 유네스코 세계 자연 문화 유산 등재를 위해 이미 2009년 8월에 백두산을 '국가 지정 창바이산 화산 지질 공원'으로 만들었다. 현재는 창바이산 자연 박물관 개관 및 겨울 올림픽 유치를 위한 기반 시설 확충 공사가 한창이다.

백두산의 미래를 걱정하지 않을 수 없다. 우리 민족에게 특별한 의미를 지닌 신령한 백두산은 남과 북 구별 없이 함께 연구하고 관리하고 감시해야 한다. 지금도 백두산 땅속 깊은 곳의 마그마 활동은 한민족의 뜨거운 심장처럼 쉬지 않고 끓고 있다. 한민족과 명운을 같이하는 신비한 백두산의 고유 명칭과 명성은 길이길이 보존해야 한다. 화산 재앙을 막기 위한 과학적인 백두산 화산 감시 시스템 구축과 새로운 관광 자원 개발을 위해 남북 공동 연구를 촉구한다. 유네스코 세계 자연 문화 유산에도 반드시 백두산이란 이름으로 등록돼야 한다.

[기고/김규한] 동해, 세계지도에 반드시 표기해야

김규한 이화 여대 과학 교육과 명예 교수
2012-04-13

국제 수로 기구(IHO) 총회가 5년 만에 모나코에서 23일부터 열린다. 우리의 관심사는 세계 지도 제작의 표준이 되는 《해양과 바다의 명칭과 경계》의 동해 명칭 표기 문제다. 이 세계 지도는 1953년 제3판 발간 후 59년간 개정 신판(新版)이 나오지 않아 회원국들의 갱신 요구가 높다.

동해에 대한 표기 전쟁은 1923년 일본이 동해 명칭을 일본해로 IHO에 등록함으로써 시작됐다. 이후 광복 때까지 IHO가 발행한 세계 지도나 해도에 동해는 줄곧 일본해로 표기됐다. 한국은 1957년 IHO 회원국으로 가입한 후 동해를 일본해로 단독 표기하는 것은 문제가 있다며 동해와 일본해 병기(倂記)를 주장해 왔다. 2002년 IHO는 제4판에서 일본해 표기를 삭제하고 IHO 이사회 투표에 부치도록 했으나 일본의 외교력 탓에 투표가 중지됐다. 그 후 IHO는 한일 양국이 협의해 결정안을 보고토록 했으나 양국의 입장 차로 합의에 이르지 못했다.

지질학적으로 약 1,700만 년 전 일본 열도는 유라시아 대륙의 일부로 한반도와 붙어 있었다. 판 구조 운동으로 일본 열도가 한반도에서 조금씩 분리되면서 약 1,500만 년 전 동해가 만들어지기 시작했다. 동해가 열리면서 일본 열도는 떨어져 나갔다. 동해가 갈라지는 과정에서 울릉도와 독도 같은 화산섬이 만들어졌으며 동해 해저 여러 곳에서 화산암류들이 발견되고 있다. 특히 울릉도와 독도는 동해에서 유일하게 해수면 위에 분포하고 있는 화산섬으로 동해의 지질 역사를 잘 간직하고 있어 동해 형성 연구의 열쇠가 되고 있다. 최근에는 울릉도 화산섬 밑에서 약 12만 년 전에 형성된, 지구상에서 가장 젊은 화강암질 암석이 발견되기도 했다.

동해는 면적 130만 km², 평균 수심 1,350m인 큰 해양의 축소판인 미니 해양이다. 동해는 태평양 크기의 0.6% 정도에 지나지 않지만 해양에서 일어나는 해수준의 변동, 해수의 수온과 염분에 의해 일어나는 밀도류 등 모든 해양 현상이 일어나는 해양의 교과서와 같은 곳이다. 생물 자원의 보고(寶庫)임은 물론 동해 해저에서는 메탄 하이드레이트와 천연가스 등 지하자원의 매장도 확인됐다. 최근에는 지구 온난화의 주범으로 꼽히는 이산화 탄소의 해저 저장에 이상적인 해저 지층 지질 구조도 확인됐다. 동해는 주변 육지의 기후와 생물 활동, 식생에도 큰 영향을 미치고 있다.

동해는 한국, 중국, 러시아, 일본 간 지정학적 전략적 요충지다. 중국은 북한 나선특구를 통해 동해로 바닷길을 열려고 노력하고 있고, 두만강 변 국경에 대한 중국과 러시아, 북한의 이해관계도 첨예하다. 일본은 한반도의 고유 영토인 독도에 대해 생트집을 잡고 있다. 이를 통해 동해 명칭 제자리 찾기의 중요성과 동해 환경 보전의 필요성을 다시 한번 절감하게 된다. 한민족의 명운과도 이어져 있는 동해의 명칭 표기 문제에 우리의 힘과 지혜를 모아야 할 때다.

동해물과 백두산이 마르고 닳도록, 애국가에는 우리 민족의 혼과 얼이 살아 숨 쉬고 있다. 동해는 분명 동해다. 우리는 일본 도야마 앞바다를 동해라고 주장하지는 않는다. 동해는 분명 일본인에게 서해에 해당될 것이다. 포항 앞바다가 어찌 일본해일 수 있는가?

동해처럼 두 나라가 바다를 공유할 경우 명칭을 병기할 수 있다는 1974년 IHO 결의안에 근거한 2002년 우리 정부의 주장은 상호 존중에다 국제적 합리성이 높은 제안이라고 생각한다. 이번 IHO 총회에서 미래 지향적인 한일 관계 정립을 위해 국제 사회가 공인할 수 있는 합리적인 결과가 나오기를 양국 대표단과 외교력에 기대해 본다. 《해양과 바다의 명칭과 경계》 제4판 세계 지도에 동해 병기는 반드시 이루어져야 한다.

[과학세상/김규한] 남북극 빙하가 녹아내리면

김규한 이화 여대 과학 교육과 교수
2011-08-31

금세기 들어 대규모 화산 폭발과 거대 지진, 잦은 홍수와 가뭄 등 이상 자연 현상이 지구상에 빈발하고 있다. 남극과 북극의 빙하가 과거 어느 때보다 더 많이 녹아내린다는 뉴스도 잦아졌다.

몇 년 전 극지 연구를 위해 동토의 땅 남극과 북극을 방문해 빙하 붕괴 현장을 답사할 기회가 있었다. 남극 대륙과 북극의 빙벽 붕괴로 만들어진 에메랄드빛 유빙은 절경 중 절경이었다. 흰색 천국 극지 환경에서 잠시 익숙했던 생활을 벗어나 귀국길 북극 스발바르 롱위에아르뷔엔에서 노르웨이 트롬쇠로 가는 기내에서 바라본 트롬쇠의 녹색 산야는 더없는 편안함을 안겨 주었다. 녹색 환경이 그토록 그리운 대상이라는 걸 처음 경험했다.

지구의 자전축이 지구 표면과 교차하는 남북위 66.5도보다 고위도 지역을 북극권 또는 남극권이라고 한다. 북극 중심에는 북극해가, 남극 중심에는 남극 대륙이 있다. 연중 1-2m 두께의 해빙으로 덮여 있는 북극은 영하 1.9도의 비교적 '따뜻한' 바닷물이 빙하 밑에 존재한다. 한겨울에는 영하 30도다. 그러나 중국 대륙의 1.2배 면적인 남극 대륙은 두껍고 거대한 빙상으로 덮여 있다. 북극보다 평균 20도 정도 낮고 관측 최저 기온은 영하 89.2도다.

눈과 얼음이 계속 쌓여 만들어진 빙하는 남극 대륙과 북극 지역, 고위

도와 높은 산지에 분포하며 면적은 1,600만 km²로 전 지표면의 10%를 차지한다. 그중 남극 대륙이 1,350만 km², 그린란드가 200만 km²다. 이런 빙하가 대량으로 녹아 빙상이 점차 줄어지고 있다. 북극곰이 사는 곳과 남극 펭귄의 서식지가 사라지지 않을까 걱정된다.

빙하가 녹아 없어지면 지구상에 어떤 일이 일어날까. 가장 두드러진 현상은 지구 온난화와 해수면 변동, 기상 이변, 기후 변화, 생태계 변화다. 지구상에서 신생대에만 수차례 빙하기가 있었다. 신생대 제4기 뷔름 빙기 이후 제4 슈퍼 간빙기에 우리는 살고 있다. 그런데 약 6-7억 년 전 원생대 전후기에 육지와 바다를 포함해 전 지구가 꽁꽁 동결된 적이 있었다는 '스노볼 어스' 가설이 1998년 《사이언스》에 발표돼 큰 관심을 끌었다. 산업 혁명 이후 배출된 온실가스로 인한 지구 온난화로 거대 빙하의 소멸, 해수면 상승, 강한 열대 저기압의 발생, 집중 호우 등 이상 기상 현상이 증가하고 있다.

한반도의 기온도 지난 100년간 약 2도 상승했으며 도시 지역의 온난화는 더욱 현저하다. 또 빠른 지구 온난화 속도의 영향으로 지역에 따라 계절적인 기온의 양극화가 심해지고 있다. 이런 추세로 가면 한반도의 겨울은 더 춥고 여름은 더욱 더워질 것이라고 기상학자들은 예측한다. 또 강수일수는 감소하고 집중 호우는 빈발하여 홍수 피해가 급증하고 있다. 생태계와 식생에도 큰 변화가 나타나 한반도가 아열대 기후로 변해 가고 있다.

  이런 지구 환경 변화에 대처하는 위기 관리 방안은 무엇일까. 먼저 장주기 기후 변동을 과학적으로 연구해야 한다. 예를 들면 동해안의 경포호, 영랑호, 화진포호와 같은 빙하기와 간빙기를 경험한 기수호(汽水湖) 퇴적물을 연구하면 한반도의 제4기 고기후 변동을 알아낼 수 있어 미래 기후 변동도 예측할 수 있다. 기후 변화는 미래에도 주기적으로 계속 일어날 것이므로 과학적 예측 모델이나 시뮬레이션 연구가 필요하다.

  인류는 급격한 지구 환경 변화에 대비해야 하며 거대 빙하를 소멸시키는 지구 온난화 원인을 제거하기 위해 저탄소 녹색 성장 상품 개발 등 친환경 생활 방식으로 전환해야 한다. 또한 극지 환경에서 점차 정상 환경으로 변화하고 있는 자원의 보고인 남극 대륙이나 그린란드 등 북극권 진출에도 주력해야 한다.

[기고/김규한] '한반도의 정원' 동해에 관심 기울일 때

김규한 이화여대 과학교육과 교수
2011-06-16

동해는 한민족의 얼이 살아 숨 쉬고 있는 소중한 바다다. 최근 북한 김정일 국방위원장의 중국 방문과 함께 나선특구를 통해 중국에 동해로 바닷길을 열어 준다는 소식은 놀랍다. 2002년 백두산 연구를 위해 두만강 하류까지 방문했다. 두만강 최하류인 동해 초입에서 불과 500여 m 지역까지 두만강 변을 따라 중국 영토로 돼 있었다. 북-러 철교가 가깝게 보이는 그곳에 장쩌민(江澤民) 전 중국 주석이 세운 '守東北前哨 揚中華國威(수동북전초 양중화국위)'라는 국경 경계비가 보였다. 중국 대륙에서 동해로 출구를 열망한 숨은 뜻을 읽을 수 있었다. 분단의 한반도와 중국, 러시아 국경선 위치가 바뀐 사실에 어느 누구도 주목하지 않는 게 안타까웠다.

지질학적으로 동해는 약 1500만 년 전 만들어지기 시작했다. 이전에는 일본 열도가 유라시아 대륙의 일부로 한반도에 붙어 있었다. 판 구조 운동으로 태평양판이 유라시아판 밑으로 들어가면서 일본 열도가 한반도에서 조금씩 갈라져 나갔고 동해 바다가 열렸다. 일본 중부 히타산지 지질과 한국 옥천대 지질이 유사하다. 동해 해저에는 한반도에서 떨어져 나간 대륙 지각의 조각이 곳곳에 남아 있다. 동해가 갈라지는 과정에서 울릉도와 독도 같은 화산섬이 만들어졌으며 동해 해저 여러 곳에서 화산암류 암석이 발견되고 있다. 특히 울릉도와 독도는 동해에서 유일하게 해수면 위에 분포하고 있는 화산섬으로 동해의 지질 역사를 잘 기록하고 있어 동해 형성 연구의 열쇠로 여겨진다.

동해는 130만 km² 면적에 평균 수심이 1,350m(최대 수심 3,800m)로 큰 해양의 축소판인 미니 해양이다. 크기는 태평양의 0.6% 정도지만 해수면의 변동, 해수의 수온과 염분에 의해 일어나는 밀도류 등 모든 해양 현상이 발생하는 해양학의 교과서와 같다. 동해의 또 다른 독특한 특징은 표층수와 심층수가 수심 200m 부근에서 성층을 이루는 수괴 구조라고 해양학자들은 말한다. 동해 해수는 동해 주변 육지의 기후와 생물 활동, 식생에 큰 영향을 주고 있다. 동해 심층수는 동해 고유의 수온 0.2도, 해수 kg당 고형 물질 34g에 용존 산소가 다량 녹아 있는 균질하고 특이한 물로 수자원 개발의 대상이 되고 있다. 동해 해저는 메탄 하이드레이트와 유전 가스 개발을 비롯해 어업 등 생물 자원의 보고(寶庫)이기도 하며 지형학적으로는 한반도의 정원과 같은 지구상에서 보기 드문 청정 해양이다.

동해에 대한 과학적 연구의 역사는 길다. 1787년 프랑스 라페루즈 일행이 한반도 남동 지역에서 울릉도 주변 조사를 시작한 것이 처음이다. 이후 동해 해저 시추 탐사, 환경 및 수자원 연구 등 한일 양국 연구자들을 중심으로 활발한 연구를 수행해 왔다. 특히 일본에서는 1967년부터 가나자와대가 《니혼카이(日本海)》라는 연구 전문 잡지를 발행하고 있다.

도야마(富山)현에서는 '일본해학'을 제창하고 행정 기구로 '국제 일본해 정책과'라는 전담 부서까지 설치해 동해의 관리는 물론이고 일본해학 연구를 지원하고 있다. 그동안 동해 연구는 주로 일본인들이 해 왔음을 부인할 수 없다.

우리도 2008년 경북 울진에 동해연구소를 열어 동해 연구를 하고 있다. 동해는 동북아의 해양 관문으로 지정학적 전략적 요충지로 그 중요성이 점차 커지고 있다. 그 때문에 동해를 중심으로 북-중 사이에 진행되고 있는 일련의 개발 특구 지정은 한민족의 역사적 운명의 관점에서 남북이 함께 신중히 논의해야 할 과제다. 아울러 동해연구소를 활성화시켜 동해 연구 역사의 과거와 미래의 산실로, 동북아 해양 국제 중심 연구 센터로 만들어 가야 한다. 동해 명칭 바르게 표기하기와 독도 영유권 문제, 동해의 영구적 보존을 위한 환경 감시 기능을 포함한 동해의 지킴이 역할을 수행하도록 국민이 힘과 지혜를 모아 주었으면 한다. 그동안 우리는 동해에 대해 무관심하지 않았는지 반성하면서 동해를 바로 아는 계기가 되었으면 한다.

[시론/김규한] 바이러스 확산이 심상찮다

김규한 이화 여대 과학 교육과 교수
2010-12-18

구제역이 경북 안동 지역에서 발생해 인근 영주, 봉화 지역으로 확산되고 있다. 또한 대전의 어느 초등학교 학생 16명이 신종 인플루엔자 A형 확진 판정을 받았다. 지금 지구인은 새롭게 우리를 위협하는 바이러스 속에서 신음한다. 바이러스와의 전쟁은 오늘의 일만은 아니다. 중세 기독교 사상이 지배하던 유럽에 전염병 페스트가 유행하여 인구의 4분의 1이 희생되고, 장원 제도가 붕괴하는 거대한 변화를 야기했다. 인류는 환자를 격리시키는 검역과 백신 개발을 통해 바이러스와 싸웠다.

라틴어로 '독약'을 의미하는 바이러스는 천연두, 에이즈, 신종 플루와 같은 전염병을 일으키는 병원체로 10만분의 1mm 단위라서 전자 현미경으로만 알아볼 수 있다. 형태는 매우 다양하지만 기본적으로 내부에 유전 물질을 갖고 있으며 이를 외계로부터 보호하는 단백질 외피로 구성됐다. 바이러스는 유전 물질을 지니므로 과거에는 이들을 가장 단순한 형태의 생물체로 봤지만 숙주 세포를 떠나서는 증식할 수도, 대사 활동을 할 수도 없어서 현재는 바이러스를 생명체와 화학 물질 사이의 경계면에 존재한다고 생각한다.

장출혈성대장균인 O-157 균주가 생산하는 독소는 숙주 세균의 염색체에 끼어 들어간 바이러스의 유전자에 의해 만들어졌다. 에이즈 바이러스는 인간 면역 기능의 사령탑 격인 T세포에 침입하여 자신의 유전자를 세포의 염색체에 끼워 넣고 에이즈 바이러스를 생산하게 한다. 그 때문에 에이즈에 감염된 T세포는 점점 수가 줄어들어 결국에는 몸의 면역 체계가 무너진다.

20세기에 들어서 신종 바이러스가 인류의 건강과 생명을 크게 위협하고 있다. 신종 바이러스는 기존에 다른 생물종을 숙주로 삼던 바이러스가 인류에게 감염되면서 나타난다. 스페인 독감은 1918-1919년에 대유행하여 전 세계적으로 약 400만 명을 희생시켰는데 이를 야기한 바이러스는 조류로부터 왔다. 일부 바이러스는 우리의 면역 체계가 대응할 수 없을 정도로 빠르게 진화하므로 이를 어떻게 통제하는가에 인류 생존의 미래가 달려 있다.

지구에는 동물 120만 종과 식물 30만 종 등 모두 150만 종이 생존하고 있다. 동물 120만 종 중 곤충이 80만 종을 차지한다. 지난 30억 년간 지구에서 사라진 생물종은 1억 5,000만 종 이상이다. 인간(호모 사피엔스)이 지구상에 살아남은 것은 생물권이 받은 행운 중의 행운이다.

항생제 오남용으로, 거의 모든 항생제에 내성을 지니는 슈퍼 박테리아 감염 환자가 국내에서도 확인되고 있다. 하지만 항상 현상 보도에 그칠 뿐이다. 예방책과 독성 중독 시 응급 처치 방법을 알려 주는 정보는 찾기 힘들었다. 우리 인류의 건강과 생명을 위협하는 바이러스에 대한 근본적인 대책이 시급하다.

바이러스가 항상 유해하지는 않다. 오히려 바이러스는 그동안 생물학적 발전에 커다란 기여를 했다. 바이러스성 질환을 치료하기 위해 많은 연구가 진행되었기 때문이다. 바이러스로 환자를 치료하는 방법도 있다. 바이러스를 운반체로 활용하여 세포에 특정 유전자를 감염시킴으로써 환자 세포의 형질을 전환하는 것이다. 이렇듯 바이러스는 유전학 분자 생물학적 발전을 이끌었다. 독성 물질 분비 박테리아뿐만 아니라 도움이 되는 이기적 박테리아도 최근 연구에서 확인되고 있다.

바이러스를 잘만 활용한다면 의료와 생명 공학 분야를 중심으로 인류 복지에 크게 기여할 것이다. 국가 차원에서 바이러스를 활용하고 바이러스로부터 기원한 질병을 통제하기 위한 원천 기술 개발이 시급하다. 인류를 질병으로부터 보호하고 인류의 복지를 증진시키기 위한 국립 바이러스 연구 센터 설립을 제안한다.

[과학세상/김규한] 자연재해, 과학으로 대처해야

김규한 이화 여대 과학 교육과 교수
2010-08-12

인류는 지구상에 등장하면서부터 자연과 동행하고 순응하며 살았다. 때로는 자연 현상이 인명이나 재산에 막대한 피해를 준다. 자연재해이다. 인간의 활동으로 인한 인위적 자연재해 역시 때때로 발생한다.

예를 들어 2001년 인도에서 발생한 지진으로 1만 4,000명이 숨지고 2004년 12월 26일 인도양 지진 해일로 태국에서 20만 명 이상이 숨졌다. 또 올해 1월 12일 아이티 지진으로 23만 명, 2월 27일 칠레 지진으로 723명, 4월 14일 중국 칭하이 지진으로 2,000명이 사망했다. 중국은 창장(長江)강 유역의 대홍수로 큰 피해를 봤다.

다행스럽게도 한반도는 지질학적으로 판 구조 운동과 관련된 지진, 지진 해일, 화산 활동의 자연재해 위험도가 비교적 낮지만 홍수, 태풍과 같은 자연재해는 해마다 반복된다. 국내외 학자들은 백두산 화산재 폭발과 이로 인한 지질 재해 가능성을 경고한다. 한반도에서는 백악기(1억 4,400만 년 전부터 6,600만 년 전까지)에 격렬한 화산 활동과 지각 변동이 있었다. 이 같은 지질 현상은 주기적으로 일어나므로 늘 경계해야 한다.

인간의 활동으로 생기는 자연재해로는 지하수와 토양 오염, 해양 유류 오염, 산불과 화재를 들 수 있다. 골프장이나 신도시 개발 등 인위적인 자연 변화로 산사태나 홍수 피해가 늘어나기도 한다.

과학적 지식을 이용하면 자연재해의 예측과 예방은 물론 재해를 감소시킬 수 있다. 자연재해는 반복적으로 일어나는 특성을 갖고 있으므로 먼저 재해의 역사적 기록을 조사해야 한다. 과거의 관측과 기록 자료를 분석하면 발생 빈도나 유형을 예측할 수 있고 위험 분석이 가능하다. 홍수나 하천의 범람, 사태, 낙석 등의 역사적 기록이나 인공위성 사진 또는 항공 사진을 분석하여 과거의 지질 지형 변화와 재해 현상을 재구성하면서 미래 재난에 대비해야 한다.

자연재해 요소는 서로 밀접한 연관성을 갖는다. 예를 들면 지진은 지진 해일과 산사태를 수반하며 허리케인은 홍수나 해안 침식을 발생시킨다. 우리나라에서 많은 피해를 일으키는 홍수는 태풍이나 산사태와 서로 밀접히 관련된다. 산사태는 느슨한 토양이나 퇴적암층 지역 또는 절리나 단층과 같은 파쇄대가 발달하는 경사진 암반 지형에서 발생하기 쉽다. 흔들바위는 볼거리보다도 낙석의 위험도가 높다는 인식이 더욱 중요하다.

이 때문에 과학자는 재해의 원인과 발생 가설을 설정하고 반복 검증하여 재해 과정과 재발 가능성을 사전에 진단한다. 홍수 발생 시 농부가 폭우 전날 밤에 논의 물꼬를 터서 볏논의 범람을 사전에 막아 왔듯이 재난 재해 피해를 최소화하기 위해서는 사전 대비와 과학적인 예보가 대단히 중요하다.

홍수나 사태 피해가 큰 한국의 경우 홍수 발생 빈도나 규모, 유량과의 관계 등 통계적인 자료 분석으로 홍수 피해를 예측하고 대비해야 한다. 또 자연재해 발생 가능 지역, 규모, 전조 현상을 사전에 파악하여 정부와 지방 자치 단체가 재해 현황과 예방 지침서를 만들고 재해 가능 예보를 적시에 발령하는 방재 시스템을 구축해야 한다.

재해 취약 지역은 건축 규제, 재해 방비 안전 건축, 재해 완화 등의 사전 예방으로 피해를 최소화해야 한다. 국토 토지 이용도 수립과 같은 친환경적인 재해 조절이나 홍수, 사태를 대비한 보험 상품도 개발할 만하다. 재해 예방을 위해 효율적인 방재 시스템을 구축하여 운영함은 물론 전문가 양성과 초중등학교 교육 과정에도 자연재해와 방재를 중요하게 고려해야 할 시점이다. 자연에 대해 잘 알고, 잘 대비하는 만큼 우리는 자연과 함께 평화롭고 안전하게 살 수 있다.

[과학세상/김규한] 교실에서 느끼는 韓日의 과학수준

김규한 이화 여대 과학 교육과 교수
2010-03-11

일본은 도쿄대, 교토대, 도호쿠대, 나고야대 등 전국의 여러 대학에서 노벨과학자를 배출했다. 우리도 세계 대학 평가에서 국내 대학이 약진하고 있으며 과학 올림피아드에서도 우수한 성적을 올린다. 체육 예술 기능 분야에서 세계인을 놀라게 하는 한국인의 잠재적인 능력과 기량은 자신감과 새로운 꿈을 심어 준다.

그런데 건국 이래 노벨과학상은 아직 단 한 명도 받지 못했다. 온 국민의 꿈을 실은 나로호 위성 발사 실패에서 기술과 기초 과학 빈곤의 뼈아픈 경험을 했다. 학교 현장에서는 학력 저하와 이공계 기피 현상이 더욱 심화된다. 역대 노벨상 수상자는 어린이처럼 천진난만한 호기심을 가지라고 주문한다. 그런데 초중등 교육 현장에서 과학 흥미도는 갈수록 낮아진다. 모두가 고민해야 할 시점이다. 해답을 일본의 유치원과 초등학교 과학 교육에서 찾아보자.

일본의 초등학교 과학 실험에서 학생이 작은 개울물 위로 걸어가는 실험을 하는 장면을 보았다. 처음에 물 위에 띄운 작은 크기의 얇은 스티로폼 보드 위에 학생이 선다. 학생의 발은 물속으로 가라앉았다. 스티로폼 보드의 크기가 클수록 학생은 물 위에 떠 있는 시간이 늘어난다. 나중에는 얕은 개울물 위를 넓은 비닐을 덮고 학생 한 사람씩 비닐로 덮인 물 위를 빠른 속도로 걸어 개울을 성공적으로 건너간다. 학생들은 너무

신기해하고 재미있어했다.

　다른 어느 초등학교에서는 학생을 고구마밭으로 데려가 고구마를 직접 캐면서 고구마가 어떻게 땅속에서 자라고 열리는지를 체험하게 한다. 캐낸 고구마는 교사가 학생과 함께 야외에서 구워 먹으면서 군고구마와 삶은 고구마의 맛의 차이를 얘기한다. 학생들의 호기심과 즐거움은 더했다. 이처럼 과학의 즐거움의 본질은 실험이나 관찰을 통해 새로운 사실을 알게 되거나 발견하는 데 있다.

　우리 과학 실험 교실에서는 어떤 일이 일어나고 있을까? 진학 시험 위주 교육에 치중하여 과학 실험을 많이 하지 못한다. 그나마 교사가 예상 결과와 평가를 염두에 두고 정해진 실험 과정을 반복할 따름이다. 실험 실패에서 얻는 중요한 교훈은 경험할 기회조차 없다. 실험 과정의 중요성을 간과한다. 또 학생의 자율적인 실험보다 일회성 시범 실험으로 만족한다. 학생 역시 학원에서 길들여진 선행 학습 방법 때문에 쉽고 빠르게 실험 결과의 정답에 도달하기만을 바란다. 실험실의 분위기는 산만하고 학생들은 실험의 재미를 느끼지 못한다.

　일본에서는 과학 실험에 대한 학부모의 관심이 남다르다. 교과서에 나오지도 않는 엄마 아빠와 함께 할 수 있는 재미있는 실험도 많이 개발했다. 휴일에 아빠는 나무와 목공 기구를 갖고 아이와 못을 박으면서 의자나 책꽂이를 제작하여 집 안에서 실제 사용한다. 아이가 기술을 스스로 습득하게 한다. 우리 아빠는 그런 일을 아이들에게 시키기도 싫어할뿐더러 다칠까 두려워 공작 기술이라는 개념은 안중에도 두지 않는다.

나를 놀라게 한 일본의 다른 현장이 생각난다. 섬마을 어부가 초등학생인 아들을 고기잡이배에 태워 먼 바다에 나가 고기 잡는 법을 가르쳐 주면서 그물을 내린다. 아빠는 엔진이 작동하는 기관실과 어군 탐지기를 보여 주고 선상에서 잠을 자는 비좁은 구석 선상 침대방도 보여 준다. 아이는 어군 탐지기에 특별한 호기심을 보였다. 다음 날 고기를 싣고 부두에 도착한 아이는 "나도 아빠처럼 훌륭한 어부가 될래."라고 즐거운 표정으로 얘기한다.

노벨상은 물론이고 미래 과학 기술의 경쟁력을 강화하기 위해 유치원과 초등학교 과학 교육의 방법이 달라져야 한다. 과학 기초 원리를 중시하기 위해 교육 환경과 교육 시스템을 새로 구축해야 한다.

[기고/김규한] 법인화 이후 도쿄대는 달라지고 있다

김규한 이화 여대 과학 교육과 교수
2010-01-15

일본 도쿄대를 중심으로 2004년 모든 일본 국립 대학이 법인화됐다. 5년이 지난 지금 일본 국립대는 무한 경쟁 시대에 돌입했다. 도쿄대 법인화 이후 연차적으로 세 차례에 걸쳐 연구차 도쿄대를 방문하게 됐다. 놀랍게 변모하는 분위기를 보면서 실상이 더욱 궁금해지기 시작했다. 왜냐하면 우리도 서울대가 법인화의 길로 접어들었기 때문이다. 지방 국립대 역시 서울대 법인화가 초미의 관심사다.

법인화 시작의 문을 연 도쿄대의 28대 총장 고미야마 히로시(小宮山宏)는 교육 개혁과 변혁을 향한 야심 찬 액션 플랜을 구상하고 실천했다. 고미야마 총장이 창안한 액션 플랜은 다양한 학문 영역의 세분된 전문 연구 내용을 융합 통섭하는 지식의 구조화, 기동력 있는 교육 연구 인프라 구축과 유연하고 활력 있는 자율 분산 협조 모델 개발, 최우수 교수와 학생의 지식 창조장인 세계 제1의 교육 기관으로 지식의 정점 구축을 목표로 한다.

이 계획은 일본의 다른 국립대로 확산돼 많은 학교가 비슷한 개혁의 길을 걷고 있다. 액션 플랜은 대학 구성원의 희생과 봉사, 감당하기 어려운 노력을 요구한다. 비슷한 시기에 액션 플랜을 실시한 영국의 옥스퍼드대 존 후드 총장도 대학 구성원의 합의를 얻어 내는 데 많은 시간이 걸렸다고 한다.

고미야마 총장은 교수 1,300여 명에게서 합의를 얻어 내는 데는 큰 어려움이 없었다고 회고했다. 교수들이 연구에 너무 바빠 액션 플랜 보고서를 읽지 않았기 때문이라고 말했다. 농담 삼아 한 얘기 같지만 충분히 납득이 간다. 산업 현장처럼 24시간 가동하는 대학 실험실의 기계음과 밤을 밝히는 실험 연구실을 보면 난부 요이치로(南部陽一郎) 교수 등 노벨상 수상 과학자 여럿 배출한 도쿄대의 활발한 연구 활동을 짐작할 수 있다.

도쿄대 혼고 캠퍼스의 총장실이 위치한 본부 현관에 들어서면 법인화 이후 긴박하고 활력 넘치는 모습을 실감한다. 최첨단 연구 프로젝트 내용을 담은 포스터와 그 실물 모형이 벽면과 로비를 장식한다. 또 새로 개발한 인공 지능 로봇(UT-μ2 magnum) 모형, 장력으로 바다에 뜨는 압축력 섬인 텐세그리티(Tensegrity) 모형의 부츠를 설치했다. 이 같은 대학 본부 건물 분위기는 국내 대학과 사뭇 다르다.

하마다 준이치(濱田純一) 현 총장(29대)은 세계를 담당하는 지식의 거점 형성 목표뿐만 아니라 한 단계 더 나아가 연구 성과로 얻은 첨단 지식을 세계인에게 제공하고 공공복지에 사용하는 지식의 공공성을 강조한다. 국제화 전략으로 대학의 G8에 해당하는 국제 연구형 대학 연합(IARU) 활동도 자랑한다. 2006년 1월 시작한 IARU는 세계적 지도자 양성을 위한 세계 톱클래스의 10개 대학이 중심이다. 아시아에서는 중국 베이징대, 싱가포르 국립대와 도쿄대가 참여한다.

　아시아 최고 대학인 도쿄대도 법인화 이후 난제를 안고 있다. 대학의 자율권 회복과 연구, 교육의 경쟁력 강화를 가속화하는 반면 국제 경쟁력 강화와 연구 기반 조성을 위한 연구 기금 확보 및 대학의 구조 조정 등 대변혁을 요구받는다. 교원의 정년 연장과 정원 감축으로 고령 교수는 증가하고 젊은 신진 연구자는 줄어드는 점도 문제라고 했다. 도쿄대의 명암이 그와 비슷한 길을 가려는 국내 국립대에 반면교사가 될 수도 있지 않을까.

— 일본 도쿄대 지각화학실험실에서

[과학세상/김규한] 지구온난화 먼 얘기 아닌데

김규한 이화 여대 과학 교육과 교수
2009-06-10

흰 눈과 빙하로 덮인 남극과 북극의 극지 환경에서 연구 활동을 마치고 최근 귀국했다. 기내에서 내려다본 칠레 남단과 노르웨이 북단의 트롬쇠 시 상공에 펼쳐진 초록색 산야의 반가움과 따사함을 잊을 수 없다. 오뉴월의 신록처럼 온 지구를 녹색으로 만들려는 세계인의 경쟁이 치열하다. 식물성 연료 전지, 하이브리드 자동차, 탄소 없는 녹색 제철, 저탄소 친환경 에너지…. 세계 각국은 녹색 환경을 보전하기 위한 온실가스 감축에 국운을 걸고 치열하게 신기술 개발 경쟁에 나섰다.

온실가스 감축을 의무화한 1999년 교토 의정서의 의무 수행 때문이다. 2008년부터 2012년까지 5년 동안 세계 각국은 연평균 온실가스 배출량을 줄여야 한다. 1990년과 비교해서 유럽 연합(EU)은 8%, 미국은 7%, 일본은 6% 감축하도록 규정했다. 현재 192개국이 세계 기후 변화 협약 회원국으로 한국은 1998년 12월에 가입했다. 금년 말 덴마크 코펜하겐에서 열릴 세계 기후 변화 협약 제5차 총회에서는 2012년 이후 체결할 포스트 교토 의정서가 관심의 대상이다. 그린피스 보고서에 의하면 한국의 이산화 탄소(CO_2) 배출량이 세계 16위여서 앞으로 온실가스 감축 의무의 책임을 면키 어렵다고 한다.

지구 온난화의 원인과 대책은 좀 더 과학적으로 접근할 필요가 있다. 지구 온난화의 주범인 온실가스는 CO_2, CH_4, H_2O, CFCs로 구성된다.

이 중 약 50%를 점하는 대기 중의 CO_2가 산업 혁명 이전에는 해양이나 산림 토양에 흡수됐다. 이에 따라 지구 전체에 CO_2의 방출과 흡수가 자발적으로 균형을 이루어 대기 중의 CO_2 농도가 약 280ppm으로 거의 일정했다. 그러나 산업 혁명 이후 석탄, 석유, 천연가스 등 화석 연료의 사용이 증가하고 산림을 대규모로 벌채하면서 나오는 CO_2가 대기 중에 축적되어 2001년에는 산업 혁명 전보다 33%나 높아졌다. 2100년에는 500-900ppm이 될 것으로 예측한다.

이로 인한 온실 효과(Greenhouse effect)로 지구 표면 온도가 점점 상승하고 있다. 기온 상승으로 남·북극 지역의 빙하가 녹아 해수의 염분도를 감소시키고 해수면이 높아진다. 저온 고염 농도 해수가 북대서양 심층 해류를 이동시켜 한랭화가 진행되어 지구는 또다시 빙하기를 맞이할 것이라 한다. 2004년 개봉된 미국 영화 〈투모로우(The day after tomorrow)〉가 보여 주듯이 말이다. 대기 중에 CO_2가 증가하면 산성비로 생태계가 파괴되고 지구 온난화로 해수면이 상승하여 환경 난민이 대량 발생한다. 한반도가 아열대 기후로 변한다면 식생이 변하여 농업 구조에도 큰 변화가 일어나고 고온 다우로 홍수가 자주 발생해 지형 변화와 삶의 방식이 크게 달라진다.

지구인은 지구 온난화를 두려워하면서도 먼 이야기처럼 가볍게 넘기기 쉽다. 범세계적인 기후 변동은 인간이 감지하기에는 너무 느리게 진행되기 때문이다. 국가적 차원에서 CO_2 저감 대책과 친환경 신기술 개발을 가시화해야 한다. 가정과 학교 직장에서는 에너지 절약, 생활용품 절약, 쓰레기 줄이기, 학용품 아껴 쓰기, 대중교통 이용하기 등을 생활 속에서 실천해야 한다. 국가는 CO_2를 줄일 필요가 있다는 의식을 국민에게 심어 주고 선진국이나 개도국을 선도할 온실가스 저감 프로그램을 개발해야 한다. 지방 자치 단체는 CO_2 발생 분담금을 징수하고 온실가스 감축 시스템을 자체적으로 운영해 봄 직하다. 이런 내용을 초중고교 교육 과정에 의무적으로 반영하는 일도 중요하다.

[과학세상/김규한] 실험실 닫아버린 과학교육

김규한 이화 여대 과학 교육과 교수
2009-05-07

일본 도쿄대의 젊은 교수와 노무라증권 연구원 등 23명이 집필한 《50년 후의 일본》은 우주 관광 여행, 동물 언어 번역기, 지진 감지 스마트 토양, 로봇 만능 가정 교사의 시대를 예측한다. 일본은 이처럼 창의성을 요구하는 기술을 집중 지원한다. 우리 정부도 중점 과제에 8조 원 이상을 지원한다. 미래의 창의적인 인재 양성이 포함된다. 한국 학생은 과학 올림피아드에서 해마다 우수한 성적을 거둔다. 학부모도 자녀 교육에 적극 동참한다. 그런데도 경제 협력 개발 기구(OECD)에서 우리의 교육 경쟁력은 세계 60위로 분류되며 노벨상을 받은 과학자는 1명도 없다. 교육비 지출은 증가하는데 학력 저하는 가속화된다. 과학에 대한 호기심은 고학년이 될수록 떨어진다. 교육에 문제가 있음이 틀림없다.

교육 현장을 돌아보자. 과학의 시작은 호기심과 지적 욕망인데 초중등학교 수업은 호기심 유발이나 문제 발견보다는 50년 전 방식인 교과 내용 중심이다. 실업계 고등학교마저 과학 실험이 아니라 이론 필답시험 위주의 대학 진학에 목표를 맞춘다. 초중등학교 실험 환경과 실험 교육 프로그램이 호기심을 유발하지 못한다. 초등학교 시절 이른 봄 나팔꽃과 호박씨를 텃밭에 심고 싹이 터서 자라는 과정을 관찰하면서 일기를 쓴 기억이 난다. 다음 날 아침에 어떻게 변할지 궁금하여 잠을 설쳤다. 호기심을 유발하지 못하는 과학 교육은 큰 성과를 기대하기 어렵다.

교육 현장의 과학 실험 내용이나 실험 기자재 역시 시대에 맞지 않는다. 교과 과정이나 정책 개선에 앞서 과학 교사가 50년 후를 준비하는 식으로 변해야 한다. 학생과 실험용 비커를 씻으면서 과학적 토론을 해 보자. 실험으로 때 묻은 선생님의 낡은 실험 가운에서 학생의 과학 마인드가 자란다. 교사의 교수법도 학생이 과학 하고 싶도록 진행되는지 교사는 자성해야 한다.

엄마는 아이가 창의적인 과학적 마인드를 얻는 일보다도 시험 점수에 더 기뻐하고 과학 영재만을 바란다. 그러면서도 과학 영재로 가는 과정은 소홀히 한다. 군고구마가 삶은 고구마보다 더 달다. 게나 새우를 익히면 붉은색으로 변한다. 왜 그럴까라는 일상적인 문제에서부터 엄마가 아이와 나누는 간단한 대화가 과학 영재로 가는 첫걸음이다. 아이와 접하는 시간이 많은 엄마의 과학 마인드가 아이의 창의력 향상과 꿈나무 기초과학자 양성에 더없이 중요하다.

과학은 실험에서 시작됨을 노벨상 수상자의 경험이 보여 준다. 첨단 과학 기술 사회에 살면서 컴퓨터의 하드웨어와 소프트웨어, 휴대 전화기, 냉장고, MP3의 기능과 작동 원리를 우리 학생은 잘 알지 못한다. 알려고 하는 노력도 부족하다. 학교는 미래 사회에 부응하는 실험 교육 인프라 환경을 재구축하고 미래형 과학 교육 프로그램으로 전환해야 한다. 초중등학교에서 실험을 중심으로 한 과학 전담 교사도 활용할 만하다.

과학 실험 교육이 중요함을 알면서도 학교가 실천에 옮기지 못한 가장 큰 이유는 대학 입시 제도에 있다. 일본의 대학은 면접에서 과학 실험을 테스트하기도 한다. 미국의 아이비리그 대학은 입시에서 내신 성적, SAT, 자기소개서, 추천서, 사회봉사 활동, 동문 면담을 다양하게 활용한다. 특히 자기소개서와 추천서에 담긴 수험생의 과학 마인드나 과학 활동 경력을 높이 평가한다. 수험생이 가진 현재의 과학 지식보다 잠재력이 있는 학생을 선발하겠다는 KAIST 서남표 총장의 제안과 일치한다. 내년부터 확대 시행할 대학 입학 사정관 제도가 학생의 실험 탐구 능력이나 과학 마인드, 과학 활동 경력을 평가하는 데 크게 도움이 되기를 바란다.

[기고/김규한] '희토류 광물자원'은 첨단산업의 비타민

김규한 이화 여대 과학 교육과 교수
2008-08-20

지금 세계는 총성 없는 생존을 다투는 심각한 자원 전쟁 중이다. 자원은 크게 재생산 자원(Renewable resources)과 비재생산 자원(Non-Renewable resources)으로 구분한다. 농업이나 산림, 어업 자원은 언제나 재생산이 가능하다.

화석 연료 자원이나 금속 광물 자원은 재생산이 불가능하다. 수천만 년이나 수억 년의 지질 시대에 지하에서 서서히 만들어진 비재생산 지하 광물 자원은 매장량이 한정돼 반드시 고갈되기 마련이다. 이들 자원은 지구상에서의 분포가 편중돼 자원 외교의 중요성이 한층 높다.

고온 초전도체나 미래 첨단 산업에 감초 또는 비타민이라는 화학 원소로 희토류 원소(Rare earth elements) 자원이 있다. 희토류 원소는 원소 주기율표 제3족에 속하는 스칸듐(Sc), 이트륨(Y)과 란탄족 원소를 말한다.

희토류 원소가 근대 산업과 공업 소재로 각광을 받게 된 것은 1964년 컬러 TV의 적색 형광체로 이용되면서부터이다. 즉, 상온에서 이용 가능한 고온 초전도체의 개발이 성공하면서부터이다. 희토류 원소는 자석이 되기 쉽고 산소와 결합하기 쉬운 특징을 갖고 있다. 또 동일한 광물에서 함께 산출되기도 한다.

이런 화학적 광물학적 특성 때문에 형광체, 영구 강자석, 수소 흡수 저장 합금에 이용될 뿐만 아니라 유리 전자 부품, 광자기 디스크, 광섬유, 세라믹스, 센서, 인조 보석, 식물 성장 촉진제에 이르기까지 용도의 폭이 대단히 넓다.

특히 네오디뮴(Nd) 성분으로 만든 영구 자석은 고음질 스피커나 MP3 플레이어, 이어폰 등 소형 음향 기기에 이용된다. 테르븀(Tb)을 사용한 합금은 열을 가하면 자성을 잃고 냉각시키면 자성을 회복하는 특성을 이용하여 정보를 입력 기록할 수 있는 음악용 MD나 광자기 디스크를 만드는 데 사용한다.

유로퓸(Eu)은 컬러 TV의 적색 형광체로, 란탄(La)은 망원경의 고성능 렌즈 제작에 이용된다. 플루토늄(Pu)은 태양광이 도달하기 어려운 우주에서 태양광 발전 대신에 플루토늄을 이용한 원자력 전지를 만드는 첨단 소재이다. 이처럼 전자 반도체 산업에서 대체 물질이 없는 미래의 필수 소재 자원이 바로 희토류 원소 광물 자원이다.

희토류 원소 자원은 주로 모나자이트, 바사나이트, 제노타임과 같은 특정한 광물에서만 산출된다. 이런 희토류 자원 광물은 화석 연료 에너지 자원처럼 특정 지역에서만 산출된다. 희토류 자원은 북유럽에서 최초로 발견됐다.

현재는 미국, 호주, 중국이 세계 생산량의 80% 이상을 차지하는데 최대 독점 보유국이 중국이다. 이들 자원의 국제 가격이 수년 전보다 10배 이상 올랐다. 우리나라는 희토류 소재와 부품을 주로 일본에서 고가로 사다 쓰는 실정이다.

희토류 원소는 화학적 성질이 서로 비슷한데 희토류 광물에는 여러 희토류 원소가 함께 들어 있으므로 원소를 분리하는 데 어려움이 있다. 최근에 용매 추출법으로 희토류 원소를 분리하고 있으나 해외의 특정 기업이 이 기술을 독점하고 있어 우리도 기술을 서둘러 개발해야 한다.

희토류 광물 자원은 유연탄, 우라늄, 철, 동, 아연, 니켈 등 정부의 6대 전략 광물 자원이나 석유 에너지 자원에 못지않게 꼭 필요한 미래형 전략 자원이다. 휴대 전화, 반도체 액정 표시 장치(LCD), 원자력 등 첨단 산업에 필수 원료인 희토류 원료 자원의 확보가 국가 경제를 살리는 원동력임을 간과해서는 안 된다.

미래형 전략 광물 자원을 확보하기 위한 실질적 자원 외교뿐만 아니라 희토류 원소 광석광물의 분리 처리 기술과 자원 탐사 개발을 위한 전문 인력 양성과 정책적 지원이 시급한 시점이다.

[기고/김규한] 中 쓰촨성 학교 재앙 '강 건너 불' 아니다

김규한 이화 여대 과학 교육과 교수
2008-05-21

중국 쓰촨(四川)성에서 발생한 대지진 참상과 미얀마의 초대형 사이클론 피해를 보면서 자연재해 예방 교육의 필요성을 다시 한번 생각하게 됐다. 지난 수십 년 동안 지구상에서 발생한 지진, 화산 폭발, 홍수, 허리케인, 사태, 산불 등과 같은 자연재해로 매년 평균 약 15만 명의 인명 피해와 약 500억 달러의 재산 피해가 발생한다. 인명 피해와 경제적 손실 외에도 정신적 피해로 인한 사회의 생산성 약화가 사회 문제로 대두되고 있다.

유라시아 대륙판에 위치한 한반도는 지진의 안전지대만은 아니다. 쓰촨성 지진은 지질학적으로 인도 대륙판이 유라시아 대륙판과 충돌하는 대륙 충돌대의 동남단 룽먼산 단층대에서 발생했다. 이 같은 지진 활동 빈발 지역과는 달리 장기간 지진이 없던 곳을 지진 공백(Seismic gap) 지역이라 한다. 이곳에는 잠재적 응력이 축적됐다가 때가 되면 지진을 일으킨다. 한반도에도 9,000만 년-1억 3,000만 년 전에 이자나기판이 유라시아판 밑으로 섭입(攝入, 지구의 표층을 이루는 판이 서로 충돌해 한쪽이 다른 쪽의 밑으로 들어가는 현상)하면서 큰 지진과 화산 활동이 빈발했다. 신생대 때는 동해가 형성되면서 한라산, 백두산, 울릉도 독도 등지에서 거대한 화산 활동과 지진이 일어났다. 현재는 태평양판과 필리핀해판이 섭입하는 배호 분지 배후에 위치해 지진 활동이 뜸한 편이다. 그러나 지진 잠재 에너지가 지각 하부에 계속 축적되고 있다. 휴화산인 백두산도 재폭발할 가능성이 있다고 학자들은 조심스럽게 예견하고 있다.

다행히 역사 시대에 들어와서 한반도는 지질학적으로 판 구조 운동과 관련된 지진, 화산 활동, 지진 해일(쓰나미) 등의 자연재해의 위험도가 낮아졌지만 홍수, 태풍 등과 같은 자연재해가 해마다 반복되고 있다. 그러나 중생대 백악기와 신생대 플라이스토세에 격렬한 화산 활동과 지각 변동이 한반도를 휩쓴 지질학적 사실에서 보듯 한반도에도 지진, 화산 활동 등 지질 재해 위험은 상존하고 있다.

이 때문에 주변 국가에서 발생하는 자연재해를 가볍게 보아 넘길 수만은 없다. 자연재해를 막을 수는 없겠지만 재해 예방 교육과 과학적 지식을 활용하면 그 피해를 줄일 수는 있다. 자연재해는 반복적으로 일어나므로 먼저 재해의 역사적 기록을 공부해야 한다. 과거의 관측·기록 자료를 분석하면 발생 빈도, 형태 등을 예측할 수 있고 위험 분석도 가능하다. 지진, 화산활동, 홍수나 하천의 범람, 사태 등의 역사적 기록이나 항공 사진 등을 분석해 과거의 지질, 지형 변화와 재해 현상을 재구성해 미래를 대비해야 한다. 지진, 화산, 홍수 발생 빈도나 규모 등 통계 자료로 피해를 예측하고 전조 현상을 파악해 예보를 발령하는 것도 중요하다.

이번 쓰촨성 지진에서 학교 건물 피해가 많았던 점은 우리에게 큰 교훈이 된다. 우리 학교 건물도 내진 설계가 제대로 돼 있지 않거나, 건축

자재로 불에 약한 내·외장재를 쓴 곳이 많기 때문이다. 이번 기회에 학교 건물을 점검해 재난 방지 대책을 세워야 한다.

특히 재해로 인한 피해를 줄이기 위해서는 방재 교육이 절실하다. 그런데 초중고교 교육 과정 어디에도 자연재해의 방재 교육 내용을 찾아볼 수 없다. 재해 예방을 위해 효율적인 방재 시스템을 구축해 운영하는 것도 중요하지만 전문가 양성과 학교 교육 과정에도 재해 방재 교육 내용을 도입해야 할 때다. 자연 재해가 빈발하는 이웃 일본에서 재해 예방책과 학교 교육을 통해 자연재해 발생으로 인한 피해를 최소화하는 노력은 배울 만하다.

[과학세상/김규한] 한국 온 과학사랑 '구사카베 실험실'

김규한 이화 여대 과학 교육과 교수
2007-12-24

한 해를 마무리하면서 한국해양연구원 극지연구소에서 조촐하게 열렸던 실험실 개소식이 생각났다. 7월 인천 송도 갯벌타워에 들어선 구사카베 실험실(Kusakabe Lab). 극지연구소가 브레인 풀 초빙 사업의 일환으로 2006년 시작해 1년 만에 만들었다. 우주 물질을 연구하기 위해 산소 동위원소를 분석하는 첨단 연구 실험실이다.

구사카베 실험실이 생겨 국내에서 처음으로 운석과 같은 우주 물질의 기원을 연구하는 데 중요한 정보를 주는 산소 안정 동위원소 분석의 꿈이 실현됐다. 설치된 질량 분석 장치는 앞으로 우주 물질은 물론이고 지구 물질의 기원과 환경 연구로 응용 범위가 확대될 수 있는 장비다. 기초 과학 실험 시설이 빈약한 국내 대학과 연구소의 연구 환경에서 구사카베 실험실이 주는 의미는 크다.

실험실을 만든 주인공은 일본 오카야마대 부설 지구물질연구센터에서 정년퇴임 때까지 안정 동위 원소연구 분야를 개척한 구사카베 미노루(日下部實, 66) 교수다. 그는 일본에서 뿐만 아니라 세계적으로 인정받는 전문가다. 아프리카 카메룬의 니오스 호수 화구호에서 일어난 가스 폭발 사건의 원인 규명과 자연재해 예방 대책 연구 활동을 통해 잘 알려졌다. 니오스 호수의 대폭발은 1986년 8월 서부 아프리카 카메룬 화산대의 니오스 화구호에서 일어났다. 이산화 탄소 등 독성 가스의 대폭발로 호수 인근에 살던 주민 2,000여 명이 숨졌다.

구사카베 교수는 오카야마대에서 평생을 연구하는 동안 가장 아끼던 고가의 산소 안정 동위원소 분석용 질량 분석 장치와 부대시설을 모두 한국으로 옮겼다. 일본에서 가져온 장비와 부품을 갖고 밤늦게까지, 주말도 없이 직접 실험실을 디자인하고 조립하고 설치했다. 일본 대학의 실험 연구실이 한국 연구소의 실험실로 완전히 이전해 새로운 시설이 됐다.

그는 초빙 연구원으로 남극과 북극의 극지 환경에서 산출되는 열수와 가스의 기원을 한국 연구진과 함께 연구했다. 시료 처리 기술, 동위원소 분석 기술과 실험실 관리 운영의 노하우를 한국 후학에게 아낌없이 전수했다.

국가의 장벽을 넘어 소리 없이 보여 준 외국 원로 교수의 헌신적인 노력과 땀으로 인천 송도 과학 연구 단지에 국내 최초로 우주 물질 산소 동위원소 연구 실험실이 불을 밝히게 됐다. 이 실험실은 앞으로 국내외 우주 물질 동위원소 연구의 메카 역할을 할 것이다.

미국이나 일본에서는 교수나 연구자가 연구 기관을 옮길 경우 연구자가 사용하던 고가의 시설을 모두 가져갈 수 있다. 실험 연구를 중시하는 이 같은 제도는 연구 시설의 활용도를 높이고 연구 인프라를 신속히 복원해 연구의 생산성을 높이고 연속성을 유지시킬 수 있다는 점에서 긍

정적이다.

  우주 물질과 지구 물질 응용 연구의 개척을 바란다는 짧은 메시지를 남기고 조용히 본국으로 떠나갔지만 그가 남긴 실험실은 한국의 기초 과학 기술 개발사에 오래오래 기록될 것이다. 또 한일 과학 기술 교류의 새로운 장을 열었고 차세대 한일 과학 기술 교류의 발전적인 디딤돌이 되리라 생각한다.

  열악한 기초 과학 실험 시설의 개선을 염원하는 한국 과학자에게 구사카베 실험실은 새로운 가능성과 꿈을 심어 줬다. 과학 기술 국제 협력의 새로운, 보기 드문 성공 사례이기도 하다. 새 정부가 새로운 기초 과학 연구 단지를 조성해 국내에서 첨단 과학 실험실이 계속 나오기를 바라며 구사카베 교수의 국경을 넘은 과학 사랑에 아낌없는 박수를 보낸다.

[과학세상/김규한] 백두산 화산, 남북이 함께 연구하자

김규한 이화여대 과학 교육과 교수
2007-11-05

    신비의 산 백두산은 한민족과 중국 동북 지역에서 여러 민족 건국 신화의 무대다. 단군 신화의 발상지이기도 하다. 백두산은 '흰 색깔의 부석이 산을 덮어 마치 하얀 머리 모양을 나타내고 있다' 하여 생긴 이름이다. 중국의 한족은 불함(不咸)산, 단단대령(單單大嶺), 태백(太白)산, 도태(徒太)산, 태황(太皇)산, 노백(老白)산, 장백(長白)산이라 부르기도 했다.

    백두산은 지질학적으로 용암과 화산 쇄설물층이 번갈아 분출하여 쌓인 대표적인 층상 화산이다. 2,700만 년 전인 신생대 올리고세에 대량의 현무암질 마그마가 분출하기 시작한 후 5차례의 커다란 화산 분출이 있었다. 백두산 주변에는 400-600m 두께의 현무암 용암층이 넓게 덮여 평평한 용암 대지를 이룬다. 특히 화산 분출 후기에 폭발적인 플리니형(Plinian)의 화산 분출로 대량의 부석과 화산재가 동북아 하늘을 덮었다.

    백두산은 1815년 인도네시아 탐보라산과 함께 과거 2,000년간 지구상에서 분출된 화산 중 최대 규모다. 다량의 화산재와 부석 덩어리가 멀리 일본 아오모리현의 오가와라(小川原)호까지 날아가 그곳 호수 퇴적층 중에 13cm 두께로 쌓였다. 이 진흙층에서 발견된 백두산 화산재와 일본의 도마코마이(苫小牧) 화산재층의 분출시대가 서로 유사해 백두산-도마코마이(B-Tm) 화산재층으로 알려졌다. 고고학적으로 시대 결정에 대단히 중요한 건층(鍵層)이 되는 화산재층이다.

백두산은 사화산이 아닌 휴화산이므로 언제 또다시 대규모의 화산 분출이 일어날지 아무도 알 수 없다. 그래서 화산 분출을 예측하려는 지질학자들의 노력은 계속되고 있다. 매우 유력한 방법 중 하나가 화산성 지진과 화산의 활동도를 평가하는 지진학적 방법이다. 지반의 융기나 침강, 수축, 변형, 밀도 변화를 측정하는 방법도 오래전부터 활용됐다.

　최근 백두산 주변에서 발견되는 여러 지질 정보에서 백두산의 화산 활동이 다시 일어날 징조가 나타나 지질학자들을 긴장시키고 있다. 백두산 화구호 주변에 화산 분기공이 많이 관찰되며 지하의 뜨거운 지열류에 의해 뜨거운 온천수가 여러 곳에서 용출되고 있고 지하의 지열 활동이 계속되고 있다. 과거 1만 년 사이에 백두산 지역의 화산 분출 활동 간격은 1,300-1,500년이었다. 일본 규슈대의 화산물리학자인 에하라(江原) 교수는 이를 토대로 100년 이내에 백두산 화산 분출이 재개된다고 예측했다.

　장백 온천 마을에 설치된 화산 관측소의 화산성 지진 발생 횟수는 1985년 3회, 1986년 12회, 1991년 29회, 2000년대에 240회로 급증했다. 백두산 지하의 마그마방에 물과 휘발 성분이 증가해 내부 압력이 점차 증가한 것으로 추정된다. 도쿄대 지진 지화학 실험실은 장백 온천 가스를 분석한 뒤 일본의 화산 지역과 유사한 헬륨 가스를 확인했다.

　백두산에서 과거와 같은 대규모 화산 폭발이 다시 일어난다면 지구의 기후 환경 변화에 큰 영향을 줄 것이다. 화산 분출물로 인한 피해는 한반도를 중심으로 동북아에 미친다. 중국은 1986년부터 장백산 온천 부근의 화산 지진 관측소에서 지진 활동을 모니터링했다. 그러나 백두산의 중요 지질 정보원이 북한 쪽에 더 많이 있어 관측 연구의 필요성이 절실하다.

천지 주변의 백두 온천과 용암 대지 위의 제운 온천, 금강 온천은 화산 정보의 중요한 원천이 될 수 있다. 백두산의 지진 관측소 설치 운영과 온천 분기공 가스 연구의 필요성이 어느 때보다 크다. 한민족 영산인 백두산의 화산 활동을 남북한이 공동으로 연구하기를 기대한다.

[과학세상/김규한] 북극 다산과학기지의 꿈

김규한 이화 여대 과학 교육과 교수
2007-07-02

북극 스발바르섬에 있는 스피츠베르겐 지역의 화성(火成) 활동 특성을 연구하기 위해 6월 한 달간 한국해양연구원 부설 극지연구소 연구팀과 함께 북극 다산 과학 기지를 방문했다. 다산 과학 기지는 북위 79도의 대서양 북단의 뉘올레순 국제과학 연구 단지에 한국해양연구원이 2002년 4월 설립했다. 과학 기술부 국가 지정 연구실이기도 하다.

뉘올레순 국제 과학 연구 단지에는 각국이 공동으로 사용하는 킹스베이 해양 실험실과 노르웨이의 스베루프 연구 기지, 측지 관측소, 제페린 관측소가 운영되고 있다. 프랑스와 독일의 알프레트 베게너 연구소, 성층권 변화 감지 네트워크 관측소, 중국의 북극 황허(黃河) 기지, 일본 극지연구소, 북극 관측 기지 등의 과학 기지가 몰려 있다. 올해 여름에 러시아와 인도의 과학 기지가 새로 들어선다.

빙하로 덮인 스발바르 주변 지역은 4월부터 8월까지 백야가 계속된다. 고위도로 갈수록 백야가 길어진다. 10월부터 이듬해 2월까지는 밤이 계속되는 특수한 환경이다. 여름철의 평균 기온은 5도 내외이며 겨울철은 평균 영하 15도 내외다. 연평균 강우량이 370mm로 대단히 적어 북극의 사막으로 부르기도 한다.

초여름 갈색 이끼로 덮인 북극 툰드라 지역에 눈이 녹기 시작하면 겨울의 혹독한 추위를 견딘 북극 자주범의귀, 북극 장구채, 북극 담자리꽃

나무, 북극 버들이 붉거나 노란색을 드러내 생명의 신비감을 다시 한번 느끼게 한다.

뉴올레순 지역은 다양한 피오르 해안과 북극곰, 조류와 이끼식물이 서식하는 툰드라 지역의 육지 조건을 함께 갖춰 북극의 생태계를 전형적으로 보여 준다. 지질학적으로는 선캄브리아기 기반암에서 칼레도니아 조산대, 제4기 화산 활동에 이르기까지 다양한 지질 시대의 지층이 발달했고 온천, 석탄, 석유, 천연가스, 금 등 금속 광물 자원이 많다.

세계 여러 나라는 뉴올레순에 과학 연구 기지를 설립하고 있다. 각국의 연구 주제를 종합하면 해양 생물(32%), 대기 연구(30%), 지구 자원(13%), 육상 식물(6%), 화학(2%)의 비중으로 관심을 두고 있다.

한국 극지연구소 연구팀은 다산 과학 기지를 중심으로 극지 해양 생태계에서 해양 플랑크톤, 규조, 미세 해조류의 분포 특성에 대해 야심 차게 연구하고 있다. 다산 과학 기지보다 2년 늦게 설립된 중국의 황허 연구 기지는 빙하 모니터링, 유기 오염원 연구, 생물 다양성 연구 등 11개 중점 과제를 연구한다.

다산 과학 기지는 지구 환경 및 대기와 생태계 모니터링, 극지 생태계의 특성 연구뿐만 아니라 북극해 주변에 매장된 미지의 석탄, 석유, 천연가스, 금속 광물 자원의 탐사 연구 센터로서 중요한 역할을 한다.

프랑스, 독일, 노르웨이는 오존 및 대기권 오염 물질을 추적하기 위해

라이더 레이저 관측 장치와 기저 표면 반사(BSRN) 관측망 등의 연구 시설을 갖추고 다수의 인력을 상주시킨다. 그러나 다산 과학 기지는 현재 여름 몇 달 동안 한시적으로만 연구원이 방문한다. 연구 인력 확충과 업그레이드된 관측 장비 보완 등 인프라 구축이 필요하다.

북극 동토는 남극 대륙과 함께 인류의 마지막 희망의 땅이다. 오존층 에어로졸 지구 온난화 해양 생태계 변화의 모니터링을 통한 지구 환경 감시망 운영의 최적지이기도 하다. 뉘올레순 국제 과학 연구 기지는 최근 극지 환경 체험의 교육장과 관광 자원으로도 크게 각광받고 있다. 다산 과학 기지가 한국 과학의 위상을 높이고 범지구적 환경 보전 및 전략 광물 자원 탐사를 위한 핵심 연구 기지로 도약하기를 기대한다.

— 북극 다산 과학 기지에서

[과학세상/김규한] 호기심 죽이는 과학교육

김규한 이화여대 과학교육과 교수
2007-05-28

마이크로소프트 창업자인 미국의 빌 게이츠는 과학 기술로 8만 개의 일자리를 창출했다. 스탠퍼드대 박사 과정 시절 구글을 세운 래리 페이지와 세르게이 브린 역시 인터넷 정보 과학 기술로 1만여 명의 일자리를 만들었다. 과학 기술에 대한 호기심과 도전이 일자리 창출의 원천임을 보여 준다.

한국은 이공계 기피 현상이 대학에서 중고교까지 점차 확산되는 중이다. 과학 기술 싱크 탱크랄 수 있는 해외 유학 과학도는 귀국을 기피한다고 한다. 이런 현상의 가장 큰 원인은 우수 과학 인재에게 국가가 비전을 제시하지 못하기 때문이다. 다른 하나의 이유는 거꾸로 가는 과학 교육이다.

몇 년 전 교내 자연사 박물관장으로 일할 때 과학 수업의 일환으로 견학 온 학생들에게서 흥미로운 행동을 발견했다. 유치원생과 초등학생은 호기심과 궁금증에 가득 차 많은 질문을 던졌다. 중고교 학생들은 대조적이었다. 전시장을 휙 지나치거나 전시장 밖에서 서성일 뿐이었다. 과학에 호기심을 갖던 유치원생과 초등학생이 상급 학교로 갈수록 과학에 대해 관심도가 낮아지는 원인이 궁금했다.

국내 중고교의 과학 교육 과정 및 교과 운영은 과학 기술 수준에 못 미친다. 또 교육 현장의 교수법이 부적절하다. 중고교의 기술 가정 교과 내용은 밥 짓기, 국화 가꾸기, 전기다리미 점검, 손님 초대 행사 상 차리기, 자동차 관리 등을 다룬다. 미래 우주 탐사 개발이나 나노-바이오에 대한 내용이 아니더라도 버려진 컴퓨터나 휴대 전화기, 냉장고의 구조를 이해하고 분해하는 등 실용성 있는 교육이 유용하지 않을까. 실업 기술계 학교까지도 실험 실습이 아니라 진학 중심으로 과학을 가르친다.

몇 년 전 젊은 나이에 노벨화학상을 수상한 일본 시마즈 제작소 연구원 다나카 고이치(田中耕一) 씨는 실수로 잘못 조제된 재료로 실험하는 과정에서 생체 고분자 구조 해석법이라는 뜻밖의 성과를 얻었다. 그는 노벨상 수상 소감에서 어렸을 때 할머니에게서 자주 들었던 "아직 버리기에는 너무 아까운데…."라는 말씀 때문에 잘못 조제된 실험 재료를 아까워서 버리지 못하고 실험에 사용했다고 토로했다. 나아가 자신의 실험 연구 성과는 할머니가 심어 준 일본의 전통문화 때문이라고 말했다.

과학 기술에 대한 사회적 인식 부족도 문제다. 미국에서는 과학 잡지 우수 논문 발표자를 선정하면 대통령 이름으로 축하 편지를 보낸다. 해마다 국내에서 열리는 과학 기술 훈포장 시상식에서는 다른 인사가 대통령 표창을 대신 전달한다. 과학 기술자를 중시하고 존경하는 풍토 조성이 아쉬운 상징적인 대목이다.

가정에서는 어떤가. 과학 올림피아드 같은 국제적인 과학 경시대회에서 한국 학생은 우수한 성적을 얻지만 컴퓨터 하드웨어를 조작하거나 트랜지스터를 분해 조작하면 공부나 하라면서 질책하는 부모가 적지 않다. 학교에서는 실험 기구에 함부로 손대지 말라고 교사가 학생에게 자주 말한다.

마음껏 뜯어고치고 만들게 하며 놀게 하는 미국이나 일본과는 사뭇 다르다. 호기심이 날 때 손으로 만져 보고 조작하는 과정에서 창의성이 생겨나고 두뇌를 자극해 새로운 문제를 찾아내고 스스로 해결책을 강구할 수 있는데도 말이다.

과학 기술의 성과는 호기심을 유발하는 실험 교육에서 얻는다. 입시 위주의 암기식 과학 교육과 쉽게 답을 구하는 습관을 바꿔야 한다. 과학적 내용은 실험을 통해 이해하지 않으면 창의적인 새로운 문제를 발견할 수 없다. 문제가 있어야 답이 있기 마련이다. 큰 문제에서 큰 답이 나오고, 좋은 문제에서 좋은 답이 나올 수 있다.

[과학세상/김규한] 제2의 남극기지 건설하자

김규한 이화 여대 과학 교육과 교수
2007-01-15

한 달 전 남극반도 북쪽, 남셰틀랜드 군도 부근의 디셉션 화산섬을 연구하기 위해 한국해양연구원 부설 극지연구소 연구팀과 함께 세종 기지를 찾았다. 여름철이지만 매섭게 추운 극지 환경에서 지질 자원 조사, 극지 생태 연구, 해양 환경 연구, 기상 관측에 여념이 없는 연구팀의 모습이 감동적이었다.

남극 대륙에는 20개 국가 39곳의 상주 기지가 운영되고 있다. 세계 각국은 새로운 남극 기지 건설과 남극 대륙 탐험 연구에 열띤 경쟁을 하는 중이다. 한국은 1988년 2월 서남극 남셰틀랜드 군도 킹조지섬 바튼 반도에 세종 기지를 준공한 뒤 극지 연구를 시작했다.

남극 대륙은 2억 년 전 쥐라기에 아프리카, 남아메리카, 인도, 호주와 함께 붙어 있던 곤드와나 대륙의 일부였다. 그 후 대륙 이동에 의해 남반구까지 이동했다. 백악기(1억 년-7,000만 년 전)에는 아열대 기후 지역으로 침엽수림과 같은 방대한 삼림으로 덮여 있었고 6,000만 년 전에는 한국과 같은 온대 기후였다. 점차 남쪽으로 이동한 남극 대륙은 4,000만 년 전부터 거대한 만년설 빙하로 덮이기 시작했다.

연평균 기온이 영하 34도인 남극 대륙은 사막처럼 건조하고 낮은 강우량 때문에 지표에는 이끼식물만이 서식하는 혹한 지역이다. 중국 대륙의 1.4배 크기인 남극 대륙은 빙하로 덮인 혹한의 기상과 지형 조건 때문에 자원 탐사가 제대로 이뤄지지 못했지만 트랜스앤타크틱산맥과 프린스 찰스산맥 지역에 대규모 석탄 자원이 매장된 것으로 알려져 있다. 남극 해저에는 인류가 100년 정도 사용할 수 있는 원유와 천연가스 자원이 부존된 것으로 추정된다.

이같이 남극 대륙 밑에 매장된 석유, 천연가스, 금속 광물 자원의 개발 가능성이 미래 인류에게 마지막 꿈을 준다. 1959년 체결된 남극 조약에 따라 지구 환경을 보전하기 위해 지금은 개발이 제한되지만 대륙 이동에 따른 먼 미래의 지구 환경 변화는 지하자원 개발이 가능하다는 것을 과거의 지질 역사가 말해 준다.

남극 대륙 하면 꽁꽁 얼어붙은 불모의 빙상만 연상되지만 지역에 따라서 뜨거운 화산 활동도 일어난다. 세종 기지 주변은 지질학적으로 남미판과 남극판의 경계여서 지진, 화산 활동, 조산 운동이 활발하다.

남극점의 경우 3월 하순부터 9월 중순까지 밤이 계속되며 9월 하순부터 이듬해 3월 중순까지는 낮이 계속돼 서식하는 동식물이 제한된다. 빙하의 바닷물 속에는 고래류와 해표류가, 육상에는 펭귄류를 포함한 50여 종의 새가 산다. 여름철인 지금 세종 기지 주변에는 지의류, 선태류, 조류 등의 이끼식물이 암석 표면과 지표면에 드물게 덮여 있다. 이끼식물이 극저온과 특수한 일조 환경에서 광합성을 하는 메커니즘이 밝혀지면 극지 환경과 유사한 화성 등 우주에서의 생물 번식 연구가 활발해질 것으로 전망된다.

　남극 세종 기지는 극지 연구뿐만 아니라 미래 과학도의 상상력을 키우는 훈련장으로서 한국인의 긍지와 자긍심을 보여 준다. 미래 인류가 활용할 육상 및 해양 자원의 마지막 보고이자 지구 환경 보호와 극지 환경의 실험장으로서, 더 나아가 우주 개발을 위한 기초 실험 연구의 장으로서 세종 기지의 미래는 밝다.

　세종 기지 주변에서 3,500여 마리나 서식하는 천혜의 펭귄 마을, 빙하 절벽, 디셉션 화구호의 수려한 칼데라호 지형과 온천은 세계적인 관광 자원으로 부가 가치가 높다. 머나먼 남극 대륙 세종 기지에 첫발을 디뎠을 때 지구상의 또 하나의 새로운 대한민국에 왔다는 감격을 누구나 맛보게 된다. 동토의 남극 대륙은 지구상에 마지막 남은 희망의 땅이다. 후손에게 남겨 줄 국가 유산으로 남극 대륙 본토에 제2의 세종 기지를 건설하면 어떨까.

[과학세상/김규한] 북 핵실험했어? 두 손 든 한국과학

김규한 이화 여대 과학 교육과 교수
2006-10-21

 북한의 핵 실험 이후 진행된 일련의 과정에서 국내 기초 과학의 어두운 면을 보고 과학자로서 미래를 염려하게 됐다. 북한이 핵 실험을 했다고 발표한 뒤 온 국민과 세계인의 눈귀가 북한 핵 실험의 진위와 핵 실험 여파에 집중됐다. 과학자는 물론 일반 국민은 핵 실험의 내용과 장소, 또는 핵 실험 사실 여부를 국내 연구진이 밝히기를 기대했다.
 핵 실험에 사용되는 방사성 동위원소는 원자력 발전소에서 핵에너지 원료로 사용하는 우라늄(235U)이 핵붕괴 시에 발생해 원자력 반응로의 연료봉에 축적된 플루토늄(Pu)이다. 백색 금속 플루토늄의 방사성 동위원소인 239Pu은 핵분열을 일으키는 성질이 있다.
 플루토늄 핵분열 시 발생하는 막대한 에너지를 이용해 만든 핵폭탄이 1945년 일본 나가사키(長崎)와 히로시마(廣島)에 투하되면서 고열과 폭풍 또는 방사능으로 수십만 명이 숨지고 막대한 재산 피해를 냈다. 방사능 피폭의 피해는 반세기가 지난 지금까지 계속되고 있다. 이처럼 무서운 핵폭탄을 제조하기 위한 핵 실험이 비핵화를 추구하는 평화로운 한반도에서 일어났다.
 더 놀라운 점은 핵 실험 여부와 실험 장소 예측을 한국, 미국, 일본 연구진이 서로 다르게 발표했다는 사실이다. 한국지질자원연구원은 신속하게 핵 실험 사실을 지진파로 감지했다. 미국과 일본의 연구팀과는 달리 국내 연구팀이 밝힌 핵 실험 추정 장소는 두 차례에 걸쳐 번복됐다.

잘 알려진 바와 같이 핵 실험의 위치 추정은 지진파가 발생한 진앙(핵 실험의 경우 핵 실험 장소)의 위치 결정 원리와 방법이 동일하다. 즉, 지진파인 P파와 S파의 도달 시간차의 정보를 이용해 진앙의 위치와 심도 및 지진의 강도(핵 실험의 위치와 강도)를 결정한다. 지진파의 파형 정밀 분석으로 인공 지진(핵 실험과 같은 것)과 자연 지진을 식별할 수도 있다.

핵 실험 전후에 부가적으로 확인하려면 위성 사진 판독이나 주변의 공기 중에서 핵 실험 때 발생하는 크세논(Xe), 크립톤(Kr), 요오드(I), 세슘(Cs) 같은 방사능 물질의 동위원소 농도 변화를 측정하면 된다. 인간의 생명을 위협하는 죽음의 재, 방사능 낙진은 토양이나 자연 생태계를 통해 인체에 유입된 뒤 장기간에 걸쳐 질병을 유발한다.

대기 중의 방사성 핵종의 검출에는 기술적인 어려움이 수반된다. 한국원자력안전기술원은 방사능 낙진 측정 자동 감시망을 가동해 탐지하고 있다고 한다. 그런데 검출 장비의 일부를 스웨덴의 국방과학연구소에서 임차해 측정을 시작했다는 보도가 나왔다. 위험 수위의 방사능 낙진이 발생했다면 우리 국민은 이미 방사능에 노출될 수밖에 없다. 공기 중 방사성 원소의 농도가 낮을 경우 이를 분석할 실험 장비나 시료 포집 기술도 국내에 없다고 전문가가 토로했다.

지진파 분석, 위성 사진 판독, 방사능 물질 탐지 등 어느 하나도 만족한 해답을 가져다주지 못한 현실에서 기초 과학의 현 수준에 대한 위기감을 새삼 느끼지 않을 수 없다. 북한 핵 실험과 관련해 정부를 대표하는 일부 연구소의 발표 외에 국내 싱크 탱크인 대학은 거의 역할을 하지 못했다.

 국가정책연구소의 연구 시설과 연구 능력을 향상시키는 일은 꼭 필요하다. 고급 두뇌 집단인 대학 실험실 역시 특수 첨단 실험 장비를 도입하고 기초 과학 전문 인력을 양성해야 한다. 과학 연구자나 과학 교육자의 자성도 뒤따라야 한다. 과학 기술은 국력을 반영한다. 한 사회의 역량을 보여 주는 지표이다. 과학 기술적 측면에서 북한 핵 실험이 주는 교훈을 잊으면 곤란하다.

[기고/김규한] 日 대학 교육 질 높여 살길 찾는다

김규한 이화 여대 과학 교육과 교수 도쿄대 객원 연구원
2005-12-26

최근 일본《니혼게이자이신문》의 '대학 격동'이란 연재 기사에 의하면 대학 수험생 감소로 일본의 22개 사학 법인이 경영난을 맞고 있으며 전국 659개 학교 법인이 30개 학교 법인에 1개 법인꼴로 '옐로카드'를 받고 있다고 한다.

2004년 일본의 18세 인구는 약 142만 명인데 2007년 말에는 12만 명이 감소될 전망이다. 이로 인해 일본의 사립대는 앞으로 5년 내에 48개교가 문을 닫아 14개교 중 1개 꼴로 폐교될 정도로 위기 국면을 맞고 있다. 수험생 감소 현상은 마치 고기가 없는 바다에 그물을 던지는 것과 같은 상황이라고 일본의 한 학교 법인 관계자는 토로한다.

반면 지난해 4월 모두 법인화한 일본의 국립대들은 대변혁의 길에 들어섰다. 1990년 일본 문부성 주도로 일본의 주요 대학들이 대학원 중심 대학으로 변화된 이래 많은 대학은 전문 대학원 설치, 연구 능력 강화, 해외 대학과의 교류 확대, 대학 헌장 제정 등을 통해 도약을 시도하고 있다.

지난해 세계 대학 12위인 도쿄(東京)대의 경우 법인화 이후 중요한 개혁 과제로 지식의 구조화, 신영역 창성(創成) 프로젝트 추진 등 교육 내용의 풍부화와 더불어 법과 대학원 설립, COE(Center of Excellence) 연구 사업 추진, 국내외 타 연구기관 및 산학 협동 연구 체제 구축 등 다양한 정책을 수립해 추진하고 있다. 대표적인 역점 사업의 하나인 COE

프로그램은 일본 문부성이 각 대학의 우수 연구 프로젝트를 지원함으로써 국제 경쟁력을 갖춘 연구거점들을 구축해 연구 역량을 획기적으로 높이려는 야심 찬 계획이다. 일본판 두뇌 한국(BK)21 사업인 셈이다.

고미야마 히로시(小宮山宏) 도쿄대 총장은 법인화된 국립대도 대학 스스로 연구와 교육 환경을 만들어 나가야 하며 사고의 전환과 자기 변화의 필요성을 역설한다. 또한 첨단 연구실과 최고의 연구 성과로 승부하는 최고의 교육을 강조하기도 한다. 특히 교수-대학원생-학부 학생 체제의 시스템 활용을 강화함으로써 교육과 연구의 수월성을 지향하고 있다는 것.

회사의 인턴십 제도와 비슷하게 타 대학 3학년 수료 학생을 추천받아 4학년 1년간 졸업 논문 연구를 지도한 후 대학원 석사 과정으로 받아들이기도 한다. 다양한 우수 인재를 조기에 선발해 대학원 연구의 활성화 내지 심화 연구로 유도하려는 취지다.

학생과 교수의 연구 활동이 24시간 풀타임으로 이뤄지는 것에 맞춰 대학 캠퍼스 내에 24시간 편의점이 영업하는 것은 일본의 대학 캠퍼스 문화를 짐작할 수 있게 해 준다. 밤을 밝히고 있는 대학 캠퍼스 실험 연구실의 불빛과 실험 기기의 기계음은 마치 거대한 생산 공장으로 착각할 정도다. 여기서 생산된 놀라운 연구 성과가 곧바로 사회로 환원되고 있다.

일본 대학이 추구하는 모습은 국가 축의 중심으로 사회 움직임에 영합하지 않고, 학문의 자유와 자치(自治)의 중요성을 인식하며, 양자택일적인 사고가 아니라 양자를 조화해 나가는 상호 협동 정신이 살아 있는 학교다.

한편 진학 예정 학생 감소에 따라 많은 사학 법인들은 학교 통폐합, 특성화 대학으로의 변신, 해외 유학생 유치, 입시 학원으로 전환 등 자구책 마련에 진력하고 있다. 지금 일본의 대학들은 소리 없이 역동적으로 미래를 준비하는 대변혁의 길을 밟고 있다.

[여론마당/김규한] '지질학 큰 별' 김옥준 선생을 그리며

김규한 이화 여대 과학 교육과 교수·이화여대사대부속고교 교장
2005-03-28

해마다 '과학의 달'(4월)이 오면 각종 행사들이 요란하게 펼쳐지지만 그때뿐이다. 과학 기술 발전이 국가 발전의 원동력으로 작용함에도 과학, 특히 기초 과학 육성에 소홀한 게 우리나라의 현실이다. 과학자와 기술자를 중시하고 존경하는 풍토는 기초 과학 육성에 대단히 중요하다.

지난해 이맘때쯤 지질학계의 큰 별이 소리 없이 졌다. 하지만 그가 남긴 별빛은 이 땅의 지구 과학에 많은 열매를 영글게 했다. 김옥준 교수. 그는 지질학 분야에 종사하는 국내외 많은 사람들에게 잊힐 수 없는 위대한 지질학자다. 29일 열리는 조촐한 1주기 추모 모임을 계기로 그의 발자취가 되새겨진다.

김 교수는 1954년 미국 콜로라도대에서 지질학 분야에서는 한국 최초로 외국 박사 학위를 취득했다. 이후 서울대 대우 교수로 시작해 연세대 교수로 퇴임하기까지 국립지질조사소 소장, 한국지하자원조사소 대표, 대한지질학회 회장, 대한자원지질학회 회장 등으로 폭넓게 활동했다.

서울시 문화상, 대한민국 국민 훈장 동백장, 학술원상, 성곡학술문화상 등의 수상 실적은 그가 우리나라 지질학 발전에 얼마나 큰 공헌을 했는지를 잘 말해 준다.

금속 광물 자원 탐사를 통해 금, 은, 동, 중석, 석탄, 시멘트 등 전략 광물 자원의 탐사, 개발, 생산의 기초 터전을 닦았으며 남한의 주요 지질

구조를 규명한 그의 연구는 한반도 지질 이해의 기본 지침이 되고 있다.

필자는 연세대 학생 시절 김 교수의 제자로 옥천지향사대 야외 지질 조사를 보조 수행하면서 자연 과학자로서의 학문적 태도와 지질 조사 연구의 경험론적 방법론을 전수받았다. 정년퇴직 후 넉넉지 못한 형편에도 거금을 희사해 만든 대한자원환경지질학회의 '김옥준 상'은 후학들에게 꿈과 비전을 심어 주고 있다.

위대한 과학자에 대한 사회적 무관심이 아쉽기는 하지만 그의 업적은 노벨과학자의 꿈을 키우는 젊은 과학자들에게 시사하는 바가 크다.

조선일보(朝鮮日報)

[기고] 원전 확대 정책, 고준위 방폐장 건설과 함께해야

김규한 이화 여대 명예 교수, 前 한국지질자원연구원장
2022-07-11

탄소 중립으로 세계 각국은 전력 에너지 생산에 석탄이나 천연가스 화석 연료 에너지원을 감축하고 태양광·풍력 등 친환경 에너지와 청정 에너지인 원전 에너지로 전환하고 있다. 그중에서도 최근 러시아의 우크라이나 침공으로 유럽 연합(EU) 국가들은 원전 에너지로 급속히 전환하고 있다. 또한 중국의 원자로 32기 신규 건설을 중심으로 벨기에, 체코, 일본, 독일 등이 원전 수명 연장과 신규 건설에 속도를 내고 있다. 그러나 지난 정부는 미숙한 탈원전 정책으로 지난 5년 탄소 중립에 역행했다. 탄소 중립의 성공을 위해서는 이산화 탄소 감축의 핵심인 화석 연료, 신재생 에너지, 원자력 에너지의 이상적인 에너지 믹스 정책이 필수적이다. 최근 윤석열 정부가 임기 내 원전 10기 해외 수출 계획 등을 밝히면서 원전 강국으로 부활할 수 있다는 기대가 나오고 있다.

원전 확대 정책은 원전 에너지 생산 후 발생하는 핵폐기물 영구 처분 시설 준비가 같이 이뤄져야 한다. 1978년부터 고리 1호기 원전 가동 후 경수로형 및 중수로형 원전에서 사용 후 핵연료 폐기물이 계속 축적되고 있다. 2019년 중수로형 월성 원전을 시작으로 경수로형 원전인 한빛(2024년), 고리(2024년), 한울(2037년), 신월성(2038년) 순으로 사용 후 핵연료 단기 보관 장소 포화가 예상된다.

원전 반응로에서 발생한 방사성 폐기물은 중·저준위와 고준위 방사성 폐기물로 구분 처리한다. 고준위 방사성 폐기물은 원자력 발전소에서 나오는 사용 후 핵연료 등 방사능 수치가 높은 핵폐기물이다. 중·저준위 방사성 폐기물은 원전 내 방사선 관리 지역에서 사용했던 공구나 작업복 같은 폐기물이다. 우리는 2015년 8월 경북 경주시에 중·저준위 방사성 폐기물 처분장을 만들고 이곳에 코라드 청정누리공원도 함께 조성해 핵폐기물을 성공적으로 관리·운영하고 있다. 그러나 고준위 방사성 폐기장 준비와 건설은 아직 시작도 못 하고 있다. 사용 후 핵연료 공론화 위원회가 제출한 권고안에 따라 산업 통상 자원부는 2016년 이미 고준위 방폐장 부지 선정을 2028년까지 마치고 2035년 중간 저장 시설, 2053년 영구 처분 시설 가동 목표를 발표한 바 있다. 하지만 지난 정부의 탈원전 정책으로 이 역시 멈춘 상태다.

세계 최초의 고준위 방폐장은 핀란드 온칼로(Onkalo, 핀란드어로 숨겨진 곳이라는 뜻)다. 지하 500m에 고준위 방폐장을 만들어 성공적으로 운영하고 있다. 핀란드의 고준위 방폐장 건설은 1978년 예비 타당성 연구를 시작으로 2020년 사용 후 핵연료 처분을 시작하기까지 무려 40년간 긴 과정을 거쳐 이루어졌다. 일본도 미즈나미(瑞浪)에 방사성 핵폐기물 처분 지하 실험장인 특수 시설을 운영, 기술 개발에 전념하고 있다.

　가장 중요한 시작은 부지 선정이다. 부지 선정 준비에만 10여 년이 걸린다. 부지 선정 과정을 위해 전 국토를 대상으로 기반암 등을 평가하고 예비 후보지를 선정한 후 야외 정밀 지질 조사, 타당성 평가 등을 거쳐 최종 후보지를 결정해야 한다. 이 과정에서 주민과의 마찰도 예상된다. 그래서 고준위 방폐장 건설은 지역 주민과 일반 국민에게 투명하게 공개하고 모든 국민이 함께하는 국가사업이 되어야 한다.

[기고] 日 사도광산, 제2의 군함도 돼서는 안 된다

김규한 이화 여대 명예 교수, 前 한국지질자원연구원장
2022-02-03

2007년 유네스코(UNESCO) 세계 유산 위원회 일본 대표였던 곤도 세이이치(近藤誠一) 전 일본문화청 장관은 사도(佐渡)광산의 유네스코 세계 유산 지정 신청을 서두르지 말고 피해 당사국 한국과 충분한 논의가 필요하다고 했다. 그러나 일본 정부는 자국 내 우려와 우리 정부의 강한 반대에도 불구하고 내년 6-7월 세계 유산 등록을 목표로 지난 1일 각료 회의를 거쳐 유네스코에 신청서를 제출하였다. 한일 간에 위안부와 강제 동원에 대한 사죄와 배상 문제, 수출 규제, 군함도 문제 등 산적한 갈등 문제 해결의 노력 대신 새로운 도전과 역사 전쟁을 일본 정부가 재점화하고 있다.

사도광산은 일본 니가타(新潟)현 사도시에 위치한 금은 광산으로 일제 강점기 조선인 광산 노동자(1,141명 이상으로 추정)를 강제 노역시킨 곳이다. 금광맥이 동서 3,000m, 남북 600m, 심도 800m에 이른다. 에도 시대부터 폐광 때까지 금 78톤과 은 2,330톤을 생산했다. 광산 부지에 현재 남아 있는 광산 갱도, 채굴 시설, 선광 제련 시설 등이 중요 문화재 사적 근대 산업 유산으로 지정되어 있다. 1601년 개발 시작부터 1989년 폐광까지 약 400년에 걸친 광산 개발 운영과 생산 기술 시스템의 변천 과정이 현장에 잘 보존되어 있다. 그래서 일본 정부는 2010년부터 사도광산의 유네스코 세계 유산 등록을 준비해 왔다. 관광 브랜드 이미지 부각을 위해 니가타현과 사도시의 홍보 활동도 활발히 진행되고 있다.

 사도광산과 유사한 강제 노역 현장인 일본의 군함도(軍艦島) 탄광 지역은 근대 산업 시설 역사 유물로 2015년 유네스코 세계 유산으로 지정받았다. 메이지(明治) 시대에서 쇼와(昭和) 시대에 걸쳐 해저에 대량 매장된 석탄 개발로 일본 근대화의 발판이 되었다. 무인도인 군함도에 1916년 이후부터 입항을 개시하고 조선인 탄광 노동자 1,939명을 집단 이주시켰다. 폐광 후 2007년 나가사키지재(長崎地裁)에서 열린 조선인 강제 노역 배상 청구권 소송에서 강제 연행, 강제 노동의 불법 행위 사실이 인정되었다. 그 때문에 2015년 군함도 탄광을 유네스코 문화 유산으로 지정 결정할 당시 조건이 조선인과 일부 중국인의 처참한 강제 노동을 명시하고 이를 반성하는 것이었다. 일본은 스스로 약속한 이 같은 후속 조치를 이행하지 않고 오히려 감추고 왜곡하고 있다.

 군함도 탄광은 조선인 강제 노동의 심각한 역사적 갈등을 유발한 반(反)인류의 부정적 문화 유산(Negative heritage)인 점에서 그 역사적 진실을 알리는 것이 세계 유산으로 지정된 이유 중 하나였다. 히로시마의 원폭 돔과 폴란드의 아우슈비츠 강제 수용소가 부정적 문화 유산으로 유네스코 문화 유산으로 이미 등록되어 있는 것처럼 말이다.

 일본 정부는 군함도 탄광에 이어 사도광산도 한일 간 어두운 역사의 부정적인 면을 감추고 유네스코 세계 유산 등재를 추진하고 있다. 군함도의 재판(再版)을 보는 것 같아 분노하지 않을 수 없다. 등록 여부는 유네스코 자문 기구인 세계 유물 및 유적지 협의회(ICOMOS)가 심사한 후 21국으로 구성된 세계 유산 위원회가 2023년 6-7월경 결의한다.

사도광산의 유네스코 세계 유산 등록을 저지하기 위해 강력한 대응이 요구된다. 사도광산 강제 노역자 역사 자료 수집, 생존 광산 근로자 물증 자료 수집, 유네스코 회원국에 대한 강제 노역 물증 자료 정보 공유 등 다각적인 노력이 필요하다. 일제 강점기 어두운 역사의 교훈을 상기하면서 범국민적 공감대 형성으로 사도광산이 제2의 군함도가 되지 않도록 총력 저지해야 한다. 강제 노역 범죄에 대한 철저한 반성이 있어야 발전적인 한일 관계의 미래가 열린다.

[기고] 탄소중립 말하기 전에 '탈원전'부터 원상 복구하라

김규한 이화 여대 과학 교육과 명예 교수, 前 한국지질자원연구원장
2021-02-17

　미국이 파리 기후 변화 협약 복귀를 선언하면서 탄소 중립에 힘이 실리게 되었다. 2016년 121개 국가가 참여한 파리 협정에서 2050년까지 세계 각국이 이산화 탄소 저감 목표 설정 및 달성의 탄소 중립을 선언했다. 우리나라도 2020년 탄소 중립을 선언하고 경제 구조의 저탄소화 등의 추진 전략을 발표한 바 있다. 탄소 중립은 지구인을 위협하는 지구 온난화 방지를 위해 이산화 탄소 배출량만큼 이를 흡수해 이산화 탄소 배출량을 '0(zero)'로 만든다는 개념이다. 즉, 산업 사회 이전처럼 지구상 이산화 탄소의 자발적인 조절(Self-control)이 가능한 자연환경으로 만들자는 취지다.
　온실가스 이산화 탄소의 대량 배출원은 화력 발전, 산업 현장, 수송이다. 이산화 탄소 배출량이 가장 많은 발전 부문에서 탄소 배출 제로인 원자력 발전(원전)이 탄소 중립에 가장 효과적인 것은 과학적으로 입증돼 있다. 그런데 우리는 '탈원전' 정책으로 거꾸로 가고 있다. 탄소 중립을 이유로 신규 건설 공사 중인 화력 발전소 건설을 돌연 취소하는 등 정부 정책은 혼란스럽다.
　이산화 탄소 배출을 줄이기 위해서는, 삼림 육성을 통해 자연 감소시키거나 화석 에너지를 원자력, 풍력, 태양광 등으로 대체하는 방안이 제시되어 있다. 수송 부문에서 전기 차와 수소 차를 상용화해 배출을 저감

하려는 노력도 큰 진전을 보고 있다. 화력 발전 과정에서 발생한 이산화 탄소를 지하에 저장하거나, 탄산염 광물로 침전시키는 광물 탄산화 기술도 개발 중이다. 무리하게 화력 발전소를 폐쇄하기보다, 과학적으로 이산화 탄소를 포집하고 배출을 저감하는 기술을 개발해 활용하는 지혜가 요구된다.

한반도는 지형과 지질 면에서 신재생 에너지 개발에 한계가 있다. 탄소 중립에 가장 비용이 적게 드는 안정적인 방안이 한국형 원자력 발전이다. 독일을 포함한 일부 유럽 국가를 제외한 세계 많은 국가가 신규 원전 건설에 진력하고 있다. 2019년 기준 미국은 98기, 중국은 46기의 원전이 운영되고 있으며 11기가 신규 건설 중이다. 지질학적으로 화산-지진대에 위치한 일본에도 원전 44기가 건설되었다. 모리(森), 갓콘다(葛根田), 스미카와(澄川) 등 10여 곳의 지열 발전을 운용하고 있는 일본은 후쿠시마 원전 사고 이후에도 2030년 20-22%의 높은 원전 발전 비율을 유지하며 탄소 중립을 목표로 하고 있다.

미국, 프랑스, 중국, 러시아와 함께 세계 5대 원전 강국인 우리나라는 2020년 4월 기준 원전에서 2억 2,500만 kW의 전력을 생산한다. 국가 총전력에서 원전 비율은 26.6%이다. 미국은 원전 비율이 19.8%, 프랑스 71.5%, 러시아 18.4%이다.

원전의 문제점으로 원전 사고와 핵폐기물의 안전성 문제를 제기하는 측도 있다. 하지만 미국의 경우 원전을 친환경 클린 에너지로 인정하고 있다. 우리는 원전 수출, 원전 기술 일등 강국이다. 또 한반도는 지질학적으로 유라시아 대륙 지판에 위치해 지반의 안정성이 주변국에 비해 아주 양호하다. 안전을 걱정한다면 오히려 서해 맞은편 강화도에서 불과 348km에 위치한 스다오완(石島灣) 원전 등 산둥반도 인근에 있는 중국 원전 12기나, 겐카이(玄海), 도마리(泊), 미하마(美浜), 시마네(島根) 등 동해안 맞은편 일본의 원전 10여 기를 더 걱정해야 하지 않을까.

 탄소 중립으로 가려면 탈원전 정책을 재전환하는 것이 최우선 실행 방안이 돼야 한다. 원전 장기 운전이 가장 저렴한 저탄소 전력 발전 수단임이 확인된 이상, 월성 1호기 조기 폐쇄를 취소하고, 신한울 3·4호기 건설 역시 재개해야 한다. 특히 신규 원전 6기의 건설 백지화와 노후 원전 10기의 수명 연장 금지 방침을 담은 정부의 전력 수급 기본 계획 또한 전면 재검토해야 한다.

[기고] 연구 실험실 불 꺼뜨린 주 52시간 근로시간제

김규한 이화 여대 과학 교육과 명예 교수·前 한국지질자원연구원장
2019-11-05

주 52시간제를 규정한 근로 기준법 개정안이 지난해 2월 국회를 통과한 후에도 여전히 이해 당사자와 노사 간 갈등, 후유증이 계속되고 있다. 1인당 국내 총생산(GDP) 3만 달러 시대에 맞는 삶의 질 보장 차원에서 우리 사회가 언젠가는 가야 할 길이라고 생각한다.

하지만 고민하고 생각해야 할 게 한둘이 아니다. 우리 사회는 이미 4차 산업 혁명(IDX, Intelligent Digital Transformation) 시대에 진입했다. 지구가 급속하게 디지털 행성으로 진화하는 4차 산업 시대에는 연구자, 교육자, 공무원, 금융업 종사자 모두 상상과 도전, 혁신으로 무장하고 변신해야 한다. 모바일과 인공 지능, IoT 빅데이터가 만들어 내고 있는 새 비즈니스 생태계는 상상을 초월할 정도로 빠르게 변화·발전하고 있다. 이럴 땐 풍부한 상상력과 빠른 도전, 실패를 허용하는 연구 환경 변화가 필수적이다. 이런 상황에서 직종 구분 없는 주 52시간제라는 틀은 미래의 가능성을 감옥에 가두는 결과를 낳을 수밖에 없다. 출퇴근 시간에 제약을 받는 연구자의 두뇌에서 상상력과 도전을 기대할 수 있을까. 주 52시간제는 연구자의 연구 실험 권리를 박탈하는 것이다.

주 52시간제 때문에 오후 5시면 불 꺼지는 삼성 R&D 센터 기사를 읽고, 금요일 오후 6시면 실험실이 닫히는 정부 출연 연구소 실험실과 기타 기업 연구소 등을 생각하니 국가 과학 기술의 미래가 암담하게 느껴진다. 연구자는 연구 성과에 만족감이 크다. 그들은 연구실과 연구 실험

시간이 노동이라기보다 꿈을 실현하는 공간이며 최고의 일터라는 자부심을 갖고 일한다. 연구와 실험은 시간 제약을 초월한다. 연구자가 실험실에서 생을 바치며 꿈을 키우게 근무 시간 자율성을 제공해야 한다. 장병규 대통령 직속 4차 산업 위원장이 발표한 "인재는 시간이 아닌 성과로 평가받고 도전을 통해 차별화된 가치를 창출한다."라는 내용의 연구 결과 보고서를 실천에 옮기도록 권고하고 싶다.

올해도 이웃 일본은 노벨과학상 한 명을 추가해 총 24명을 배출했다. 2019년 현재 노벨과학상 수상자는 미국 286명, 영국 95명, 독일 90명, 러시아 18명, 타이완 4명, 중국 2명으로 국가 간에 큰 차이가 난다. 연구 환경이 자유로운 국가에서 노벨과학상 수상자가 나올 가능성은 압도적이다. 기초 과학 강국 일본의 대학 연구실 한 단면을 보면 그 해답이 나온다. 과학의 기초와 원리를 중시하고 도제식 수직적 연구 연계성이 강한 일본의 대학 실험실은 토·일요일을 포함해 연중무휴 하루 24시간 불을 밝히고 있다. 도쿄대 혼고 캠퍼스에서는 24시간 운영 편의점이 2곳이나 성업 중이다. 노벨과학상 수상자 6명을 배출한 지방 국립 나고야 대학 연구 실험실은 교수와 대학원생이 도시락을 같이 먹으면서 연구 토론을 한다.

기초 과학의 싱크 탱크인 대학의 교육 과정 개혁과 대학 자율 확대, 획기적인 정부 재정 지원 등 교육 환경 개선이 시급하다. 정부 출연 연구소와 기업 연구소, 대학의 연구자가 마음껏 실험 연구에만 몰두할 수 있도록 제도와 시스템이 바뀌어야 한다. 연구자는 24시간 연구 실험실을 지키길 원하고 있다.

[기고] 일본이 노벨과학상 수상자 22명 배출한 비결

김규한 이화 여대 과학 교육과 명예 교수
2018-10-01

일본의 노벨과학상은 주로 대학에서 탄생했다. 도쿄대, 교토대, 나고야대를 중심으로 지방 국립 대학으로까지 노벨과학상 배출이 평준화돼 가고 있다. 지난 40년 동안 나고야대, 도쿄대 등에서 실험 연구해 오면서 값진 경험을 했다.

얼마 전 노벨상 과학자 6명을 배출한 나고야 대학을 다시 찾았다. 노벨상을 받은 노요리 료지 교수의 기념관인 노요리 기념 물질 과학 연구관과 사카다 히라타 홀의 노벨과학 수상자 홍보관에는 자랑스러운 노벨과학상 수상자들 소개와 함께 관련 연구 저널들이 전시돼 있었다.

우리와 유사한 DNA와 문화를 가진 일본이 22명의 노벨과학상 수상자를 배출한 비결은 뭘까. 먼저 일본은 2차 세계 대전 후 정부가 일관성 있게 실험 시설에 투자하고 장기적인 과학 지원 정책을 폈다. 대학 기초 과학에 대한 야심 찬 'COE(Center of Excellence) 연구 사업'이 대표적이다. 스승과 제자 교수 각 1명씩의 노벨과학상 수상자를 낸 수퍼 카미오칸데 같은 특수 실험 시설에는 정부가 거액의 연구 투자를 했다.

연구 문화와 환경도 독특하다. 대학 캠퍼스 내 산책로를 걸으며 곤충, 식물, 암석 광물을 관찰하면서 창의적인 발상을 할 수 있다. 많은 교수가 정년퇴직 후에도 연구 활동을 계속하며, 장인 정신과 도제식 연구실 운영으로 젊은 연구자와 원로 교수 간의 수직적인 연구 연계성이 탄탄하다. 대학 내 과학 실험은 놀라울 정도로 기초와 원리를 중시한다. 연구자와 학생들은 바보처럼 실험에 몰두하고 있다. 도쿄대 혼고 캠퍼스에는 2곳의 편의점이 성업 중인데, 주말과 휴일에도 실험실들이 24시간 불을 밝히고 있기 때문이다.

 대학 재정의 한계로 우리나라 대학 내 많은 기초 과학 실험실의 시설과 환경, 연구 지원이 크게 미흡하다. 대학에 대형 실험 시설 지원과 지속적인 연구 지원이 범정부적으로 이루어져야 한다. 연구자가 실험실에서 마음껏 연구에만 몰두할 수 있도록 정부의 정책적 배려와 시설 및 연구 문화 조성이 필요하다. 이제부터라도 우리 스스로 노벨 기초 과학 연구 부진의 원인을 심층 분석하고 중·장기적 정책과 대책을 세워 실천해야 한다.

[발언대] 청년세대 부담 줄여주는 고령자 일자리

김규한 이화 여대 명예 교수
2017-05-15

유엔은 65세 이상 인구 7% 이상이면 노년 인구국, 14% 이상이면 고령 사회, 21% 이상이면 초고령 사회로 정의한다. 2020년쯤이면 우리나라도 노인 인구가 14%를 넘는 본격적인 고령 사회로 접어든다고 한다. 저출산 고령화 사회에 접어들면 약 300만 명 어르신의 일자리가 41만 명 청년 실업 이상으로 심각해진다. 고령자 일자리 대책이 시급한 이유다.

수년 전 일본 NHK가 소개한 유명 원로 영화감독의 말이 기억난다. 그는 사람이 돈이나 명예, 권력을 가지고 싶은 마음일 때는 인생의 오르막길이고 하나씩 하나씩 나눠 주고 버리고 싶은 마음이 들 때는 인생의 내리막길이라고 했다. 사회는 오르막길을 추구하는 고령자가 많아야 튼튼하고 건강할 수 있다. 노년 세대가 할 일이 없으면 젊은 세대의 부담만 늘어난다.

일본은 노령 인구의 사회적 공헌을 적극 권장한다. 일본 국립사회보장인구문제연구소는 일본이 2016년 65세 이상 고령자가 26.7%로 초고령화 사회에 진입했다고 발표했다. 2035년에는 3인 중 1인이 고령자일 것으로 추정된다. 내각부는 이런 추세에 맞춰 1995년 고령 사회 대책 기본법을 제정하고 정부 차원에서 고령 사회 대책 종합 추진 계획을 수립해 지방 자치 단체 및 민간단체와 협력을 통해 고령자의 취업, 소득 증진, 건강, 복지, 평생 교육, 사회 활동 참여 등을 돕고 있다. 심리적인 배려도 세심하다. 노동 능력이나 사회적 효용이 떨어지는 듯한 어감의 노인이란 표현을 지양하고 대신에 고령자(高齡者, 고레이샤)라는 표현을 쓰는 게 대표적인 예이다.

유엔 전망으로는 우리나라도 고령자 비율은 2015년 18.5%에서 2050년 41.5%(일본은 42.5%)가 된다. 그때쯤이면 생산 인구 3명이 어르신 1명의 생계를 책임져야 한다. 고령 사회로의 인구 구조 변화에 따라 고령자의 자립과 보람된 삶을 위한 새로운 정책과 지혜가 요구된다. 산업화와 정보화 사회, AI 빅데이터, IT 사회에서는 고령자는 더더욱 밀려나기 쉽다. 새 정부는 우리보다 앞서가는 일본을 교사로 삼아 고령 사회 대책 기구 설립, 고령 사회 대책 기본법 제정, 고령자 일자리 창출 등으로 고령자 사회의 비용 부담을 줄여야 한다. 어르신도 일하고 싶어 한다.

[발언대] 한반도 지진 안전 대책 새로 짜야

김규한 이화 여대 명예 교수·前 한국지질자원연구원장
2016-09-19

1978년 국내 지진 관측 이래 사상 최대인 규모 5.8의 강진이 경주시 남남서 8km 진앙 지역에서 지난 12일에 발생했다. 불과 두 달 전 울산 부근 해저에서 5.0 지진이 발생한 이후 규모는 작지만 지진 발생 빈도가 최근 잦아지고 있다. 얼마 전 일본 구마모토 지진에 이어 에콰도르, 칠레, 이탈리아 지진 재해에 관한 뉴스가 지구를 떠들썩하게 했다. 예상 밖 큰 규모의 지진 발생으로 한반도의 지반 안정성과 지진 안전 문제에 국민은 크게 불안해하고 있다. 더욱이 이 지역 주변은 국가 에너지 원천인 원자력 발전소 밀집 지역이자 코라드 방폐장이 있다.

지진 규모 5.1에 이어 5.8 규모의 본진이 뒤따르고 200회 이상 여진이 이어진 것은 과거의 지진과 많이 다르다. 지진 피해 발생도 보기 드문 현상이다. 한반도 지진 안전성 여부에 대해 온 국민이 불안 속에서 궁금해하고 있다.

유라시아판의 가장자리에 있는 한국은 판 섭입대에 있는 일본 열도와 달리 판의 내부에 자리 잡아 비교적 지진 안전지대로 알려져 왔다. 이 때문에 지진 안전 대책에 소홀했던 게 사실이다. 1988년 내진 설계 건축법 적용 이전에 지어진 초·중등학교 건물 대다수가 지진에 무방비 상태다. 우리나라 주택 구조도 지진에 대단히 취약하다. 게다가 한반도는 판의 내부에 있어 지진 발생 예측이 매우 어렵다. 역사적으로 판 내부에서도 거대 지진이 드물게 발생했으며 백두산, 제주도와 같은 거대 화산 분출도 있었다. 판 구조 운동이 계속되는 한, 한반도에도 환태평양 지진대 지역과는 차별화된 판 내부 지진이 발생할 수 있음을 이번에 확인했다.

이제 우리도 지진 재해 예방 안전 대책을 새로 짜야 할 때다. 철저한 예방과 지진 발생 후 과학적이고 신속·효율적인 재난 관리 시스템의 운용으로 재해를 줄이는 일이 가장 중요하다. 원전과 방폐장에 대해 전문가의 안전성 재평가와 대책 등 모든 정보를 국민과 공유해 안전성 신뢰를 구축해야 한다. 내진 설계가 안 된 학교나 공공 기관 건물, 문화재, 교량 등 각종 시설물은 내진 보강을 적극적으로 검토해야 한다. 국가 지진 재난 방지 시스템을 정비하고 지진 전문가와 국민 간 과학적 소통을 통해 지나친 지진 공포는 해소하되 한반도에 울린 지진 안전 경고음에는 귀를 열어야 한다.

[발언대] 남극 내륙기지 적극 개척하자

김규한 이화 여대 명예 교수·한국지질자원연구원장
2016-01-12

극지 지역 융·복합 연구 사업 발굴을 위해 작년 말 남극 장보고 과학 기지 현장을 방문했다. 3,000만 년 동안 빙하로 덮여 있는 남극 대륙은 지구의 마지막 남은 꿈의 대륙이다. 우리나라는 1986년 11월 남극 조약에 가입한 후 세계 열 번째로 남극 대륙에 세종 과학 기지(1988)와 장보고 과학 기지(2014)의 2개의 상주 기지를 건설 운영하고 있다. 현재 남극 대륙에는 우리나라를 포함 20개국 45개 상설 과학 기지가 경쟁적으로 운영되고 있다. 장보고 과학 기지 주변에도 미국, 뉴질랜드, 이탈리아 상주 과학 기지가 있다.

남극 대륙은 1,400만 km² 면적으로 중국의 1.4배나 되는 큰 대륙이다. 대륙 98%가 얼음으로 덮여 최저 영하 89.2도(평균 영하 63도)인 지구상에 가장 춥고 바람이 가장 세며 연간 강우량 200mm 이하인 건조한 대륙이다. 이런 이유로 불모의 땅으로만 인식되고 있지만 해조류, 박테리아, 해표 등과 이끼식물 위주의 툰드라 군락이 분포하고 있다. 동토의 땅이지만 뜨거운 화산 분출이 일어나고 있다. 마그마 활동은 지열 에너지 자원 원천이다. 얼음으로 덮여 접근이 어렵지만 지하에 석탄, 석유, 천연가스, 광물 자원도 다수 확인되고 있다. 광물 자원 탐사와 개발은 환경 보전에 관한 남극 조약 의정서 발표로 2048년까지 일단 금지돼 있다.

각국 과학 기지들은 이런 남극의 미래 활용 가치를 내다보고 판 구조 운동, 운석, 자원, 빙하학, 오존 대기 환경, 극지 해양 생물 연구 등 다양한 연구를 진행하고 있다. 장보고 과학기지의 경우 기후 변화 연구, 고기후, 고층 대기, 육상-해양 생태계 생물 다양성 연구, 운석 탐사 연구가 활발하게 이루어지고 있다. 미래 우주 과학 융합 연구에도 최적지다. 해안에서 남극 중심부로 접근성도 용이하다. 극지 연구 대원들은 이곳에서 남극점을 향한 제2의 내륙 기지 발굴 개척에 도전하고 있다.

머지않아 남극 대륙은 세계인의 관광 명소가 될 것이다. 지구 온난화로 지표면 노출이 확대되면 그린란드처럼 주민이 상주할 수 있는 생활 터전이 점차 확대될 것이다. 달, 화성 우주 탐사 개발 준비의 실험장으로 활용된다. 남극 대륙에 한국어 지명이 확대되고 한국어 사용 마을이 건설될 날을 꿈꾼다. 남극 내륙 기지 건설을 적극 추진해야 한다. 장보고 과학 기지는 꿈을 키우는 미래 젊은 과학도에게 도전의 장이자 극한 환경 특수 과학 실험장으로 먼 미래 한민족의 새로운 국가 건설 보금자리 1순위다.

[발언대] 원전·방폐장에 전 국민 책임감 가져야

김규한 이화 여대 명예 교수·한국지질자원연구원장
2015-08-05

원자력환경공단이 국내 처음으로 중·저준위 방사성 폐기물 처분장을 경주에 준공한다. 정부는 CO_2 배출량을 최소화하기 위해 석탄 화력 발전소 4기 건설 기존 계획을 취소하고 원전 2기 신규 건설 계획을 세워 건설 후보지를 물색하고 있다. 2030 온실가스 감축 목표를 달성하려면 원전 도입을 더 늘릴 수밖에 없다. 그동안 원전과 방폐장을 건설할 때마다 부지 선정과 안전성, 주민 반발로 많은 어려움을 겪어 왔다. 좁은 국토 내 원전 건설과 방사성 폐기물 처리 시설 부지 선정 문제는 국가적 난제다.

원전 반응로에서 발생한 방사성 폐기물은 중·저준위와 고준위 방사성 폐기물로 구분 처리한다. 고준위 방사성 폐기물은 원자력 발전소에서 나오는 사용 후 핵연료 등 방사능 수치가 높은 폐기물이다. 중·저준위 방사성 폐기물은 원전 내 방사선 관리 지역에서 사용했던 작업복, 공구 같은 폐기물이다.

현재 고준위 방사성 폐기물은 각 원전 내 안전시설에 임시 보관하고 있다. 현재 남은 가용 저장 용량은 약 22%로 2019년에 자체 저장 용량을 초과한다. 발생량이 많은 중·저준위 방사성 폐기물은 준공식을 앞둔 한국원자력환경공단 경주 방폐장에서 처리·보관하고 있다. 경주 방폐장은 80만 드럼 처분 목표로 우선 1단계 10만 드럼 처분장을 완공했고,

코라드 청정누리공원도 함께 조성됐다. 그러나 증가하는 중·저준위 방사성 폐기물의 지층 처분 장소 확충과 고준위 방사성 폐기물의 처분 장소 사전 준비 및 관리 기술 개발이 시급하다.

방사성 폐기물 처분 장소는 지진·단층과 같은 지질 구조 운동으로부터 안전해야 한다. 암염돔 지대가 좋지만 국내에 분포하지 않는다. 우리나라 지질 특성을 충분히 반영한 지층 처분 기술 개발과 신원전과 고준위 방폐장 최적지를 찾아내야 한다. 또한 중동 국가를 비롯한 세계 시장을 상대로 성공적인 원전수출과 함께 원전 해체 기술, 폐기물 처리 시설 및 관리 기술 개발을 통해 신시장을 창출해야 한다.

방폐장은 원자력 이용 과정에서 발생한 폐기물을 안전하게 자연으로 되돌려 보내는 친환경 최첨단 시설이다. 안전 못지않게 국민 공감대와 책임 분담 의식이 중요하다. 사회적 공론화를 거쳐 주민과 함께 신가치를 창출하고 전 국민이 행복한 원전과 방폐장을 건설해야 한다. 아름다운 방폐장 처분 환경과 과학 문화유산을 만들어 후손에게 기쁘게 물려주자.

[발언대] 백두산 火山 연구 남북이 함께하자

김규한 한국지질자원연구원장
2014-12-29

　북한에는 아름다운 백두산·금강산이 있고, 철·무연탄·마그네사이트 같은 풍부한 지하 광물자원, 우수한 인적 자원이 있다. 지질학자로서 북한에 다음 세 가지를 제안하고 싶다. 첫째 백두산 화산 남북 전문가 회의를 다시 열어 공동 연구를 실시하자. 둘째 한국지질자원연구원 국제인제개발센터에서 진행하는 국제과학기술교육 연수프로그램에 북한 백두산 지질 자원 전문가들을 참여시켜라. 셋째 비무장지대(DMZ)나 개성공단에 백두산 및 지질 자원 남북 공동연구센터를 설립하자는 것이다.

　백두산 화산은 949년 무렵까지 폭발이 이어진 동북아 최대 규모 화산이다. 지금도 화산 주변과 화구호 내 장암 온천, 백두 온천, 백암 온천 등 뜨거운 온천수가 여러 곳에서 분출하고 있다. 지질학적으로 전형적인 판 내부 층상화산으로 높이 2,749m인 광활한 화산 주변 용암대지와 둘레 14.4㎞, 평균 수심 213.3m인 천지 화구호 경관은 매우 아름답다. 백두산은 지구상 관광자원 개발 후보지 1순위다.

　백두산 정기는 한민족의 정기이며, 민족 얼이 천지에 녹아 있고 민족 정기가 땅속 백두산 마그마와 함께 끓고 있다. 한민족의 영산 백두산 화산 남북 공동연구를 서둘러 백두산 유네스코 세계 자연유산 등록을 서둘러야 한다. 중국은 백두산 일대 자연환경을 정비해 이미 장바이산(長白山·백두산) 국가지질공원으로 지정한 데 이어, 유네스코 자연 유산 등록 준비에도 한창이다. 백두산과 동해 명칭 표기에 절박감과 위기감이 갈수록 크게 느껴진다. 민족의 명운을 걸고 남북이 함께 힘과 지혜를 모아야 한다.

불행히도 남한 지질학자는 분단 이후 북한 지역 우리나라 백두산을 밟지 못했다. 우리 지질학자들은 중국을 통해 중국 과학자와 협력해 중국 측 백두산(장바이산) 화산 연구를 진행하고 있다. 반쪽 백두산 연구만 되풀이하는 안타까운 현실이다. 한국지질자원연구원(KIGAM)은 2014년 7월 중국 과학원 지질지구물리연구소와 양해각서(MOU)를 맺고 백두산 국제공동연구를 시작했다. 북한 지질학자에게도 참여의 문이 열려 있다.

백두산 화산 관리와 개발은 하늘이 내려준 우리 민족의 몫이다. 남북 지질학자가 백두산 화산 연구를 주도하고, 남북 공동연구센터를 통해 세계 수준 지질 자원 신기술을 공유해 백두산 화산 남북 공동연구라는 새 역사의 장을 열기를 갈망한다.

[발언대] '동해 지킴이' 독도 地震計에 관심을

김규한 한국지질자원연구원장
2014-10-16

우리가 살고 있는 지구 내부는 현대 첨단 과학 기술로도 직접 들여다 볼 수 없지만, 지진파 탐사라는 간접적인 연구 방법으로 투시해 내부 구조나 물성을 추정하고 있다. 지진파 단층 촬영(Tomography) 방법이다. 지진파의 특성과 전파 속도를 이용해 지구 내부 물질의 온도·상태를 알아내고 지반 운동을 감시할 수 있다. 지진 기록계의 지진파 시그널이 CT 촬영처럼 지구 내부 땅속을 스캔하고 해부한다.

지진 기록계를 지표에 설치해, 지진 발생 시 자연적으로 발생하거나 지하 핵 실험 시 인공적으로 발생하는 지진파를 모두 관측한다. 화산 폭발 전조로서 마그마 활동도 지진파로 감시한다. 최근 한반도 주변에서 자연 지진 발생 빈도가 높아지고 있다. 북한 지하 핵 실험 같은 인공 지진 발생 가능성도 늘 잠재한다. 이에 따라 지진 감시 관측 중요성이 더 커지고, 지반 운동과 북핵 감시를 위해 육상뿐만 아니라 해저 지진 관측기 설치와 국가 지진 관측망 확장이 요구되는 것이다. 기상청과 한국지질자원연구원은 1978년 과학적 지진 관측을 시작한 이래 한반도의 지각 운동과 지진 발생 원인을 과학적으로 규명하고 한반도와 주변 지반 운동을 24시간 모니터링하고 있다.

현재 기상청, 한국지질자원연구원, 한국 철도 공사, 수력원자력연구원 등이 국내 지진 관측소 총 258곳을 운영하고 있다. 독도에선 지난달부터 건국 이래 최초로 한국지질자원연구원이 지표형 광대역 지진 관측소를 설치, 운영하고 있다. 이전까지 대부분 지진 관측소가 한반도 내륙에 설치돼 일본과 동해 지역에서 발생하는 지진을 정확히 관측하기 어려웠고, 동해 지역에선 기상청이 울릉도 한 곳에만 관측소를 운영해 한계가 있었다. 동해 심장부 독도에 지진계를 신설해 동해와 그 주변에서 발생하는 지진 발생 위치를 빠르고 정확히 밝히고 독도 주변에서 발생하는 미소 지진도 탐지할 수 있게 되었다. 특히 독도 지진 관측 자료는 동해와 독도 및 동해 주변 지역의 심부 지각 속도 구조를 밝히는 데 유용하게 사용된다.

'독도(DOKDO)'로 명명된 독도 관측소는 지진 관측 국제 네트워크인 미국 국제지진자료센터(IR), UN 산하 포괄적 핵 실험 금지 조약 기구(CTBTO)와도 정보를 공유해 독도가 대한민국 영토임을 전 세계에 알리게 된다. 동해 지반 운동의 과학적 지킴이이자 대한민국 동해 독도 지킴이 역할을 할 독도 지진 기록계에 기대가 크다.

중앙일보(中央日報)

[기고] 고준위 방폐장 부지 선정 기한 12년, 길지 않다

김규한 한국지질자원연구원장
2016-06-20

국내 원자력 산업 도입 이후 최초로 고준위 방사성 폐기물(이하 방폐물) 관리 기본 계획안이 발표됐다. 정책 추진 33년 만에 정부가 내놓은 실질적 첫 관리 정책으로 과정이 대단히 중요함에도 세간의 관심은 부지가 어디로 결정될지에 쏠려 있다.

부지가 제대로 선정되기 위해서 선행되어야 할 것이 타당한 절차와 일정이다. 주목할 점은 정부가 여러 단계의 정밀 지질 조사를 하여 고준위 방폐물 처분에 적합한 부지를 선정하겠다고 밝힌 점이다. 최종 선정 부지에 고준위 방폐물을 영구 처분하기에 앞서 사용 후 핵연료를 보관할 중간 저장 시설을 함께 건설하겠다는 점도 눈길을 끈다. 현재 원전 부지 안에 저장하고 있는 고준위 사용 후 핵연료를 옮겨 와 지역 사회의 부담을 해소하겠다는 복안이기 때문이다.

지난해 이맘때 사용 후 핵연료 공론화 위원회는 처분 부지를 2020년까지 선정할 것을 권고했다. 하지만 일정의 현실성에 대해 필자를 비롯한 여러 전문가들이 부정적인 의견을 냈다. 이번에 정부가 제시한 12년간의 부지 선정 일정은 지질 조사 등 과학적인 검증과 주민 의사 확인을 위해 필요한 시간이다. 하지만 12년이라는 시간은 필자가 보기에는 상당히 촉박한 일정이다.

세계 최초로 고준위 방폐물 영구 처분장 부지를 확정하고 성공적으로 건설하고 있는 핀란드는 20여 년 동안 위성 사진, 지질 지구 물리도, 기반암 조사 등의 평가를 통해 온칼로를 예비 후보지로 선정했다. 다시 10여 년 동안 야외 정밀 지질 조사, 수리 지구 화학 탐사, 암석 역학 조사 등 타당성 평가를 수행한 뒤에 최종 후보지를 결정했다. 오늘의 성공적 건설의 배경에는 이렇게 무려 30여 년에 걸친 부지 선정 타당성 조사를 한 준비 과정이 자리하고 있다. 스웨덴도 27년 만에 최종 부지를 결정한 것처럼, 우리는 이 과정을 절대 간과해서는 안 된다. 중저준위 방폐물보다 방사성 독성이 1,000배가량 높은 고준위 방폐물의 부지는 적어도 수천만 년 이상 인간 생활권과 완벽하게 격리될 수 있는 지질 조건을 갖춘 적지여야 한다.

한국지질자원연구원은 과거 아홉 차례에 걸친 중저준위 방폐물 처분장 부지 선정 과정에서 지질 조사를 수행한 정보와 경험과 노하우를 가지고 있다. 하지만 고준위 방폐물 처분 부지는 지하 1km 깊이의 300만 평 이상의 면적에서 처분 동굴 건설을 포함해 적정 지질 조건을 갖추어야 한다. 이를 확인하기 위해서는 수백 가지의 각종 지질 요소에 대해 예정 부지 현장 실사와 정밀 조사, 수많은 실험이 이뤄져야 한다.

12년이라는 기간 내에 고준위 방폐장 부지 선정 조사가 마무리되려면 수많은 전문가가 참여하여 끊임없이 머리를 맞대어야 할 것이다. 고준위 방폐장은 방폐물을 안전하게 자연으로 돌려보내는 친환경 최첨단 시설이다. 우리 국토와 국민의 안전은 물론 후대까지 안심할 수 있는 환경을 물려줄 수 있도록 빈틈없이 준비돼야 한다. 12년이란 기간은 결코 길지 않다.

매일경제(每日經濟)

[기고] 아·태 개도국에 탄소자원화 시장 개척하자

김규한 한국지질자원연구원장
2016-03-28

지난해 말 프랑스 파리에서 개최된 21차 유엔 기후 변화 협약 당사국 총회(COP 21)는 범지구 기온을 산업 혁명 이전에 비해 1.5도 낮춘다는 억제 목표를 발표하고 모든 국가가 온실가스 감축 의무를 부담하는 신 기후체제를 출범시켰다. 금세기 후반에는 온실가스 실질적 제로 배출 목표까지 공표했다. 빌 게이츠도 이산화 탄소 배출 제로인 청정에너지원을 찾는 일만이 지구를 살릴 수 있다고 역설하고 청년들에게 이를 강하게 수문했다.

지구 온난화로 지구 평균 기온이 산업 혁명 이전과 비교해 최고 5.4도까지 상승할 것이라는 예상이 있는데, 만일 예상대로 기온이 오른다면 약 40억 명이 물 부족 고통을 겪고, 약 5억 5,000만 명이 기아 상태에 이르며, 해수면 상승으로 최대 1억 7,000만 명이 생활 터전을 잃을 것으로 예측된다. 이산화 탄소를 중심으로 한 온실가스 감축은 금세기 인류가 해결해야 할 가장 큰 숙제다.

2010년 세계 주요국의 온실가스 배출량은 중국 89억 4,000만 t, 미국 52억 5,000만 t, 유럽 연합(EU) 40억 5,000만 t, 인도 18억 4,000만 t, 일본 11억 6,000만 t, 한국 5억 9,000만 t 등이다. 각국의 온실가스 감축 계획은 2030년까지 중국이 60-65%(2005년 대비), 미국이 2025년까지 26-28%, EU 2030년까지 40%(1990년 대비)이며 우리나라도

2030년까지 37% 감축 목표를 세우고 추진 중이다.

　중국을 중심으로 한 아시아·태평양권의 온실가스 생산·감축이 중요한 이슈로 떠오른다. 이 같은 온실가스 감축 목표 달성을 위해 선진국이 개발 도상국에 2025년까지 연간 1,000억 달러 온실가스 감축 자금 지원을 계획하고 있다. 일본은 개도국에 감축 비용 50%를 보증해 주는 조건의 국가 간 크레디트 사업으로 온실가스 1억 t을 2030년까지 감축할 계획이다.

　COP 21 기조 발표에서 박근혜 대통령은 개도국에 한국형 기후 변화 대응 기술 이전 협력 체계 구축 방안을 제안했다. 한국지질자원연구원(KIGAM)은 산업 폐기물 부산물을 활용한 탄소 자원화 기술을 개발해 상용화하고 있다. 저탄소 고기능성 그린시멘트 기술이 대표적이다. 저탄소 고기능성 그린시멘트는 화력 발전소에서 발생하는 다양한 산업 폐기물 부산물을 활용해 저탄소 고기능성 시멘트를 만드는 신기술로 2012년 실증에 성공해 한일시멘트가 상업 생산 중이다.

　아시아·태평양 개도국은 이런 환경 기술 수출 잠재력이 큰 새로운 시장이다. 개도국과 탄소 자원화 기술을 공유하여 플랜트 수출 등 미개척 탄소 자원화 시장을 선점해야 한다. 탄소 자원화 전략과 온실가스 감축 대책 수립뿐만 아니라 이산화 탄소 지중 저장 기술, 태양열, 수소 에너지 친환경 대체 에너지 개발, 차세대형 축전지 개발 등 미지의 청정에너지원을 발굴해야 한다. 특히 개도국에 기후 변화 대응 신기술과 지질 환경 관리 기술, 환경 친화적 자원 재활용 기술을 전수하고, 국제 협력을 통해 탄소 자원화 글로벌 허브를 구축하고 표준화를 선도해야 한다. 개도국 온실가스 감축 자생적 생태계 구축과 시민 교육 확산도 빼놓을 수 없다.

지난 7일 아시아·태평양 지역 개도국에 환경 기술을 수출 공유하고 시민 교육을 추진하기 위한 제2회 기후 변화 대응 국제 비즈니스 포럼이 태국 방콕에서 열렸다. 이산화 탄소 감축 환경 기술을 필요로 하는 동남아 개도국 환경 기술 전문가와 미국, 유럽, 일본, 호주 선진국 전문가들이 함께 참여했다. 물 부족, 수질 오염, 싱크홀, 산사태 등 각종 환경 사회적 문제 해결의 기술 협력 복합 시스템 구축과 에코 스쿨(Eco-School) 교육 프로그램 전수의 패키지 전략이 눈에 띄었다. 생활 폐기물을 수거해 이산화 탄소 마일리지로 바꾸는 카본 머니 시스템도 흥미 있는 제안이다.

한국형 지구 과학 환경 기술을 활용해 기후 변화 문제 해결과 환경 개선에 불을 지핀 이번 행사는 감춰져 있는 1,000조 원 규모 세계 환경 시장을 선점할 수 있는 첫 출발이다. 개도국에 한국형 기후 변화 대응 탄소 자원화 적정 기술을 적극 전수·교육해 미래 세계 환경 시장을 선점해야 한다.

[독자칼럼] 광물자원 확보, 골든타임 지나고 있다

김규한 한국지질자원연구원장
2016-02-03

계속되는 국제 에너지 광물 자원 가격 하락, 과거 잘못된 일부 해외 자원 투자와 실패 등으로 국내 자원 탐사 개발 사업은 추운 겨울을 맞고 있다. 모처럼 살려 놓은 대학의 자원전공 학생들이 또다시 타 과로 전과하는 사례도 늘어나고 있다. 해외 자원 탐사 개발이 활발하던 일부 기업은 자원 개발 전담 조직을 없애고 있다. 해외 자원 개발 사업을 지원해 주던 정부 융자금은 2015년 2,000억 원 규모에서 2016년에는 0원으로 확정되었다. 학계, 기업, 정부 모두 자원 개발에서 한 발 물러서면서 국가 해외 자원 정책과 자원 산업이 모두 거꾸로 가고 있다.

하지만 우리가 언제까지 지금처럼 낮은 가격으로 제한 없이 에너지 광물 자원을 공급받을 수 있을까?

자원 시장은 자원 산업의 속성상 단기적으로 수요 회복 및 가격 상승을 기대하기는 어렵다. 그러나 2020년 이후에는 전략 자원 공급 부족 현상이 두드러지게 나타날 것이라는 분석이 자원 산업계의 중론이다. 세계 경기 회복과 더불어 에너지 광물 자원 가격 상승도 이미 예고되어 있다. 또한 세계 각국의 최근 자원 탐사 활동이 급격하게 감소해 신규 유용 광체 확보 실적이 감소하고 있어 중장기적인 광물 자원 공급 부족 현상을 예견하고 있다. 게다가 일부 자원 산유국에서는 자원 민족주의를 지향하고 있다. 보이지 않는 자원안보·확보 전쟁은 계속되고 있다.

한편 우리나라의 자원 개발 사업은 최근의 감사원 감사, 국정감사, 부정적인 사회 비판 여론 형성과 해외 자원 탐사 개발 재원 부족으로 사업의 구조 조정과 자원 개발 사업의 어려움이 가중되고 있다. 그러나 다가올 2020년대의 자원 호황기를 대비하기 위해서는 늦었지만 지금이라도 철저히 미래 전략 광물 자원을 선점해 대비해야 한다. 세계 자원 탐사 기업들이 자금 조달에 어려움을 겪으면서 유망 광구들을 매물로 내놓고 있다. 지금이 적은 자금으로 유망 광물 자원들을 확보할 수 있는 해외 자원 투자 적기다.

광물 지하자원은 필요하다고 그때그때 당장 얻을 수 있는 일반 재화와는 다르다. 탐사에서 개발 및 생산에 이르기까지 평균적으로 최소 10년 이상 소요되어 중장기적 관점에서 투자 결정 및 활동이 이루어져야 한다.

반면 우리는 자원 개발 기업에 주어진 시간이 너무 짧았다. 운도 따라 주지 않았다. 자원 개발 투자의 성공과 실패를 평가할 수 있으려면 최소한 자원 가격이 한 번의 사이클은 돌아야 한다. 섣불리 실패라 규정짓고, 투자를 멈추는 성급한 결단에 앞서 과학적 분석과 고도의 전문성을 살려야 한다.

자원 개발 투자 사업은 자금, 기술 그리고 최적의 의사 결정이 필요하다. 높은 불확실성 때문에 투자자의 의사 결정이 타 사업에 비해 더욱 중요하다. 하지만 중요한 의사 결정 요소인 전문가의 판단보다는 정치 사회적 여론에 더 무게가 실려 있는 현실이 안타깝다. 자원 개발 투자 사업에 대한 속성을 이해하고 장주기적 관점에서 지속적인 정부 지원이 이루어져야 한다. 다시 찾아온 해외 자원 확보 기회, 더 이상 놓쳐서는 안 된다.

[독자칼럼] 동해가스전을 에너지 산업 교두보로

김규한 한국지질자원연구원장
2015-08-24

한국을 세계 95번째 산유국으로 탄생시킨 한국 석유 공사 동해 가스전 현장을 지난 6월 말 견학했다. 동해 바다 위 헬기에서 처음 시야에 들어온 불타고 있는 동해 가스전 플레어 스택(점화 소각탑)과 동해 해상 플랫폼에 가슴이 뭉클했다.

우리 동해와 대한민국 국민임이 자랑스러웠다. 울산 남동쪽 동해상 58km 지점 대륙붕 해저 2.5km 심부 저류층에서 2004년 7월부터 천연가스와 초경질 원유가 생산되고 있다. 생산정은 동해 1·2가스전, 고래 D 구조 지역으로 돼 있다.

지난 11년간 생산량은 천연가스 1,634억 CF와 초경질유 312만 BOE로 그동안 2조 3,000억 원 매출에 19억 달러 수입 대체 효과를 얻었다.

특히 주목할 것은 순수 우리 기술로 탐사·개발·생산·운영되고 있으며 3만 5,000명의 고용을 창출하고 있다는 점이다. 동해 해저에서 생산된 가스와 원유는 해상 파이프라인을 통해 울산만 육상 생산 시설로 직접 수송되고 있으며, 하루 생산량은 34만 가구 가스 사용량과 승용차 2만 대 유류 사용량이다.

자랑스러운 동해 가스전을 왜 많은 우리 국민은 알지 못하고 석유 가스의 생산 잠재력을 인식하지 못하는지 안타깝다. 에너지는 산업과 현대 사회의 혈액과 같다. 에너지 자원은 물과 공기처럼 인간 생활에 필수

요소이며 어떤 다른 산업보다도 높은 부가 가치를 산출한다. 정부는 활력 잃은 자원 산업을 위해 자원 탐사·개발·투자와 미래 자원 확보 신모델 개발에 힘을 실어줘야 한다. 공기업들은 새로운 각오와 전문성을 살려 해외 자원 탐사 개발의 성공 스토리를 반드시 만들어 국가 에너지 자원 안보를 책임져야 한다.

특히 국내 자원 산업 생태계 구성의 가장 취약점 중 하나인 해외 자원 개발 사업에 기술적 서비스를 제공하는 슐럼버거, 핼리버턴(베이커휴즈사 합병)과 같은 자원 서비스 기업 육성과 역량 강화가 필요하다. 자원 서비스 기업 육성을 위해서는 일관적인 지원 기구인 전문가 중심의 '자원 서비스 기업 지원 센터' 같은 독립 컨트롤 타워도 있어야 한다.

현재 우리 기술만으로 생산 중인 자랑스러운 동해 가스전은 탐사, 생산, 시설, 시스템 운영 기술 개발의 테스트 베드로서 미래 에너지 자원 탐사 개발의 세계 시장으로 진출하는 교두보로 삼아야 한다.

동해 가스전은 국내 유일의 해저 에너지 광물 자원 탐사·개발·생산 전문 인력을 양성하는 훌륭한 교육의 장이다. 우리 국민만 모르고 있는 세계 95번째 산유국을 탄생시킨 대한민국 동해 가스전을 애국가 배경 화면, 대한뉴스와 초·중·고 교과 과정에 담아 독도와 우리 동해 에너지 자원 개발 현장의 자랑스러움을 세계인과 공유하면 어떨까.

경향신문(京鄕新聞)

[기고] 셰일가스 개발·생산 '기술혁신'이 열쇠

김규한 한국지질자원연구원장
2014-10-15

인류가 사용하는 에너지원에는 석탄, 석유, 천연가스 같은 화석연료와 원자력, 태양열, 풍력, 지열, 바이오 에너지 등이 있다. 화석 연료 자원은 비재생산 자원으로 언젠가는 지구상에서 고갈돼 없어진다. 거기다 원유와 천연가스는 중동 국가와 러시아 등 지리적으로 편재해 있어 석유 수출국 기구(OPEC)의 석유 감산 및 수출 금지 정책으로 수차례의 오일 쇼크 같은 경제 위기를 맞기도 했다.

원유와 천연가스는 주요 근원암인 셰일층에서 주로 생성된다. 원유는 높은 압력으로 인해 근원암에서 밀려 나와 상대적으로 입자가 큰 사암으로 된 주변의 저류암층으로 이동·저장된다. 전통적인 석유 탐사 방법은 이 저류암층을 목표로 탐사와 시추 개발이 이루어진다. 저류암층이 아닌 근원암인 셰일층 내에도 원유와 천연가스가 부존돼 있지만, 셰일층 내에서는 유체나 가스의 유동 능력이 매우 낮아 기술적, 경제적 이유로 생산 상업화가 어려웠다. 그런데 최근 미국에서 셰일층 수평 시추와 고압의 물을 주입해 셰일층을 파쇄하는 수압 파쇄 방법의 신기술을 적용해 셰일층의 가스를 상업적으로 생산하고 있다. 석탄, 석유에 이은 제3의 에너지 개발 기술 대혁명이다. 지구상 셰일가스의 가채 매장량은 187조 m^3에 달하며, 이는 인류가 최대 200년간 사용할 수 있는 양이다. 가히 새로운 패러다임의 에너지원이라 할 수 있다.

특히 셰일 가스층이 넓게 분포하고 있는 미국 대륙이 천연가스 보고로 변신했다. 미국 내 셰일 가스 부존량은 100년 동안의 천연가스 사용량과 맞먹는 규모이다.

기존 에너지 시장이 재편되고 있다. 석유 중심 세계 산업 구조가 천연가스 중심으로 변화될 것이다. 이는 기존 생산국들의 천연가스 가격에도 큰 영향을 미칠 수 있다. 미국과 중국, 캐나다에 이어 셰일 가스 개발 잠재력이 높은 국가로는 호주, 러시아, 아르헨티나, 유럽 등이 있다.

셰일 가스 개발 시 문제점으로 가스의 회수 증진을 위해 사용한 화학 물질이 지하 대수층이나 식수원으로 사용하는 지표수에 유입, 환경 오염 가능성이 있다. 수압 파쇄대를 따라 가스가 지표로 유출될 가능성도 제기되고 있다. 한반도에도 해남 분지 우항리층 셰일과 경상 분지의 셰일층을 함유한 진주층, 포항 지역 제3기층이나 주변 대륙붕 지역에 분포하고 있는 셰일층이 새로운 셰일 가스 탐사 대상이다. 셰일 가스 저류층은 전통적인 석유 가스전과는 달리 지화학적 특성과 지하 파쇄 효율을 향상시키기 위한 기술 개발이 중요하다.

이에 대한 연구를 위해 한국지질자원연구원이 한국 가스 공사의 키위가나 광구, 한국 석유 공사의 브라운덴스 광구 등을 대상으로 지질 모델링, 지화학 특성 연구를 공동으로 수행하고 있다. 셰일 가스 개발에는 경제성이 문제다. 정부 주도의 기술 개발 정책이 선행돼야 하며 수평 시추, 수압 파쇄와 같은 관련 기술 이상의 혁신적인 신기술 개발과 가스 생산에 필요한 화학 시약과 오염 방지용 자제 개발을 서둘러 셰일 가스 에너지 개발 시장에 적극적으로 뛰어들어야 한다.

대전일보(大田日報)

[기고] 아프리카 친환경 기술수출

김규한 한국지질자원연구원장
2016-07-11

지난달 대통령 아프리카 국빈 방문과 함께 한국연구재단 주관 한-에티오피아 과학 기술/ICT 협력 포럼이 지난 6월 25일 아디스아바바에서 열렸다. 이 행사에서 한국지질자원연구원(KIGAM)은 국립 아디스아바바 공학원(AAiT)과 MOU를 체결하고 탄소 자원화 적정 기술, 소녀들의 보다 나은 삶을 위하여(Better life for girls) 과제 포럼을 열였다.

이는 박대통령이 2015년 9월 27일 유엔 개발 정상 회의에서 교육권 보장, 보건권 강화, 미래 역량 강화를 통하여 개도국 여성들의 사회 참여를 통해 차별 없는 사회 구축 실현을 지원하기로 한 글로벌 아젠다이다. 박대통령이 구상 제창한 이 아젠다가 개도국과 아프리카 대륙인들의 삶의 질 향상 변화의 큰 물결을 일으키기를 기대한다.

에티오피아는 아프리카 북동부에 위치한 아프리카 국가 중 가장 크고 인구가 가장 많은 국가이다. 한국 전쟁 시 6,000명이 참전하고 120여 명 최소 희생자로 전승을 유도한 아프리카 우방국이다. 지금도 형제 국가의 따뜻한 친근감을 느낄 수 있었다. 수도 아디스아바바는 '새로운 꽃'이라는 어원의 지명으로 평균 해발 고도 2,355m에 위치한 인구 500만 명의 생동감이 도는 도시로 비춰졌다. 그런데 물 부족, 생활 폐기물 처리와 환경 오염으로 큰 어려움을 호소하고 있다. 수자원 확보, 환경 오염과 이산화 탄소 저감 우리 기술을 절실히 필요로 하고 있다.

에티오피아를 포함 아프리카 국가들의 가장 큰 현안은 물 부족 문제다. 특히 이 나라 인구 절반인 4,400만 명이 물 부족으로 고통받고 있으며 7,000만 명 이상이 공중위생 부재로 연 3,300명 어린이들이 설사병을 앓고 있다. 물 부족으로 인해 지방의 화장실 등 위생 시설 보급률이 7% 수준이며 문화적으로 생리 시 학교 출석 금기 등 소녀, 여성의 생리대 위생 환경이 매우 취약하고 생활 교육이 미비하다. KIGAM이 보유한 세계 최고 수준의 지하수 탐사 개발 기술과 인공 함양 기술 이전 활용 대상 최적 국가다.

최근 급속한 경제 발전에 따른 생활 쓰레기 등 환경 폐기물 발생량이 증대하여 환경 오염 문제가 극심하다. 우리나라가 하루 38만 t 발생하는 생활 쓰레기를 83.4%를 재활용하고 9.3% 매립, 6.3% 소각 처리하는 데 비해 에티오피아는 하루 765t의 발생 생활 쓰레기 중 65% 정도가 회수되며 그중 5%가 재활용, 5%가 소각 처리되고 나머지 25%는 하천 골짜기나 거리에 방치되고 있다. 폐가전제품의 수집 재처리도 초보 단계로 진행되어 우리 기술을 기다리고 있다. 또한 커피 생산으로 40-60% 외화 수입이 이루어지고 국민 25% 이상이 커피 생산으로 생계를 유지하는 커피 왕국이지만 커피 생산 후 잔유 폐기물 환경 오염으로 인한 질병 발생이 심각한 사회 문제가 되고 있다. 지질학적으로는 석회암 매장량이 많아 시멘트 산업 비중이 대단히 높다. 현재 연 400만 t에서 2030년 7,100만 t으로 증가가 예상된다. 이로 인한 이산화 탄소 배출 저감이 필수다. KIGAM이 보유한 저탄소 고기능성 그린시멘트 상용화 토종 기술과 폐지 펄프 친환경 재생 기술과 같은 한국형 기후 변화 대응 CCUS(이산화 탄소 포집, 이용, 저장) 에너지 신산업 기술 미래 수요 적정 국가다.

지난 6월 26일 박근혜 대통령의 아프리카 유니온 특별 기조연설 아프리카 아젠다 2063에서 아프리카인 1만 명에게 교육 기회 제공 선언과 함께 아프리카 청소년 6,000명 한국 초청 교육 훈련과 4,000명 국내 전문가 아프리카 파견 교육을 약속하였다. 개도국과 아프리카 소녀와 여성을 돕기 위한 '소녀들의 보다 나은 삶을 위하여'와 기후 변화 대응 친환경 적정 기술 및 과학 기술 국제 교류 지원 약속에 큰 박수를 받았다.

한국형 기후 변화 대응 적정 기술인 그린시멘트, 생활 폐기물 재활용 기술, 수자원 저장 기술, 친환경 기술을 패키지화해 ODA, CDM을 통해 기술 수출과 탄소 배출권 크레디트를 확보하자. 나아가 시민들이 폐지 수거로 마일리지를 적립해 주는 '카본 머니' 시스템과 친환경 여성용 생리대 보급 등 '소녀들의 보다 나은 삶을 위하여' 시민 교육 프로그램도 국제 협력의 일환으로 적극 추진하자. 바로 한국형 친환경 글로벌 새마을 운동이다. 아프리카 대륙은 한국형 지구환경 대응 탄소 자원화 적정 기술 확산 및 수자원 환경 기술 수출 미래 신시장 블루오션이다.

[기고] 물을 돈 쓰듯 하고 물관리는 과학적으로

김규한 한국지질자원연구원장
2015-12-03

지금 충남 보령을 중심으로 중부권에서는 아직도 가뭄으로 인한 물 부족 현상이 사회 문제로 부각되고 있다.

폐광산 갱내수 활용 방안까지 검토되고 있다. 충남 지역 38개 시군이 자율 급수에서 강제 급수를 고려하고 있다. 때문에 금강 물을 21km 떨어진 저수율 19.8%인 보령댐까지 가져오는 625억 원 예산 도수로 공사가 시작되었다.

물 부족으로 고통당하는 지역 주민을 위해 이 도수로를 통해 금강 물을 하루 11만 5,000t을 보령댐으로 공급할 예정이다.

전국 9개 주요 다목적 댐도 저수율이 주의 단계로 분류되고 있어 내년 3월 봄 가뭄이 크게 걱정된다. 겨울 강수량으론 턱없이 부족하다. 미래학자 자크 아탈리도 《미래의 물결》이라는 저서에서 석유 분쟁처럼 식수 부족으로 인한 심각한 수자원 국제 분쟁을 예고하고 있다.

예나 지금이나 자연 현상은 예측이 어려운 점이 많지만 우리 인류는 늘 지혜롭게 대처해 왔다. 산업 혁명 이전에는 지구상에 물은 4년을 주기로 물의 순환 과정에서 대기권 수권 생물권에 물이 자발적인 평형을 유지해 왔다. 그러나 인간이 산업화, 도시화, 화석 연료 사용 급증 등 인위적 환경 변화로 물의 순환 과정의 자발적 평형이 깨져 지역 간에 불규칙하고 지리적 강수량 편차가 더욱 심해져 예측이 어려워졌다.

지구상의 물은 총 14억 km³이며 그중 97.5%가 해수다. 나머지 2.5% 담수도 70%가 남북극 빙하로 우리가 실제 사용할 수 있는 담수는 10만 km³로 지구 물 전량의 0.008%에 지나지 않는다. 그나마도 인위적인 오염으로 사용 가능량은 더욱 제한된다. 기상 이변, 지구 온난화와 엘니뇨 현상으로 강우 기단의 발생 및 이동에 큰 변화가 생겨 심한 지리적 강수량 편차로 비교적 좁은 면적의 한반도에도 지역적 물 부족 현상이 발생하고 만성 가뭄을 격고 있다.

지금 세계 인구의 1/5이 물 부족을 격고 있다. 이미 우리나라도 물 부족 국가로 접어들고 있다. 우리나라의 연간 강수량은 평균 1,300mm이며 일본은 1,714mm로 세계 평균 715mm보다는 높다. 그러나 이 중 약 1/3은 대기로 증발하고 대부분 지표수로 바다로 흘러 들어가 취수 가능 담수는 고작 20% 미만이다.

우리나라 사람은 하루 395ℓ의 물을 사용하여 강수량이 우리보다 많은 일본(330ℓ)보다 더 많은 물을 사용하고 있다. 산업화, 인구 증가, 생활 수준 향상 등으로 농업용수, 공업용수, 생활용수 등 물 사용량은 계속 급증하고 있다.

물 부족 문제 해결을 위해 장기적 대책 수립이 요구된다. 지천의 소규모 댐 추가 건설 확대, 지하 물 저장소 건설, 지하수 보존 및 관리로 육지의 담수의 절대 저수량을 확보해야 한다. 특히 농업용수, 공업용수, 생활용수용 지하수 관정 관리로 지하수원 오염 예방이 시급하다. 댐 수와 하천수 오염 방지와 예방을 위한 댐 물 관리와 상수원 수원지 수계 주변 환경 관리에도 주력해야 한다. 저비용 인공 강우, 해수 담수화 원천 기술 개발도 고려해 볼 만하다.

도심 지역에서는 낡은 상수도관 교체로 수질 오염 방지와 누수로 인한 수량 손실을 막고 수질을 보호해야 한다. 물의 효율적 저장 및 물의 재사용, 재활용 연구가 필요하다. IOT 시스템 구축으로 하천 정보 관리, 댐 수 관리, 수질 관리, 수량 정보 관리 등 모든 시스템을 통합적이고 과학적으로 관리해야 한다.

아울러 전 국토의 수량 관리는 중앙 정부가 종합적으로 관리하고 기능적으로 분산되어 있는 정부 부처 간의 유기적 융합 관리 시스템 구축도 요구된다. 기름값보다 물값이 비싼 사회가 더 빨리 도래할지도 모른다.

이젠 돈을 물 쓰듯 한다는 말이 무색해졌다. 물을 돈 쓰듯 하는 국민 절수 의식 전환이 절실하다. 수자원 강국 건설로 불확실한 미래를 대비하자.

[여론광장] 북핵탐지, 첨단 탐지시스템 구축해야

김규한 한국지질자원연구원장
2016-01-25

지구상에는 하루에도 수천 건의 크고 작은 자연 지진이 발생하고 있다. 한반도에도 지진 발생 빈도가 최근 잦아지고 있다. 북한 4차 핵 실험으로 인공 지진까지 발생하고 있다. 자연 지진이나 인공 지진 발생 시 지반 진동을 지진-공중 음파가 첨병처럼 즉각 감시해 준다. 지진파는 다이너마이트 폭발이나 화산 활동, 단층 운동 등으로 지반이 진동할 때 발생하는 탄성파다. 보이지 않는 지구 내부 구조나 물성의 특징, 지반 운동, 핵 실험 등을 탐지·분석할 경우 지진파가 가장 유용하다. 그 과학 원리와 함께 북핵-지진 감시 체계의 문제점을 짚어 보고자 한다.

지진이 발생하면 지진파인 P파와 S파의 도달 시간차를 이용해 지진 발생 위치인 진앙을 결정한다. 그리고 지진파 진폭의 크기 자료로 지진의 강도와 진원을 계산한다. 지하 핵 실험과 같은 인공 지진의 경우에도 지진파 정보가 핵 실험 위치와 규모를 추정하는 데 사용된다. 또한 지진파로 알 수 있는 지진의 규모인 진도는 지진 피해 예측에도 중요하지만 핵 실험 같은 인공 지진의 경우 핵 실험의 심도와 규모 예측에 중요한 수치이다.

올해 초 북한에서의 인공 지진을 감지한 후 기상청은 당초 진도 4.3ML을 발표 후 재해석 진도 4.8mb로 수정 발표했다. 진도의 단위 사용 적용 오류였다. 진도는 지역 규모(ML)와 실체파 규모(mb) 단위가 사용된다. 지역 규모는 보통 진앙 거리 약 500km 이내의 지진 규모에 사용된다. 국내에서 별다른 언급 없이 발표되는 지진은 지역 규모(ML) 단위로 보면 된다. 반면, 발파나 핵 실험 같은 인공 지진 시에는 실체파 규모(mb)를 사용한다. 인공 지진을 지역 규모로 측정하면 실체파 규모 측정보다 작게 평가된다.

　인공 지진과 자연 지진은 P파, S파의 파형 형태가 다르기 때문에 쉽게 식별·구분할 수 있다. 특히 핵 실험과 같은 인공 지진 시에는 음파가 발생하므로 공중 음파를 관측·분석하면 더욱 명확히 핵 실험 진위 여부와 위치 정보까지 확인할 수 있다. 지난해 서해 연평도 근해에서 북한이 미사일 발사 실험을 수차례 실시하고도 발사 사실을 부정하였다. 하지만 공중 음파는 거짓말을 하지 않는다. 공중 음파가 발사 사실은 물론 발사 횟수와 위치까지 정확히 확인시켜 줬다. 한국지질자원연구원(KIGAM)은 이번 북한 지역에서 발원한 특이 신호에 대해 국내 38개 지진 관측소 및 중국, 러시아, 일본의 지진 관측소 정보와 국내 8개 공중 음파 관측소의 관측 자료를 분석하여 1월 6일 10시 30분 01초에 41.297N, 129.090E(함경북도 길주군 풍계리)에서 발생한 실체파 규모 4.8mb의 인공 지진이라는 사실을 신속히 확인·보고했다. 이어 중국, 백두산 주변, 러시아의 국외 지진 사이트 정보와 공중 음파 자료를 종합 분석하여 풍계리 지역 해발 2,180m인 만탑산 지하 770m에서 핵 실험이 이뤄진 것 역시 신속히 밝혀냈다.

　재난 정보를 신속·정확하게 발표하는 것이 재난 예방과 피해 저감의 핵심이다. 핵 실험과 같은 인공 지진에서는 음파가 발생하므로 공중 음파 탐지가 대단히 중요하다. 특히 분단 국가인 우리나라는 이번 북한의 핵 실험이나 기타 군사 작전에 대한 상시 감시 활동이 무엇보다 중요하다. 그런데 그동안 북한의 미사일 발사 정보는 국내보다 항상 국외 정보가 앞선다. 이유는 공중 음파 관측 장비와 관측 시스템 구축 미비 때문이다.

1997년부터 수 개 처에 공중 음파 관측소에 관측 장비가 설치되었지만, 현재는 관측 장비 노후화가 심하다. 이들 관측 장비의 첨단화와 단주기적 업그레이드는 필수적이다. 관측소의 최신 기종 장비 교체와 최신 공중 음파 분석 시스템 구축이 요구된다. 또한 육상뿐 아니라 북한의 해저 핵 실험이나 잠수정 이동 등 군사 작전 대비 수중 음파 탐지 상시 모니터링 시스템 구축도 반드시 병행하여 이뤄져야 한다. 이원화되어 있는 지진 센터의 지진-공중 음파 관측 시스템을 지진-공중-수중 음파 3중 동시 탐지 시스템으로 발전시키는 등 인공 지진 감지 기능 향상이 시급하다. 또한 핵 실험의 진위 여부, 강도뿐 아니라 어떤 종류의 핵 실험인지 탐지도 중요하다. 대기 분석이나 낙진 방사능 물질 분석에는 시간이 걸린다. 핵 실험 종류 구분의 새로운 신속 탐지 방법과 기술 개발도 서둘러야 한다. 위성 사진 분석 원격 탐사 시스템 연계 구축도 고려해 볼 만하다. 민-군 융합 연구로 그 해법을 찾아보는 것은 어떨까.

[여론광장] 대덕연구단지와 탄동천 살리기

김규한 한국지질자원연구원장
2015-09-10

세계 유명 도시 발달에는 유명 하천을 반드시 끼고 있다. 프랑스 파리에는 센강, 영국 런던 템즈강, 러시아 상트페테르부르크 네바강, 일본 교토 가모가와강, 서울에는 한강, 대전에는 갑천이 있다. 갑천(甲川)은 금산군 대둔산에서 발원한 73.7km 유역 면적 648.8km²로 갑천 변은 대전 시민의 주요 휴식 공간이다. 갑천의 작은 지류로 대한민국 대덕 과학 연구 단지를 흐르는 길이 4.9km의 소규모 2급 하천 탄동천(炭洞川)이 있다. 탄동천 양안에는 국립 중앙 과학관, 조폐 공사, 화폐 박물관 등 수십여 개의 연구 기관이 위치하고 있다. 비록 규모가 작은 하천이긴 하지만 내가 자주 찾는 탄동천 산책로는 여러 연구 기관을 연결 공유하는 특별한 의미를 가진 하천이다.

탄동천은 일명 숯골로 불려 온 유성구 금병산에서 발원하여 추목동, 자운동, 신성동, 가정동을 거쳐 갑천으로 유입된다. 국립 중앙 과학관, 화폐 박물관, 지질 박물관과 한국의 지질 나들길을 거쳐 숲향기길로 들어서면 규모는 작지만 소규모 습지와 하천 생태 환경은 대단히 아름답다. 탄동천 산책로 일부 구간은 벚나무 길로 조성되어 숲 향기와 과학 향기를 함께 느끼고 체험할 수 있는 특이한 산책로다. 탄동천에는 버들치, 송사리, 다슬기, 물잠자리, 동사리가 서식하고 홍조롱이, 소쩍새, 솔부엉이, 해오라기, 백로가 살고 있는 살아 있는 생태 하천이다. 전국 산간 계류에서만 서식하는 텃새 천연기념물 제327호 원앙 서식은 놀라운 일이다. 몸 빛깔이 아름다운 원앙 수컷을 직접 보고 체험할 수 있는 희귀 명소다. 유성구는 지난 4월 탄동천 변을 정비하여 자전거 도로와 산책로를 만들고 가로등까지 설치하여 과학 단지 지역 주민은 물론 대전 시민이 찾는 명물 산책로로 변신시키고 있다.

그런데 하천수 수질 오염으로 생태계가 크게 위협받고 있다. 하천이 상류로 갈수록 더욱 하천수가 맑아져야 하는데 그 반대다. 상류로 갈수록 하천수의 오염이 심해져 탁도가 증가하고 냄새가 심해진다. 먹이 찾기 위해 잠병하는 원앙, 해오라기, 물오리 생명이 불안하다. 아름다운 천연기념물 원앙이 다시 찾아 올 수 있을까 큰 걱정이다. 대덕 연구 단지 40년 역사에 걸맞게 하천 주변 생태 환경이 자연스럽고 친환경적이어야 할 텐데 그렇지 못해 안타깝다. 원앙이 떠나기 전에 하루 빨리 수질 오염 방지 대책을 세워 생태 복원과 하천 관리를 서둘러야 한다.

도심 하천은 주민 생활 공간의 일부로 자연 친화 친환경적으로 관리해야 함은 말할 필요가 없다. 현재의 홍수 예방 또는 조경 공사에 가까운 하천 정비만으론 하천이 되살아 날수 없다.

하천의 수질 보전 및 관리를 위한 지속 가능한 수질 관리 방안의 수립이 시급한 상황이다. 탄동천 상류에는 군부대, 중류는 주거 단지, 하류는 국가 주요 과학 연구 단지 그리고 국가적인 대규모의 문화 시설이 공존하는 지역으로 소규모 하천의 자연 친화적 환경 관리에 매우 좋은 시범 대상 지역이다.

　노벨과학상 수상자를 가장 많이 배출한 일본 교토 대학 캠퍼스의 지정학적 이유로 교토 대학 캠퍼스의 아름다운 숲속의 산포미치(散步道, 산책로)를 들고 있다. 과학자 연구자가 캠퍼스 산책로를 따라 산책하면서 식물과 곤충, 암석과 광물을 관찰하면서 자연에서 노벨과학의 창의적인 아이디어를 창출해 냈다는 것이다. 노벨과학 수상자 교수 부인의 한 인터뷰에서 남편은 자다가도 벌떡벌떡 일어나 메모하는 습관을 일생 동안 옆에서 보아 왔다고 회고하는 모습이 떠오른다.

　과학 도시 대전 대덕 과학 연구 단지 중심을 흐르는 탄동천이 노벨과학 아이디어 발상지가 되는 명물 산책로 탄동천이 되었으면 좋겠다.

　먼저 탄동천 생태 환경 보존과 수질 개선을 위해서는 탄동천 상류의 오염원들이 제거되어야 한다. 고도의 하수 처리장 처리 시설 도입과 신성교 부근의 하천 둔치에 인공 습지를 만들어 자연 정화로 수질을 개선해 볼 만하다. 탄동천의 수위, 수온, 수질 등의 자동 수질 관리 모니터링 시스템 구축을 제안한다. 한국지질자원연구원이 기술 지원을 할 수 있다. 하천수의 수질 오염 방지와 생태 환경 복원은 연구원들과 시민들에게 쾌적한 생활 환경을 제공할 뿐만 아니라 주변 지역 지하수 오염 예방에도 중요하다.

일본 교토 시내를 흐르는 카모가와(鴨川)강은 물고기가 거니는 1급 청정 하천이다. 탄동천이 미래 노벨과학을 향한 과학 연구자들에게는 창의적인 연구 아이디어 창출지로 숲 향기의 길이자 과학 향기의 산책길로 즐겁고 쾌적한 산책과 휴식의 공간이 되었으면 한다.

글로벌 경쟁 사회에서 융합 연구로 대형 연구 성과를 유도하는 일이 출연연의 중요 목표이자 전략의 하나다. 보이지 않는 높은 울타리 장벽 때문에 좀처럼 그 해답이 나오지 않고 있다. 탄동천 산책로가 연구 영역과 전공이 다른 각 연구원의 연구자들 간의 소통의 공간으로 융합 연구 정보의 교류 공간과 융합 과학 문화 중심지로 탄생하기를 기대한다. 탄동천이 쉬리와 송사리가 헤엄치는 1급수 하천으로 바뀔 때 노벨과학 1등급 연구 성과도 나오지 않을까.

[여론광장] 고준위 방사성 폐기물 방폐장 건설 해법은

김규한 한국지질자원연구원장
2016-04-13

　국제 원자력 기구(IAEA), 프랑스 방사성 폐기물 관리 기관(ANDRA), 미국 샌디아 국립연구소(SNL) 등 세계 각국 전문가가 참여한 방사성 폐기물 안전 관리 국제 심포지엄이 지난해 11월 경주에서 열렸다. 현재 지구상에 총 441기의 원자로가 가동 중에 있으며 65기가 건설 중에 있다. 사용 후 발생한 핵폐기물 안전 처분이 세계적 이슈다.

　지난해 8월 28일 경주에 중-저준위 방사성 폐기물 처분장이 준공되어 친환경 코라드 청정누리공원과 함께 온 국민에게 개방되었다. 많은 갈등과 시련 끝에 방폐장 최초 부지 선정 후 30년 만에 온 국민이 만들어 낸 성공적인 작품이다. 세계 6위 원전 강국을 실증한 경사이자 미래 원전 산업 수출을 위한 튼튼한 초석을 마련한 셈이다.

　방사성 폐기물은 현재 크게 중-저준위 폐기물과 고준위 폐기물로 구분 처리하고 있다. 고준위 방사성 폐기물은 원자력 발전소에서 나오는 사용 후 핵연료 폐기물로 방사능 수치가 높은 위험한 폐기물이다. 그러나 우리는 아직 고준위 사용 후 핵연료 영구 처분 방폐장을 위한 건설 부지 조사 착수도 못하고 있다. 현재 고준위 방사성 폐기물은 각 원전 자체 내 안전 시설에 임시 보관하고 있다. 우리나라에는 이미 고준위 폐기물이 약 88%나 채워져 있어 2019년부터 임시 저장소마저 넘쳐 날 것으로 보인다. 건설 공정과 과정을 역산해도 더 이상 기다릴 시간 여유가 없다.

지난해 9월 성공적으로 건설하고 있는 세계 최초의 고준위 사용 후 핵연료 영구 처분장 건설 현장인 핀란드 온칼로(Onkalo)를 방문했다. 올킬루오토섬에 위치한 온칼로 사용 후 핵연료 영구 처분장은 주변 환경이 수려하여 관광 휴양지와 같은 쾌적하고 자그마한 섬의 지하 500m에 위치한 고준위 사용 후 핵연료 영구 동굴 처분장이다.

2020년부터 사용 후 핵연료 영구 처분이 시행될 예정이다. 우리나라 원자력 환경 공단과 유사한 포시바(Posiva)라는 자회사가 관리 운영하고 있다. 모든 방사성 폐기물 처리 처분 책임은 방사성 폐기물 생산자에게 있으며, 포시바가 핀란드 고용 경제부가 승인한 프로그램에 따라 방폐장을 운용하고 있다.

고준위 방폐장 계획에서 시공까지 핀란드가 현재 진행하고 있는 모든 과정이 우리에게는 교과서와 같다. 포시바의 고준위 사용 후 핵연료 영구 처분 방폐장 건설은 1978년 예비 타당성 연구를 시작으로 부지 정밀 지질 조사, 2012년 처분장 건설, 2018년 시운전, 2020년 사용 후 핵연료 처분 시작으로 이어진다. 무려 40년의 긴 과정이다. 이 과정 모두가 지역 주민과 일반 국민에게 하나하나 그때그때 투명하게 공개되고 있다.

가장 중요한 시작은 부지 선정 작업이다. 핀란드는 부지 선정을 위해 전 국토를 대상으로 20여 년에 걸쳐 위성 사진, 지질 지구 물리도, 기반암 조사 등의 평가를 통해 예비 후보지를 압축하는 과정을 거쳤다. 예비 후보 지역을 대상으로 또다시 10여 년에 걸친 야외 정밀 지질 조사, 수리지화학, 암석역학 등 타당성 평가를 수행해 최종 후보지를 결정할 수 있었다. 무려 30여 년에 걸쳐 부지 선정 타당성 조사를 실시한 것이다.

이 과정이 간과해선 안 될 핵심 사항이다. 핀란드 사용 후 핵연료 영구 처분 방폐장의 최종 선정 부지는 시생대 미그마타이트질 변성암 지역이다.

한반도에도 화강암 기반암과 시생대 변성암 기반암이 넓게 분포하고 있어 다행스럽다.

핀란드는 방폐장 시공과 함께 시공 현장에 지하 연구 실험실을 병행 운영하여 지반 물성이나 특성을 수시로 파악하는 상시 모니터링 시스템도 구축하고 있다. 방폐장의 위치는 원전에서 될수록 가까운 지역을 우선으로 하여 폐기물 운송 비용과 위험도를 최대한 줄여 안전도를 최대로 높였다.

시공 과정에 고준위 방사성 폐기물 처분에 부적합한 현상이 발견된 경우에도 감추지 않고 오히려 사용이 부적절한 사례로 일반인들에게 공개하여 안정정과 투명성을 한층 높이고 있다. 또한 쾌적한 미니 체험관을 건설하여 원전 발전과 폐기물 처분 전 과정을 편하고 알기 쉽게 체험할 수 있게 하고 있다. 체험장 안내 설명은 비전공 안내자가 아니라 현장 전문가가 직접 심층적으로 설명하여 사실 현황을 확신시켜 준다.

방폐장은 원자력 이용 과정에서 발생한 폐기물을 안전하게 자연으로 되돌려 보내는 친환경 최첨단 시설이다. 핀란드의 사용 후 핵연료 처분장 건설 작업 공정 과정은 우리가 반면교사로 삼아야 할 사례다. 사용 후 핵연료 처분장 건설은 선택이 아니고 모든 국민이 함께 풀어야 할 필수 사업이다.

경주 중-저준위 방폐장 건설과 운영의 값진 경험과 노하우를 기반으로 온 국민 모두의 힘으로 새로운 고준위 방폐장 건설을 통해 제2의 걸작 성공 스토리를 하루속히 만들어 내자. 무한한 미래 원전 산업 세계 시장이 눈앞에 보이고 있다.

경북매일(慶北每日)

경주지역 활성단층 지반 안정성 조사 서둘러야

김규한 이화 여대 명예 교수·한국지질자원연구원장
2016-11-21

지난 9월 12일 오후 7시 44분 지진 규모 5.1 지진에 이어 48분 후인 오후 8시 32분에 신라 고도 경주에서 5.8 강진이 발생, 상당한 지진 재해가 발생했다. 그 후 현재까지 500여 회 이상 여진이 이어졌다. 지진 안전 국가로 알려진 한반도에서 발생한 지진이라 국민들의 충격과 불안감도 한층 더했다. 세계적인 문화유산 신라 유적지에 지진 여파로 관광 산업과 지역 경제에 찬바람이 불고 있다. 경주 지진에 놀란 국민들은 작은 여진에도 민감하게 반응하고 있다. 더욱이 이 지역 주변에는 국가 산업인 원전이 가동되고 있으며 코라드(한국 원자력 공단)의 중·저준위 방사성 폐기물 처분장이 위치하고 있다. 게다가 인접 영덕 지역에 새로운 원전 건설도 계획 중에 있어 지역 주민의 불안감이 더욱 증폭, 사회 문제가 되고 있다.

《삼국사기》에 혜공왕 15년(779년) 3월 경주 지역에 지진이 발생해 100여 명이 사망한 기록이 있다. 이외에도 《삼국사기》, 《고려사절요》, 《고려사》, 《조선왕조실록》 등에 약 2천 400회 지진 발생 역사 기록이 있다. 이번 경주에서 발생한 강진과 역사 지진과 관련성 그리고 500회 이상 발생한 여진이 무엇을 의미하는지 궁금해하고 우려하고 있다. 지진 전문 기관과 지진 전문가는 과학적인 지진 관련 정보를 일반 국민들에게 소상히 알려 줘야 한다. 경주 한옥 마을 기와 보수 복원이 끝나기도

전에 지진 안전 대책에 대한 정부와 국민의 관심이 급속히 식어 가고 있다. 지진 발생 원인, 재난 관리, 공공시설, 국보 문화재 지진 보강 후속 조치가 시급하다.

이번 지진은 지질학적으로 판의 내부에서 발생한 것이라 아직 원인조차 규명되지 못하고 있다. 다만 활성 단층으로 알려진 양산 단층과 관련된 지반 운동일 것이라는 원론적인 가설만 내놓고 있다.

양산 단층과 경주 지역에 분포하는 기타 활성 단층 현황과 지반 안정성 특성을 속히 밝혀야 한다.

활성 단층(Active fault)이란 최근 수십만 년 역사 시대에 단층 운동의 증거가 있고 앞으로도 단층 운동 가능성이 있는 단층을 말한다. 활성 단층 운동이 재개됨과 동시에 지진이 발생하고 있다. 활성 단층으로 알려진 양산 단층이 잠을 깬 것일까? 지질학자들의 관심이 집중되고 있다. 양산 단층이 발달하는 지역은 중생대 호수 환경에서 퇴적된 퇴적암층으로 경상 누층군이 분포하고 있다. 이 지역 중생대에는 유난히 화성 활동(火成活動)이 격렬했다.

경주 부근 지역은 격렬한 마그마 활동으로 지표에는 수많은 화산이, 지하에는 마그마가 식어 백악기 불국사 화강암 저반을 형성했다. 중생대 이 지역은 온통 타오르는 불바다였다.

국내 최대 규모의 활성 단층으로 알려진 양산 단층과 주변에 발달하고 있는 활성 단층들을 정밀 조사하고 지반 운동을 모니터링해야 한다. 양산 단층은 영덕-포항-경주-양산-부산에 이르는 북북동-남남서 방향의 170km까지 연장된다. 지형에도 단층선곡이 잘 나타나고 있다. 경주 지진 전후에 양산 단층의 거동을 조사하고 여진과의 관련성도 밝혀야 한다. 여진의 분포, 진원 깊이, 발생 빈도 등의 지진 자료가 이 지역 지진 지반 운동 원인과 숨겨진 지하 비밀 정보의 답을 준다. 활성 단층에 대해 항공 위성 사진 판독 분석, 인공 지진에 의한 반사법 지진탐사, 지화학 탐사, 시추 및 트렌치 탐사 등을 실시하자.

정부는 지진 재해 대책을 주민들에게 제시하고 지진 지반 안전성 정보를 지역 주민과 공유해야 한다. 전문 연구 기관은 하루속히 이 지역 지반 운동 특성 규명과 지반 운동 감시 시스템을 구축하고 중장기 안전 대책을 수립해야 한다. 내진 시설 무방비 초중고 학교 건물, 공공시설, 문화재 등의 내진 보강도 서둘러야 한다. 이 지역 자치 단체에 지진 전문가 파견도 고려해 볼 만하다.

이를 위해 한국지질자원연구원 포항 분원에 지진 지반 운동 감시 모니터링 시스템 연구 시설 구축 및 전담반 신설 보완을 정부에 제안한다.

스멕타이트 점토광물을 의약품 신소재로

김규한 한국지질자원연구원장
2016-08-07

예로부터 인류는 광물 암석의 가루를 약용으로 사용하여 왔다. 광물 의약은 선진(先秦) 시대 《산해경(山海經)》을 시작으로 허준의 《동의보감》에 143종이나 수록되어 있다. 현대에 와서도 중국에서는 《중약대사전》(1977)에 80종, 《중화본초》(1997)에 126종의 광물의약이 수록되어 있다. 이처럼 예로부터 광물은 다양한 질병의 치료제로 사용되어 왔다.

최근에는 지구 자원과 인간 건강을 연계한 메디컬 광물 자원학이 융합 연구의 한 이슈가 되고 있다. 한국지질자원연구원과 한국식품연구원에서 광물을 이용해 항비만과 장염에 효능이 입증된 조성물을 개발한 특허는 돌을 떡으로 만든 성경 속 이야기가 현실화된 쾌거다. 점토광물, 즉 진흙 덩어리를 약용으로 활용할 수 있게 된 것이다. 점토광물은 기원전 토기에서부터 현시대의 화장품, 농약, 비료, 세라믹스, 사료, 의약품, 종이 제조 원료 등에 이르기까지 인간 생활에 유용하게 사용되어 왔다. 점토광물이란 지표의 암석이 화학적으로 풍화된 흙의 주성분을 말한다. 점토광물은 주로 카올린, 스멕타이트, 녹니석 그룹 광물로 구성되어 있다. 흔히 벤토나이트라고 불리는 점토광물은 주로 스멕타이트 그룹 광물로 되어 있고 이 스멕타이트는 주로 몬모릴로나이트 광물로 되어 있다.

현재 국내 식품 의약품 안전처 법령에 등록되어 있는 점토광물은 견운모, 고령토, 규조토, 맥반석, 몬모릴로나이트, 벤토나이트, 세피오라이트, 에타폴자이트, 일라이트, 제올라이트, 흑운모, 버미큘라이트, 탤크, 퍼라이트 14종이다. 벤토나이트, 몬모릴로나이트, 카올린, 규조토, 탤크는 주로 의약품, 식품 첨가물, 동물용 의약품, 화장품 원료로 사용된다. 벤토나이트와 카올린의 경우 납(Pb), 비소(As) 중금속 농도가 각각 50ppm, 2ppm 이하여야 의약품이나 식품 첨가물로 사용할 수 있다.

우리나라는 이미 보령 머드 축제처럼 머드 화장품 개발과 같은 갯벌 점토 자원의 상용화 성공 사례가 있다. 점토광물 자원과 바이오산업의 융합으로 의약품, 화장품, 식품, 한방의약 등 바이오산업에 기능성 점토 광물 기술을 접목하면 미래 신성장 산업을 창출해 부가 가치를 향상시킬 수 있다.

또한, 몬모릴로나이트와 스멕타이트 점토 광물 원료로 만들어진 위장질환 치료제 슈멕톤과 스멕타 등의 제품은 이미 국내외 시장에서 생산 시판되고 있다. 스멕타이트는 점토광물의 결정 구조적 특성으로 위나 장점막을 보호하고 유해 물질 흡착기능이 탁월하여 위장약 신약제로 개발되고 있다.

또한 우수한 기능성 피부 보호제의 원료가 되기도 한다. 기능성 산업 점토 광물 자원이 미래 의약품, 식품, 화장품 신산업 블루오션으로 기대되는 이유다.

다행스럽게 우리나라 포항과 감포 지역에 고품위 몬모릴로나이트와 스멕타이트 점토광물 자원이 많이 부존되어 있다. 이 광물들은 제3기층 내의 화산재층이 변질되어 만들어진 것이다. 이들은 모두 훌륭한 의약품 원료로 활용될 수 있는 자원이다. 벤토나이트와 고령토 등 산업 점토 광물의 2015년 국내 내수 시장 규모는 1천200억 원 수준으로 주로 수입에 의존하고 있다. 기능성 점토 광물 기술 개발에 따라 점토 광물 수요는 더욱 늘어날 것이다. 산업 점토 광물의 국산화가 절실하다. 특히 한류에 힘입어 국산 화장품이 세계적 브랜드로 성장한 이때에 화장품 원료 광물까지 국내산 양질의 토종 점토 광물을 사용할 수 있게 된다면 우리나라 화장품 시장은 더욱 확장될 것이다. 국내산 점토자원이 개발 활용되려면 먼저 우수 원료 의약품 생산 규정(BGMP)을 만족시킬 생산 설비 시설 구축이 우선이다.

　점토 광물의 조성이나 결정 구조 특성을 이용한 기능성 점토 광물의 새로운 기술 개발이 미래 새로운 광물의약 시장을 열기 위한 관건이다. 광물학-무기 화학-생명 공학-재료학의 융복합 연구로 국내산 토종 기능성 점토 광물 의약품과 화장품 신소재 개발을 서둘러 한국형 미래 신산업을 창출하자.

전자신문(電子新聞)

[ET단상] 해외 자원 탐사 개발 위기를 호기로

김규한 한국지질자원연구원장
2016-02-03

오늘날 인류는 다금속 활용 시대에 살고 있다. 자동차 1대를 생산하기 위해서 러시아 철, 남아프리카 공화국 백금, 인도네시아 니켈, 캐나다 아연, 중국 바나듐, 칠레 구리, 카자흐스탄 등 여러 나라 원료 광물 자원이 사용되고 있다. 우리는 이들 금속 광물 자원 99%를 해외에서 수입하고 있다. 자원을 포함한 국가 전략 광물 자원 수요가 급증하고 있으며 99.3% 이상을 해외 자원에 의존하고 있다. 세계는 지금 해외 광물 자원 확보 전쟁 중이다. 산업 핵심인 해외 광물 자원 탐사 개발, 우리나라도 멈출 수 없다.

우리나라는 1977년 샌안토니오 우라늄 광산 투자를 시작으로 해외 자원 개발 사업에 뛰어들었다. 해외 자원 개발이 본격 확대된 것은 불과 최근 몇 년 전부터다. 이미 세계 유망 광산은 선진국과 대형 기업이 선점하고 있었다. 뒤늦게 해외 자원개발에 나선 한국이 인수 가능 대상 광산은 안타깝게도 대부분 저품위 광석이거나 기술적인 어려움이 있는 광산뿐이었다. 그럼에도 우리는 인도네시아 파시루 탄광, 대우 미얀마 광구, 베트남 해상 광구, 리비아 엘리펀트 유전 개발과 같은 해외 자원 개발 성공 사례도 다수 창출했다. 우리는 다수의 광구에 소수 지분 참여로 단순 투자자 역할을 하는 사업이 많다. 때문에 직접적인 기업 경영 및 운영 기회가 지극히 제한적으로 자원 서비스 산업 인프라가 취약해 실패를 거듭했다. 또한 한국 자원 개발 공기업에 주어진 시간 역시 너무 짧았다. 최소한 자원 산업 시장 가격이 한 번의 사이클은 돌아야 성공과 실패를 제대로 평가할 수 있었을 텐데. 해외 자원 초보자였던 한국 기업이 성장할 수 있는 첫 기회가 1990년대 말에 있었다. 그러나 그때 갑자기 닥친 외환 위기로 보유했던 알짜 해외 광구마저 모두 매각하며 호기를 한순간에 날려 버렸다. 그때 매각한 캐나다 시가레이크 우라늄 광산이나 카자흐스탄 카작부스 농광은 이후 가치가 30배 이상 급등했다. 두 번 다시 떠올리기 싫은 가슴 아픈 경험이었다.

해외 자원 개발 산업이 글로벌 경쟁력을 갖추고 위기를 극복하기 위해서는 먼저 국가 단-중-장기 자원 정책을 바탕으로 전문가와 전문 연구 기관의 중·장기적 관리가 요구된다. 그리고 현장 중심 자원 탐사 개발 기술 경쟁력을 강화해야 한다. 지구상에 고품위 광물 자원 고갈, 자원 광물 채굴 심부화로 자원 개발 여건이 점점 열악해지고 있다. 극한지 자원 개발은 기술적 뒷받침이 우선이다. 즉 자원 탐사 개발 시 전문 연구기관 R&D를 선행하여 핵심 역량을 강화해야 한다. 나아가 우리가 운영권을 가진 사업의 테스트 베드를 기반으로 현장 중심 대규모 실증 연구 개발 사업을 수행 신기술 확보와 함께 리스크를 최소화해야 한다. 자원 서비스 산업 육성도 빼놓을 수 없다. 한국 광물 자원 공사는 해외 광물 자원 개발 사업을 직접 운영해 본 경험을 가지고 있는 국내 유일 광물 자원 탐사 개발 전문 국가 공공 기관이다. 뼈아픈 과거 반성과 축적된 노하우로 새로운 공기업 혁신 성공 스토리를 만들어 내야 한다. 미래 국가 자원 안보를 책임져야 한다.

　국제 자원 시장 불황으로 세계 광업 메이저 그룹마저 자금 확보를 위해 유망 광산을 조금씩 매물로 내놓고 있다. 세수가 줄어든 자원 보유국도 투자 유치를 위해 잠겼던 빗장을 열고 있다. 초저유가와 저점에 가까운 국금속 광물 자원 가격 시장의 지금 위기가 해외 자원 확보를 만회할 수 있는 또 한 번의 찬스다. 활력을 잃어버린 국내 자원 산업 공기업에 이제는 정부와 온 국민이 초능력의 힘을 실어줘야 할 때다. 난세(亂世)에 영웅 나고 불황에 거상(巨商) 난다는 중국 옛말을 새겨 보자.

이대학보(梨大學報)

미래의 청정에너지 리튬 광물자원

김규한 교수(과학 교육학 전공)
2010-11-22

  새로운 형태의 청정에너지로 연료 전지와 축전지가 지구의 미래 에너지로 부상하면서 리튬 전지 사용이 급증하고 있다. 리튬 전지는 양극에 코발트산 리튬 산화물과 음극에 탄소를 조합한 전지이다. 충전하면 음극의 탄소 결정에 리튬 이온이 축적되어 방전 시에 리튬 이온이 방출되면서 전력을 공급한다. 리튬 전지는 니켈-수소전지나 니켈-카드뮴 전지에 비해 전류는 25%나 크고, 전압은 약 3.5V까지 높일 수 있어 단위 체적당 축적 가능한 에너지도 2배나 된다. 그동안 연료 전지나 축전지에 원료로 납이나 니켈이 많이 사용되어 왔다. 그런데 리튬 연료 전지나 리튬 축전지는 가볍고 에너지 밀도가 2배 이상 이며 사용 가능 온도, 에너지 출력, 수명 등이 탁월하다. 때문에 휴대 전화, 휴대용 컴퓨터, 하이브리드 자동차 등에 사용이 확대되면서 리튬 원료 자원 확보에 세계 각국이 경쟁적이다.

  리튬은 1817년 스웨덴 화학자 알페드슨이 엽장석(Petalate) 광물에서 처음 발견하였다. 리튬은 암석 광물에 널리 산재하고 있다는 의미에서 희랍어의 암석(Lithos)에서 따와 붙여진 이름이다. 그런데도 리튬의 지구상의 존재는 나트륨의 500분의 1에 지나지 않으며 특정 지역, 특정 암석에 농축되어 있다. 이제 리튬 자원은 국가의 운명을 바꿀 수 있을 정도로 중요한 전략 광물 자원이 되고 말았다.

리튬은 연료 전지나 축전지 이외의 용도로도 다양하게 사용되어 왔다. 2차 세계 대전 시에 수소화 리튬은 군사용 기구에 대량 사용되었고 수산화 리튬은 우주선과 같은 밀폐 공간의 이산화 탄소 흡착제로도 사용되고 있다. 한편 금속 리튬은 자동차용과 같은 공업용 내수성이 우수한 윤활 그리스 제조나 탄소와 결합한 유기 리튬은 촉매제나 환원제로 사용되었다. 탄산 리튬(Li_2CO_3)은 강화 유리 제조에 사용된다. 그런데 1948년 오스트리아 정신과 의사가 이 탄산 리튬이 우울증 치료에 효과가 있음을 보고하여 현재에도 리튬 탄산염, 리튬 착산염, 리튬 황산염 등이 우울증 치료약으로 널리 사용되고 있다. 하지만 리튬 화합물을 과잉 섭취하면 신장 장애나 혼수상태를 유발하며 사망으로 이어지는 독성 물질이기도 하다. 그런데 리튬 농도가 높은 수돗물 사용 지역 주민의 자살률이 낮다는 일본의 재미난 연구 보고에 자살률이 높은 우리가 귀를 기울여 볼 만하다.

이런 리튬 자원은 어디서 찾아낼 수 있을까가 궁금하여 진다. 리튬 함유 광물은 150여 종이나 알려져 있다. 그중 스포듀멘, 레피도라이트, 페탈라이트, 암브리고나이트, 유크립타이트가 개발 대상이 되는 주요 광물이다. 이 광물은 주로 페그마타이트(거정질 결정으로 만들어진 암석)와 염수퇴적지에서 산출된다. 리튬 광물 생산 지역은 미국 시어레스호와 크레이톤 벨리, 볼리비아 우유니 지역, 칠레 아타카마 지역, 아르헨티나

홈브르 지역, 짐바브웨 비키타 페그마타이트 지역, 캐나다 탄코페그마타이트 지역, 러시아와 중국의 알타이산지 지역 등이 알려져 있다. 최근 우리나라도 칠레 아타카마 염호 광업권을 확보하고, 볼리비아 우유니 염수호 퇴적지의 리튬 자원 개발권 획득에 한국과 일본이 치열한 경쟁을 하고 있다. 중남미 리튬 자원 보유국이 중동의 석유 왕국처럼 변할 날이 멀지 않아 보인다.

리튬 자원은 제4기 염수퇴적층에 점토 광물과 함께 나온다. 그래서 염수퇴적층 분포 지역이 탐사와 개발 대상이 되고 있다. 염수퇴적층은 건조 기후 지역의 배수로가 없는 호수 환경에서 염 농도가 높은 점토퇴적층 형성과 함께 리튬이 점토퇴적층에 농집된다. 사해처럼 제4기에 건조 기후하에 있었던 호수 지역이 리튬 자원 보고(寶庫)가 된다. 불행하게도 한반도는 과거 지질 시대 기간 이러한 환경에서 퇴적된 지층이 분포하고 있지 않다. 때문에 원유나 천연가스 에너지 자원처럼 리튬 자원도 해외 자원에 전량 의존할 수밖에 없다. 국가 전략광물 자원 확보는 미래의 국운을 좌우하며 민족의 운명이 달려 있다. 지하 자원 빈국인 우리는 자원 외교력 강화가 더한층 필요한 시점에 직면하고 있음을 통감한다. 우리는 이미 일부 에너지 자원과 금속 광물 자원의 해외 탐사 개발의 성공 사례를 가지고 있다.

해외 공관에 자원 광물 전문 담당관을 파견하고 자원 정보 획득과 해외 자원 개발을 위한 인프라 구축 시스템을 재정비해야 한다. 한편 자원 탐사 개발 인력 자원의 싱크 탱크인 대학에 전문 인력 양성 및 연구 실험 환경을 업그레이드해야 한다. 자원 처리 추출 기술 개발 및 해외 전문 인력 유치와 자원 탐사 개발 기술 교류 확대도 빼놓을 수 없다.

日 도쿄대학 캠퍼스 24시

김규한 교수
2010-09

　여름 방학을 이용해 국내 금 광산의 광석 시료의 동위원소비 분석을 위해 일본 도쿄대 지구 화학 연구실을 찾았다. 이무렵 영국의 대학 평가 기관 QS가 발표한 2010년 세계 대학 평가에서 본교는 전년 대비 49위 상승한 348위의 우수한 성과를 얻었다. 서울대 50위, 일본 도쿄대 24위의 뉴스가 국내외 언론에서 크게 다뤄졌다. 이화 캠퍼스와 도쿄대의 무더운 날씨와 요란한 매미 소리는 별로 다르지 않았다. 그러나 도쿄 대학의 활기찬 캠퍼스 분위기엔 매료되지 않을 수 없었다. 우리와 교육 환경·교육열이 비교적 유사한 동양 최고 대학인 일본 도쿄 대학 활력의 원천이 늘 궁금하였다. 그 해답을 도쿄대 혼고(本鄕) 캠퍼스에서 찾아본다.
　2004년 국립 대학 법인화 이후 도쿄대의 빠른 변화 모습을 수차례 방문 연구를 통하여 실감할 수 있었다.
　먼저 도쿄 대학 혼고 캠퍼스 대학 본부 부근에 위치한 대학홍보 센터를 방문했다. 두 분 직원이 도쿄 대학 역사에서부터 입학 안내, 연구 활동, 모금 운동 등에 이르기까지 도쿄 대학의 많은 정보를 자세히 친절하게 설명해 주었다. 홍보 센터에는 도쿄 대학의 역사에서부터 시작된다. 1877년 (메이지 10년) 설립된 이후, 帝國大學, 東京帝國大學, 東京大學 등으로 명칭이 몇 차례 바뀌었다. 2010년 현재 10개 단과 대학, 15 대학원, 11곳 부속 연구소, 15 전학 연구 센터로 구성되어 있다. 학생 수는 약 28,000명으로 학부 약 14,000명과 대학원 약 14,000명이다. 이 홍보 센터에는 매월 도쿄 대학 홍보실에서 발간되는 뉴스레터식 《가쿠나이고호(學內弘報)》와 대학 홍보지 《단세이(淡靑)》, 동문 회보인 《아까몬학우회보》, 각 연구 센터의 뉴스레터와 연구 성과물, 각종 연구 보고서 등이 빽빽이 비치되어 누구나 자유롭게 열람하고 필요하면 가져갈 수 있게 돼 있다. 도쿄 대학의 눈부시게 활발한 연구 활동을 실감할 수 있다. Orist라는 공과 대학 학생 동아리가 만든 종이접기 작품까지 이곳에 전시되어 있어 학부모를 따라온 꼬마 어린아이들까지 도쿄 대학을 재미있게 만나게 하고 있다.

대학 본부 건물 현관에 들어서면 한두 달마다 새롭게 바뀌어 전시되는 각 단과 대학 및 연구소의 첨단 연구 내용이 벽을 장식하고 대형 영상 모니터에는 최신 연구 내용이 방영되고 있다. 마침 도쿄 대학 대기 해양 연구소의 최신 연구 내용이 소개되고 2010년 4월 진수한 길이 94.96m 무게 3,225톤급 학술 탐사용 연구선 하쿠호마루(白鳳丸)호의 명명과 그 100분의 1축소 모형이 전시되고 있었다. 무한 경쟁 시대에 들어선 도쿄 대학의 급박한 연구 활동 모습의 한 단면을 볼 수 있다. 관료적인 구습이 남아 있는 우리나라의 많은 대학 본부 건물의 내부 모습과는 너무나 대조적이었다.

1827년 다이묘 마에다나리야스(前田齊泰) 씨가 명장 도쿠가와 이에나리(德川家齊)의 21번째 딸인 요히(溶嬉)를 맞이하기 위해 만든 붉은색 대문인 아까몬(赤門) 옆에 있는 도쿄 대학 커뮤니케이션 센터에서 또 한 번 놀라게 된다. 도쿄 대학과 지역 사회, 세계와 상호 소통을 위한 커뮤니케이션 거점이다. 대학의 연구 활동에서 만들어진 상품이나 도쿄 대학 브랜드 상품이 방문객의 호감을 끌고 있다. 브랜드 상품으로 발효학의 세계적인 사까구치긴이치로(板口謹一郎) 명예 교수가 개발한 술 우사기(御酒)와 우사기 초코레토, 냉장고 냄새 탈취용 광촉 매시트, 스포츠 선수의 체력 향상에 효험이 알려진 아미노산으로 만든 체력식 영양제 '간빠이(乾杯)', 2,000년 동안 잠자던 연꽃씨에서 발아 성공한 담홍색 연꽃에서 추출한 연꽃 향의 향수 '蓮香(렌카)'와 도쿄 대학 문구류와 기념품이 인기 상품이다.

눈에 띠는 특별한 프로그램도 있다. 113회째를 맞이하는 고교생, 대학생 및 일반인을 대상으로 하고 있는 다양한 주제의 도쿄 대학 공개 강좌는 지역 사회에 크게 기여하고 있다. 도쿄 대학 학부나 대학원에서 우수한 활동을 한 학생이나 단체의 활동을 심사해서 총장상을 년 2회 6명씩 수여해 학생들의 학술 활동을 격려하고 있다. 학생들은 실험실이나 연구실에서 기초와 원리를 중시하는 교육을 받고 있다. 밤을 밝히는 연구실험실 불빛이 부럽기만 하다. 학생들이 특별히 붐비는 곳이 구내 서점과 식당이다. 구내식당이 밤 9시까지 운영되며 이 시간에 식당은 젊은 열기로 시끌시끌하다. 한편 대학 캠퍼스 내에 24시간 운영하는 편의점이 혼고 캠퍼스에만 3곳이 성업 중이다. 24시간 밤을 밝히는 도쿄 대학의 연구실과 실험실은 일본의 미래를 잘 보여 주고 있다. 우리 캠퍼스 타운 분위기와는 너무나 대조적이다. 캠퍼스 문화가 바뀌어야 국가의 밝은 미래가 오지 않을까.

성경 속에 숨어있는 재미난 첨단 과학

김규한 교수(과학 교육과)
2010-04-03

부활 주간을 맞이하여 생각나는 일이 있다. 몇 년 전 교황 베네딕토 16세가 20년 전 갈릴레오 재판을 옹호한 발언 때문에 이탈리아 로마에 있는 라 사피엔자(La Sapienza) 대학 705주년 개교 기념 초청 방문이 갈릴레오를 지지하는 이 대학 교수와 학생들의 반대로 무산된 일이다. 이 대학은 1303년 보니파체 8세 교황이 설립한 대학이다. 1990년 베네딕토 교황이 추기경으로 이 대학을 방문했을 때 이탈리아의 철학자 겸 과학자 코페르니쿠스의 지동설을 이어받아 "지구는 태양 주변을 돈다"라고 지동설을 주장한 갈릴레오에 대하여 1633년 시행된 카톨릭 교회의 이단 재판을 이성적이고 공정했다라고 발언했기 때문이다. 이처럼 수백 년이 지난 오늘날에도 기독교 사상과 과학 사상의 첨예한 대립은 계속되고 있다.

그런데 놀랍게도 과학의 많은 부분이 성경에서 비롯되고 있음을 발견할 수 있다. 성경은 물론 과학 관련 책이 아니다. 그러나 성경 속에는 수많은 과학 현상과 과학적 내용이 담겨져 있다. 일본 돗도리(鳥取)대학 나카시마루카(中島路可) 전 교수의 《성경 속의 과학》이란 책에 의하면 기상 현상인 바람에 대하여 85회 이상 언급되고 있으며 해수와 염분에 대하여 창세기, 민수기, 신명기 등에서 여러 번 인용되고 있다.

물과 불에 대하여 400회 이상, 지진에 대하여 17곳에, 지하자원인 금,

철 등이 390회나 소개되고 있다. 석유에 대한 내용으로 노아의 방주에 아스팔트, 나프타 등이 구약 전서에 나온다. 동물, 식물, 지구 과학, 의-약학 등 모든 분야의 과학이 두루 기술되어 있다.

창세기 제1장 1절 "태초에 하나님이 천지를 창조하시니라"라는 천지 창조론은 지구 탄생과 생물의 진화 관점에서 그동안 과학계와 종교계가 첨예하게 대립되어 온 사상이다. 중세 기독교 사상이 지배적인 시대에 지구상의 모든 암석은 물에 의하여 만들어 졌다는 창조설과 맥을 같이하는 암석 수성론과 격변설이 지배하였다. 그러나 지질학자 제임스 허튼은 암석은 불에 의하여 만들어졌다는 다분히 진화론적 사상인 암석 화성론을 제창하였다.

갈릴레오 역시 진화론적인 지동설을 주장하였다. '지구가 우주의 중심'이라는 천동설에 반한다하여 종교 재판에 회부하자 지동설을 부인하고 재판장을 풀려나면서 "그래도 지구는 돈다"라고 한 유명한 일화가 있다. 아직도 이 두 사상이 대립 공존하고 있음을 누구도 부인하기 어렵다.

오늘날 과학자들은 태양계 초기 지구 탄생을 핵융합 반응에 의해 원소가 합성되고 이들 원소로 구성된 성간 물질이 집적(集積) 응축하여 지구를 만들었다는 화학적 진화 모델로 설명하고 있다. 그러나 창세기에 지구의 탄생과 생물 출현의 역사는 현대 과학과 크게 모순되지 않는다.

창세기에서 지구 탄생은 신의 힘을 빌리고 있다. 그럼에도 창세기의 초기 바다의 형성, 식물, 동물 순으로 전개되는 생물의 진화 얘기는 현대 과학적 진화와도 놀라울 정도로 조화적이다. 더욱 흥미 있는 것은 유전과 관련된 얘기로 창세기 30장에 이스라엘의 시조 야곱과 외삼촌 라반 사이에 오고 간 양과 염소에 대한 성경 내용이다. 오늘 내(야곱)가 외삼촌(라반)의 양 떼에 두루 다니며 그 양 중에 아롱진 것과 점 있는 것과 검은 것을 가려내며 또 염소 중에 점 있는 것과 아롱진 것을 가려내리니 이 같은 것이 내 품삯이 되리이다.

이어진 얘기에서 야곱은 유목민으로 가축의 우성 유전 법칙을 분명히 알고 있었던 것 같다. 우성유전의 법칙을 발견한 멘델은 구 체코슬로바키아 불루노 수도원의 수도사로 일하면서 수도원 뒤뜰 농장에서 식물 인공 교배 실험을 하였다.

수도원 생활에서 구약 전서의 양과 염소 대신에 완두콩을 사용하여 색과 형태의 7가지 형질이 우성 유전의 우열의 법칙에 따라 잡종을 만들고 잡종 2대에는 형질이 3:1로 됨을 알아냈다. 즉, 이 사실의 기록은 당대에는 알려지지 않았던 내용으로 1865년 발표된 〈식물잡종에 관한 실험〉이란 논문을 통하여 세상에 알려지게 되었다.

이처럼 멘델의 유전 법칙은 구약 전서에서부터 시작된다. 오늘날 유전학은 첨단 과학의 한 분야로 유전 공학, 의학-약학과 품종 개량으로까지 발전되어 농업 생산성에 놀라운 혁명을 가져왔다. 유전학은 만능 세포

(iPS 세포, Induced pluripotent stem cells)의 원천 기술과 같은 바이오테크놀로지 산업인 미래의 첨단 과학으로까지 발전의 폭을 더욱 넓혀 가고 있다.

더 나아가 리트로바이러스, 유전자와 인류 문화의 공진화(共進化) 연구까지 정착시켜 가고 있다. 성스러운 종교성과 함께 성경 속에 하나님이 예비하신 얼마나 더 많은 또 다른 미래의 첨단 과학이 숨어 있을까에 대한 궁금증이 더해진다.

다윈 진화론은 학문융합과 통섭의 전주곡

김규한 과학 교육과 교수
2010-02-27

 다윈 탄생 200주년을 맞은 지난해는 생물학계는 물론 전 세계 과학계가 온통 축제 무드로 가득 찬 한해를 보냈다. 다윈의 축제를 통해 생물 진화론이 학문의 경계를 넘어 종교, 인문학 사회학과의 학문 융합과 통섭(統攝)의 필요성이 재조명되었다. 많은 사람들은 다윈을 생물학자로 알고 있다. 그러나 그는 생물학자이기 전에 지질학자였다. 그는 지질학자 다윈에서 생물학자 다윈으로 변신한 복수 전공자이자 학문 융합과 통섭의 선구자였다. 다윈 역사를 재조명해 본다.
 중세는 기독교 사상이 지배하고 있었다. 이 시대의 지질학의 대가 제임스 허튼은 〈지구에 관한 이론〉에서 동일 과정설을 제창하였다. 이 학설의 주요 내용은 현재 지구상에 일어나고 있는 모든 지질학적 자연 현상은 과거 지질 시대에도 일어났다는 진화론적 사상이다. 기독교 사상이 지배적이던 중세 사회에 진화론적 개념의 발표는 목숨을 건 대단한 용기를 요구한다.
 다윈의 지우(知遇)인 지질학자 찰스 라이엘에 의해 지구에 관한 이론의 해설서격인《지질학원리》가 출판되면서 진화론적 사상과 개념이 사회에 널리 알려지기 시작하였다. 이 시기 중세 유럽 사회에는 동일 과정설과 상반되는 격변설이 유행했다. 격변설은 신의 힘을 빌려 생물의 창조를 주창하였다. 또 격변설에 바탕을 둔 학설로 지구상의 모든 암석은 물에 의해서 만들어 졌다는 암석 수성론과 모든 암석은 불에 의해 만들어졌다는 진화론을 바탕에 둔 암석 화성론이 팽배하게 대립하고 있었다. 창조론적 기독교 사상이 지배하던 중세의 역사적 배경 하에서 다윈 진화론의 탄생은 물과 불의 전쟁과 같았다.

찰스 다윈은 에딘버러 대학에서 의학 공부를 시작하였으나 중퇴하고 캠브리지 대학에서 신학을 전공했다. 재학 시 박물학을 가장 열심히 공부해 후에 박물학의 기초를 수립하였다. 1831년 12월부터 5년간 박물학자로 비글호를 타고 브라질, 페루, 오스트랄리아, 태평양의 여러 섬을 탐사하였다. 탐사 여행을 통하여 산호초의 구조, 화산섬과 남미 지질의 분포, 화성암의 다양성 등을 연구하고 《화산섬과 남아메리카의 지질학》이라는 저서를 출판하였다.

다윈의 스승인 케임브리지 대학 식물학 전공 헨슬러 교수도 다윈을 지질학자로 소개하고 있다. 항해 직후에 주로 연구하고 종사한 과학이 지질학이었다. 다윈은 지질학이 생물 진화론의 기틀을 만들었다고 기록하고 있다. 그는 항해 도중 배 위에서 지질학자 라이엘이 쓴 《지질학원리》에 심취되어 지층이 변이하고 있다는 사실에서 생물 진화의 힌트를 얻었다.

다윈은 지질학의 혁명가 라이엘이 가르쳐 준 대로 자연을 보았다. 그는 비글호를 타고 항해하는 중에 갈라파고스군도에서 진기한 새의 변이를 보고 생물은 진화해서 현재에 이르렀다는 확신을 가지게 되었다. 1856년 생물의 종은 자연 선택에 의해 변화해 진화한다는 창의적인 놀라운 구상이 《종의 기원》이라는 명저를 탄생시켰다. 이 책의 출판은 기독교계와 학계에 격렬한 공격을 받았다. 성경 창세기의 천지 만물을 하나님이 창조하였다는 기독교 사상에 정면으로 위배되었기 때문이다. 그러나 10년 후 진화론이 학계에서 공인돼 다윈은 1877년 케임브리지 대학과 세계 여러 대학에서 명예 박사 학위를 받는 영예를 안았다.

다윈의 삶과 생물진화론에서 보면 학문의 융합은 이미 중세부터 시작되었다. 그런데 글로벌 자본주의 시대인 우리 사회는 인문학자들은 과학 기술이 인간의 인성을 황폐화시켰다고 주장한다. 종교는 과학을 비판하고 과학은 종교를 불신하고 있다. 종교-과학-인문학의 고리를 연결하는 지식의 대통합의 필요성이 또다시 도마 위에 오르고 있다. 학문의 융합과 통섭은 이미 19세기 영국의 휴얼도 소개한 바 있다. 일본 도쿄 대학 고미야마히로시 전총장의 저서 《지식의 구조화》 내용과도 상통하고 있다.

추리 소설이나 인기 그룹 이름에 f(x), 2NE1 등 수학이 등장하는 재미난 현상이 우리 주변에서 일어나고 있다. 반도체 칩을 이용한 인슐

린 펌프와 DNA 분석기에 첨단 과학과 의학이 접목되고 있다. 수학과 대중 문학이 만나고 의학과 과학, 과학과 철학, 종교와 예술, 이공학과 예술 등의 학문 융합과 통섭이 진화의 선상에서 현실화되어 가고 있다. 종교와 과학-인문 사회학이 높은 학문의 벽을 넘어 모든 학문 간에 담이 허물어진 융합된 학문의 사회에 살아야 함이 다윈 탄생 200주년 다윈 축제가 남겨 준 귀중한 선물이자 역사적 메시지가 아닐까?

대한지질학회 소식지 62, 2022.12. 원로단상

위대한 대한민국 지질학 1세대 원로 교수님

1973년 3월 어느 날 자그마한 키에 양복 차림의 어르신 한 분을 서울 신촌 연세대 지질학과 교수실이 있는 성암관 건물 앞뜰에서 만났다. 학생인 저에게 "이대성 군 있나."라고 물으셨다. 나는 너무 놀랐다. 이대성(李大聲) 교수님은 회갑이 지난 백발의 교수님으로 학생들에게는 연세가 많으신 원로 교수님이셨기 때문이다. 캠퍼스에서 이대성 군이라 부를 사람은 있을 수 없었다. 실은 김옥준 교수님을 만나러 오신 날이었다. 이분이 광복 후 초대 국립중앙지질광물연구소(현 한국지질자원연구원) 소장 운암(雲巖) 박동길(朴東吉) 교수

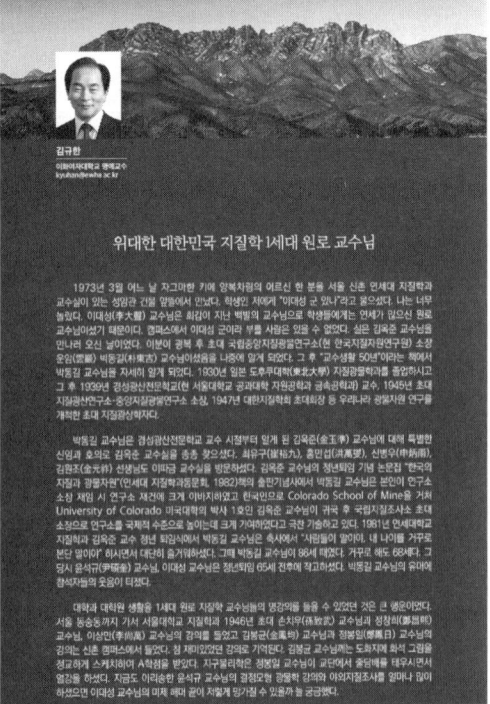

님이셨음을 나중에 알게 되었다. 그 후 《교수생활 50년》이라는 책에서 박동길 교수님을 자세히 알게 되었다. 1930년 일본 도후쿠 대학(東北大學) 지질 광물학과를 졸업하였다. 그 후 1939년 경성광산전문학교(현 서울 대학교 공과 대학 자원 공학과 금속 공학과) 교수, 1945년 초대 지질광산연구소, 중앙지질광물연구소 소장, 1947년 대한지질학회 초대 회장 등 우리나라 광물 자원 연구를 개척한 초대 지질광상학자다.

대한민국 지질학 1세대 원로 교수님(대한지질학회 50주년 자료집 (1997)

박동길 교수님은 경성광산전문학교 교수 시절부터 알게 된 김옥준(金玉準) 교수

대한자원환경지질학회 50년사, 2018

님에 대해 특별한 신임과 호의로 김옥준 교수실을 종종 찾으셨다. 최유구(崔裕九), 홍만섭(洪萬燮), 신병우(申炳雨), 김원조(金元祚) 선생님도 이따금 교수실을 방문하셨다. 김옥준 교수님의 정년퇴임 기념 논문집 《한국의 지질과 광물자원》(연세대 지질학과동문회, 1982) 책의 출판 기념사에서 박동길 교수님은 본인이 연구소 소장 재임 시 연구소 재건에 크게 이바지하였고 한국인으로 Colorado School of

Mine을 거쳐 University of Colorado 미국 대학의 박사 1호인 김옥준 교수님을 귀국 후 국립 지질 조사소 초대 소장으로서 연구소를 국제적 수준으로 높이는 데 크게 기여하였다고 극찬 기술하고 있다. 1981년 연세대학교 지질학과 김옥준 교수 정년 퇴임식에서 박동길 교수님은 축사에서 "사람들이 말이야, 내 나이를 거꾸로 본단 말이야." 하시면서 대단히 즐거워하셨다. 그때 박동길 교수님이 86세 때였다. 거꾸로 해도 68세다. 그 당시 윤석규(尹碩奎) 교수님, 이대성 교수님은 정년퇴임 65세 전후에 작고하셨다. 박동길 교수님의 유머에 참석자들의 웃음이 터졌다.

대한민국 과학기술유공자카드뉴스 한국 광물 자원 연구를 개척한 지질학자 박동길

   대학과 대학원 생활을 1세대 원로 지질학 교수님들의 명강의를 들을 수 있었던 것은 큰 행운이었다. 서울 동숭동까지 가서 서울 대학교 지질학과 1946년 초대 손치무(孫致武) 교수님과 정창희(鄭昌熙) 교수님, 이상만(李尙萬) 교수님의 강의를 들었고 김봉균(金鳳均) 교수님과 정봉일(鄭鳳日) 교수님의 강의는 신촌 캠퍼스에서 들었다. 참 재미있었던 강의로 기억된다. 김봉균 교수님께는 도화지에 화석 그림을 정교하게 스케

치하여 A학점을 받았다. 지구 물리학 정봉일 교수님은 교단에서 줄담배를 태우시면서 열강을 하셨다. 지금도 아리송한 윤석규 교수님의 결정 모형 광물학 강의와 야외 지질 조사를 얼마나 많이 하셨으면 이대성 교수님의 미제 해머 끝이 저렇게 망가질 수 있을까 늘 궁금했다.

당시 우리나라는 지질 조사와 광산 개발의 붐이 일어났다. 태백산 광화대 조사 탐사 개발로 우리나라 근대 산업화의 초석을 만들었던 시기다. 〈태백산지질도〉는 대표적인 성과 중의 하나다. 대학 광산학과와 지질학과 졸업생들에게는 대한 석탄 공사, 대한 중석 광업소, 영풍 광업소 등 큰 광업 회사가 취업 선호의 직종이었다. 금정 광산, 무극 광산, 구봉 광산, 부평 광산, 통영 광산 등 금은 광산 개발이 한창이었다. 정선의 산속 어느 소규모 금 광산을 갔더니 광부 밥을 지어 주는 할머니가 일제 때 외인들이 이곳에서 당나귀로 금을 실어 날랐으며 지금 우리 집 부뚜막 흙을 이려도 금가락지 하나를 만들 수 있는 금이 나온다는 말씀이 지금도 기억난다. 거도 광산, 양양 철광, 울산 철광, 물금 광산, 포천 철광, 연천 철광, 상동 광산, 달성 광산, 옥방 광산, 대화 광산, 청양 광산, 삼보 광산, 일광 광산, 군북 광산, 함안 광산, 연화 광산, 신예미 광산, 장군 광산, 울진 광산 등 전국에서 광산 개발이 활발하였다. 함백, 장성, 도계, 문경 탄광 등 탄광 지역은 밤이면 불야성을 이룰 정도로 경기가 좋았다. 지금은 폐광으로 지하에 묻혀 있는 이 모든 광산의 지하 갱도에서 직접 조사한 지질학자의 한 사람이 된 것이 큰 영광이다. 지하수가 철철 흐르는 광산 수직 갱도 나무 사다리를 타고 오르내리던 구룡 광산 조사 시절은 이젠 추억의 한 장면으로 폐광으로 모두가 땅속에 다시 잠겼다. 김옥준 교수님과 함께 강릉 탄전의 동발도 설치되지 않은 좁은 갱도를 따라 탄층을 조사했던 아찔한 순간은 꿈만 같다. 마산 앞바다에 있는 동성 광산은 지하 구리(銅) 채광장이 배구 코트장 크기로 채광량이 대단하였다. 광산 현장 실습이 끝나기 전날 광산 소장님이 지나가던 고깃배를 불러 생선을 내리게 해 회식을 하고 다음 날 금일봉까지 주신 기억이 생생하다. 박사 학위 논문 지역인 신예미 연-아연 동광상은 동항과 서항을 수없이 오르내려서 꿈속에도 자주 등장하였다. 지질학의 기본은 야외 현장 지질 조사다. 소위 해머(Hammer) 지질학이다. 당시 유일하게 현미경이 광물 감정을 도왔다. 한 세기 동안 1세대 지질광상학자들이 지하자원 개발이라는 국가 대 목표하에 해머로 방방곡곡을 두드려 찾아낸 금속 비금속 석탄 지하자원이 오늘날 우리나라 국가 경제와 산업의 기초 터전을 만들었다. 모두가 여기에 성함을 언급하지 못한 많은 원로 지질 광상학자들을 포함한 위대한 지질학 1세대 원로 교수님들과 지질광상학자들의 땀과 노력의 결실이다.

지질학의 대중화와 세계화

우리나라 지질학의 과학적 연구 시작의 역사는 1884년 독일인 Carl Chritian Gottsche의 《Auffindung Cambrischer Schichten in Korea》 초록과 1886년 〈Geolgische Skizze von Korea〉 논문으로부터 시작된다. 그가 일본 도쿄 대학 강사 시절 1884년 약 8개월간 한국을 방문 조사 연구한 결과로 알려져 있다.

우리나라 과학적 지질학 연구의 역사는 그리 길지 않다. 그러나 해방 후 100여 년의 역사에서 1세대 지질학자들의 심은 씨앗이 튼튼하게 자라 그 결실을 영글게 맺고 있다. 국내 지질학 연구자들의 국제적인 높은 수준의 연구 결과가 세계적인 저널에 다수 소개되고 있다. 대한지질학회를 중심으로 대한자원환경지질학회, 한국광물학회, 한국암석학회, 한국고생물학회 등 지질학 관련 학회들의 활동도 놀라울 정도로 활발하다. 대한지질학회를 중심으로 지질학 및 지구과학 관련 학회가 공동으로 지원하여 출판하고 있는 국제 저널 《Geosciences Journal》은 우리의 자랑이다. 또한, 《지질학회지》를 중심으로 많은 관련 학회 학회지가 저명 해외 색인 데이터베이스의 하나인 《GEOBASE》에 등재되어 학회지의 위상을 더욱 높이고 있다. 지질학 관련 대학의 연구 성과는 물론 지질학의 뿌리인 국립 지질 조사소가 현재는 한국지질자원연구원(KIGAM)으로 세계적인 연구 기관으로 높이 평가받고 있다.

그러나 지질 광물, 광상 연구 역사의 흐름에도 흥망성쇠의 흐름이 있다. 국내 및 국제 정치적 이슈로 때로는 지질 광업 개발 생산 분야와 관련 학문이 위기를 맞을 수도 있다. 때문에 활발한 연구 활동과 지질학의 대중화와 세계화 활동이 보다 중요하다. 우리는 그동안 인류 사회와 지구인들에게 지구 과학을 홍보하는 UN이 정한 지구의 해(2007-2009)의 각종 행사를 성공적으로 마치고 후속 활동을 이어 가고 있다. KIGAM은 2018년 국제수리지질학회(IAH, International Association of Hydrogeologists)를 대전으로 유치하여 성공적으로 치렀다. 2016년 KIGAM이 대한지질학회와 공동으로 IGC 2024를 부산 벡스코로 유치해 지금 한창 준비 중에 있다. IGC(International Geological Congress)는 지질과학자의 최고의 세계적인 학회 활동이다. IGC 2020 인도 대회는 코로나로 당시에는 개최하지 못하였으나 2022년 온라인으로 대회를 진행했다. 2년 뒤 부산에서 개최 예정인 IGC 2024가 성공의 역사를 남기기를 기원한다.

그리고 아시아 지질자원위원회(CCOP, Coordinating Committee for Geoscience Programmes in East and Southeast Asia)의 제54차 연차 총회가 2018년 부산에서 열리는 등 CCOP 활동도 KIGAM 중심으로 선도하고 있다. CCOP를 통해 동아시아 및 동남아시아 국가 간의 지질 자원 국제 협력과 국제 공동 연구가 활발히 이루어지고 있다. CCOP 사무총장도 KIGAM이 3번째나 맡고 있고 운영위원장도 수행하며 아시아권에서 중심 역할을 하고 있다. 최근 활발한 UNESCO 세계 지질 공원 인증 확대 활동은 우리나라 지질을 세계인에게 열심히 알리는 값있는 지질 과학의 대중화와 세계화 활동이다.

일상생활 속에 지질 자원이 얼마나 우리 생활과 밀접하고 중요한지를 일반인들에게도 널리 알려야 한다. 지질 과학의 생활화와 대중화가 이루어져야 한다. 개인적으로는 대학 학부와 대학원에서 지도 교수이셨던 김옥준 교수님의 2005년 추모 1주기를 기념하여 "지질학의 큰 별 김옥준 선생을 기리며"라는 《동아일보(東亞日報)》에 기고문을 시작으로 주요 일간지나 과학 관련 잡지에 지질학 관련 흥미 있는 내용을 일반인들에게 소개하기 시작하였다. 2005년부터 주요 일간지 《동아일보》(28편), 《조선일보》(11편), 《중앙일보》(1편), 《매일경제》(3), 《경향신문》(1편), 《대전일보》(5편), 《경북매일》(2편), 《전자신문》(1편), 《이대학보》(4편) 등 56여 편의 과학 칼럼을 게재하여 지질 과학의 대중화에 노력하고 있다.

《동아일보》 사회면(2005.3.26.) 의 김옥준 교수님 추모 기고문

200여 권 지질학 관련 저서

지질학의 대중화를 위해 과학 관련 잡지 기고

또한 지질학의 대중화 일환으로 대학 교과서를 포함하여 지질학 관련 저서를 그동안 20여 권 저술하고 번역 출판한 일도 큰 보람으로 느낀다. 특히 안정 동위원소 지질학(Stable Isotope Geology)의 학문을 처음으로 전수하여 주신 일본 나고야 대학(名古屋大學) 나카이 노부유키(中井信之) 교수님께 《동위원소 지질학》(민음사, 1991, 552p.) 책을 저술하여 헤이세이(平成) 4년(1992년) 3월 나카이 교수님 정년퇴임식에 참석해 증정해 드렸다. 지금은 고인이 된 그때 은사 선생님의 아름다우신 표정을 영원히 잊을 수 없다. 스승과 제자의 아름다운 만남이었다.

일본 나고야 대학 나카이 노부유키(中井信之) 교수 정년퇴임식에서 《동위원소 지질학》 책 증정 사진

그러나 우리는 그동안 놀라운 연구 성과, 학회 발전, 대중화 세계화에도 큰 결실을 얻었지만 놓친 일도 많이 있다. 그중 특히 100여 년간 현장 조사, 탐사, 연구 개발한 지질 광상 자료와 시료 표본의 보존 관리가 소홀하여 귀중한 자료를 많이 잃어버린 사실을 꼭 지적하고 싶다. KIGAM 원장으로 2014년 영국 지질조사소(BGS)를 방문하여 지질 자료 보존관(Geological Repository)을 견학하게 되었다. 지난 200년간 BGS 연구원들의 연구 자료와 세계적인 중요 자료가 보존관에 잘 보존되어 있고 이 모두가 데이터베이스화되어 있었다. 안내자가 보존 서랍장을 열더니

우리나라 최초 전국 지질도와 구 국립지질조사소 시절 보고서와 야외 사진들을 보여 주었다. 놀랍기도 하고 한편으로 부끄러웠다. 우리는 갖고 있지 않은 귀중한 우리 자료였기 때문이다. 귀국 후 늦었지만 BGS를 모델로 지질 자료 보존 관리 방안 연구를 추진하였다. KIGAM이 2015년부터 GDR(Geoscience Data Repository) 플랫폼 기반 시스템을 개발 2018년부터 운영하고 있어 다행스럽다. 그러나 연구 시료 보존 등을 위해 시설 건축 공간 등이 요구된다. 시료를 포함 지질 자원 연구 자료를 보존, 관리하는 데이터베이스 시스템 구축과 시설 준비도 반드시 계속해야 한다. 또한 전국의 전공 대학교수들의 연구 자료도 퇴직 후에 국가기관이 통합적으로 함께 관리하는 시스템 구축이 요구된다.

대한지질학회의 무궁한 발전을 기원하면서 마지막으로 한반도 지질 이슈 몇 가지 소개로 원로 단상의 끝을 맺고자 한다.

영국 지질조사소(BGS) 자료 보존관 견학   최초 한국지질도   자료 보존관에 소장된 국립지질조사소 외빈 방문 사진 자료

한반도의 지질 이슈 몇 가지

지질학은 순수 과학이면서도 경험적인 요소가 많이 요구된다. 때문에 지질학자는 과학자 중에서 특별히 긴 경험적 경륜이 요구된다. 해머와 현미경 지질학에서 점프하여 화학 분석 특히 동위원소 지질학(Isotope Geology) 연구자로 변신했다. 반세기를 야외 조사와 실험실에서 지질학에 몰두해도 겨우 지질 현상과 과정을 이해할까 말까 하다. 때문에 한반도의 지질학의 문제점을 얘기한다는 것은 어리석은 용기이다. 그러나 문제가 있어야 답이 있고 좋은 문제에서 좋은 답이 나올 것이라는 것을 기대하면서 본인의 연구 결과를 중심으로 몇 가지 우문(愚問)을 던진다.

한반도의 지질 구조와 층서 지질 시대에 대하여 뜨거운 논쟁이 되어온 옥천대(沃川帶)가 있다. 대립적인 해석은 옥천대 층서와 지질 시대가 선캄브리아와 고생대로 대립되는 주장이 1970년대 손치무 교수와 김옥준 교수의 뜨거운 논쟁이었다. 그러나 어느 때부터 우리나라 지질 계통표에 옥천대 기록이 사라졌다. 옥천대의 지질 시대와 층서는 한반도의 지질에서 중요한 내용으로 반드시 연구 보완되어야 할 과제다.

한반도의 중생대 화성 활동의 성인을 판 구조 운동과 연계해 맨틀 웨지 모델(Mantle wedge model)로 설명하였다(Kim et al., 2005, 《Geochem. Jour.》, 39). 100Ma경 이자나기(Izanagi)판이 유라시아 대륙판 밑으로 섭입(Subduction)하는 맨틀 웨지 환경에서 중생대 대보 화강암 화성 활동이 일어났다. 그리고 태평양판, 필리핀해판, 쿠라-퍼시픽판(Kula-Pacific plate)이 유라시아 대륙판 밑으로 섭입하면서 불국사 화성 활동이 일어났다. 한편 20Ma 이후에는 태평양판이 유라시아 대륙판 아래로 섭입하면서 동해가 열리고 배호 분지인 동해에서 울릉도, 독도, 일본 오키섬 등의 화산 활동이 일어나 많은 화산섬이 만들어졌다. 이 시기에 판 내부 화산작용(Intraplate volcanism)으로 백두산과 제주도 화산이 폭발하여 거대한 화산 지형이 형성되었다. 이 같은 연구 결과의 평가를 기다리고 있다.

추가령 지구대 용어가 잘못 사용되어 오고 있다. 결론은 추가령 지구대는 지구대(Graben)가 아니고 추가령 구조곡이다. 엄밀히는 추가령 단층선곡(Fault line valley)이다(김규한외, 1984, 《광산지질》, 17권 3호). 홍성-동두천-전곡-연천-철원-원산으로 발달하는 추가령 구조곡 구조선의 위치 표기도 교과서 마다 다르다. 통일이 필요하다. 이 연구 시 조사 지역의 중심이 북한 지역이고 한탄강 비무장 지대를 답사해야 되었다. 당시 국방부에 민통선 출입 허가 신청을 하면 반년이 소요되었다. 미군에 근무하는 대학 후배에게 미군용 차량을 가지고 오라해서 민간인 대학교수가 선임 탑승 US Army의 위력으로 민통선 내를 지질 조사한 일은 드라마와 같은 추억이다.

제주도 서귀포층의 지질 시대가 연체동물 폐각 화석의 스트론튬 동위원소 분석과 ^{14}C 연대 측정(Kim et al., 1999, Palaeogr., Palaeoclimat., Palaeoecol. 154)에 의하여 서귀포층의 지질 시대는 플라이스토세 초기-중기이고 신량리층은 플라이스토세 말-홀로세라는 연구 결과를 발표했다. 이는 화석에만 의존해 온 지질 시대 구분에서 지구 화학적 구분이라는 새로운 접근을 의미한다. 그러나 우리나라 지질 계통표는 반론도 없이 아직도 과거 그대로다.

울릉도의 테프라층 중에서 발견된 화강암질암(몬조니암)의 지질시대가 0.12Ma로 지구상에서 가장 젊은 화강암질암이라는 놀라운 결과 (Kim et al., 2008,《Chemical Geology》, 253)가 얻어졌다. 화강암의 성인은 화강암질 마그마와 현무암질 본원마그마의 분별 결정 작용의 분화 과정에서 만들어진다. 울릉도 하부에서 현무암질 마그마가 분화하여 생성된 화강암질암이 발견되어 세계적으로 보기 드문 화강암 성인의 교과서적인 장소가 되었다. "Youngest Granite on Earth: implications for the origin of granite and for the evolution in the backarc basin of the southeastern Eurasian plate"란 제목으로 2005년 《Nature》에 투고하였으나 보편적인 화강암이 아니란 이유로 수락되지는 못하였다. 또한 제주도의 서귀포층 처럼 울릉도 저동 지역에 분포하는 울릉도 최하부 지층인 저동층의 새로운 제안이다(김규한, 1996,《지구과학회지》, 17권). 저동층의 후속 연구를 기대한다.

제주도 별도봉 지역 화산 쇄설암층 내의 화강암 포획암과 여러 지역 시추 코어 등의 절대 연령 측정에서 제주 화산섬 하부의 고기 대륙 지각 기반암 존재의 증거를 발표하였다(Kim et al., 2002,《Geochem.

Jour.》, 36). 여기서 옥천대의 기반암이 제주도 화산섬 하부로 연장되고 있음을 밝혔다. 이 같은 사실에서 제주도 화산섬의 성인이 판 내부 화산(Intraplate volcano)인 백두산의 성인과 유사함이 알려졌다. 반론은 없는지 궁금하다.

경북 봉화에 있는 장군광산은 연아연 광산으로 유명하였지만 다양한 탄산 망간석 산화 광물 산출이 잘 알려져 있다. 특히 산화 망간 광물 중 장군석(Jangunite)이라는 신종 광물이 서울대 김수진 교수님이 발견하여 국제적으로 등록되어 있다. 당시 장군서 외에도 치무나이트, 옥준나이트 등의 신종 광물을 열정적으로 연속 발표하였다. 발표장에 김옥준 교수님도 함께하셨다. 흐뭇해하시는 은사님의 표정을 엿볼 수 있었다. 그때 김수진 교수님의 연구 열정을 배우게 되었다. 또 다른 재미난 연구로 탄산 망간석(Rhodochrosite) 광물이 퇴적되어 만들어진 신종 퇴적암 장미암(Rhodochrostone)을 보고하였다. 그러나 이 장미암 시료의 탄소와 산소 안정 동위원소비 분석으로 이 광물이 퇴적 기원이 아니고 열수 기원 광물로 조사되었다(김규한, 1986,《광산지질》19권 2호). 장군 광산 지역에 신종 광물 장군석은 있어도 신종 암석 장미암은 존재하지 않음을 발표하였다. 그러나 석회암과 돌로마이드처럼 퇴적 환경에서 장미암은 지구상 어디엔가 반드시 존재할 텐데 대단히 흥미 있는 연구다. 이처럼 몇 가지 우리나라 지질학 연구의 문제점들을 연구 보고하였는데 지질학계에서 수락이라든가 반론하든가 후속 연구 결과를 아직 접하지 못하고 있다. 전남 해남지역에 위치한 현재에도 개발 중인 순신 천열수 금은 광상의 He-Ar-H-O 동위원소 분석 연구(Kim et al., 2012,《Chemical Geology》, 320-321)에서 광화유체내에 맨틀 기원 헬륨(^{3}He/^{4}He=9Ra)이 확인되어 금은 광화작용이 마그마 활동과 직접 관련이 있음을 규명하였다. 이상은 그동안 연구해 온 지질-광상학적 문제점들의 일부를 간략히 소개했다. 격렬한 학문적 논쟁(Critical debate)이 학문의 발전과 연구자의 보람이자 매력인데 그런 맛을 보지 못하여 매우 아쉽게 느껴진다.